Tim Flannery

DSCHUNGELPFADE

Tim Flannery

DSCHUNGELPFADE

Abenteuerliche Reisen durch
Papua-Neuguinea

Mit 16 Seiten Farbbildteil

Aus dem australischen Englisch
von Thomas Bertram

MALIK

Die Originalausgabe erschien 1998 unter dem Titel
»Throwim way leg. An Adventure«
bei The Text Publishing Company in Melbourne, Australien.

Sämtliche Bilder in diesem Buch entstammen dem Archiv
von Tim Flannery. Die Karten besorgte Norm Robinson,
das Possum zeichnete F. W. Frowhawk.

ISBN 3-89029-214-3
© Tim Flannery 1998
Deutsche Ausgabe:
© Piper Verlag GmbH, München 2002
Satz: Satz für Satz. Barbara Reischmann, Leutkirch
Druck und Bindung: Ebner Ulm
Printed in Germany

www.malik.de

Ich widme dieses Buch Jim-Bob Moffett, seinen Nachfolgern und all den anderen Generaldirektoren von Bergbaugesellschaften mit Interessen in Melanesien – in der Hoffnung, daß sie durch die Lektüre der folgenden Seiten jene Menschen ein wenig besser verstehen, deren Leben sie so tiefgreifend verändern.

INHALT

Throwim way leg

Im Neuguinea-Pidgin bedeutet *throwim way leg** »sich auf eine Reise begeben«. Der Ausdruck beschreibt den Vorgang des Beinausstreckens, um den ersten Schritt eines möglicherweise langen Marsches zu tun.

Neuguinea hat mich fasziniert, solange ich denken kann. Vielleicht waren es die Geschichten, die mein Onkel »Gunner« Keith von den Kämpfen gegen die Japaner auf Niederländisch-Neuguinea erzählte, von Spinnen, so groß wie Suppenteller, und von krausköpfigen Engeln – jenen Kriegern, die ihre Ortskenntnis nutzten, um im Zweiten Weltkrieg die Leben vieler australischer Soldaten zu retten. Vielleicht war es die Gruppe furchtbar schüchterner, gleichwohl faszinierender Papua-Schüler, die meine Schule besuchte. Was immer es auch war, es entfaltete seinen Zauber, als ich noch ein Kind war.

Ich war sechsundzwanzig, als ich zum ersten Mal nach Übersee reiste. Ich fuhr nach Papua-Neuguinea. Noch immer kann ich das von einer Spur Aufregung – sogar Furcht – durchsetzte Staunen spüren, das in meiner Brust flackerte. Die frische, kühle Gebirgsluft, die fremden Gerüche, Anblicke und Geräusche, all das grub sich mir tief ins Bewußtsein ein. Alles war neu und fremd.

---

* *Throwim way leg* ist der Titel der australischen Originalausgabe.

9

Neuguinea spreizt sich wie ein riesengroßer prähistorischer Vogel quer über die See nördlich von Australien. Es ist nach Grönland die größte Insel der Erde; ihr Größe, Gestalt und die zerklüfteten Berge sind das Ergebnis einer eigentümlichen geologischen Geschichte, denn Neuguinea ist quasi die »Bugwelle« Australiens. Während der australische Kontinent nach Norden driftete, sammelte er entlang seiner Vorderkante Inseln und Bruchstücke anderer Kontinente an. Wie Schutt, der mit einem Besen zusammengefegt wird, türmten sie sich schließlich zu einem langen, chaotischen Haufen von Landformen auf. Diese Geologie erklärt auch, warum Neuguineas Flora und Fauna derjenigen Australiens ähnelt. Obwohl es nahe an Südostasien grenzt, gibt es auf Neuguinea keine Tiger, Nashörner oder Elefanten, wohl aber Känguruhs. Doch Neuguineas Känguruhs leben auf den Bäumen.

Mi bai throwim way leg nau (ich beginne jetzt meine Reise) hat immer noch die erwähnte wörtliche Bedeutung, denn selbst heute noch ist das Wandern auf Schusters Rappen in weiten Teilen Neuguineas die einzige Möglichkeit zu reisen. Die Topographie ist so zerklüftet, daß Straßen nur einen winzigen Teil der Insel erschließen. Beispielsweise sind weder Port Moresby (die Hauptstadt von Papua-Neuguinea) noch Jayapura (die Hauptstadt von Irian Jaya) mit dem Rest des Landes durch eine Straße verbunden. Außerdem gibt es auf Neuguinea keine Packtiere, und bis zur Ankunft des Flugzeugs waren die Neuguineer, die in den angrenzenden Tälern, im Gebirge oder an der Küste lebten, so isoliert voneinander wie Menschen, die in verschiedenen Kontinenten wohnen. Dies hilft zu erklären, warum auf Neuguinea etwa tausend Sprachen beheimatet sind – ein Sechstel sämtlicher Sprachen der Erde.

Während Neuguinea noch immer eines der letzten Grenzgebiete der Welt ist, blickt es auf eine altehrwürdige Geschichte zurück. Seit mindestens 45 000 Jahren leben Menschen auf der Insel. Sie kamen zu einer Zeit aus Asien über das Meer, als Neuguinea und Australien noch miteinander verbunden waren. Erst als der Meeresspiegel anstieg und die beiden Landmassen voneinander trennte, sollten diese Einwanderer sich in die existierenden australischen Aborigines und die Stammesangehörigen Neuguineas auffächern.

Bereits vor 9000 Jahren hatten die Neuguineer, die in den Hochgebirgstälern lebten, eine intensive Landwirtschaft entwickelt. Neben Taro (einer großen, nahrhaften Knolle), Bananen, Jams und Goabohnen domestizierten und ernteten sie dort die wichtigste Anbaufrucht der Welt – Zuckerrohr. Sie hatten damit zu einer Zeit begonnen, als meine europäischen Vorfahren noch wollige Mammuts quer durch die Tundra jagten.

Trotz seiner isolierten Lage spielte Neuguinea immer schon eine wichtige Rolle im Welthandel: Auf Sri Lanka schmückten sich Prinzen im 16. Jahrhundert mit Hüten aus den Federn des auf Neuguinea heimischen Paradiesvogels. Wahrscheinlich noch früher verzehrten Chinesen Muskatnüsse aus Neuguinea, und Indonesier rieben sich mit dem Öl des auf Neuguinea wachsenden Massoi-Baumes ein. Die alten Römer aromatisierten ihre Speisen mit Gewürznelken, den Blütenknospen eines Lilly Pilly, der nur auf den Inseln direkt im Westen Neuguineas wächst.

Während der Kolonialzeit betrachteten Deutschland, die Niederlande und Australien Teile Neuguineas als ihr Territorium. Australien verwaltete schließlich die östliche Hälfte der Insel, aus der im Jahr 1975 der unabhängige Staat Papua-Neuguinea wurde. Die westliche Hälfte ging von holländischen in indonesische Hände über und ist heute eine Provinz Indonesiens.

Diese kurze politische Geschichte verrät indessen wenig über das Leben der Dorfbevölkerung selber, die davon vielfach unberührt blieb. Trotz eines halben Jahrhunderts Kolonialherrschaft stießen australische Goldsucher erst im Jahr 1933 auf die 750 000 Menschen, die im zentralen Hochland von Papua-Neuguinea lebten – die bei weitem größte Konzentration von Menschen auf der Insel mit der streckenweise größten ländlichen Bevölkerungsdichte des Planeten.

Von Irian Jayas Hauptbevölkerungszentrum, dem Baliem-Tal, erfuhr man sogar noch später: im Jahr 1938, als der Millionär und Abenteurer Richard Archbold aus der Luft etwas entdeckte, das er als ein »Shangri-La«, ein Paradies, beschrieb. Es war das letzte Mal in der Geschichte unseres Planeten, daß eine so riesige, bislang unbekannte Zivilisation erstmals mit dem Westen in Berührung kam, und es sollte noch über ein Jahrzehnt dauern, bis ein wirklicher Kontakt zu dieser Region hergestellt wurde.

Bei der Erforschung Neuguineas spielten Biologen eine wichtige Rolle. Luigi Maria d'Albertis, ein Genueser, gehörte zu den ersten. Am 6. September 1872 hatte er das Privileg, als erster Europäer die Berge der Insel zu betreten, und er entdeckte dort ein der übrigen Welt völlig unbekanntes biologisches Reich. Später erkundete er mit dem Luftfahrtpionier Lawrence den Fluß Fly und beeindruckte die Einheimischen mit dramatischen Feuerwerksdarbietungen. Richard Archbold leitete von drei bedeutenden biologischen Forschungsexpeditionen, an denen er teilnahm, nur eine, in deren Verlauf er das Baliem-Tal entdeckte. Der von ihm eingerichtete Fonds sollte später schließlich sieben große biologische Erkundungsexpeditionen zu der Insel finanzieren.

Selbst noch modernen Biologen gelangen bedeutsame Beiträge zur Erforschung. Im Jahr 1974 erkundete Jared Diamond die Foja Mountains von Irian Jaya. Kein Europäer hatte zuvor seinen Fuß in dieses riesige Gebiet gesetzt, und auch kein eingeborenes Volk lebte dort. Die Tiere waren vollkommen zahm, und Paradiesvögel balzten nur wenige Meter vor Diamonds Augen, während biologisch noch unbekannte Baumkänguruhs ihn anstarrten, wenn er vorbeiging.

Ich arbeitete bereits an meiner Doktorarbeit, als ich meine erste Expedition nach Neuguinea unternahm. Mich zog es dorthin, weil Neuguinea die letzte große biologische Unbekannte dieser Welt zu sein schien, und meiner Ansicht nach konnte ich im unerforschten biologischen Neuland der Insel den besten Beitrag zu meinem Spezialgebiet, der Säugetierkunde oder Mammalogie, leisten.

Bei der Vorbereitung auf diese erste Expedition verschlang ich begierig die Literatur über die Insel. Ich stellte fest, daß man unzählige verstaubte wissenschaftliche Abhandlungen durchstöbern mußte, um zu entdecken, was in der Mammalogie Neuguineas bereits erreicht worden war. Es gab kein Kompendium, keinen einzelnen Band, auf den ich zurückgreifen konnte, um zu erfahren, was andere Forscher vor mir bereits herausgefunden hatten. Und es gab nur wenige Fotografien der Säuger; überhaupt hätte alles, was damals über sie bekannt war, bequem auf diese Buchseite gepaßt. Hier, spürte ich, lag meine Chance, einen dauerhaften Beitrag zu leisten. Ich konnte das erste Handbuch über die Säugetiere dieser großartigen Insel schreiben.

Fünfzehn Expeditionen, zwei Abstecher zu Museen in Übersee und unzählige Stunden in Bibliotheken später erreichte ich mein Ziel.

Als ich dieses Vorhaben in Angriff nahm, stellte ich mir in meiner Naivität vor, die Welt sei komplett schriftlich dokumentiert und das große Zeitalter der Entdeckungen mit dem 19. Jahrhundert zu Ende gegangen. Ich beneidete Forschungsreisende wie d'Albertis, die vollkommen unentdeckte Bergketten durchwanderten und sich monatelang ausschließlich von Reis und gerade erst von ihnen entdeckten Paradiesvögeln ernährten. Meine Rolle, dachte ich, wäre bescheidener: das Wissen zusammenzutragen, das frühere Forscher gesammelt hatten, ein paar Fotos und ökologische Bemerkungen hinzuzufügen, und das alles zwischen die Deckel eines Buches zu packen. Wenn ich Glück hatte, entdeckte ich vielleicht irgendein unbekanntes Geschöpf, beispielsweise eine Ratte, die den suchenden Augen früherer Forschungsreisender entgangen war. Vielleicht war meine größte Entdeckung auf Neuguinea, daß ich herausfand, wie sehr ich mich doch irrte.

Damals hätte ich mir nicht einmal im Traum vorgestellt, daß ich unter Stämmen leben sollte, die größtenteils noch keinen Kontakt zur westlichen Zivilisation gehabt hatten und für die der Kannibalismus noch vor ein paar Jahren kein Ammenmärchen, sondern eine Lebensweise gewesen war. Ebensowenig dachte ich daran, daß ich Berge besteigen würde, die zuvor noch kein Europäer bezwungen hatte, daß ich unerforschte Höhlen betreten oder Tiere wiederentdecken würde, die zuvor nur als eiszeitliche Fossilien bekannt gewesen waren. Hätte mir irgend jemand prophezeit, daß ich die wohl weltgrößte Ratte entdecken, vier Arten von Baumkänguruhs taufen oder auf eine Höhle stoßen würde, die voll von den Knochen längst ausgestorbener und völlig unbekannter Beuteltier-Riesen war, hätte ich mit ungläubigem Spott reagiert. Doch all das sollte mir widerfahren.

Ich habe immer befürchtet, daß mein Buch *Mammals of New Guinea* Studenten zu der Vorstellung verleiten könnte, das Zeitalter der Entdeckungen sei auf Neuguinea beendet. Das Buch macht einen so prächtigen, so gelungenen und so abgeschlossenen Eindruck – aber in Wirklichkeit ist es nur ein Anfang. Neuguinea ist noch derselbe gewaltige Tummelplatz für Abenteuer und Entdeckungen, der es schon immer war, und obwohl die Kulturen seiner Bewohner sich rasch wandeln, werden sie noch viele Jahre lang eine ganz andere Sichtweise der Welt bieten. Ich hoffe, daß diese großartige Insel auch weiterhin ihre magnetische Anziehungskraft auf junge Abenteurer und Forscher ausüben wird und daß diese dort weitermachen werden, wo ich aufgehört habe.

Pazifik

ADMIRALITÄTS-
INSELN

ayapura

Wewak

NEU-
BRITANNIEN

PAPUA-
NEUGUINEA

orresstraße

Port
Moresby

Korallensee

Kap-York-
Halbinsel

TEIL EINS

Der Mount Albert Edward

Der Mount Albert Edward

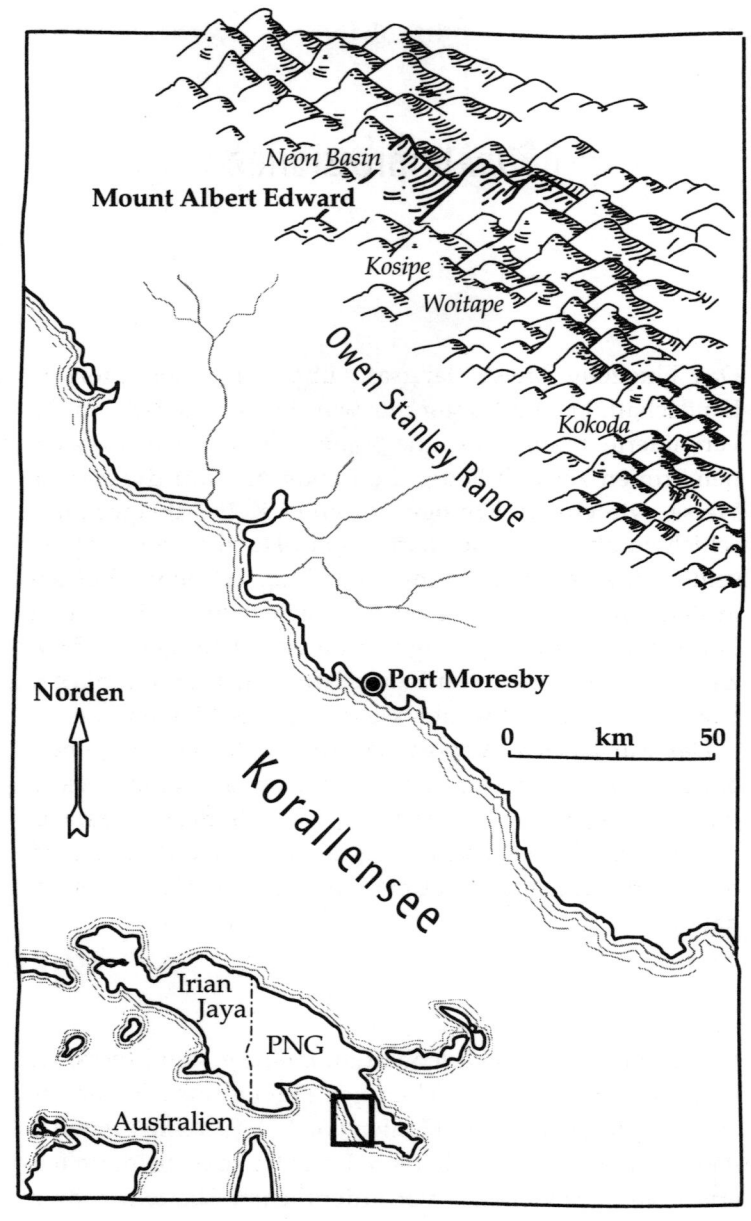

Buai-Impressionen

Das Flugzeug kreiste langsam über einer ausgedörrten Landschaft. Die Luft unter uns war dick von Rauch, da die verwilderte, braune Savanne brannte. In den feucht-trockenen Tropen zerreißt Feuer die Landschaft auf die gleiche Weise, wie ein Archäologe mit einer Kelle Ablagerungsschichten abkratzt. Hier hatte es ein Dutzend alter, hufeisenförmiger (einst zum Schutz von Flugzeugen vor Luftangriffen genutzter) Befestigungen freigelegt, die die Start- und Landebahn samt gewaltiger Haufen ausrangierter Benzintonnen, Skeletten von Panzerfahrzeugen und ähnlicher Überreste aus dem Zweiten Weltkrieg umschlossen.

Das war Jackson Airport, das Tor zu Papua-Neuguinea, einem Staat, der im Dezember 1981 noch nicht einmal sechs Jahre alt war. Es stellte ganz bestimmt nicht die üppige, von Dschungel überwachsene neuguineische Landschaft dar, die ich mir in meinen Träumen unzählige Male vorgestellt hatte.

Ich erinnere mich noch lebhaft an meine ersten Eindrücke von Port Moresby. Dunkelhäutige Frauen und Kinder, die an jeder Straßenecke vor Haufen von *buai* (Betelnüssen) und *daka* (den mit *buai* zerkauten Früchten des Betelpfefferstrauchs) oder vielleicht vor ordentlichen Bündeln von an den Stielen zusammengebundenen Erdnüssen saßen, wie ich sie noch nie zuvor gesehen hatte.

Zuerst hielt ich die roten Flecken auf allen Fußwegen und Mauern für Blut: vielleicht die Folge brutaler Überfälle und blutiger Krawalle. Erst später, nachdem ich insgeheim viel Angst ausgestanden hatte, erfuhr ich, daß die Flecken von *buai* stammten. Wenn man den Kern der kleinen grünen Nuß zusammen mit Kalk (der durch Zerstoßen verbrannter Muschelschalen gewonnen wird) und *daka* kaut, färbt die Mischung sich hellrot. Die *buai* sind aufgekaut, wenn der Mund einen dickflüssigen, roten Strahl ausstößt, was häufig mit außerordentlicher Kraft, Zielgenauigkeit und Gelassenheit geschieht.

Die erste Blüte unschuldiger Forschung gestattet einem Menschen eine Art von Freiheit, die umfassendere Kenntnis ihm verweigert. Zufrieden damit, daß die Straßen von Port Moresby nicht blutgetränkt waren, fühlte ich mich frei, herumzustreunen, wo ich wollte – einmal sogar bis zu der Bar im berüchtigten »Boroko Hotel«.

Nachdem ich an jenem Abend in gedämpftem Schweigen und eingekreist von finsteren Blicken ein oder zwei Bier getrunken hatte, schlugen ein paar Hanuabada-Burschen vor, mich zur Angau Lodge zurückzubringen, wo ich abgestiegen war. Erst als wir uns meinem Domizil näherten und ich die Stacheldraht-Einfriedungen und bissigen Hunde bemerkte, die jedes Haus in Boroko umgaben, wurde mir bewußt, daß sie zweifellos mein Geld und möglicherweise auch mein Leben gerettet hatten.

Ich fand bald heraus, daß man in Moresby am besten und billigsten in den chinesischen Cafés aß. Das »Diamond« in Boroko wurde mein Lieblingscafé. Mit seinen Resopal-Tischplatten und dem einfachen Essen erinnerte es mich an die chinesischen Restaurants meiner Kindheit und an meinen Vater, der mit unseren eigenen Kochtöpfen hinging, um sie sich mit gebratenem Reis und süß-saurem Schweinefleisch füllen zu lassen. Eines Abends bemerkte ich, daß jemand auf der Speisetafel unter Chow-mein (Gebratene Nudeln mit Sprossen) mit Kreide den merkwürdigen Zusatz *Papa Fell Over* (Papa kippte um) hingeschrieben hatte. Neugierig geworden und weil ich vermutete, es handele sich um irgendein äußerst alkoholhaltiges örtliches Gebräu, bestellte ich mir einen Kleinen mit Kaffee.

Noch nie hatte mir Pavlova, dieser unverwechselbare australische Nachtisch, der hier überraschend ins Neumelanesische (Pidgin) umgetauft und in einer chinesischen Küche gänzlich umgemodelt worden war, so gut geschmeckt.

Der Markt von Koki, einem Stadtteil von Port Moresby, schmiegt sich in der Nähe von Ela Beach ans Meer. Dieser schöne, exotische Ort zog mich tagtäglich an. Ein Ozean permanent in Bewegung befindlicher schwarzer Leiber bevölkerte den Platz, und der moschusartige Tiergeruch menschlicher Wesen vermischte sich mit der typischen Würze der *buai*. Deren große rote Spritzer schienen sich rings um ein Schild zu häufen, das verkündete: *No ken kaikai buai hia* (Kauen von Betelnüssen verboten). In der Nähe saß jeden Morgen ein alter Kerl mit wackelndem ergrautem Kopf, der ein einfaches Wickeltuch um die Hüften trug und nur ein paar *buai* vor sich zum Verkauf liegen hatte. Eines Nachmittags waren nur noch zwei Früchte übrig, als der Alte einen schmerzhaften Versuch machte, seine arthritischen Knochen auszustrecken. Eine Frau schrie in Motuan aus: »He, alter Mann, du hast deine Eier liegenlassen!«, und der ganze Marktplatz hallte von schallendem, hysterischem Gelächter wider.

Alle Marktbänke bogen sich stets unter gewaltigen Bergen von Obst und Gemüse. Über dieser Fülle hingen von den Dachsparren der mit Blechdächern versehenen Unterstände sonderbar geformte Taschen und Bündel an hölzernen Haken herab. Gelegentlich konnte ich einen verwundert dreinschauenden Kuskus (ein Greif- oder Kletterbeutler, eine Art Beutelratte) aus einer der Netztaschen herauslugen sehen, aber der Inhalt anderer blieb im dunkeln. Ich hätte furchtbar gern ein paar Kuskusse für unsere Museumssammlung erworben. Bevor mir bewußt wurde, daß die Bündel alles enthalten konnten, von Lebensmitteln bis zu Säuglingen, erwischte ich mich manchmal dabei, wie ich in dieser Sprache, die ich kaum verstand, um *pikininis*, um kleine Kinder, statt um Beutelratten feilschte.

Eines Tages lag in der Nähe des Wassers eine Echte Karettschildkröte auf dem Rücken in der Sonne und würgte hilflos, während ihren Augen salzige Tränen entströmten. Es war der Teil des Marktes, in dem Meeresfrüchte angeboten wurden. Jemand hatte bereits eine Vorderflosse gekauft. Bestürzt über diese Grausamkeit, verwarf ich jeden Gedanken an Schildkrötensuppe und erwarb statt dessen für weniger als einen Dollar pro Stück zwei lebende *kindam*, wunderbar scheckige Langusten. Nie hatte ich mir vorgestellt, daß meine magere Feldforschungszulage mir solchen Luxus erlauben würde.

Direkt dahinter befanden sich die Fleischstände. Zu Dutzenden aufgetürmt, lagen dort die geräucherten Körper von Wallabys, kleinen Buschkänguruhs. Der Geruch des rauchenden Holzfeuers war beißend, reichte jedoch nicht aus, um die Wolken umherschwirrender Fliegen abzuschrecken. Ich zahlte einem alten Mann, der auf einem Auge blind war und seine Schrotflinte hinter sich liegen hatte, meine fünf Kina und hatte auf einen Streich mein erstes Musterexemplar auf Neuguinea kassiert und das Rätsel gelöst, welches Curry ich morgen zum Abendessen kochen sollte.

Als ich an jenem Tag den Markt verließ, schloß ich mich einer enormen Menschenmenge an, die sich um den Eingang eines schmuddeligen chinesischen Ladengeschäfts drängte.

Junge und Alte wurden gleichermaßen zusammengedrückt, und ihre Münder formten sich zu feierlichen »Ohs«, während sie sich schier die Hälse ausrenkten. Allen stand das Erstaunen im Gesicht geschrieben. Nachdem ich mir einen Weg durch die Menge gebahnt hatte, entdeckte ich, was sie so fesselte – das Fernsehen hatte soeben in Port Moresby Einzug gehalten.

Das 20. Jahrhundert schien Neuguinea einzuholen. Aber von Port Moresby war es noch ein weiter Weg bis zum Mount Albert Edward. Dieser hohe, entlegene Berg war der Ort, an dem ich dem zeitlosen Neuguinea meiner Träume zu begegnen hoffte. Als ich eingetroffen war, hatte ich den Berg nicht sehen können, weil der Rauch der zahllosen Trockenzeitfeuer ihn verdeckt hatte. Er blieb genau bis zu jenem Morgen verborgen, an dem ich mit dem Flugzeug zu seinem Fuß aufbrechen sollte.

2

Furcht vor dem Himmel

Das australische Auge ist durch die landestypische Flachheit darauf trainiert, nicht weit über den Horizont abzuirren, so daß mir, als ich im Licht der Morgendämmerung auf dem Flughafen stand, das Gebirgsmassiv zuerst entging. Die zackigen, dunkelgrünen Gipfel der Owen Stanley Range entschwanden nach Norden, wobei die von der Morgenröte getönten Wolken ihre Kuppen immer mehr verdeckten. Durch einen Trick der Atmosphäre schien über dem Dunst ein blasses blaues Himmelsband aufzugehen. Aus irgendeinem Grund machte mein Auge den Versuch, oberhalb dieses Punktes zu suchen – und stieß auf eine scheinbar unmögliche Sinnestäuschung. Gleichsam schwebend, losgelöst über allem, waren dort oben zwei weitere Gipfel. Statt in Dunkelgrün leuchteten sie golden und purpurn von dem frostigen Grasland und dem zerklüfteten Fels, die ihre Kuppen krönten. Ich bildete mir ein, eine versunkene Eiszeit, eine neue Welt winke mir von jenen zwei Inseln am Himmel. Die weiteste, der Mount Albert Edward, war mein Ziel.

Meine Reise nach Papua-Neuguinea war von Dr. Geoffrey Hope, einem Paläobotaniker, ermöglicht worden. Er war seinerzeit für mich beinahe wie ein Gott. Hope sprach fließend Pidgin, hatte zehn Jahre zuvor den Carstensz-Gletscher in Irian Jaya erstiegen und wußte mehr über Neuguinea als irgend jemand sonst, dem ich begegnet war. Als

Dozent für Geographie an der Australian National University gehört Geoff zu den inspirierendsten Lehrern. Und als echter Abenteurer verschafft er Studenten unwiderstehliche Gelegenheiten, mit ihm an entlegene Orte zu reisen.

Geoff bereitete gerade eine Expedition nach Kosipe unterhalb des Mount Albert Edward vor, weil dort vor einigen Jahren ein paar uralte Steinäxte ausgegraben worden waren. Er glaubte, daß Ablagerungen in der Gegend fossilen Blütenstaub enthalten könnten, der Aufschluß über langfristige Veränderungen des Klimas und der Vegetation dort und vielleicht auch über frühe menschliche Einwirkungen auf die Umwelt liefern würde.

Begleitet wurde Geoff auf jener ersten Reise von seiner Partnerin Bren Wetherstone, ihrem gemeinsamen kleinen Sohn Julian, Geoffs Mutter Penelope und seinem Vater Alec. Zu Geoffs Vater, besser bekannt als A. D. Hope, blickte ich ebenso ehrfurchtsvoll auf wie zu Geoff selber. Er schrieb die schönsten modernen Gedichte, die ich je gelesen hatte. Seltsamerweise dachte ich, dieser großartige Mann würde tatsächlich mit mir, einem armseligen Studenten, reden!

Penelope Hope, Geoffs Mutter, war am Golf von Papua aufgewachsen, wo ihr Vater als Händler tätig war. Sie kannte das Land gut und erzählte mir viel von ihren Kindheitserlebnissen. Für sie sollte dies eine letzte Reise der Erinnerung sein.

Mit einem Kleinkind und den beiden Älteren war diese Gesellschaft jedoch kaum geeignet, meinen Wunsch nach einem Abenteuer auf Leben und Tod im abgelegenen Dschungel Neuguineas zu erfüllen. Doch diese Expedition sollte mir Erfahrungen bescheren, die ich niemals wiederholen konnte. Denn durch sie verstand ich ein wenig von der *taim bilong masta* – der Zeit, als weiße Männer Neuguinea beherrscht hatten. Wenn ich heute zurückschaue, dann ist diese Reise für mich wie ein flüchtiger Blick darauf, wie Papua-Neuguinea früher einmal gewesen war.

A. D. Hope schien recht interessiert an unserer Arbeit zu sein und war besonders von den kleinen Tieren fasziniert, die wir fingen.

Eines Tages ging mir ein fleischfressendes Beuteltier in die Falle, ein Verwandter des australischen *Antechinus*. A. D. Hope war hingerissen. Er fragte mich ausführlich über das Tier und seine Paarungsgewohnheiten aus, bevor er mir erklärte, daß sein letzter Gedichtband *Antechinus* hieß. Hauptthema des Werkes sei das Sexualleben dieser seltsamen Beuteltiere. Ihr Fortpflanzungsmuster ist insoweit ungewöhnlich, als die Männchen nur elf Monate leben, während Weibchen Jahre überdauern können. Ihren letzten Lebensmonat verbringen die Männchen auf der Suche nach sexueller Erfüllung, eine Übung, die so anstrengend ist, daß sie unweigerlich zu ihrem Tod führt. Ich erhielt später ein Exemplar von *Antechinus*, in das Hope eine wunderbare Widmung als Andenken an jene Zeit geschrieben hatte, die wir damit zugebracht hatten, ein winziges Beuteltier anzustarren.

Unser Plan sah vor, alle Hopes nach Kosipe, einer katholischen Missionsstation am Fuße des Berges, zu fliegen. Ken Aplin (ein Kommilitone) und ich sollten in Woitape, etwa 15 Kilometer entfernt, abgesetzt werden, um den Rest des Weges zur Station zu Fuß zurückzulegen.

Manchmal hat Laufen Vorteile gegenüber dem Fliegen, bekommt man doch ein vollkommen anderes Gefühl für den Kontext des Ortes, den man aufsucht. Der Pfad von Woitape nach Kosipe war gut, weil er von Traktoren befahren wurde. Wir folgten ihm und schlängelten uns fünf Stunden durch Wald und Unterholz. Jemand, der an die lichten Wälder Australiens gewöhnt ist, fühlt sich auf einem solchen Pfad allmählich eingeengt, denn die Vegetation ist dicht und versperrt die Aussicht. Aber schließlich öffnete sich vor uns ein großartiger und vollkommen unerwarteter Anblick.

Die Missionsstation in Kosipe liegt in einem einmaligen Hochtal, hinter dem sich Stufe um Stufe der majestätische Mount Albert Edward erhebt. An diesem klaren Nachmittag glühte sein Gipfel purpurn gegen den Himmel. Der Boden des Tals wurde beinahe vollständig von einem großen Sumpf eingenommen. Genau deswegen war Geoff hierhergekommen: Er wollte eine Schichtenprobe entnehmen, um Veränderungen der Vegetation durch die Zeitalter hindurch zu untersuchen. Rings um den Sumpf erstreckten sich Wellen hügeligen Graslandes. Der Anblick hatte etwas typisch Europäisches. Über das ganze Tal verstreut, besonders aber auf höherem Gelände, lagen schmucke zweigeschossige Landhäuser im Schweizer Stil mit Spitzdächern, zwischen denen Vieh und Pferde grasten. Weiter entfernt, von Baumgruppen verborgen, verrieten Rauchwölkchen die nahen Dörfer der Goilala.

Dieser herrliche Ort war das Ergebnis der Synergie zwischen zwei auf den ersten Blick unterschiedlichen, im Grunde jedoch ähnlichen Bergkulturen. Das Grasland des Kosipe-Tals war von den Goilala geschaffen worden, den ursprünglichen Bewohnern des Ortes. Vor der Gründung der Mission hatten sie unten im Tal gelebt. Um diese Lichtung zu schaffen, hatten sie etwa die vergangenen vierzig Jahre gebraucht. Wann immer die Umstände es zuließen, brannten sie den Wald nieder und schufen so eine sich stetig vergrößernde Grasfläche.

Die Landhäuser, das Vieh und die Pferde andererseits waren das Werk von Pater Alexandre Michaellod, einem der bemerkenswertesten Menschen, denen ich je begegnet bin.

Pater Michaellod hatte das außerordentliche Pech gehabt, als elftes Kind eines einfachen katholischen Schweizer Milchbauern geboren zu werden. Zu Beginn des 20. Jahrhunderts gab es für ein solches Kind praktisch keinerlei Aussichten. Die althergebrachte – und in der Tat einzige – Option bestand darin, in ein Kloster einzutreten. Und genau dies tat Michaellod im Alter von zwölf Jahren. Er lernte dort, verschiedene Sorten Käse herzustellen, und langweilte sich, wie er selber zugab, beinahe zu Tode. Dann ergab sich die Gelegenheit, Missionar zu werden. Nach einer kurzen Ausbildungszeit wurde Michaellod nach Neuguinea entsandt. Noch auf dem Schiff hatte er entschieden den Eindruck, zu irgendeinem Ort in Afrika unterwegs zu sein.

Als Michaellod schließlich in der katholischen Missionsstation auf der Insel Yule vor der Südküste eintraf, erhielt er den beinahe selbstmörderischen Auftrag, in dem damals größtenteils unberührten Gebiet der Mendi zu missionieren. Einem Bericht zufolge (der wahrscheinlich jeden Wahrheitsgehalts entbehrt) fluchte Michaellod, als er von seiner Mission erfuhr, spuckte dreimal auf den Boden und stapfte davon, um seine Reise anzutreten.

Trotz der Schwierigkeit seiner Aufgabe war Michaellod bei der Verbreitung des Evangeliums unter den Mendi außerordentlich erfolgreich – in der Tat so erfolgreich, daß man ihn als nächstes losschickte, um unter den Goilala eine Mission einzurichten.

Die Goilala genießen einen schlimmen Ruf. Eine der berüchtigsten *raskol*-Banden in Port Moresby nennt sich »105«, eine Art Spiegelbild der ersten drei Buchstaben des Wortes Goilala. Kühnheit und Brutalität dieser Gang sind legendär. Gerade ein Jahr, nachdem wir Kosipe verlassen hatten, wurde ein belgischer Arzt bei der Besteigung des Mount Albert Edward ermordet. Seine Goilala-Führer, frisch aus dem Gefängnis entlassen, spalteten ihm von hinten mit einer Axt den Schädel, bevor sie ihn ausraubten. Das erste Flugzeug, das jemals in Papua-Neuguinea entführt wurde (im September 1995), landete in Kosipe, wobei sein Pilot das schwierige Aufsetzen auf der – damals – verlassenen Behelfspiste mit einer an den Kopf gehaltenen Schrotflinte meisterte.

Ein neuguineischer Freund erzählte mir einmal von seinem Großvater, der in den dreißiger Jahren als Polizeisergeant im Goilala-Gebiet gearbeitet hatte. Als Papua mit Unteroffiziersrang durfte er, wenn er Übeltäter aufspürte, einen Polizeitrupp anführen, ohne von einem *kiap*, einem Regierungsbeamten, beaufsichtigt zu werden. Seine Lieblingstaktik bestand darin, die Bösewichter zurück bis in ihr Dorf zu verfolgen. Dort zündete er in den frühen Morgenstunden das Haus der Männer an und postierte sich mit dem Gewehr im Anschlag am Eingang. Wenn die verschlafenen Krieger versuchten, der Feuersbrunst durch die Tür zu entkommen, schoß er ihnen direkt in den Kopf.

Jetzt, da er senil geworden war, fand der alte Bursche, seine vielen Sünden seien schwer zu vergeben, und erkundigte sich häufig bei seinem Enkel nach der göttlichen Gerechtigkeit. Warum, fragte er, würde Gott, wenn er denn gerecht sei, einen alten Bastard wie ihn selber ein so hohes Alter erreichen lassen, aber zugleich dafür sorgen, daß so viele gute Männer jung starben?

Doch als mein Freund das Gebiet der Goilala aufsuchte, stellte er seltsamerweise fest, daß der Vorname seines Großvaters unter jüngeren Männern weit verbreitet war. Ungeachtet seiner Taktik wurde der harte alte Bursche von den Goilala bewundert. Eine Generation junger Namensvettern war ihr Tribut an ihn.

Diese Geschichte warf ein wenig Licht auf Michaellod. Er schien schon allein deshalb ein außergewöhnlicher Mann zu sein, weil er so lange in Kosipe blieb. Doch ich mochte ihn noch aus vielen anderen Gründen. Er war ein komplizierter und intelligenter Mensch, der sein Leben in den Dienst eines Glaubens gestellt hatte, den er niemals anzweifelte. Doch traurigerweise war er im Jahr 1981 ein ziemlicher Anachronismus – modernere römisch-katholische Missionare verstehen sich gewöhnlich als Menschen, die Dinge ermöglichen und eher anleiten als herrschen. Pater Michaellod gehörte auf seine Art zu der älteren, autoritäreren Schule. Da er einen Großteil seines Lebens in den Hochlandgesellschaften Neuguineas verbracht hatte, war er stark von ihnen beeinflußt worden. Viele Mitglieder seiner Gemeinde erwarteten von ihrem Priester, daß er wie ein »Big Man« handelte, und nach den besten Traditionen neuguineischer »Big Men« wurde Michaellod sowohl gefürchtet als auch geachtet. Den älteren Goilala gefiel das, war doch solch ein altmodischer Führer genau nach ihrem Geschmack.

Michaellod erinnerte sich noch sehr gut an seinen ersten Kontakt mit den Goilala. Wie er, allein und mit einer schwarzen Soutane bekleidet, durch den dichten Dschungel gezogen war und den überschwenglichen Bergbewohnern fürchterliche Angst eingejagt hatte. Sie flohen aus ihren Dörfern und ließen nur ein paar gebrechliche alte Frauen zurück. Die anderen trauten sich erst nach ein paar Tagen wieder zurück. Michaellod, der kein Wort Goilala sprach, befand, daß Kontakt mit Kindern der beste Weg wäre, das Zutrauen der Erwachsenen zu gewinnen. Er pflegte einem Kind ein Bonbon anzubieten und es anschließend bei der Hand zu nehmen und zum Reden in seine Hütte zu führen.

Viele Jahre später verstand Michaellod endlich, warum die Mütter vor Kummer gejammert hatten, wenn er ihre Kinder fortführte. Wenn ein Goilala jemanden bei der Hand nimmt und zu einem vertraulichen Ort entführt, dann ist das ein unweigerlicher Auftakt zum Geschlechtsverkehr. Jahrelang glaubten die Goilala, der ernste Mann, der kein sexuelles Interesse an Frauen zeigte, sei ein Päderast.

Die ersten Bekehrungsversuche von Pater Michaellod schlugen kläglich fehl: Die Männer verweigerten den Frauen Zugang zu religiösem Wissen. Am Ende stimmten sie nur unter der Bedingung zu, daß Michaellods Katechet sie gesondert unterwies. Dieser fromme Mann von der Küste betrachtete nicht die Nacktheit der Goilala-Frauen, sondern flüchtete sich darein, Zeichnungen hochzuhalten, welche die christliche Lehre darstellten, während er sich hinter dem

Stamm eines Baumes versteckte. Anschließend sprach man über die Abbildungen.

Michaellod stellte mit Entsetzen fest, daß seine Gemeindemitglieder durchweg die Hölle dem Himmel vorzogen. Er brauchte einige Zeit, um herauszufinden, warum. Auf der Bildkarte der Mission war die Hölle als ein Ort ewigen Feuers dargestellt, bevölkert von dunkelhäutigen Wesen mit speerartigen Mistgabeln. Damit stachen sie gelegentlich einen gefangenen weißen Mann. Kurz, er fand heraus, daß die Szenerie starke Ähnlichkeit mit dem Inneren einer idealisierten Goilala-Hütte aufwies. Der Himmel andererseits war als bewölkter und nebelverhangener Ort dargestellt, an dem, bleich und drohend, viele weiße Menschen herumstanden. Die Goilala erinnerte der Himmel also zu sehr an einen Berggipfel, auf dem wirbelnde Nebel und Unwetter oft einen kalten Tod bereithalten. Und davor fürchteten sie sich.

Noch schlimmer war in Pater Michaellods Augen, daß die Goilala das Wesen der Dreifaltigkeit beharrlich (vielleicht auch dickköpfig, meinte er) mißverstanden. Nicht lange vor unserer Ankunft, so erzählte er uns, sei eine Gruppe der frömmsten Gemeindemitglieder im Zustand großer Aufregung zu ihm gekommen. Sie behaupteten, der heilige Geist sei ihnen bei ihrer Arbeit am Waldrand erschienen, und baten den Pater, mit ihm zu sprechen. Michaellod schrieb rasch, ohne sich aus der Ruhe bringen zu lassen, ein paar Worte (auf französisch!) auf einen Fetzen Papier und gab die Notiz seinen aufgewühlten Gemeindemitgliedern. Diese kehrten einige Zeit später hochzufrieden zurück und berichteten, der heilige Geist sei von seinem Hochsitz heruntergehüpft, habe die Notiz mit seinem Schnabel gepackt und sie zum Himmel emporgetragen!

Michaellod war genauso zäh wie seine Goilala-Schützlinge. Er erzählte mir, daß er ein paar Monate nach seiner Ankunft beobachtet habe, wie zwei Goilala-Männer sich mit

Äxten duellierten. Die nackten Männer hätten einander vorsichtig umkreist, wie Kampfhähne. Jeder habe eine langstielige Axt mit der Schneide vor dem Gesicht gehalten. Beide hätten auf den Moment gewartet, in dem sich die Chance böte, dem Gegner den stählernen Keil tief in den Schädel zu rammen.

Michaellod stürmte vor und streckte eine Hand aus, um die Kämpfer zu trennen. Reflexartig ließ einer von den beiden seine Axt auf die ungeschützte Hand herabsausen, und das Blut spritzte nur so auf den Boden.

Binnen Wochen war der Übeltäter tot: Er war davon überzeugt, zusammen mit dem Blut des großen Mannes auch seinen Geist freigelassen zu haben. Dieser Geist, so glaubte er, würde nicht eher ruhen, als bis er sein Leben eingefordert habe.

Pater Michaellod hatte inzwischen die Papua-Nonnen, die geschickt worden waren, um sich um ihn zu kümmern, schockiert, indem er einen leeren Sarg gegen die Wand seines Hauses lehnte und witzelte, er habe ihn »im voraus« für sich gekauft.

Diese Schwäche für Särge hatte übrigens auf seinen Küster abgefärbt, der ein komischer alter Knabe gewesen sein muß. Der fromme Bursche war nach Port Moresby gefahren, obwohl seine Frau krank war. Er kehrte mit einem Geschenk für sie heim – einem glänzenden neuen Sarg. Anscheinend freute sie sich über das Geschenk, und es schien sie auch nicht zu kümmern, als sie sich von ihrer Krankheit erholte und seine Benutzung folglich aufschieben mußte!

Die europäische Leichtigkeit, mit der Michaellod Tote hinnahm, war für ihn von großem Vorteil. Er fuhr häufig mit dem verbeulten Missionsjeep zu einem Dorf in der Nähe, um einen Leichnam für ein christliches Begräbnis abzuholen. Auf der Rückfahrt pflegte er den toten Körper einfach auf dem Beifahrersitz festzubinden. Unweigerlich gab es jedesmal einen Ansturm potentieller Passagiere, die kostenlos nach Kosipe mitgenommen werden wollten. Ihr Schrecken, wenn sie die Leiche entdeckten, machte dem alten Priester viel Freude.

Während solche Vorkommnisse Michaellod bei seinen Gemeindemitgliedern zweifellos einen Ruf als schwarzer Magier eintrugen, nahte die Stunde seines größten Triumphs, als er Vieh nach Kosipe brachte. Einen Schweizer Milchbauern kommt es hart an, ein grasbewachsenes Gebirgstal bar jeder Kuh zu sehen. Pater Michaellod mußte die Kühe einfach haben – aber in jenen Zeiten war ein Viehtreck von Ononge aus ins Inselinnere ein schwieriges Unterfangen.

Michaellod trieb die Tiere höchstpersönlich über schmale, moosüberwucherte Pfade durch den dichten Regenwald; dabei fürchtete er die ganze Zeit die letzte Etappe der Route nach Kosipe, die seinerzeit nichts weiter als eine gewundene Fährte durch dichtestes Buschwerk war. Doch als er sich der Mission näherte, stellte er fest, daß seine Gemeindemitglieder in der Zwischenzeit einen wahren Rinder-Highway angelegt hatten. Der krumme Pfad war verbreitert, begradigt und mit Matten ausgelegt worden, um den »Schweine-Ahnen« (deren Hauer für sie recht eindrucksvoll oben aus dem Kopf wuchsen) das Fortkommen zu erleichtern.

Doch im Jahr 1981 gehörte diese Frühzeit endgültig der Vergangenheit an. Noch achteten ein paar alte Männer im Dorf den Priester, dem die Schweine-Ahnen gehörten und dessen Blut, wenn es denn vergossen wurde, einen Krieger im besten Alter töten konnte. Aber die Jungen wuchsen jetzt in einer anderen Welt auf. Sie kannten Port Moresby und waren mit der europäischen Lebensweise vertraut. Viele wußten, daß die Europäer genauso leicht ausgeraubt werden konnten wie alle anderen. Sie widersetzten sich dem alten Priester, und wenn sie auch noch nicht wagten, es offen zu tun, würde der Tag bald kommen, an dem sie es gewiß täten.

Als die Weihnachtsferien näher rückten, trafen beinahe täglich Gruppen von Menschen über den von Woitape herführenden Weg ein. Sie kehrten aus Port Moresby zurück, um Weihnachten und Neujahr mit ihren Angehörigen zu feiern. Bei vielen handelte es sich zweifellos um hart arbeitende Regierungsangestellte, die sich auf eine willkommene Auszeit freuten. Andere jedoch waren arrogant aussehende junge Männer, die unter großen, offensichtlich gestohlenen Bündeln westlicher Waren unterschiedlichster Art einherstolzierten. Das Gros machten anscheinend Radios, Lampen und andere Elektrogeräte aus – ungeachtet der Tatsache, daß es in den Hütten der Goilala keinen Strom gab.

Am Weihnachtstag des Jahres 1981 erschallte das Alphorn von Pater Michaellod durch das Kosipe-Tal und rief die Gläubigen zur Messe, so wie es das an jedem Feiertag während der vergangenen dreißig Jahre getan hatte. Und zum ersten Mal seit über einem Jahrzehnt zog es mich in eine Kirche – abgesehen von allem anderen wollte ich hören, wie der alte Mann sich in Goilala ausließ.

Ein Großteil des Gottesdienstes wurde tatsächlich in der Goilala-Sprache abgehalten, während die Predigt selber aus einer sonderbaren Mischung von Pidgin und Englisch bestand. Nachdem er gerade stillenden Müttern streng befohlen hatte, ihren Kindern künftig während der Eucharistiefeier nicht mehr die Brust zu geben, setzte Michaellod zu der grimmigsten Höllenfeuer-und-Verdammnis-Predigt an, die mir in meiner kurzen, wenngleich unvergeßlichen Laufbahn als römischer Katholik jemals zu Ohren gekommen war.

Er begann mit der Warnung, dies könnte die letzte Predigt sein, die sie jemals von ihm hören würden, also täten sie besser daran, genau zuzuhören. Er sei der einzige Führer, den die Goilala besäßen, während sie der engen, gewundenen

Straße zum ewigen gerechten Lohn folgten, doch er sei *klosap long bagarap pinis* (dem Tode nahe) und halte vielleicht kein weiteres Jahr mehr durch. Er kenne ihren trägen, nachlässigen und ausgesprochen verderbten Charakter. Er sei schon hier gewesen, als ihre Großväter sich noch gegenseitig umgebracht und aufgegessen hätten! Selbst die neue Generation falle vom Glauben ab zugunsten einer niederträchtigen Lebensart. Sich selbst überlassen, würde der ganze Stamm mit Sicherheit im ewigen Höllenfeuer umkommen.

Liebevoll verweilte er auf den schrecklichen Qualen der Hölle und malte die zahlreichen Sünden der Gemeinde in großer Anschaulichkeit und Ausführlichkeit aus. Die strikte, absolute Befolgung der christlichen Lehre, schloß Michaellod, sei der einzige Weg zur Erlösung.

Später sann ich über die Tatsache nach, daß Michaellod teilweise Englisch gesprochen hatte – ich dürfte einer der wenigen in der Gemeinde gewesen sein, die mehr als ein Wort davon verstanden hatten.

Zum Schluß der Messe wurden sogar die donnernden Worte Pater Michaellods nach und nach von einem gespenstischen Klagen übertönt, das hinter der Kirche ertönte. Als ich ihn später darauf ansprach, erwiderte Michaellod, das sei alles die Folge eines schrecklichen Unfalls.

Die Klagende war eine arme Witwe, deren einzige Besitztümer zwei innig geliebte Schweine gewesen waren. Michaellod hatte eines Morgens beim Aufwachen bemerkt, daß diese Schweine gerade seinen sorgsam bestellten Gemüsegarten umwühlten. Er hatte schon früher versprochen, mit jedem Schwein, das sich auf Abwegen befand, kurzen Prozeß zu machen – allein der Gedanke, die Witwe des einzigen zu berauben, was sie besaß, beunruhigte ihn doch zutiefst.

Am Ende beschloß er, Mitleid mit ihrem bejammernswerten Zustand zu haben, verspürte aber nichtsdestotrotz das Bedürfnis, den Leuten eine Lektion zu erteilen. Er schob seine Schrotflinte aus dem Schlafzimmerfenster, kniff die

Augen zusammen und feuerte, ohne zu zielen, auf große Entfernung aus beiden Läufen. Zu seinem Entsetzen fielen beide Schweine mausetot um.

Seitdem hatte die Witwe bei jeder öffentlichen Gelegenheit angefangen, den Priester an seine herzlose Tat zu erinnern. Aber so leid ihm sein Justizirrtum auch tat, aus Furcht, eine Lawine ähnlicher Ansprüche loszutreten, war er der Ansicht, ihr den verlangten Schadensersatz nicht anbieten zu können.

Um die Zeit, als ich ihn kennenlernte, hinderte schon die Arthritis Pater Michaellod daran, den Generator anzukurbeln, der die Mission bei Nacht erhellte, und bald übernahm ich diese Aufgabe. Das Butterfaß konnte er noch bearbeiten, aber er war dankbar für jede Hilfe bei der Herstellung der Weich- und Hartkäse, die er zusammen mit seinen Mitbrüdern in nahe gelegenen Missionsstationen gegen sauren Rotwein tauschte.

Dieser schlichte Priester, der im ländlichen Europa des frühen 20. Jahrhunderts aufgewachsen war, lebte unter den Dorfbewohnern Neuguineas sehr viel glücklicher als in der Gesellschaft moderner westlicher Menschen wie mir. Er wäre verloren und todtraurig, sollte er jemals gezwungen sein, in die Schweiz von heute zurückzukehren.

Beim Käsemachen am Morgen nach der Weihnachtsmesse fragte ich Pater Michaellod, wie er seine Leistungen einschätze. Er sah bemerkenswert ruhig aus, als er mir erklärte, daß es tausend Jahre gedauert habe, Europa zu christianisieren. Die katholische Kirche habe es also nicht eilig in Kosipe.

3

K.o. durch Äther

Alles war bereit für das Endziel unserer Expedition – den Aufstieg zum Mount Albert Edward. Früh am festgesetzten Morgen machten Geoff Hope, Bren Wetherstone, Ken Aplin und ich uns, begleitet von über einem Dutzend Goilala, bei Nieselregen auf den Weg quer durch das Tal. Nach einem etwa zweistündigen Fußmarsch – ein Gutteil davon durch den sagenhaften Kosipe-Sumpf – langten wir an der Südwand des Berges an und begannen mit dem strapaziösen Aufstieg.

Am Spätnachmittag machten sich bei uns allmählich sowohl Höhenkrankheit als auch Erschöpfung bemerkbar. Geoff hatte schon vor einiger Zeit sein Mittagessen auf den Pfad erbrochen, und ich war durch schiere Erschöpfung gezwungen, ein paar unglaublich steile, moosbewachsene Hänge auf allen vieren hochzukriechen. Am Ende lag ich vollkommen entkräftet neben dem Pfad. Mir war, als würde mein hämmernder Kopf jeden Moment platzen und als würden meine zitternden Beine meinen Befehlen nicht mehr gehorchen.

Geoff hielt neben mir und machte eine Dose Rinderpökelfleisch auf. Weil ich dringend Energie brauchte, verschlang ich den Inhalt direkt aus der Büchse – Haut, Fett, alles – und dachte die ganze Zeit daran, als Kind gehört zu haben, daß er aus Rindfleischabfällen, meist Lippen, Ohren und Hoden, hergestellt wurde. Meine Lebensgeister kehrten trotzdem wieder, und es gelang mir, mich weiter vorwärtszuschleppen. Ein paar Meter danach schließlich mündete der schmale Grat, den ich mich hochquälte, in ein breites Tal.

Ein größerer Kontrast zu dem beengenden Mooswald war kaum vorstellbar. Wir hatten das Neon Basin auf 3000 Metern Meereshöhe erreicht, ein herrliches, weites, grasbewachsenes Tal, das hoch am oberen Hang des Berges lag. Vor zehntausend Jahren war es einmal ein See gewesen, der durch eine vom Berg kommende Gletscherzunge aufgestaut worden war. An diesem Nachmittag hingen die Wolken sehr tief, und über meinem Kopf ragten die gewaltigen, von Gletschern geformten Felsen des Gipfels selbst auf.

Auf jeder Erhebung standen Gruppen der sagenhaften Alpinen Baumfarne Neuguineas (*Cyathea tomentosissima*), deren Stämme mit leuchtend orangefarbenen »Baumwucherer«- oder »Baumwurzler«-Orchideen behängt waren. Der Boden war von Grasbüscheln bedeckt, aus denen hin und wieder ein Rhododendronstrauch emporwuchs. Die gesamte Szenerie leuchtete bronze- und orangefarben im Licht des Nachmittags.

Bis auf den heutigen Tag bleibt das Neon Basin vom Dezember 1981 mein verzauberter Ort – die Zuflucht, an die ich mich in Gedanken begebe, wenn ich der endlosen Langeweile von Ausschußsitzungen entfliehen möchte.

Während ich in die Betrachtung dieser wundervollen Landschaft versunken dastand, wurde mir der Anblick plötzlich von dichtem Nebel entrissen, der sich talaufwärts schneller ausbreitete, als ich laufen konnte. Bald konnte ich kaum noch die Hand vor Augen sehen. Ich spürte die Frische von Wasserdampf auf der Haut und die Stille der alles umhüllenden Schwaden.

Ich verlor jede Orientierung in dem Dunst und wußte, daß die Goilala recht hatten, wenn sie glaubten, dieser Ort sei von *masalai* (Geistern) bewohnt.

Verloren, allein und den Himmel fürchtend – nachdem

Michaellods Predigt tief in jenen Teil von mir eingedrungen war, in dem die Lektionen meiner katholischen Kindheit gespeichert waren –, erbrach ich Rindergepökeltes auf die alpinen Grasbüschel.

Das Geräusch einer Axt, die in trockenes Holz schlug, drang an mein Ohr und leitete mich.

Unsere Unterkunft stellte sich, als ich sie erreichte, als prächtige Jagdhütte heraus. Sie war aus Baumfarnstämmen errichtet, mit Berg-Pandanus-Blättern gedeckt und innen mit den weichen Wedeln des Alpinen Bergfarns ausgelegt. Ringsum an den Wänden hingen als Trophäen Knochen von Tieren, die bei früheren Jagden erlegt worden waren.

An diesem magischen Ort geschah es, daß der unverwechselbare, leicht beißende, rauchige Geruch einer neuguineischen Jagdhütte mich zum ersten Mal vollkommen durchdrang. Selbst heute ziehe ich manchmal einen Pullover an, dem dieser Geruch anhaftet, und werde auf der Stelle nach Neuguinea befördert.

In der Mitte der Hütte befand sich eine längliche Feuerstelle, die jetzt in Flammen stand. Verräuchert und geschmückt mit Tierknochen und den schlafenden braunen Leibern unserer Goilala-Führer, ähnelte die Hütte ein wenig der Hölle, wie ich sie mir als Kind vorgestellt hatte. Ich legte mich am Feuer nieder und schlief meine tiefe Erschöpfung aus.

Das Feuer war vor dem Morgengrauen heruntergebrannt, und ich erwachte fröstelnd vor Kälte in Erwartung der Sonne. Unsere Goilala-Führer und ihre Hunde waren ebenfalls schon auf den Beinen. Nachdem sie ein paar gebackene *kaukau* (Süßkartoffeln) gegessen hatten, setzten sie sich durch das feuchte Gras Richtung Waldrand in Bewegung. Ich saß da und bewunderte den winzigen Anflug der Dämmerung. Weiße Wolken hoben sich, gleichmäßig verteilt wie kleine Wellen an einem Strand, gegen einen rosafarbenen Himmel ab. Noch beschien ein leuchtender Mond das Neon Basin und überzog das Gras mit silbernem Reif.

Mein erster Arbeitstag als *echter* Feldforscher auf Neuguinea war ziemlich ernüchternd. Während Geoff und Bren den Trichter des vormaligen Sees sondierten, mußten Ken Aplin und ich ein sehr großes Becken auskundschaften und mehrere hundert Rattenfallen mit Ködern versehen. Wir machten uns an die Arbeit.

Bei unseren Fallen handelte es sich um Kastenfallen aus Aluminium. Mit ihnen kann man Tiere fangen, ohne sie zu verletzen. Allerdings sind sie unhandlich und schwer. Bei unserer Aktion mit den Rattenfallen wurden wir von Viktor begleitet, einem zehnjährigen Goilala-Jungen, der sich uns sofort angeschlossen hatte. Da ich noch immer unter Höhenkrankheit litt, erschöpfte jede körperliche Anstrengung mich rasch, und so war es Klein-Viktor, der sich nach einiger Zeit meine schwere Fallenkiste schnappte und sie zu meinem Erstaunen mühelos weitertrug. Während ich die Fallen an vielversprechenden Stellen abseits des Weges aufstellte, pflegte Viktor mir hinterherzukommen und Zaubersprüche in die geöffneten Türen der Fallen zu flüstern, um unseren Erfolg zu steigern.

Am Ende unserer Strecke, als die Kiste mit den Fallen leer war, schulterte Viktor einen großen Holzklotz und schleppte ihn zurück zum Lager. Ich experimentierte verstohlen mit dem Klotz und stellte beschämt fest, daß ich in meinem geschwächten Zustand kaum in der Lage war, ihn hochzuheben.

Bis zum Nachmittag war das Lager in Ordnung gebracht, und auch die Fallen befanden sich an Ort und Stelle, so daß wir endlich Zeit hatten, unsere Umgebung zu erkunden. In der Mitte des Beckens stießen wir auf einen Felsüberhang, der seit Generationen von menschlichen Jägern und Gras-Schleiereulen als Unterstand benutzt wurde. Sein weicher, schmutziger Boden war übersät mit kleinen Knochen, die uns eine gute Vorstellung von den Tierarten vermittelten, die in dem Tal lebten. Weiter weg fanden wir die Überreste eines großen Grasnestes, das von einer werfenden Sau stammte, während überall der Kot von Wallabys und neu-guineischen wilden Hunden lag. Es gab hier tatsächlich eine reichhaltige Tierwelt.

An diesem Abend kehrten die Jäger beladen mit Beutel-ratten zurück. Sie wollten rasch essen, also mußten Ken und ich uns mit der Entnahme von Proben und der Beschriftung der Exemplare beeilen. Eine der Beutelratten, ein Kupferner Streifen-Ringelschwanzbeutler, wurde lebend ins Lager ge-bracht. Wir hatten noch nie zuvor ein Tier umgebracht und wollten es human töten. Zum Glück hatten Ken und ich in weiser Voraussicht solcher Situationen eine Flasche Äther mitgenommen.

Nachdem wir die Beutelratte eine Dosis hatten einatmen lassen, die ausgereicht hätte, einen Ochsen zu fällen, mach-ten Ken und ich uns an die Arbeit. Es mußten Hoden für Chromosomenuntersuchungen herausgeschnitten sowie Leber- und Nierenproben entnommen werden. Zu meinem Schrecken begann unser Beutler, als wir fast fertig waren, Anzeichen von Leben zu zeigen. Schnell drückte ich den äthergetränkten Fetzen fest an seine Schnauze und ließ ihn dort, bis ich sicher war, daß das Tier wirklich und wahrhaf-tig verstorben war.

Als die Jäger mit ihrer Abendmahlzeit begannen, brach ein aufgeregtes Geplapper unter ihnen aus. Schließlich kam Andrew Keno (ein Goilala, der ein bißchen Englisch sprach) zu mir herüber und erklärte, daß die Jäger einen der Beutler falsch bestimmt hätten. Es sei nicht der gewöhnliche *Kovilap*

(Kupferner Streifen-Ringelschwanzbeutler), sondern eine andere, sehr seltene Art. Tatsächlich handle es sich um eine der seltensten und köstlichsten Beutelratten von allen. Sie brachten mir ein Stück von dem Fleisch dieses fabelhaften Tieres, und ich biß zögernd hinein.

Augenblicklich wurde meine Zunge von einer entsetzlichen, totalen Lähmung befallen. Ätherdämpfe attackierten meine Nase und brannten mir in den Augen. Das Gas war durch den ganzen Körper des stark überdosierten Beutlers gewandert, und ein kurzer Bratvorgang war nicht dazu angetan gewesen, seine Stärke abzumildern.

Entsetzt über den Gedanken, was der Äther wohl bei den Goilala anrichten könnte, verbrachte ich eine größtenteils schlaflose Nacht. Während die Stunden verstrichen, achtete ich auf das Schnauben und Ächzen meiner Gefährten. Endlich wachten alle zu meiner großen Erleichterung am anderen Morgen gesund und munter wieder auf.

Nach diesem Vorfall lernte ich, die größeren Beutler durch einen harten Schlag in den Nacken zu töten. Richtig ausgeführt, bedeutete er praktisch den sofortigen Tod, und ich war sicher, daß das Tier sehr wenig Schmerz verspürte. Außerdem garantierte der Schlag, daß das Fleisch, das meine Freunde aßen, einwandfrei war.

Ich habe oft darüber gegrübelt, von welch unterschiedlichen Vorstellungen über Grausamkeit gegen Tiere Stammesvölker und westliche Menschen erfüllt sind. Neuguineische Dorfbewohner scheinen unsere Vorstellungen jedenfalls nicht zu teilen. Während all der Jahre, in denen ich Feldforschung betrieb, wurden mir immer wieder Beutelratten und Wallabys gebracht, die sämtliche Knochen gebrochen hatten oder denen Gedärme und Augen heraushingen. Wenn ich einen Jäger bat, das leidende Tier von seinem Elend zu erlösen, wurde mir oft gesagt, es sei doch schon tot! In Wahrheit war es für den Jäger um so besser, je länger ein Tier lebte, weil das Fleisch dann in dem tropischen Klima nicht faulte.

Ich entsinne mich noch lebhaft eines frühen Morgens in der entlegenen Regierungsstation Telefomin, hoch oben in den Bergen von West-Papua-Neuguinea. Ich war losgezogen, um ein Schleiernetz zu überprüfen, in dem sich vielleicht während der Nacht Fledermäuse verfangen hatten. Sehr zur Empörung meiner Helfer vom Stamm der Telefol – die mir vorwarfen, kostbare Nahrung zu vergeuden – ließ ich die Fledermäuse frei, die nicht für die Forschung benötigt wurden. Aber meine Helfer wollten mir partout nicht erlauben, einen kleinen Honigesser fliegen zu lassen, der sich in dem Netz verfangen hatte.

Ein Telefol nahm ihn behutsam in die Handfläche und trug ihn zurück zum Lager. Bei der Ankunft fing er an, ihn beiläufig zu rupfen. *Bei lebendigem Leibe.* Ich protestierte, aber der Mann schien mich nicht zu verstehen. Als sämtliche Federn entfernt worden waren, sah das nackte bißchen Fleisch völlig lächerlich aus: ein rosa Klümpchen, das in der Hand seines Rupfers hockte. Der Mann nahm eine Dose mit halboffenem Deckel, füllte sie mit ein wenig kaltem Wasser, setzte den Vogel hinein, schloß den Deckel und setzte die Dose aufs Feuer.

Das Zwitschern des Vogels war beinahe unerträglich. Schließlich zwängte der winzige, nackte Körper sich aus der Dose und lief durch die Hütte, sehr zur Erheiterung des Telefol-Mannes. Als er wieder eingefangen war, bat ich den Burschen, den Vogel zu töten, doch er erwiderte mir, während er ihn wieder in die Büchse setzte: *No ken wari, masta, em bai dai* (keine Sorge, er wird gleich sterben). Bestürzt vernahm ich, wie die Piepser schwächer und schwächer wurden, bis das Geräusch des kochenden Wassers sie übertönte. Der Happen Protein schien der Mühe kaum wert – ein Bissen, und weg war er.

Solche Vorkommnisse, die wir für Grausamkeiten halten, waren zahllos. Schweine wurden mit Bambussplittern kastriert, in Operationen, die ewig dauerten, wobei die Hoden Stück für Stück entfernt und die Reste als Armbänder verwendet wurden. Dieselben Schweine wurden anschließend mit Kalk geblendet, den man ihnen in die Augen rieb, damit sie nicht herumstreunten. Ein paar Monate später tötete man sie, indem man sie betäubte und anschließend lebend ins Feuer warf. Ihre verkohlten, jedoch noch atmenden Körper wurden für die lange Heimreise zum Festmahl auf Kanus geladen.

Aber dieselben Menschen, die so etwas taten, konnten äußerst besorgt um die Gesundheit ihrer Mitmenschen sein. Keine Mühe war ihnen zu groß, wenn es darum ging, das Leiden einer anderen Person zu lindern, selbst wenn diese Person ein Fremder war wie ich. Manchmal riskierten sie ihr Leben, um mich vor einer Verletzung zu bewahren.

Eine ebensolche Herausforderung sind manche Vorstellungen der Melanesier über den Schutz der Umwelt. Eines Morgens machte ich mich auf den Weg, um etwa eine Stunde Fußmarsch von Kosipe entfernt am Saum des Waldes ein Lager zu errichten, damit ich im nahe gelegenen Urwald mit Fallen Tiere fangen konnte. Ein paar Goilala-Jugendliche begleiteten mich, und während ich mich ans Aufschlagen meines Lagers machte, fingen sie an, auf einen riesigen, alten *Libocedrus,* eine einheimische Kiefernart, einzuschlagen. Dieser uralte Verwandte der Zeder war ein wahrer Patriarch des Waldes und maß an seinem Fuß mindestens zwei Meter im Durchmesser. Nachdem sie eine Ewigkeit auf ihn eingehackt hatten, fiel der Riese schließlich mit einem vom aufgeregten Geheul meiner Goilala-Begleiter eingeleiteten, ohrenbetäubenden Prasseln zur Erde.

Zu meinem Erstaunen zogen sie ungerührt einen Streifen Rinde von einer Seite des ausgestreckten Stammes ab, um damit das Dach ihres improvisierten Unterstandes zu decken, und ließen den Rest des majestätischen Baumes zum Vermodern liegen. Der abgetrennte Stumpf wies fünfhundert Jahresringe auf. Der Baum war also mindestens ein halbes Jahrtausend alt.

Die Goilala fanden dieses Verhalten vernünftig. Für sie war der Wald unendlich. Hier bot sich einfach die gute Gelegenheit, einen Garten anzulegen, wo vorher keiner gewesen war.

Während ich dasaß und die Jahresringe zählte, fällten meine Begleiter weitere Bäume rings um mich herum und erweiterten ihren neuen Garten. Meine Angst, daß ein Baum auf mich fallen könnte, nahmen diese erfahrenen Axtschwinger zum steten Anlaß für einen großartigen Witz. Jedesmal wenn ein Baum anfing, zu knarren und zu ächzen, schrien sie zu mir herüber, ich solle weglaufen, um nicht zerquetscht zu werden.

Erst nach links! Nein, rechts! Nein, nein, nein, nach links, links!!! Während ich hin und her sauste und der Baum weit weg von mir harmlos zu Boden krachte, konnten sich alle vor brüllendem Gelächter kaum halten. Bald hatten sie den örtlichen Vorrat an stehendem Nutzwald erschöpft und zogen zu einer entfernteren Stelle, aber das Geräusch fallender Bäume hallte noch den ganzen Nachmittag im Wald wider.

4

Leben jenseits der Baumgrenze

Während die Tage oben auf dem Mount Albert Edward verstrichen, füllte unsere Hütte am Rand des mit Baumfarnen übersäten Beckens sich nach und nach mit Forschungsobjekten, und wir verstanden allmählich ein wenig von der Umwelt um uns herum.

Auf unseren ersten Exkursionen in den nahe gelegenen Wald stießen wir direkt hinter den ersten Bäumen auf die vermodernden Stämme des Alpinen Baumfarns. Diese schöne und unverwechselbare Spezies des Baumfarns mit ihren fein geteilten Blättern kann nur im Grasland wachsen, weil sie im Wald rasch überschattet wird.

Hier also hatten wir den klaren Beweis, daß der Wald vorrückte und dabei die Grasbüschel und Baumfarne erstickte. Stellenweise wies die Baumgrenze alle Anzeichen einer Kampfzone auf. Von Jägern entzündete Feuer verlangsamten den Vormarsch des alpinen Buschwerks, wobei sie dem Grasland eine Atempause verschafften oder gar dem Wald aufs neue ein paar Meter abtrotzten. Insgesamt jedoch schien der Wald die Oberhand zu haben.

Ich fragte mich, ob dies ein Beweis für den Treibhauseffekt war oder nur dafür, daß Menschen das Becken einfach weniger nutzten (und folglich weniger Brandrodung betrieben)? Sicher hatte die Baumgrenze sich bei der letzten bemerkenswerten Erwärmung der Erde (im Gefolge der letzten Eiszeit) von 2100 auf 3900 Meter Meereshöhe vorgeschoben, verläuft aber natürlich in Kälteniederungen wie dem Neon Basin in niedrigerer Höhe.

Wir stellten fest, daß unzählige, durch die Grasbüschel verlaufende winzige Fährten von zwei kleinen Rattenarten stammten. Die weiter verbreitete war ein kleines, graues Wesen mit unverwechselbarem mausartigem Geruch. Der als Mooswald-Ratte *(Stenomys niobe)* bekannte Nager verdankt seinen wissenschaftlichen Namen Niobe, einer tragischen Gestalt der griechischen Mythologie, die ihre sechs Söhne und sechs Töchter verlor. Vielleicht war es das dichte schwärzliche Fell dieser kleinen Ratte, das irgendeinen Naturforscher des 19. Jahrhunderts an die formelle Trauerkleidung der Viktorianischen Zeit erinnert und ihn veranlaßt hatte, das Tier für immer mit dieser Trauergestalt zu verbinden.

Die andere Ratte war wunderschön, ein harmloses, kleines rotes Geschöpf, bekannt als Mosaikschwanzmaus *(Melomys rubex)*. Nach ein paar Tagen hatte ich diese Mäuse sehr gern. Es war immer ein Vergnügen, ihr weiches, rotes Fell zu fühlen und nach dem Öffnen einer Falle ihren angenehmen Geruch wahrzunehmen, vor allem wenn die zehn vorherigen Fallen bloß die das Geruchsempfinden stärker reizende Mooswald-Ratte enthalten hatten. Wir maßen und wogen die Tiere jedesmal, töteten ein Paar als Exemplare für das Museum und ließen den Rest frei.

Eines Tages kehrten unsere Jäger und ihre fünf Hunde früh zurück. Sie trugen einen schweren Sack. Der Höhepunkt unserer Expedition war gekommen. Sie leerten den Sack, und ich sah zum ersten Mal einen lebenden Langschnabeligen Ameisenigel *(Zaglossus bruijnii)*.

Die Langschnäbler unterscheiden sich von dem kleineren australischen Ameisenigel durch ihr dichteres Fell (das so lang sein kann, daß es ihre Stacheln verdeckt) und ihren verlängerten, nach unten gebogenen Schnabel. Langschnabelige Ameisenigel beziehungsweise Langschnabeligel können bis zu 17 Kilogramm wiegen und vom Schnabel bis zur Schwanzspitze fast einen Meter messen. *Zaglossus* ist das allergrößte eierlegende Säugetier. Damals war mir nicht bewußt, daß dies das erste und letzte Mal war, daß ich diese majestätischen Geschöpfe in freier Wildbahn sehen würde.

Wir bauten eine robuste Einzäunung für unser reizendes Ameisenigelweibchen – aus zwei Meter hohen Pfählen. Ich hoffte, es lebend im Baiyer River Wildlife and Bird of Paradise Sanctuary in der Nähe von Mount Hagen abzuliefern, damit es dort beim Aufbau einer Zuchtkolonie dieser hochgradig gefährdeten Tiere mithelfen konnte. Doch das Weibchen hatte andere Pläne. Als ich ein paar Stunden, nachdem wir es hineingesetzt hatten, an der Umzäunung vorbeiging, sah ich mit Erstaunen, wie unser Ameisenigel auf der Spitze des Palisadenzauns balancierte. Diese wundervollen Tiere besitzen eine beinahe unglaubliche Kraft und Behendigkeit.

Schließlich kam unser Ameisenigel doch noch – mit Hilfe der Toilette von Pater Michaellod (die einen Zementboden hatte, durch den das Tier sich nicht graben konnte) – im Schutzgebiet und danach in einem provisorischen Käfig in Port Moresby an.

Als ich einige Jahre später an einem Dokumentarfilm über wildlebende Tiere arbeitete, besuchte ich das Baiyer River Sanctuary und schloß erneut Bekanntschaft mit meiner alten Freundin. Während des Drehens mußte ich das Ameisenigelgehege bei Nacht betreten. Solange das Licht an war, rührten die Tiere sich nicht; sobald die Lampen jedoch ausgeschaltet wurden, um Strom zu sparen, änderten sich die Dinge.

Das erste, was ich bemerkte, als meine alte Freundin sich näherte, war ein feuchtes, wurmartiges Etwas, das in meinen Stiefel glitt. Dann spürte ich, wie ein großer, gebogener Schnabel beinahe bis zu meiner Sohle hinabtauchte, so daß die außerordentlich lange rosafarbene Zunge meine Zehen kitzeln konnte.

Es dauerte nicht lange, bis das Ameisenigelweibchen und ich recht vertraut miteinander umgingen – ein Zustand, der bei unserer früheren Begegnung aufgrund der Furcht des Tieres beim Einfangen undenkbar gewesen war. Langschnabelige Ameisenigel sind, was Intelligenz und Zuneigung betrifft, die bemerkenswertesten Tiere. Ihre vogelartigen Gesichter erlauben zwar keine Gefühlsäußerungen, aber die Tiere können ihre Empfindungen sehr wohl auf andere Weise zeigen.

Der Taronga-Zoo in Sydney besaß viele Jahre lang ein großes, altes Männchen, das auf sehr freundschaftlichem Fuß mit seinen Wärtern stand. Jedesmal, wenn es hörte, wie sich das Schloß in der Tür des Geheges drehte, zockelte es in Richtung Eingang, um sich anschließend auf den Rücken zu legen wie ein Wombat und zu warten, daß man ihm den Bauch kratzte.

Als eine Sprinkleranlage in dem Gehege installiert wurde, pflegte das Tier sich mit dem Bauch nach oben verzückt unter den Sprühnebel zu legen und Vorübergehende mit seiner vierzackigen Erektion zu verblüffen. Obwohl es bereits fast ausgewachsen gewesen war, als es gefangen wurde, lebte es beinahe dreißig Jahre in verschiedenen zoologischen Gärten – bis zu seinem vorzeitigen Tod durch eine Lungenentzündung, die es sich durch seine geliebte Sprinkleranlage zuzog.

Wären sie zahlreicher und vielleicht weniger kräftige »Ausgräber«, dann gäben Langschnabelige Ameisenigel ebenso feine Gefährten ab wie Hunde. Aber es ist gut möglich, daß sie über kurz oder lang völlig ausgestorben sind.

Die Fortpflanzung der Langschnabeligen Ameisenigel stellt die meisten Neuguineer vor ein großes Rätsel. Wie alle

Kloakentiere *(Monotremata)* beziehungsweise alle eierlegenden Säugetiere besitzen sie keine äußerlich sichtbaren Genitalien (es sei denn, das Männchen hat eine Erektion) und nicht einmal sekundäre Geschlechtsmerkmale wie beispielsweise Brustwarzen. Außerdem sieht man niemals Junge. Wahrscheinlich bleiben sie in Bauen verborgen, die von ihren Müttern gegraben werden.

Die Goilala erzählten mir, daß Ameisenigel sich nicht vermehrten wie andere Tiere, sondern daß sie Bohrer besäßen, ähnlich Miniaturfördertürmen (einige Goilala hatten solche Türme in Minencamps in Funktion gesehen), die sie benutzten, um Junge zu zeugen. Diese Bohrer, verrieten sie mir, würden verwendet, um in den Waldboden einzudringen, und sobald sie eine passende Tiefe erreicht hätten, würde von der Spitze ein Blutstropfen abgesondert. Dieser würde sich schließlich zu einem kleinen Ameisenigel herausbilden. Die Eltern würden den Ort anschließend regelmäßig aufsuchen, um das Junge mit Urin zu füttern, den das Ende des »Bohrers« produziere. Wenn es fast die Größe eines ausgewachsenen Tieres erreicht habe, würde das Junge herauskommen.

Zuerst war diese Geschichte für mich nichts weiter als ein Ammenmärchen. Erst als ich ein Ameisenigelmännchen sozusagen aufgerichtet sah, erkannte ich, woher die Vorstellung vom »Bohrer« kam. Der Penis des Langschnabeligen Ameisenigels ist wahrlich ein beeindruckendes Organ. Bei einer Länge von zehn Zentimetern wird er an seinem Kopf überragt von einer Krone aus vier großen Papillen, kegelförmigen Erhebungen, die ihm in der Tat ein wenig das Aussehen einer Bohrerspitze verleihen.

Im Neon Basin wimmelte es auch von Wallabys und Riesenratten. Die Wallabys (eine Art Filander oder Buschkänguruh der Gattung *Thylogale*) erreichen etwa die Größe eines

Collies, und die Riesenratten des Neon Basin sind mit fast einem Meter Länge auch nicht sehr viel kleiner. Exemplare beider Arten sollten schließlich für meine Forschungsarbeit von großer Wichtigkeit sein, stellte sich doch heraus, daß beide der Wissenschaft nicht bekannt waren. Wie bei diesen Tieren ist es häufig so, daß Arten, die der Wissenschaft neu sind, bei der Feldforschung nicht bemerkt werden (besonders von unerfahrenen Forschern nicht) und daß umfangreiche Untersuchungen und Vergleiche im Labor notwendig sind, um sie wissenschaftlich zu systematisieren. Dies galt besonders für die Zeit vor 1990, als es noch keinen Säugetierführer für Neuguinea gab.

Im Jahr 1981 wimmelte es im Grasland des Mount Albert Edward von Hinweisen auf Wallabys. Die Grasbüschel waren übersät mit ihrem Kot. Indem sie Hunde einsetzten, um die Tiere aufzuspüren, wenn sie sich tagsüber im Wald ausruhten, konnten unsere Jäger viele fangen. Zu meiner großen Überraschung erfuhr ich später, daß der Mount Albert Edward einer der wenigen Orte· auf Neuguinea war, wo man solche Wallabys noch sehen konnte. Anderswo, beispielsweise im Hochland von Irian Jaya oder auf dem Mount Wilhelm (dem höchsten Berg Papua-Neuguineas), sind sie längst ausgestorben.

Als ich dies erfuhr, begann ich mir über die Zukunft des Wallaby-Bestandes am Mount Albert Edward Gedanken zu machen. Wieviel Jagd wäre notwendig, um sie auszurotten? Schließlich ruhte sich beinahe die gesamte Population tagsüber innerhalb des Waldsaums aus, der das Grasland umgibt. Solcherart konzentriert, sind sie für einen Jäger mit Hunden ein leichtes Ziel. Da ich Orte besucht hatte, wo sie ausgerottet worden waren, vermute ich, daß sie am Mount Albert Edward lediglich überleben, weil der Wald hier etwas dichter ist als anderswo und weil vielleicht der Druck der Jagd hier nicht so stark ist. Aber wie wird es ihnen angesichts des Zustroms von Menschen nach Kosipe, das nur einen Tagesmarsch vom Neon Basin entfernt liegt, in Zukunft ergehen?

Die Hochland-Wallabys (wie die des Neon Basin) unterscheiden sich von jenen, die in den Wäldern weiter unten leben. Sie sind kleiner, haben ein dichteres Fell und dickere, pelzigere Schwänze, und sie protzen mit hellen Streifen über Hinterbacken und Schultern. Im Jahr 1993 beschrieb ich sie als neue Spezies und nannte sie *Thylogale calabyi* nach meinem alten Freund John Calaby, der sich gerade nach einem erfüllten Forscherleben zur Ruhe gesetzt hatte.

Mit den Riesenratten war schwieriger umzugehen. Zu der Zeit, als wir sie einfingen, vermutete ich, daß sie alle zu einer einzigen, wohlbekannten Wollratten-Spezies mit Namen *Mallomys rothschildi* gehörten. Schließlich wurden einige der Gewebeproben, die ich sammelte, zur biochemischen Analyse ins South Australian Museum geschickt. Das Labor schrieb zurück und erkundigte sich, ob ich bei der Beschriftung möglicherweise einen Fehler gemacht hätte, denn die Analyse hätte gezeigt, daß sie unmöglich alle einer einzigen Art angehören könnten. Das entscheidende Exemplar war eine große weibliche Ratte, die am Rand des Neon Basin gefangen worden war. Ihr Gewebe unterschied sich auffallend von dem aller anderen.

Ich ging die Ratte untersuchen. Es war verrückt, aber von allen gesammelten Exemplaren hatte ausgerechnet diese eine ein klägliches Schicksal erlitten. Sie war von Jagdhunden in ihrem Bau aufgespürt und halb aufgefressen worden, bevor wir sie herausholen konnten. Alles, was wir hatten retten können, waren eine Vorder- und eine Hinterpfote, ein Stück Leber (das zur Analyse eingefroren worden war) und der Schädel. Angesichts derart unvollständiger Daten wurde mir klar, daß ich sämtliche verfügbaren Exemplare der Wollratte untersuchen mußte, wollte ich das Rätsel lösen.

Nachdem ich in den Museumssammlungen so weit entfernter Orte wie Canberra, Sydney, London, Hawaii, New

York und Berlin viele Exemplare von Wollratten untersucht hatte, kam ich zu dem Schluß, daß es nicht eine, sondern vier Arten gebe. Das übel zugerichtete Exemplar vom Mount Albert Edward repräsentierte eine noch nicht benannte Art. Zum Glück wiesen ihre bedauernswerten Überreste noch genug diagnostische Merkmale auf, die es mir ermöglichten, sie zu unterscheiden.

Am Ende gelang es uns, noch ein paar weitere, besser erhaltene Exemplare derselben Art ausfindig zu machen. Das vollständigste war im Jahr 1945 in der Nähe von Mount Hagen von Captain Neptune B. Blood gefangen worden, einem australischen Regierungsbeamten, der Jahre auf Neuguinea zugebracht hatte und als »König des Westlichen Hochlandes« bekannt war. Blood hatte die Ratte dem Australian Museum gespendet, wo sie bis zu unserer Untersuchung im Jahr 1988 unbeachtet herumgelegen hatte. Meine Co-Autoren und ich beschlossen, die neue Art *Mallomys istapantap* zu nennen. Der ziemlich seltsame zweite Teil des Namens rührte von dem her, was unsere Jäger uns ständig von dieser Art erzählten – *dispela i stap antap* (dieses Tier lebt oben auf dem Berg). Seine Vorliebe für hochgelegene Umgebungen spiegelt sich auch in seinem gewöhnlichen Namen wider: Subalpine Wollratte.

Zur Sammlung von Gewebe zu Analysezwecken gehören einige Verfahrensweisen, die beinahe jeder Mensch mit Ausnahme eines Biologen bizarr fände. Man nehme beispielsweise Chromosomenpräparate: Diese Präparate stellt man am besten aus Zellen her, die den Hoden entnommen werden. Die Gewinnung und Stabilisierung dieser Proben ist ein komplizierter Prozeß, bei dem man von der Probe eine Kultur bei Skrotal-Temperatur anlegen muß.

Zuerst muß man einen Hoden aufschlitzen und seinen Inhalt anschließend in ein kleines Plastikröhrchen mit künstlichem Nährboden füllen. Dieses Röhrchen muß versiegelt und für etwa eine Stunde neben dem eigenen Skrotum (oder in Ermangelung eines solchen zwischen den Brüsten) aufbewahrt werden. Dann wird die Flüssigkeit abgegossen, man führt ein paar weitere Arbeitsgänge durch und fügt ein Konservierungsmittel hinzu.

Wie nicht anders zu erwarten, hielten meine Goilala-Freunde dies für ein ganz außerordentliches Verfahren, das ihre äußerste Aufmerksamkeit erforderte. Ich benötigte lediglich Proben von ein paar einzelnen Exemplaren jeder Spezies, die wir uns beschafften, doch für die Goilala war das Verfahren zu einem solchen Ritual geworden, daß sie jedesmal ganz enttäuscht waren, wenn ich ein Tier überging, ohne die Prozedur an ihm durchzuführen. Tatsächlich baten sie stets, wenn ein Neuling im Lager erschien, um eine Wiederholung der Vorstellung.

Von den größeren Tieren stießen wir im Neon Basin weitaus am häufigsten auf Kuskus und Ringelschwanzbeutler. Diese auf Bäumen lebenden Marsupialier (Beuteltiere) können mehrere Kilogramm schwer werden. Sie ähneln den australischen Buschschwanzbeutelratten und Ringelschwanzbeutlern. Während unseres Aufenthaltes im Neon Basin ernährten sie uns und unsere Jäger und erwiesen sich als willkommene Abwechslung zu dem Rinderpökelfleisch und den Makrelen in Dosen, die unsere Hauptproteinquelle darstellten.

Zu den attraktivsten Beuteltieren gehört der Seiden-Kuskus *(Phalanger sericeus)*. Er ist ungefähr so groß wie eine Katze und hat ein langes, prächtiges Fell, das sich, worauf sein gewöhnlicher Name hindeutet, wie Seide anfühlt. Sein Rücken ist von einem kräftigen, beinahe schwärzlichen Braun, das mit dem weißen Bauch kontrastiert. Der Seiden-Kuskus hat die Eigenart, beim Laufen den Schwanz straff aufzurollen wie eine Feder, so daß er unter dem dichten Fell nicht zu sehen ist. Das kräftige Tier wirkt dadurch wie ein kleiner Bär.

Eines Tages fingen unsere Jäger ein Seiden-Kuskus-Weibchen, das sie töteten. Doch in seinem Beutel hatte ein halb ausgewachsenes Junges mit strahlenden Augen und von unwiderstehlichem Reiz überlebt. Wohl wissend, daß es für einen qualvollen Tod und das Kochfeuer ausersehen war, beschloß ich, den Versuch zu machen, das Tier am Leben zu erhalten, bis ich es irgendwo in einem Zoo unterbringen könnte. Es war klar, daß die bitterkalten Nächte auf dem Berg es umbringen würden, also wickelte ich es in einen Socken, in dem es behaglich zusammengerollt auf meinem Bauch schlief.

Als wir uns das erste Mal einen Schlafsack teilten, wurde ich mitten in der Nacht von einem sachten und nicht unangenehmen Knabbern an der Innenseite meines Oberschenkels geweckt. Augenblicke später schoß ich mit einem Schmerzensschrei senkrecht aus dem Bett. Eine glühend heiße Zange hatte das Ende meines Penis gepackt.

Dem kleinen Kuskus war es gelungen, seinen Kopf durch eines von mehreren Löchern in meinem Socken zu schieben, und er hatte – entweder aus Rache oder weil er Hilfe suchte – kräftig in das erstbeste Ding gebissen, auf das er gestoßen war.

In der Hütte herrschte heller Aufruhr. Die Goilala erblickten vor sich einen rasenden Weißen, der unverständliche Schreie ausstieß und dessen sonderbares Nachtgewand aus einem einzigen Socken bestand, der auf merkwürdige Weise am Ende seines Fortpflanzungsorgans befestigt war. Alles was *ich* sehen konnte, waren wild dreinblickende Goilala, die wahllos Pfeile in die Nacht abfeuerten, weil der imaginäre Feind bedrohlich näher rückte. Das mußte der gefürchtete Kukukuku sein – ihr traditioneller Feind, dessen Land an das Neon Basin grenzte und dessen Anwesenheit es für jeden Besucher zu einem gefährlichen Aufenthaltsort machte.

Das Chaos war vollkommen. Als ich endlich erklären konnte, was geschehen war, legten meine Goilala-Gefährten sich alle wieder schlafen, nicht ohne sich in finsterem Gemurmel über den *long long* (Schwachkopf) von weißem Mann in ihrer Mitte zu ergehen.

Der Abstieg vom Neon Basin war nicht leicht, denn unsere aus mindestens zwanzig Trägern bestehende Gruppe hatte unterschiedliche Lasten zu transportieren. Die beiden Trittsichersten erhielten die Aufgabe, den Zylinder mit dem flüssigen Stickstoff zu tragen. Dieser faßgroße Behälter war in Wirklichkeit ein großer Vakuumkolben und das bei weitem wichtigste und zerbrechlichste Stück unserer Feldausrüstung, weil in ihm all unsere eingefrorenen Gewebe lagerten, die Früchte harter Arbeit.

Dieser unhandliche Gegenstand hing von einer Stange herab, an der er mit Lianen stramm festgebunden war. Bei jeder Neigung aus der Horizontalen entwich ihm eine weiße Dunstwolke, die bemerkenswerte Ähnlichkeit mit den Nebelschwaden hatte, vor denen die Bergbewohner sich so sehr fürchteten.

Andere Träger transportierten weniger schwierige, aber keinesfalls unwichtigere Lasten – einen Sack mit dem stacheligen Langschnabeligen Ameisenigel, eine Plastiktonne voller in Formalin konservierter Proben, eine Kiste mit Fallen. Auch ich hatte meinen Rucksack – und Percy, wie mein kleiner Kuskus inzwischen hieß.

Das Herz schlug mir während des Abstiegs mehrmals bis zum Halse, wenn der Kolben sich neigte und die Träger ins Wanken gerieten – drauf und dran, ihre kostbare Fracht fallen zu lassen und auf und davonzulaufen.

Aber ein paar Tage später hatte ich es geschafft, und ich hielt humpelnd mit Percy in meiner Obhut und dem unversehrten Zylinder in Woitape Einzug.

5

Der Poet und der Python

Der Tag unserer Abreise aus den Bergen sah uns alle auf dem Behelfslandeplatz von Woitape versammelt. Ken, immer noch darauf aus, unsere Sammlung zu vergrößern, veranstaltete im nahe gelegenen Busch in letzter Minute eine kleine Froschjagd. Ich entspannte mich und hockte mich neben den Haufen mit unserer Ausrüstung, als meine Aufmerksamkeit von einer sonderbaren Prozession gefesselt wurde, die sich über die Start- und Landebahn bewegte.

Ein ganzes Dorf schien auf uns zuzusteuern. An der Spitze der Gruppe marschierten zwei Männer, die eine an Stangen hängende große Kiste trugen. Diese setzten sie in großer Aufregung vor mir ab. Ich blickte durch die Sichtblende aus Fliegendraht, die als Deckel diente, und verstand, warum soviel Aufhebens gemacht wurde. Drinnen lag zusammengerollt die größte, schwärzeste und am grimmigsten aussehende Schlange, die ich je gesehen hatte.

Später erfuhr ich, daß es sich um einen Boelan-Python *(Liasis boelani)* handelte, eine seltene Schlange, die man nur in den Bergen Neuguineas findet. Sie war fast drei Meter lang und hatte die belebende Wärme der Morgensonne aufgesogen.

Plötzlich biß die Schlange zu. Ihr Kopf von der Größe meiner Faust fuhr heftig gegen den Fliegendraht, und die ganze Kiste erzitterte. Einen Augenblick lang steckten ihre Zähne – von denen jeder über einen Zentimeter lang war –

in dem Drahtgeflecht fest. Die Menge wich vor Schreck zurück; Kinder jammerten, und Frauen schrien.

Ohne Frage wurde von mir erwartet, daß ich mit dieser Schlange fertig wurde. Auf der Suche nach einer zündenden Idee, wie ich vorgehen könnte, fragte ich die Männer, wie sie die Schlange überhaupt in die Kiste hineinbekommen hätten. Na ja, meinten sie, sie hätten sie im Wald gefunden, als sie sich gerade häutete. Es sei gerade kalt gewesen, und die Schuppen, die ihre Augen bedeckten, seien trübe gewesen, weshalb man sie relativ leicht habe bändigen können. All das war nun leider ganz anders.

Ich wollte die Schlange unbedingt erwerben, weil ich spürte, daß sie etwas Besonderes war. Die Schwierigkeit bestand darin, daß die Kiste auf keinen Fall in die Cessna passen würde, die uns nach Port Moresby bringen sollte. Sollte sie transportiert werden, dann müßte die Schlange anderweitig untergebracht werden, möglichst in einem Leinensack, den wir sonst nicht brauchten.

Mit bangem Herzen rief ich einen der mutigeren Einheimischen herbei, der das Untier mit einem Tuch ablenken sollte. Behutsam öffnete ich den Fliegendraht und packte das Reptil blitzschnell hinter dem Kopf. Es wirkte seltsam ruhig, als ich es aus der Kiste zog. Vielleicht wußte es, wer gerade das Sagen hatte, und wartete nur auf seine Chance.

Im Nu drehte es sich spiralförmig um meinen Unterarm und fing an, seinen riesigen Kopf durch meine Hand zu ziehen. Ich konterte, indem ich mit meiner freien Hand den Schwanz der Schlange packte. Dies setzte sie für einen Augenblick außer Gefecht, aber schon bald hatte sie sich andernorts an mir festgewickelt, diesmal um mein rechtes Knie. Ich schien den Kampf zu verlieren.

Ich versuchte, Verstärkung zu mobilisieren. Von einer Goilala-Gruppe zur nächsten humpelnd bat ich um Hilfe. Was ich brauchte, war jemand, der den Leinensack aufhielt, so daß ich dieses Ungetüm hineinschütteln konnte. Aber alle flohen schreiend in panischer Angst, wenn die Schlange und ihre voraussichtlich nächste Mahlzeit sich auch nur näherten.

Dann wickelte sich eine zweite Rolle um die Hand, die den Schwanz festhielt. Erstaunt beobachtete ich, wie meine Hand durch den muskulösen Körper der Schlange auf wundersame Weise an meinem Knie befestigt wurde.

Jetzt fand ich mich in der Aufführung einer Art von verzweifeltem russischen Bärentanz auf einem Bein wieder, und noch immer bettelte ich drängend um einen Freiwilligen, der den Sack hielt.

Ich war drauf und dran, mich mit einem traurigen Ende abzufinden, als Ken auftauchte, der von den Schreien der sich zurückziehenden Goilala angelockt worden war. Er half, das Monster zu entwirren, und hielt anschließend den Sack auf, während ich die Schlange hineinschleuderte. Die Öffnung des Sacks band ich mit einer Schnur zu. Drinnen wand sich zischend die Bestie. Sie würde unsere Ausrüstung besser bewachen, als ich es jemals könnte – also ließ ich sie neben unserem Gepäck zurück, so daß ich meine Pflichten vernachlässigen und in Ruhe den Schatten der Bäume genießen konnte.

Jetzt kam der Augenblick, da ich die Schlange bezahlen mußte. Als das Feilschen nicht aufhörte, hatte Ken eine glänzende Idee – wir würden für sie in Naturalien und nach Metern bezahlen. Wir kramten unsere letzten Konserven heraus und versuchten, indem wir die Büchsen mit dem Rinderpökelfleisch aneinanderreihten, die Länge der Schlange zu schätzen. Einige der Einheimischen glaubten wohl, daß es sich bei dem Tier um die Mutter aller Schlangen handle – fünf Meter lang und von Minute zu Minute wachsend. Doch als ich bluffte und anbot, die Schlange aus dem Sack zu holen, um ihnen eine genauere Schätzung zu ermöglichen, gaben sie sich rasch mit einer geringeren Länge zufrieden.

Während wir unser Geschäft zum Abschluß brachten,

hörten wir, daß das Flugzeug im Anflug war. Die Maschine kam aus Kosipe, wo sie Penelope und Alec Hope abgeholt hatte, und war vollgestopft mit dem Gepäck und den Proben der Hopes. Trotzdem fanden wir genug Ecken und Spalten im Laderaum, wo wir den größten Teil unserer Fracht verstauen konnten.

Am Schluß war nur noch der sich krümmende Leinensack übrig. Der Pilot, ein kräftiger, übergewichtiger Australier, der später in die Flanke eines Berges flog, fragte nervös, was drin sei. Als man es ihm sagte, zeigte er eine außerordentliche Abneigung, den Sack überhaupt an Bord der Maschine zu nehmen. Angelockt von der Aufregung, kletterte Alec Hope (Gott segne ihn) vom vorderen Passagiersitz herunter und schaltete sich in das Gespräch ein. Damals entdeckte ich, was für ein Gentleman er eigentlich war. Ohne das leiseste Anzeichen von Widerwillen sagte er:»Na schön, wenn sich nirgendwo ein Plätzchen finden läßt, dann wird sie wohl auf meinen Knien reisen müssen.«

Der Pilot sah aus, als sei er reif für einen Herzanfall, als wir abhoben. Seine Gesichtsfarbe wurde beunruhigenderweise zunehmend kräftiger, und er schwitzte stark. Einmal, als er nach einem Hebel zwischen sich und A. D. Hope griff, streifte seine Hand den sich windenden Sack – mit beinahe katastrophalen Folgen. Eine Papuafrau, die ebenfalls einen Platz für den Flug von Kosipe gebucht hatte, versuchte doch tatsächlich, das Fenster zu öffnen und mitten im Flug auszusteigen, als sie erfuhr, was sich in dem Sack befand.

Als wir in Port Moresby aufsetzten, schaffte ich die Schlange ohne Umschweife zur Krokodilfarm des Umweltministeriums in Moitaka. Dort lebte sie glücklich und zufrieden ein paar Jahre lang und versetzte mehrere Generationen von Schulkindern aus Port Moresby in Angst und Schrecken.

Jetzt mußte ich mich um Percy, die Beutelratte, kümmern. Wir merkten rasch, daß er stark unter der Hitze in der

Tiefebene litt. Also verbrachte er zur großen Bestürzung einiger Mitarbeiter von Burns Philp mehrere Wochen in ihrem Kühlhaus und anschließend in einem Büro mit Klimaanlage, bevor er am Ende wohlbehalten im Zoo von Sydney eintraf.

Für mich war es an der Zeit, Papua-Neuguinea zu verlassen. Ken und ich verpackten unsere Proben sicher in Tonnen und besorgten uns die notwendigen Formulare, um sie nach Australien ausführen zu können.

Als wir in Sydney aufsetzten, schien die lange, anstrengende Reise vorüber zu sein. Auf der anderen Seite der Zoll- und Quarantäne-Schranke warteten unsere Freunde und Familien.

Ich muß damals alles andere als einen vertrauenswürdigen Eindruck gemacht haben. Oder vielleicht war es unsere unheimlich aussehende Fracht aus schwarzen Tonnen und Stahlkanistern, die die Zöllner alarmierte. Wie auch immer, jedenfalls wurden wir von einem Haufen streng dreinblickender uniformierter Beamter mit Spürhunden zur Seite genommen und komplett gefilzt.

Sie drückten meine Zahnpastatube aus, öffneten jeden Brief und Umschlag und inspizierten jede übelriechende Tonne. Wir behaupteten unterdessen standhaft, jede einzelne Probe sei in Formalin konserviert worden und rechtmäßig auf unserer Importgenehmigung registriert und dürfe folglich nach Australien eingeführt werden.

Nach drei zermürbenden Stunden war unsere Geduld allmählich erschöpft. Schließlich wurde ich weitergewunken, gerade als die letzten Sachen aus Kens Gepäck kontrolliert wurden. Ich sah, wie ein Beamter ein Bündel Plastiktüten mit Reißverschluß herausholte. Gereizt sagte Ken, es sei ein Bündel, das wir gar nie geöffnet hätten.

Als der Beamte eine der Tüten aufmachte, kam es zu einer außerordentlichen Szene. Er ließ die Tüte fallen und wich mit gerümpfter Nase zurück. Die Spürhunde schienen Anfälle zu bekommen. Ihre empfindlichen Nasen, darauf trainiert, den leisesten Hauch irgendeiner verbotenen Substanz zu wittern, waren ohne Zweifel heftig angegriffen.

Vollkommen bleich und entsetzt, erinnerte Ken sich schließlich, wohin er vor Tagen, als er die Schreie hörte, die meinen Kampf mit dem Python begleiteten, hastig die Frösche gepackt hatte.

Nun hatte die Schlange endlich ihre Rache.

TEIL ZWEI

Miyanmin

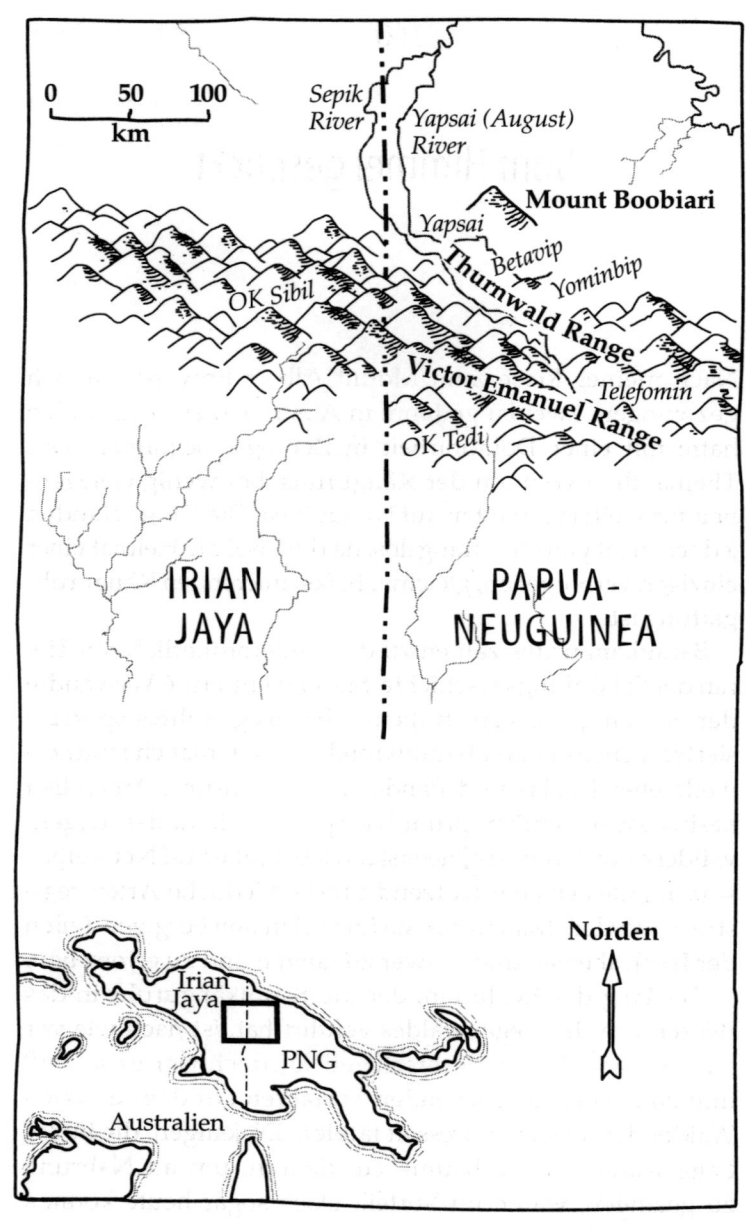

6

Vom Himmel gespuckt

Nach meiner Reise zum Mount Albert Edward war ich gezwungen, zwei lange Jahre in Australien zu bleiben. Ich hatte mit einer Doktorarbeit in Zoologie begonnen. Das Thema, die Evolution der Känguruhs, bot wenig Gelegenheit für weitere Arbeiten auf Neuguinea. Die Dinge standen jedoch nicht ganz hoffnungslos, da die Insel die Heimat einer einzigen verborgenen, gleichwohl faszinierenden Känguruhgattung ist.

Baumkänguruhs zählen zu den außerordentlichsten Tieren der Schöpfungsgeschichte. Sie sind entfernte Verwandte der Felskänguruhs Australiens, aber wegen ihres spezialisierten Lebens in den Baumwipfeln ähneln manche mittlerweile eher Koalas und Pandas als Känguruhs. Australien besitzt zwei ziemlich primitive Spezies, die in den Regenwäldern von Nordost-Queensland leben, aber auf Neuguinea sind mindestens ein Dutzend unterschiedliche Arten registriert worden. Man findet sie überall in den bergigen Teilen der Insel, aber sie sind schwer zu fangen und zu erforschen.

Der Weg der Evolution, der die Baumkänguruhs in das Blätterdach des Regenwaldes geführt hat, ist nach wie vor alles andere als klar. Wahrscheinlich jedoch war es so, daß ihre zu ebener Erde lebenden Vorfahren auf dem dunklen Waldboden wenig zu fressen fanden. Diejenigen, die in der Lage waren, in die Bäume zu klettern, um an Nahrung zu gelangen, waren im Vorteil. Doch sogar heute können

Baumkänguruhs in den Baumwipfeln einen recht tolpatschigen Eindruck machen.

Meine Chancen, auf Neuguinea etwas Brauchbares über diese scheuen Tiere herauszufinden, schienen gering, aber als ich mit meinen Forschungen zur Hälfte fertig war, hielt ich es nicht mehr aus. Ich mußte wieder nach Neuguinea.

Mein Doktorvater, Professor Michael Archer, spürte wohl meine Ruhelosigkeit. Ich werde ihm ewig dankbar sein: Er war bereit, noch eine weitere Unterbrechung meines Abschlusses hinzunehmen, damit ich durch den melanesischen Dschungel streifen konnte.

Michael beschaffte Gelder von der National Geographic Society, um mich zurück nach Neuguinea zu schicken. Und so stand ich im Januar 1984 zu einem neuerlichen Feldforschungswagnis bereit. Diesmal war mein Reiseziel ein ganz anderes, denn ich hatte mich entschlossen, in den abgelegenen Gebieten Yapsai und Telefonim in der Sandaun Province im äußersten Westen von Papua-Neuguinea zu arbeiten.

Als die australische Kolonialverwaltung der Territorien von Papua und Neuguinea im Jahr 1975 endete, war der größte Teil des Landes unter Kontrolle. Nur noch wenige Gegenden fanden sich auf der Karte verführerisch als »unkontrolliertes Territorium« ausgewiesen. Vor der Unabhängigkeit war der Zutritt zu ihnen streng reglementiert gewesen, und noch im Jahr 1984 war der Einfluß der Regierung auf das Leben der Menschen, die in diesen letzten wilden Regionen lebten, gering.

Ich wählte Yapsai als Stätte meiner Forschungsarbeit, weil es im Herzen eines der größten Stücke unkontrollierten Territoriums lag, die auf der Karte verzeichnet waren. In den auf die Unabhängigkeit folgenden neun Jahren hatte es sich wenig verändert. Im Jahr 1981 hatte ich einen Teil von Papua-Neuguinea gesehen, wie er in der *taim bilong masta* gewesen war. Jetzt entschied ich mich für Yapsai, weil ich Neuguinea erleben wollte, wie es in der *taim bipo* gewesen war, bevor also die europäische Kolonisation die Ökologie Melanesiens und seiner Bewohner unwiderbringlich verändert hatte. Durch meine Forschungen hoffte ich jene zeitlose Synergie zu verstehen, die zwischen einem aufgrund von Wechselbeziehungen hochgradig mitentwickelten Waldvolk und seiner Umwelt existiert. Mit Hilfe dieser Untersuchung hoffte ich die Zwänge zu begreifen, die sowohl ein Ökosystem als auch eine Kultur prägen.

Auf dieser ersten Reise nach Yapsai wurde ich glücklicherweise von dem Anthropologen Dr. Don Gardner von der Australian National University begleitet. Er hatte seit 1975 mit den West-Miyanmin gearbeitet und ist der einzige Außenstehende, den ich kenne, der die hochkomplexe Miyanmin-Sprache beherrscht. Alles, was ich über diese »letzten Menschen« weiß, verdanke ich ihm und dem Zutritt, den er mir zur Gesellschaft der Miyanmin verschaffte.

Weil wir mit einem langen Aufenthalt in Yapsai rechneten, hatten wir einen Riesenberg an Ausrüstung angehäuft, der sich schnell als großes Problem erwies. Aufgrund einer in Port Moresby herrschenden Flugzeugknappheit erwies es sich als unmöglich, unsere Ausrüstung mit einem Linienflug zu befördern. Die einzige Alternative war, eine Maschine zu chartern. Keine der größeren Fluglinien hatte eine übrig, aber eine kleine, inzwischen eingegangene Gesellschaft, die sich AvDev nannte, besaß eine Cessna, die den Transport übernehmen konnte.

Am Morgen vor unserem Charterflug stopften wir jeden verfügbaren Platz an Bord mit Ausrüstung und Leuten voll. Am Ende war die Maschine bis zum Bersten gefüllt mit unseren voluminösen Tonnen, Flüssigstickstoff-Kolben, Rucksäcken und Lebensmitteln. Als wir über die Startbahn des Jackson Airport rasten, hatte unser kleines Flugzeug Mühe, in die Luft zu kommen.

Nach vierzig Minuten Flug erstreckte sich unter uns von Horizont zu Horizont der Golf von Papua. Ich dachte gerade beiläufig an die zahlreichen Krokodile und Haie, die in dem trüben Wasser lebten, als das Flugzeug heftig schwankte. Ich blickte aus dem Fenster. Ein Strom von Öl ergoß sich aus dem Motor zur Linken. Der Propeller wurde langsamer. Das Öl verwandelte sich in Rauch – und flackerndes Feuer!

Der Pilot wirkte unnatürlich blaß und zittrig, als er nach dem Knopf fingerte, um den Feuerlöscher zu betätigen. Dann bückte er sich und griff nach einer großen Karte, die er quer über der Windschutzscheibe ausbreitete. Er schien die Einzelheiten der Golfregion sehr genau zu studieren.

Irgendwie hatte ich mich immer mit der Möglichkeit abgefunden, bei einer Flugzeugkatastrophe umzukommen. Für den unwahrscheinlichen Fall, daß es passierte, glaubte ich, daß alles zumindest schnell vorüber wäre. Als ich den Piloten und seine Karte betrachtete, begann mir zu dämmern, daß ich mich da gewaltig geirrt hatte. Ich beugte mich vor und fragte ihn, was los sei.

»Kann mit einem Motor die Höhe nicht halten. Wir müssen eine Landepiste finden.«

Die nächsten vierzig Minuten starrten wir auf das Wasser des Golfs, das bedrohlich näher rückte. Vierzig Minuten sind eine lange Zeit, um über den Tod durch Aufprall, Ertrinken oder Haie nachzudenken.

Endlich weckte der Anblick von Land unter uns neue Hoffnung. Obwohl das Feuer gelöscht war, bedeckten zu diesem Zeitpunkt schwarze Ölstreifen die linke Tragfläche völlig, und wir sanken immer noch weiter. Trotzdem sah es jetzt so aus, als könnten wir es zurück nach Port Moresby schaffen.

Dieser Zwischenfall verfolgte mich viele Jahre lang. Ich bin seitdem mit unzähligen anderen Kleinflugzeugen geflogen, von denen einige fast genauso schlecht waren. Irgendwie scheint das Erlebnis mir geholfen zu haben, besser damit umzugehen. Aber gelegentlich, wenn auch sehr selten (manchmal sogar, wenn ich mit den sichersten Fluggesellschaften reise), gerate ich in Panik. Ich bilde mir ein, üble Dämpfe in der Kabine zu riechen oder zu hören, daß die Motoren nicht rund laufen. Das Flugzeug scheint sich in der Luft um die eigene Achse zu drehen. In solchen Augenblicken muß ich meine stärkste Waffe gegen Panik einsetzen – eine, deren Handhabung ich an jenem Tag über dem Golf von Papua lernte. Ich schließe die Augen und schlafe.

Damals raffte ich mich auf, kurz bevor wir landeten. Ich stieg als ein ziemlich anderer Mensch aus dem Flugzeug, als der ich an Bord gegangen war. Mein jugendliches Unsterblichkeitsgefühl war verschwunden. Jetzt sah ich in vielen Dingen, die ich tat, die Gefahr.

Als der Techniker den Schaden inspizierte, strömten wir alle zusammen. Die Ursache war sofort offensichtlich – ein Stößeldeckel, durch den sich eine Stößelstange schob, beide naß von Öl. Ein kleines Stück des Aluminiumdeckels war abgerissen und lag in einer Öllache. Ich hob das winzige Ding auf und steckte es in meine Brieftasche.

Wenn ich mich in späteren Jahren in einem Flugzeug in einer ungemütlichen Lage befand, tastete ich danach und fand Trost in dem Gedanken, daß man solche Krisen überstehen kann.

Nach ein paar Tagen war der Motor repariert, und wir zwängten uns für einen zweiten Versuch in das Flugzeug. Diesmal ging alles glatt. Wir erreichten nach ein paar Stunden in der Luft Tabubil und flogen dann weiter nach Telefomin. Nach einem kurzen Zwischenstop starteten wir von dort aus zur letzten Etappe unserer Flugreise.

Das Telefomin-Tal liegt eingebettet zwischen Bergen in der Nähe des geographischen Zentrums der Insel Neuguinea. Yapsai, eine einsame Regierungsstation, liegt etwa 80 Kilometer in westnordwestlicher Richtung, dort, wo der August oder Yapsai River die Berge verläßt und in die weite Schwemmebene des Sepik eintritt. Yapsai erreicht man nur mit einem Kleinflugzeug von Telefomin aus. Bald läßt man diese letzte Grenzsiedlung hinter sich, während das Flugzeug die ehrfurchtgebietende Sepik-Schlucht entlangfliegt. Zur Rechten überragen die unverwechselbaren Gipfel der Drei Zinnen Range die winzige Cessna, und zur Linken versperrt die jäh, beinahe senkrecht abfallende Steilwand der Sepik-Schlucht jede Sicht. Unten brodelt der mächtige Sepik River selbst, eingezwängt in eine enge Kluft, die sich in den Kalkstein gegraben hat. Der Fluß erscheint weiß vom Wirbel der Stromschnellen. Ganze Bäume sieht man, wie sie durch dieses nasse Chaos treiben und von dem wilden Strom übereinandergewirbelt werden.

Dort, wo der Sepik aus der Schlucht austritt und die Schwemmebene anfängt, legt das Flugzeug sich in eine scharfe Rechtskurve, überquert einen von Urwald bedeckten Höhenzug und fliegt in das Tal des August River. In der Nähe der Stelle, wo der August sich durch die Schwemmebene zu schlängeln beginnt, wurde eine kleine, primitive Piste aus dem Wald geschlagen. Seit dem viele Kilometer entfernten Telefomin ist dies die erste Unterbrechung im Urwalddach.

Der Behelfslandeplatz von Yapsai liegt ungünstig, weil das Ende der Einflugschneise ständig vom August River weggespült wird, der sich in seinem Bett ruhelos dreht und wälzt. Mit jedem Vorstoß des Flusses wird die kürzer gewordene Piste für eine Landung gefährlicher. Die Folge ist, daß die Piste (die zudem nur schlecht entwässert wird) ständig von Schließung bedroht ist. Bei meinen Aufenthalten in Yapsai fürchtete ich jedesmal, daß man die Piste aufgeben würde, womit ich keine Möglichkeit mehr gehabt hätte, von dort wegzukommen.

Am oberen Ende der Start- und Landebahn liegen die paar Gebäude, aus denen die Regierungsstation besteht. Yapsai wurde im Jahr 1973 eingerichtet und zog seitdem die Sepik-Stämme stromabwärts sowie die West-Miyanmin aus den Gebieten am Oberlauf des August River an. Im Jahr 1984 machte die Station bereits einen ausgesprochen heruntergekommenen Eindruck. Gras wucherte auf den Wegen, und Schimmel bedeckte die gestrichenen Mauern der Asbestzement-Gebäude.

Als ich aus dem Flugzeug stieg und zum ersten Mal die Piste betrat, umfing mich ein Schwall heißer, erstickend feuchter Luft. Ich blickte auf die Leute, die uns umdrängten. Die meisten Männer trugen nichts weiter als eine winzige Peniskalebasse, die Frauen einen kurzen Bastrock. Ein paar Menschen waren mit den schmutzigen, zerlumpten Resten westlicher Kleidungsstücke angetan. Fast alle waren durch Krankheit entstellt. Männer mit geschwollenen Hodensäcken und dicken, verunstalteten Beinen rempelten mich an. Ein ekelhafter, süßlicher Geruch hing in der Luft. Ich fragte mich, an was für einem Ort ich hier gelandet war. Hatte ich allen Ernstes vor, drei Monate meines Lebens hier zu verbringen?

Und Yapsai war, wie ich feststellte, tatsächlich auf mehr als eine Art eine Hölle auf Erden. Obwohl ungefähr 200 Kilometer landeinwärts gelegen, befindet sich die Station von Yapsai kaum hundert Meter über dem Meeresspiegel. Infolge der glühend heißen Luft, die von der Schwemmebene des Sepik aufsteigt und sich an den jäh aufragenden Bergen zusammenballt, sind die Tage oft unerträglich schwül. Am Nachmittag kommt ein Strom kühlerer Luft von den Bergen herab, in dessen Folge sich häufig Gewitter von gigantischen Ausmaßen entladen. Gelegentlich sind diese Gewitter so heftig, daß sie wie ein Düsenjet klingen, der sich im heulenden Anflug durch das Tal befindet. Wenn solche Gewitter zuschlagen, verwandelt der Ort sich in ein einziges Chaos. Bäume winden sich in den ersten Windböen. Dann, binnen Augenblicken, kann man durch den prasselnden Regen hindurch plötzlich nicht einmal mehr die Hand vor Augen sehen. Der Donner ist so laut und anhaltend, daß er alle anderen Geräusche ausblendet, und bald hat es den Anschein, als sei die Welt seltsam still geworden. Die echte Stille, die ein, zwei Stunden später einsetzt, wenn das Gewitter sich flußabwärts entfernt, wirkt wegen dieses Effekts noch schauriger.

Im Jahr 1984 kam es zu den ersten Problemen in Yapsai. Die Station war in erster Linie errichtet worden, um die West-Miyanmin anzulocken und zu kontrollieren. Sie stammen ursprünglich aus den Bergen und verfügen über wenig Abwehrkräfte gegen Malaria, Filariose (Elefantiasis) und die vielen Hautkrankheiten, die im Tiefland gedeihen. Als Menschen, die erst in jüngster Zeit in Kontakt mit der westlichen Zivilisation gekommen sind, haben sie auch mit eingeschleppten Krankheiten wie Grippe zu kämpfen, gegen die sie kaum gefeit sind.

Noch vor einer Generation hatten die Miyanmin in kleinen, befestigten Dörfern auf den zerklüfteten Vorsprüngen gelebt, die den Oberlauf des August River umschließen, welchen sie als Yapsai kennen. Dort oben, auf 600 bis 1000 Metern Höhe, ist die Luft kühl, und Krankheiten stellten nicht das Problem dar. Aber sowohl Wasser als auch Land für den Gartenbau waren weit entfernt.

Als die australische Verwaltung eine Ruhepause in den unablässigen Krieg mit benachbarten Stammesgruppen brachte, zogen die meisten West-Miyanmin von den Hängen herab in die fruchtbaren Flußebenen. Dort blieben sie verstreut und isoliert, was zumindest einen gewissen Schutz vor Ansteckung bot. Doch mit der Gründung der Station von Yapsai im Jahr 1973 sammelten sie sich in einer Umgebung, die der Übertragung von Krankheiten wahrhaftig förderlich war. Außerdem lebten sie nun in der Nähe von Ansteckungsherden wie zu Besuch weilenden Europäern und den Angehörigen der Stämme des Sepik, die außerhalb und in der Station hausten.

Im Jahr 1984 war die Sterblichkeitsrate im Yapsai-Gebiet wirklich entsetzlich. Die Säuglingssterblichkeit erreichte in manchen Miyanmin-Dörfern 100 Prozent. Aufgedunsene Bäuche, die Unterernährung signalisierten, und die chronische Schwellung der Milz aufgrund von Malaria waren bei den wenigen überlebenden Kindern ebenso wie bei vielen Erwachsenen beinahe durchweg anzutreffen. *Grile*, eine Form von Scherpilzflechte, die dazu führt, daß die Haut in großen konzentrischen Kreisen abblättert, war ebenfalls allgegenwärtig. Sie kann jeden Zentimeter Haut am Körper verunstalten. Es war der Gestank der *grile* gewesen, der mich als erstes begrüßt hatte, als ich in Yapsai aus dem Flugzeug gestiegen war, und ich kann mich noch heute an den süßen, widerlichen Geruch erinnern. Während meines gesamten Aufenthalts in Yapsai im Jahr 1984 konnte man dem Gestank nicht entkommen.

Das am meisten entstellende Gebrechen, unter dem die Miyanmin litten, war zweifellos die Filariose. Bei vielen Miyanmin-Frauen war eine Brust dick angeschwollen, während die Mehrzahl der Männer an einer Schwellung des Hodensacks (oft in enormem Ausmaß) sowie an einer Schwellung und Verunstaltung der unteren Gliedmaßen litt. Kebuge, ein West-Miyanmin, der etwa in meinem Alter war und einer meiner engsten Freunde werden sollte, war bereits infiziert, als ich ihn im Jahr 1984 kennenlernte. Hilflos beobachtete ich im Laufe der Jahre bei meinen Besuchen, wie sein Hodensack und sein linkes Bein immer weiter anschwollen, bis sein linker Fuß am Ende nur noch eine Masse warzenartiger Wucherungen und sein Skrotum eine aufgedunsene Masse von der Größe und Form eines Fußballs war.

7

Die letzten Menschen

Unsere Ankunft in der Station von Yapsai markierte noch nicht das Ende unserer Reise. Das schreckliche Leid, das in Form von Krankheiten über die Miyanmin gekommen war, hatte viele von ihnen darin bestärkt, wieder flußaufwärts in die kleinen Dörfer zu ziehen, die sie erst vor so kurzer Zeit verlassen hatten. Nach einiger Diskussion beschlossen wir, Betavip, ein Dorf am Zusammenfluß des Skgonga mit dem Usake, eineinhalb Tagesmärsche nordwestlich von Yapsai, zu unserem Basislager zu machen.

Der Weg nach Betavip war eben, aber die Hitze und Feuchtigkeit, ein schlammiger Pfad sowie zahlreiche Blutegel und Moskitos machten ihn trotzdem schwierig. Eigentlich war ich ziemlich erfreut über die Blutegel, denn wo es viele Blutegel gab, da mußte es auch viele Säugetiere geben, von denen sie leben konnten. Das war ein gutes Omen für meine Arbeit.

Wir hatten ungefähr vierzig Miyanmin angeheuert, die unsere Ausrüstung nach Betavip befördern sollten. Sie gingen auf einer Länge von mehreren Kilometern einzeln hintereinander und trafen sich nur zur Rast und zum Mittagessen. Am ersten Tag hielten wir mittags in einer kleinen, nur aus ein paar Hütten bestehenden Siedlung, die am Steilufer des August River lag. Ein Mann saß auf der Stufe vor seiner Hütte und hielt neugeborene Zwillinge, Jungen, im Arm.

Zuerst schien es ein wunderbarer Anblick zu sein. Aber dann bemerkte ich den leeren Gesichtsausdruck des Mannes. Einer unserer Träger flüsterte, daß die Frau des Mannes in der vergangenen Nacht bei der Geburt gestorben sei. Mit einem Kloß im Hals fragte ich, ob es in der Nähe eine Amme gebe, die die Babys stillen könnte. Eine nichtssagende Geste war die einzige Antwort.

Mit kummervollem Herzen schenkte ich dem Mann unseren Vorrat an Milchpulver – wohl wissend, daß die Milch im falschen Verhältnis mit unabgekochtem Wasser in schmutzigen Tassen gemischt würde. Es bestand wenig Hoffnung, daß sie den Säuglingen auch nur den Hauch einer Überlebenschance gäbe. Sie hatten so unberührt von der schmutzigen Welt, in die sie hineingeboren worden waren, ausgesehen. Sie hatten einen so gesunden Eindruck gemacht.

An diesem Nachmittag tauchte direkt vor uns der imposante Gipfel des Mount Boobiari auf. Der zweite Tagesmarsch führte uns um seinen Fuß herum und dann hinauf nach Betavip. Als wir das Dorf am Nachmittag des darauffolgenden Tages betraten, war ich überrascht. Betavip erwies sich als eine kleine, freundliche Ansammlung von Hütten, in denen etwa achtzig Menschen lebten. Die quadratischen Häuser bestanden aus Pfosten, die ordentlich mit Pandanusblättern verkleidet waren. Alle waren einen oder zwei Meter über dem Boden errichtet und ringsum mit leuchtend bunten Sträuchern und Obstbäumen bepflanzt. Ein großer Streifen Urwald, in dem wir arbeiten würden, lag in der Nähe.

Beim Betreten des Dorfes wurden wir von den Bewohnern umringt. Nach einer Weile zeigten sie uns eine Hütte, in der wir wohnen konnten. Aber wir führten uns nicht gut ein in Betavip.

Müde von der Wanderung, zogen wir Stiefel und Socken aus und hängten sie in die Sonne zum Trocknen. Ein paar Stunden später ging ein Mitglied des Teams seine neuen Wollsocken holen – um festzustellen, daß sie mit Fliegeneiern übersät waren.

Die ersten Tage unseres Aufenthalts in Betavip waren fast unerträglich, nicht wegen irgendwelcher körperlicher Beschwerden, sondern wegen der niemals nachlassenden Neugier der Menschen. Unsere Hütte war zu jeder Tageszeit mit Menschen gefüllt. Zuerst blieben die Leute, wenn sie eintrafen, respektvoll in der Nähe der Tür stehen, doch sobald der Haufen anschwoll, schoben sie sich allmählich nach innen. Am Ende pflegte ein Kind, dem ein langer, grüner Rotzklumpen von der Nase baumelte, über mein Notizbuch zu schielen und drohte die chaotischen Zeichen, die ich dort hineinschrieb, zu vermehren. Unterdessen ging jemand anders mit einer riesigen offenen Wunde am Bein auf Tuchfühlung mit mir. Der heiße Atem und die allgemeine Stickigkeit der Hütte brachten mich jedesmal dazu, daß ich langsam implodierte. Es war alles, was ich tun konnte, um nicht laut loszubrüllen.

Die Essenszeit gestaltete sich, soweit das überhaupt möglich war, noch schlimmer. Dann beobachtete dieselbe Bande, von der alle hungrig waren, mit ernsten Gesichtern jeden Bissen, den wir in den Mund schoben. Die Luft war dick vom Gestank nach *grile*.

Anfangs konnte ich unter diesen Umständen einfach nichts hinunterbekommen. Statt dessen schenkte ich meine Mahlzeit irgendeinem Kind aus dem Haufen. Doch bald räumte schlichter, unverhohlener Hunger mit meinen Skrupeln auf, und ich aß, ohne meiner Umgebung mehr Beachtung zu schenken.

Das Schlimmste von allem war der Gang zur Toilette. Die baufällige Toilettengrube des Dorfes hieß es um jeden Preis zu meiden. Bei meinem ersten und einzigen Besuch drängte sich mir der Eindruck auf, daß der Donnerbalken nicht dafür gebaut war, das Gewicht eines Europäers zu tragen. Um zu vermeiden, mit dem Kopf voran in den Kot zu segeln, verlegte ich mich darauf, ein ganzes Stück in den Busch zu wandern, um mich dort zu erleichtern. Bei solchen Expeditionen heftete sich unweigerlich ein Schwarm kleiner Kinder an meine Fersen, die allesamt drauf brannten, zu sehen, welche Wunder ich wohl im Wald vollbringen mochte. Finstere Blicke, gebrüllte Obszönitäten und energisches Armfuchteln fruchteten nichts. Erst wenn ich anfing, meine Hose herunterzuziehen, und meine Mission offensichtlich wurde, schien die Zahl der Zuschauer sich zu verringern. Sogar dann spürte ich manchmal noch die Blicke von Myriaden winziger Augen, die sich aus dem Laubwerk heraus auf mich richteten.

Diese fehlende Privatsphäre war besonders bedauerlich angesichts der Empfindlichkeiten der Miyanmin, was die Ausscheidung von Abfallstoffen betraf. Ich lernte rasch, daß der allerschlimmste Verstoß gegen die Etikette der Miyanmin darin bestand, in der Öffentlichkeit einen Wind abgehen zu lassen. Ihr Abscheu vor einer solchen Übertretung war so groß, daß mir als einziges gleichwertiges Tabu in unserer Gesellschaft das öffentliche Masturbieren einfällt. Eines Abends ließ Don, der unter Magenbeschwerden litt, dann tatsächlich einen fahren. Unsere Miyanmin-Gastgeber senkten vor Scham die Köpfe und bedeckten die Augen mit den Händen. Am Ende rettete unser Übersetzer Kegesep den Tag.

»Na ja«, sagte er auf Miyanmin, um die Spannung zu lösen, »jeder hat doch schließlich ein Arschloch.«

Die Neugier der Miyanmin flaute nach mehreren Wochen ein wenig ab, und es kam der Augenblick, da ich feststellte, daß ich allein in der Hütte war. Doch nach ein paar Minuten empfand ich die Stille als bedrohlich und spazierte – verkehrte Welt – hinaus auf die Veranda, in der Hoffnung, jemanden in ein Gespräch verwickeln zu können!

Unser erster Aufenthalt in Betavip war eine prägende Erfahrung. Ich lernte dort Pidgin sprechen und schloß meine ersten engen melanesischen Freundschaften. Und hier gewann ich auch meine ersten echten Einblicke in eine melanesische Kultur.

Die Miyanmin sind nach ihrer eigenen Einschätzung die »letzten Menschen«. Das heißt, sie waren praktisch die letzten Menschen auf Neuguinea, deren Lebensstil weitgehend unberührt von europäischem Einfluß war. Die Miyanmin betrachten dies als ein Unglück und sind sich der vermeintlichen Tatsache schmerzlich bewußt, daß fast jeder andere besser dran ist als sie. Beispielsweise beklagen sie den Umstand, daß sie noch keinen Dorfrat besitzen, sondern statt dessen mit einem *luluai* (einem Dorfhäuptling) und einem *tultul* (seinem Assistenten) zurechtkommen müssen, die beide eine Medaille zum Zeichen ihres Rangs erhalten. In Wirklichkeit werden die Miyanmin nicht sehr viel anders regiert als zahlreiche andere abgelegene Dörfer. In vielen Dörfern entsprechen die Pflichten zweier Männer, die der »Rat« und das »Komitee« genannt werden, exakt jenen, die von *luluai* und *tultul* wahrgenommen werden. Dessenungeachtet stört es die Miyanmin, daß die Regierung offensichtlich vergessen hat, ihnen diese angeblich fortschrittlichere Form der Verwaltung zu gewähren. Dieses Gefühl wird verstärkt durch die Tatsache, daß die Miyanmin aufgrund ihrer Abgeschiedenheit, der minimalen Gesundheitsfürsorge, der mangelnden Bildungsmöglichkeiten und des fehlenden Zugangs zu westlichen Gütern wirklich benachteiligt sind.

In der Zeit vor dem Kontakt mit der westlichen Zivilisation gehörte die Lebensweise der Miyanmin zu den ungewöhnlichsten auf Neuguinea. Sprachlich und kulturell weisen sie viele Verwandtschaften mit den Stämmen der

Mountain Ok Zentral-Neuguineas auf, wenngleich sie das Tiefland und die Gebirgsausläufer bewohnen. Wahrscheinlich wanderten ihre Vorfahren vor Generationen von den Bergen ins Tiefland ab. Sowohl die dürftige Rohstoffbasis, die ihnen in niedrigeren Höhen zur Verfügung steht, als auch ihre Anfälligkeit gegenüber Krankheiten – besonders Kinderkrankheiten – scheinen sie in ihre höchst ungewöhnliche ökologische Nische gezwungen zu haben.

Die Miyanmin bezeichneten sich früher als die »Menschen der Wege und Landstraßen« – eine Anspielung auf ihre Angewohnheit, jeden Morgen vor der Dämmerung aufzustehen, um die matschigen Pfade, die zu ihrem Dorf führten, nach den Fußspuren von Eindringlingen abzusuchen. Wurden welche gefunden, so versetzte man das Dorf unverzüglich in Kriegsbereitschaft.

Die Notwendigkeit solcher Wachsamkeit rührte von den Vergeltungsmaßnahmen her, zu denen die Miyanmin förmlich einluden, gehörten sie doch selbst zu den eifrigsten Räubern Neuguineas. Noch in den frühen achtziger Jahren pflegten sie die benachbarten Atbalmin als *bokis es bilong mipela* (wörtlich »unser Kühlschrank«) zu bezeichnen. Während die Abendländer nach wie vor dem Mythos anhängen, daß die meisten Neuguineer Kannibalen gewesen seien, ist der Kannibalismus, wie er sich bei den Miyanmin manifestierte, unter den Kulturen Neuguineas eine Ausnahmeerscheinung.

Vor dem Jahr 1973 pflegten die Miyanmin das Jahr in zwei Jahreszeiten aufzuteilen. Die trockenere Zeit war die Schweinejagd-Saison; dann kamen sie in die Schwemmebene hinab, um Schweine und anderes Wild zu jagen. Die nasseste Zeit des Jahres, wenn das Tiefland überflutet wurde, war die Menschenjagd-Saison. Dann zogen die Miyanmin in die Hochtäler, die dicht von Telefol, Atbalmin und anderen Stämmen bevölkert sind. Die Überfälle, die sie dort durchführten, hatten sie oft jahrelang geplant.

Meine ständigen Begleiter in Betavip waren Kegesep, ein *turnim tok* (Übersetzer), der gut Pidgin sprach und deshalb für mich aus dem Miyanmin ins Pidgin übersetzte, und Anaru, der *lululai* des Dorfes Betavip. Durch diese Menschen erhielt ich eine sehr gründliche Unterweisung darin, wie die Miyanmin einst gelebt hatten und wie ihre Vergangenheit sie weiterhin beeinflußte.

Kegesep war ein zierlicher, ängstlicher Mensch, der dreckige Shorts und ein Hemd trug. Er machte sich unaufhörlich Sorgen über *sanguma* (Hexerei). Don Gardner erzählte mir eine Geschichte über ihn, die viel von der Weltsicht Kegeseps enthüllte. Don und er waren während einer Grippeepidemie weit den Skgonga River hinaufgereist. Es war eine der ersten derartigen Epidemien gewesen, von denen die Gegend heimgesucht wurde. Gefährlich wurde ihre Reise durch die angespannte soziale Situation, die daraus resultierte, daß die Krankheit mit ihren vielen Todesopfern sich wie ein Lauffeuer ausbreitete. Jeder machte die Hexerei benachbarter Gruppen für die Epidemie verantwortlich, und man mußte jeden Augenblick mit Racheüberfällen rechnen.

Eines Morgens fand Don beim Betreten von Kegeseps Hütte diesen grau und leidgeprüft vor. Langsam brachte er aus Kegesep heraus, daß er in der vergangenen Nacht zum Rand des Lagers gegangen war, um zu urinieren. Dort hatte er gespürt, wie etwas sein Bein streifte. Es sei eine Schlange gewesen, behauptete er, die versucht habe, an seinem Bein hochzuklettern und in seinen After einzudringen. Kegesep wußte, daß die Schlange von Feinden geschickt worden war, um ihn zu schwächen. Er erklärte, daß er als Jugendlicher viele solcher Schlangen gesehen habe, die man den Opfern der Raubzüge seines Vaters aus dem Darm gezogen habe. Kegesep wußte, daß diese Schlangen mittels Zauber-kraft im voraus entsandt worden waren, um ihre Opfer zu schwächen.

Bei den »Schlangen«, die Kegesep in den Körpern der Er-schlagenen gesehen hatte, handelte es sich zweifellos um die eindrucksvollen *Ascaris*, eine Gattung Spulwürmer, die überall unter der menschlichen Einwohnerschaft entlege-ner Gegenden Melanesiens zu finden ist. Diese großen, regen Darmparasiten ähneln äußerlich tatsächlich weißen Schlangen.

Don verstand, daß Kegesep sich in einer ernsten Lage be-fand, wußte aber nicht, wie er helfen sollte. Schließlich gab er ihm zwei Aspirin und erklärte, es sei eine Medizin, um alle Schlangen zu töten, die vielleicht in ihn eingedrungen seien.

Kegesep erholte sich rasch. Ich war oft erstaunt über die wohltuende Wirkung, die einfache Heilmittel wie Aspirin oder Vitamintabletten auf Menschen wie die Miyanmin haben. Wer ernstlich unter Vitaminmangel leidet, dessen Allgemeinbefinden bessert sich beinahe augenblicklich, wenn er eine Vitamintablette schluckt. Ebenso kann für jemanden, der noch niemals die Wirkung eines Schmerz-mittels erfahren hat, die Erleichterung, die sogar eine ein-fache Aspirin-Tablette verschafft, gewaltig sein.

Ich mochte Kegesep sehr gern. Er lachte oder lächelte ständig und machte sich stets die Mühe, mein stotterndes Pidgin zu verbessern. Der Gedanke an die zahlreichen Äng-ste und Hindernisse, die ihn in seinem alltäglichen Leben heimsuchten, stimmte mich traurig. Als ich Yapsai im Jahr 1984 verließ, schenkte ich ihm mein Hemd. Kegesep starb 1986 kurz nach meinem letzten Besuch in Yapsai.

Anaru hingegen war ein mächtiger Mann mit angegrau-tem Haar, wahrscheinlich Ende Vierzig. Von den Männern seiner Generation in Betavip war er wahrscheinlich der weitaus gesündeste, und abgesehen von der üblichen *grile* wies er keinerlei Anzeichen von Krankheit auf. Er trug nichts als eine kurze Peniskalebasse, was seinen schönen Körperbau bestens zur Geltung brachte.

Ich lernte Anaru gut kennen, als ich nach nur wenigen Tagen Aufenthalt in Betavip beschloß, den Mount Boobiari zu besteigen, den 1200 Meter hohen Kalksteingipfel, der in kurzer Entfernung vom Dorf jäh anstieg. Der Berg war angeblich die Heimat eines der seltensten und spektakulärsten Säugetiere, des Goodfellow-Baumkänguruhs *(Dendrolagus goodfellowi)*, das die Miyanmin als *Timboyok* kennen. Dieses wunderschöne, kastanienbraune Känguruh hat einen langen, goldgesprenkelten Schwanz, zwei über den Rücken verlaufende goldene Streifen und auffallend blaue Augen. Seine Heimat sind die Wipfel der Eichenwälder Neuguineas. Aber damals war von dem Tier in freier Wildbahn so gut wie nichts bekannt.

Meine Begleiter auf der Bergtour waren Anaru, Deyfu und Imefoop. Anaru und Deyfu waren ausgezeichnete Jäger. Imefoop hingegen war gebrechlich und kränklich. Seinen Körper hatte von Kindesbeinen an die Tuberkulose zerfressen und inzwischen stark geschwächt. Imefoop war in der Station von Yapsai als Träger eingestellt worden. Don, der ihn ganz gut kannte, freute sich für ihn, daß er unseren Kessel trug, wofür er vier Kina am Tag bekam (etwa sechs australische Dollar), was dem Lohn unserer übrigen Träger entsprach. Doch selbst mit dieser leichten Last rang Imefoop, wenn wir eine Rast einlegten, oftmals keuchend nach Luft.

Imefoop freute sich außerordentlich, uns auf dem Marsch von Yapsai nach Betavip als Träger zu begleiten. Für ihn war es nicht ausschließlich eine Sache des Geldes. In Wahrheit genoß Imefoop in der Gemeinschaft so gut wie kein Ansehen. Er war die Zielscheibe endloser Witze und Spötteleien durch die Dorfkinder, und von den Erwachsenen wurde er weitgehend ignoriert. Nun erhielt er denselben Lohn, um neben gesünderen und kräftigeren Miyanmin zu arbeiten. Ausnahmsweise einmal wurde er ernst genommen.

Im Jahr 1986, nur zwei Jahre nach unserem Aufstieg zum Mount Boobiari, hatte die Tuberkulose Imefoops Körper beinahe völlig zerstört. Flüssigkeit sammelte sich in seinem Unterleib, floß dann in Penis und Hodensack, verursachte ihm ungeheure Schmerzen und entstellte ihn. Eines Tages, als das Ende nahe war, ging er auf Don zu und schlug die Decke zurück, in die er sich eingewickelt hatte.

»Sehen Sie, was mit mir passiert ist«, sagte er mit einer von Angst und Scham erfüllten Stimme.

Im Tod erlangte Imefoop eine Spur jener Würde und Macht, die ihm im Leben so schmählich versagt geblieben war. Als er in seiner Hütte im Sterben lag, schrie er, er werde all die kleinen Jungen bestrafen, die ihn so lange gehänselt hatten. Als er starb, sagte er, sein Geist werde zu den Quellflüssen des Skgonga River fliegen. Dort werde er einen Erdrutsch auslösen, der das Wasser mit Schlamm trüben und es den Kindern dadurch unmöglich machen werde, ihrem liebsten Zeitvertreib zu frönen, nach Quarzen zu tauchen.

Es dauerte nicht lange, bis seine Verwandten und Freunde sich um ihn scharten. Jeder bat um den einen oder anderen Gefallen, den er ihnen erweisen sollte, wenn er die Geisterwelt erreichte. Endlich wurde Imefoop wie ein einflußreicher Mann behandelt.

8

Boobiari

Der Aufstieg zum Mount Boobiari war kurz, aber steil. Glücklicherweise führte er größtenteils durch hohen Urwald, der am Boden um so kühler und fester wurde, je höher wir stiegen. Auf etwa 800 Metern Meereshöhe traten wir unerwartet auf einen winzigen, von *kunai* (Grasland) überwucherten Gebirgskamm hinaus. Dort wuchs in einer kleinen Senke ein Flecken hohen Rohrgrases. Es war die Art Rohr, aus der Pfeile gefertigt werden. Deyfu bog ein paar Stiele nach unten und pflückte sie behutsam. Als ich ihn fragte, was er da tue, sagte er ruhig: *Papa bilong mi i stap* (Mein Vater ist hier). Einen Augenblick später begriff ich, daß das Rohrgras auf das Grab seines Vaters gepflanzt worden war. Mit einem Mal überwältigte mich der Symbolgehalt seiner Geste.

Die kleine Lichtung markierte das Gelände eines Dorfes, das vor vielleicht zwanzig Jahren aufgegeben worden war. Was die Verteidigung betraf, war es ein großartiger Standort, konnte man von hier aus doch den gesamten Oberlauf des Usake River überblicken. Jeder Feind wäre entdeckt, lange bevor er nahe käme. Trotz dieses Vorteils kam man nicht umhin, an die armen Frauen zu denken. Unzählige Jahrhunderte lang waren sie tagtäglich bergabwärts marschiert, um in ihren Gärten zu arbeiten. Und jeden Abend hatten sie auf ihrem Rückweg Essen, Bambusrohre voller Wasser und Säuglinge die 800 Meter bergauf getragen.

Nachdem wir noch ein paar hundert Meter weiter bergauf marschiert waren, kamen wir zu einer kleinen Hütte. Sie bestand lediglich aus einem Dach, ein oder zwei Meter über dem Boden, das von vier Stangen getragen wurde. Hier machten wir Rast und kochten Tee. Deyfu fertigte aus seinen Rohren Pfeile, wobei er sie sich zwischen die Zähne klemmte, um sie geradezubiegen.

Wir sollten eine Woche an diesem Ort verbringen. Ein paar Stunden später setzten wir unseren Marsch zum Gipfel fort, den wir erreichten, indem wir von der Hütte aus ungefähr einen Kilometer weit einem steinigen Pfad folgten. Je näher wir dem Gipfel kamen, desto verkümmerter wurde die Vegetation; Nebelfetzen hingen zwischen den Bäumen. Noch ein paar Schritte, und wir standen auf dem Gipfel selbst, während der Pfad jäh an einem Abgrund endete.

Dort hatten wir eine überraschende Begegnung. In den kahlen Ästen eines abgestorbenen Baumes, der über den Felsvorsprung hinausragte, hockte ein großer, adlerartiger Vogel. Es war ein Papua-Wespenbussard *(Henicopernis longicauda)*. Trotz seines unsympathischen Namens ist es ein beeindruckendes Tier. Die Federn dieses zweitgrößten waldbewohnenden Raubvogels Neuguineas schimmern in zartbraunen Schattierungen, und er hat einen langen, gestreiften Schwanz. Auf kurze Entfernung sieht man ihn selten – dies war das einzige Mal, daß ich ihn in all meinen Jahren auf Neuguinea aus nur wenigen Metern Entfernung zu Gesicht bekam. Dann schwebte er über das Tal davon.

Durch die wirbelnden Nebelschwaden erhaschten wir unten einen Blick auf den Usake River und die Ansammlung von Hütten, aus denen Betavip besteht. Plötzlich spürte ich, was es bedeutete, der einzige Europäer zu sein, der den Mount Boobiari erklettert hatte. Ich fühlte mich sehr weit weg von überall.

In den langen Nächten, die wir gemeinsam auf dem Berg verbrachten, erzählte Anaru mir von den Raubzügen, an denen er als junger Mann teilgenommen hatte. Für einen »Big Man«, sagte er, bestehe der erste Schritt zur Durchführung eines erfolgreichen Überfalls darin, »Seile zu knüpfen«. Damit meinte er, daß ein Krieger, der einen erfolgreichen Raubzug veranstalten wolle, ein Netz sozialer Verpflichtungen unter den verstreuten Miyanmin-Gemeinschaften knüpfen müsse, um genug erwachsene Männer zusammenzutrommeln und einen erfolgreichen Raubzug zu unternehmen. »Seile« würden geknüpft, indem man Töchter verheirate, Ferkel und Fleisch verteile und durch andere Geschenke die Bande festige. Seien die strategischen Bündnisse erst einmal geschmiedet, so könne die Planung des Raubzugs beginnen.

Wenn der Raubzug sich gegen die Atbalmin richtete, mußte eine Hängebrücke aus Rohr über den Sepik gebaut werden, der die Territorien dieser beiden Stämme trennt. Dies konnte mehrere Wochen dauern. Dann mußte man ein passendes Dorf ausfindig machen und auskundschaften. Es sollte ein wenig abseits liegen und vielleicht vierzig oder fünfzig Einwohner haben. Von entscheidender Bedeutung war, daß bei dem Überfall alle Bewohner ohne Ausnahme getötet oder gefangengenommen wurden, denn ein einziger, der entkam, konnte benachbarte Dörfer alarmieren, die dann ihrerseits die Miyanmin überfallen würden, bevor sie sich aus dem Staub gemacht hätten.

Anaru schilderte, wie das Dorf bei Nacht umzingelt wurde. Der Angriff fand oft kurz vor Morgengrauen statt. Dann wurden die Hütten gestürmt. Das Töten mußte schnell und gründlich vonstatten gehen. Männer und ältere Frauen wurden gewöhnlich erledigt, indem man sie von hinten packte und ihnen brutal einen gespitzten Kasuar-Beinknochen von oben in den Spalt zwischen Schlüsselbein und Schulterblatt stieß, um die Lunge zu durchbohren.

Anaru demonstrierte diese Vorgehensweise pantomimisch

mit einem alten, blutbefleckten Dolch und mir als Schein-
opfer. Das Gefühl seiner sehnigen Arme um meinen Hals,
die meinen Körper an seinen preßten, und der Knochen-
spitze, die mir in die Haut stach, jagte mir einen Schauder
über den Rücken. Er machte seine Sache wirklich gut.

Die Leichen mußten sodann zerteilt werden, wieder
schnell und effizient. Kopf, Arme und Beine wurden mit
Bambusmessern vom Rumpf getrennt. Dann wurde der
Torso ausgeweidet und dem Mann, der ihn tragen sollte,
wie ein Rucksack auf den Rücken gebunden. Der Kopf
wurde sorgfältig in ein Bündel Palmblätter eingeschlagen
und an einem aus Rohr geflochtenen Henkel getragen, von
dem er herabbaumelte. Je ein Arm und ein Bein wurden
über jede Schulter geworfen, so daß sie paarweise an Hand-
gelenk und Knöchel angefaßt werden konnten. Anschließend trat der Träger den langen Marsch zurück in sein Dorf
an. In den nächsten paar Tagen würde die Gemeinschaft gut
essen. Wenn er außerordentliches Glück hatte, konnte er
auch ein in einer *bilum* (einer Netztasche) verschnürtes Kind
auf den Schultern davontragen oder ein verängstigtes junges Mädchen vor sich hertreiben.

Diese Überfälle waren sowohl in sozialer als auch in körperlicher Hinsicht unerläßlich für die Miyanmin. Zunächst
einmal gaben sie dem Leben der Männer einen Sinn, die oft
jahrelang Pläne für einen erfolgreichen Überfall schmiede-
ten. Hätten sie nur ein einziges Mal Erfolg, würden ihre Namen von Generation zu Generation erklingen. Darüber hinaus verschafften die Überfälle dem unterernährten Stamm
Proteine in Hülle und Fülle. Doch auch dies war nicht ihr
wichtigstes Ergebnis. Was für die Miyanmin am meisten
zählte, war, daß sie ihnen Kinder bescherten.

Selbst in den Zeiten vor ihrem Umzug nach Yapsai war
die Kindersterblichkeit unter den Miyanmin erschreckend
hoch gewesen. Hatte ein Kind erst einmal seine ersten Le-
bensjahre hinter sich gebracht, dann standen seine Chancen,

es bis zum Erwachsenenalter zu schaffen, bedeutend besser. Solche älteren Kinder wurden geschätzt, so daß selbst Kinder, die man nach Raubzügen adoptierte, in liebevollen Familien umhegt und großgezogen wurden.

Die ganze Bedeutung all dessen kam mir im Jahr 1986 zu Bewußtsein, als ich Yominbip besuchte, die vielleicht abgelegenste Miyanmin-Siedlung. Dort begegnete ich einer verlassenen Familie, die auf diese Art und Weise zustande gekommen war. Aber diese Geschichte muß warten, bis sie an der Reihe ist.

Ich gestehe, daß ich in der Schutzhütte am Mount Boobiari ein paar unruhige Nächte zugebracht habe, nachdem Anaru mir von seinem früheren Leben erzählt hatte. Er liebte die »gute alte Zeit« zweifellos sehr und gab seine Geschichte mit großem Genuß zum besten.

Unsere Jagdzeit am Mount Boobiari war eine seltsame Mischung aus intensivem Vergnügen und beinahe unerträglichem Unbehagen. Die Schutzhütte war so klein, daß es unmöglich war, darunter während des täglichen Wolkenbruchs trocken zu bleiben. Auch nachts waren verschiedene Körperteile dem Dauerregen ausgesetzt, entweder weil sie unter der Hütte hervorragten oder wegen der vielen Löcher im Dach. Schlimmer noch war, daß sie so niedrig war, daß ich darin nicht aufrecht stehen und mich oft nicht vollständig vor der Sonne schützen konnte. Trotz ihrer Nachteile gab es wirklich keine Alternative. Die Kammlinie, auf der sie stand, war so schmal, daß man buchstäblich nirgendwoanders hingehen konnte.

Das schlimmste Ärgernis auf dem Berg waren die Schweißbienen. Sie entdeckten uns schon sehr frühzeitig. Schweißbienen sind winzige, stachellose Bienen, die vom Morgengrauen bis zum Einbruch der Dunkelheit in Schwärmen von

Tausenden auftreten können. Wie ihr Name schon sagt, trinken sie Schweiß. Die riesigen Wolken, die den Unterstand auf dem Mount Boobiari umschwärmten, stimmten ein hohes Summen an, das nicht aufhörte, solange Tageslicht herrschte. Es sind unglaublich hartnäckige Geschöpfe, die einem nicht eher von der Haut weichen, bis sie zerquetscht werden. Sie steigen einem zu Tausenden in Ohren, Augen, Mund und Nase, unter Hemd, Hose, Socken und in die Haare. Das Gefühl Zehntausender winziger Zungen, die gleichzeitig an meiner Haut leckten, war eine Tortur, die mich fast in den Wahnsinn trieb.

Um alles noch schlimmer zu machen, gehört eine von tausend Bienen in Wirklichkeit einer anderen Spezies an. Und diese eine sticht mit der Heftigkeit eines Hochspannungselektroschocks. Man lehne seine Hand gegen einen Baum oder gegen einen Pfosten der Hütte, und sie sticht. Man hebe ein Werkzeug auf oder streife das Dach der Hütte, und sie sticht wieder. Man streife Bienen von Gesicht oder Arm, und die Elektrode tritt noch einmal in Aktion. Eine Minute lang in solch einer Insektenwolke zu sitzen ist schlimm genug. Man zählt jede Sekunde. Aber Tage ununterbrochen darin zu verbringen, ohne mögliche Erleichterung, ist ein absoluter Alptraum. Ich freute mich sogar auf die Moskitos in der Abenddämmerung, ungeachtet der Malaria, die sie übertrugen.

In meinen Fallen fing ich aus unerfindlichen Gründen die ganze Zeit, die wir am Boobiari lagerten, absolut nichts. Die Jäger waren erfolgreicher, und nur die wunderbaren Tiere, die von Anaru und Deyfu aufgespürt wurden, hielten mich dort. An unserem ersten Tag kehrte Deyfu mit einer großen toten Ratte in der Hand zum Lager zurück. Sie war so groß wie eine kleine Katze und hatte Schnurrhaare, die zu beiden Seiten der Schnauze mehr als fünfzehn Zentimeter abstanden. Ihr Fell war oben tiefbraun und unten weiß. Bemerkenswert war, daß sie größere Hoden hatte als jeder Mann.

Zuerst konnte ich dieses seltsame Geschöpf nicht identifizieren. War es eine Mosaikschwanz-Riesenratte (*Uromys caudimaculatus*, eine in Australien weitverbreitete Art), die unter Elefantiasis litt? Nein, die Schwanzschuppen waren zu groß. Dann fiel mir eine Beschreibung des allerseltensten großen Nagetiers von Neuguinea ein, die ich vor einigen Jahren gelesen hatte. Es hieß *Xenuromys barbatus*, was »seltsame Maus mit einem Bart« bedeutet, und sollte äußerlich der gewöhnlichen Mosaikschwanz-Riesenratte ähneln. Ich zitterte bei dem Gedanken, daß ich möglicherweise eine von nur fünf *Xenuromys* in Händen hielt, die ein Europäer jemals gesehen hatte. Wenn ja, dann hatte ich das Privileg, der allererste zu sein, der das Gewicht dieses Tieres wußte, der wußte, wo es sich versteckte, als es gefunden wurde, der in seinen Magen schauen und erfahren würde, wovon es sich ernährt, und der sogar darüber spekulieren würde, wofür es solche gewaltigen Geschlechtsorgane benötigte. Wahrscheinlich war ich wirklich der erste Europäer, der entdeckte, daß das Tier von der Natur so freundlich bedacht worden war.

Diese Gedanken übertrugen sich rasch in eine Meß-, Probenentnahme-, Konservier- und schließlich Kochwut! Nachdem wir uns bislang ausschließlich von Reis und Dosenfisch ernährt hatten, lechzten wir alle nach Fleisch, also schmorten wir den abgehäuteten Körper mit Waldkräutern. Es war eine schreckliche Anstrengung, Anaru und die anderen davon abzuhalten, knirschend die Knochen zu zerkauen, wie sie es immer bei einem solchen Essen taten. Jedesmal wenn um das heruntergebrannte Lagerfeuer das Krachen splitternder Knochen zu hören war, mußte ich den Übeltäter ausfindig machen und den Bissen herausverlangen, den er gerade so genußvoll kaute. Ich fühlte mich schuldig, daß ich sie um einen so offensichtlichen Genuß brachte. Trotzdem packte ich, als es vorüber war, die Knochen sorgfältig weg und erwog stolz die Tatsache, daß dies das erste *Xenuromys*-Skelett wäre, das jemals die Sammlung eines Museums zieren würde.

Der erste wissenschaftliche Aufsatz, den ich jemals über ein neuguineisches Säugetier veröffentlicht habe, basierte auf dem Material, das ich von diesem Exemplar gesammelt hatte. Das Geheimnis seiner riesigen Hoden habe ich bis auf den heutigen Tag nicht gelöst.

Jeder neue Tag am Mount Boobiari brachte weitere Überraschungen. Anaru kam eines Tages mit zwei Neuguinea-Kuskus *(Phalanger gymnotis)* an. Diese großen Beutelratten sind Verwandte der Buschschwanzbeutelratten Australiens. Anarus Hunde hatten sie in ihren Bauten aufgespürt, und als sie flohen, erschoß er sie. Die Miyanmin haben besondere Achtung vor dieser Spezies. Sie kennen sie als *Kuyam* und halten sie für Kinder ihrer Ahnfrau Afek.

Die größte Überraschung ereignete sich gegen Ende unseres Aufenthalts am Mount Boobiari. Deyfu schleppte eines Abends kurz vor Einbruch der Dunkelheit eine Beutelratte ins Lager, die herrlich feuerrot, schwarz, schwefelgelb und weiß gemustert war. Ich hatte nie etwas Ähnliches gesehen. Sie war riesig, denn als Deyfu den Kopf des Tieres in Brusthöhe hielt, schleifte sein Schwanz noch über den Boden. Ich war mir sicher, daß es sich um eine unerforschte Spezies handeln mußte.

Doch als ich nach Sydney zurückkehrte, stellte ich fest, daß die Art schon in den dreißiger Jahren beschrieben worden war. Die nur einen Abschnitt lange Beschreibung ist in Deutsch abgefaßt – sie vermittelte mir kaum eine Vorstellung von der majestätischen Erscheinung des Tieres. Der heute als Schwarzer Tüpfelkuskus *(Spilocuscus rufoniger)* bekannte Beutler ist so selten, daß er von vielen Forschern lange Zeit für eine Variante des Gewöhnlichen Tüpfelkuskus gehalten wurde. Biochemische und andere Analysen des am Mount Boobiari gesammelten Exemplars zeigten jedoch, daß es sich tatsächlich um eine eigenständige Spezies handelt.

Zu unser aller Enttäuschung wich uns das langersehnte Goodfellow-Baumkänguruh weiterhin aus.

9

Rausim laplap bilong kok

Die Erleichterung, das Lager am Mount Boobiari zu verlassen, war groß. Meine Haut war rot von Bissen und Striemen, meine Augen zu Schlitzen geschwollen, und ich war dreckig, weil ich mich eine Woche lang nicht hatte waschen können. Ich sehnte mich nach den Annehmlichkeiten von Betavip – ein ganzer Hüttenboden, auf dem ich mich ausstrecken konnte, vielleicht ein süßer Keks und eine Tasse Tee und der »Pool« im Fluß, der so kühl und tief war und zum Schwimmen einlud.

Es war der erste Ort, den wir nach unserer Ankunft im Dorf ansteuerten. Was die Benutzung des Pools im Fluß betraf, hatten wir eine ziemliche Routine entwickelt. Zuerst lief ein befreundeter Miyanmin vor uns her und brüllte, die Frauen müßten den Fluß verlassen und ihre Schweine und kleinen Kinder mitnehmen, denn jetzt kämen die weißen Männer, um sich zu waschen. Wenn wir die Stelle erreichten, war sie verwaist, und wir konnten unsere Kleider oder Peniskalebassen ausziehen und etwa ein oder zwei Stunden lang baden.

Die Kinder aus dem Dorf hatten ein großes Stück milchigen Quarzes gefunden, das den Mittelpunkt eines wundervollen Spiels bildete. Es war unser Lieblingszeitvertreib (und der der Dorfjungen), den Stein in die Tiefen des Beckens zu werfen und anschließend danach zu tauchen. Sieger war, wer den weißen Quarz, der selbst in den tiefsten

Höhlen wie ein Signalfeuer leuchtete, als erster aus den grünen Tiefen heraufholte. Das Loch war so tief, daß meine Ohren knackten und knisterten, wenn ich mich dem Grund näherte, und große Fische sich mißtrauisch in die grünen Schatten verzogen.

Als ich an diesem Tag mit meinen Miyanmin-Begleitern an dem Strand aus Feldsteinen lag, war ich besonders zufrieden. Ich hatte den Mount Boobiari bestiegen und war mit großartigen Reichtümern zurückgekehrt. Ich war wieder sauber und frisch. Ermutigt vielleicht von der Kameradschaft, die sich am Mount Boobiari zwischen uns entwickelt hatte, wandte sich unsere Unterhaltung bald intimeren Fragen zu. Meine Freunde von den Miyanmin meinten, sie bevorzugten Frauen mit langen Hängebrüsten, die »wackeln, wenn sie laufen« (und auf eine Frau hindeuten, die gestillt hat), statt der keck hervorstehenden Brüste, die noch keine Milch abgesondert haben, wie die Mehrzahl der Abendländer sie bewundert.

Soweit es um Ehefrauen ging, zählte das Aussehen wenig. Was hier gesucht wurde, war eine harte Arbeiterin. Zur Erklärung meinte einer meiner Freunde, daß ein Mann ja immer noch versuchen könnte, ein Mädchen aus einem Nachbardorf zu verführen, wenn er sich mit einer schönen Frau amüsieren wolle.

Im weiteren Verlauf des Gesprächs beugte Deyfu sich nahe zu mir her und fragte flüsternd, warum ich so ganz anders sei als sie. Verblüfft über diese Frage, begann ich nach Erklärungen für meine relative Körpergröße und meine weiße Haut zu suchen. Deyfu unterbrach meinen verworrenen Vortrag, indem er zwischen seine Beine wies und sagte: *No, hia!* (Nein, das hier).

Sofort wurde klar, worauf die Frage abzielte – ich war beschnitten und sie nicht. Unter Aufbietung meines besten Pidgin erläuterte ich: *Ol tumbuna bilong mi i save rausim laplap bilong kok bilong pikinini man,* was grob übersetzt ungefähr bedeutet: »Meine Vorfahren gewöhnten sich an, den kleinen Hautzipfel, der am Ende des Pimmels ihrer Kinder wächst, abzuschneiden.«

Deyfu schaute mich ein oder zwei Momente ernst an, bevor er versuchte, diese Erklärung für seine gespannt wartenden Stammesgenossen zu übersetzen. Nach ein paar Worten wälzte er sich nach Luft schnappend am Boden. Er hatte einen Lachkrampf.

Während die Worte aus ihm hervorsprudelten, konnten unsere sämtlichen Begleiter sich ebenfalls vor Lachen kaum halten. Lange Zeit konnte niemand mich ansehen, ohne erneut einen Lachanfall zu bekommen, und es dauerte mindestens zwanzig Minuten, bis die allgemeine Heiterkeit endlich abebbte.

Ich selber fing unterdessen an, über meine Einstellung zu den Miyanmin und ihrem Körperschmuck nachzudenken. Anfangs waren mir ihre Peniskalebassen, die durchstoßenen Nasenscheidewände, in denen Eberhauer steckten, und die Nasen, die durchbohrt wurden, um die langen Hörner des Rhinozeroskäfers in die Öffnungen schieben zu können, als der Gipfel einer bizarren, haarsträubenden und primitiven Mode erschienen. Bis zu diesem Augenblick war mir nie der Gedanke gekommen, daß sie mich durchaus mit den gleichen Augen betrachten könnten.

Später in Sydney jedoch, am Ende dieses langen Abstechers in die Feldforschung, wurde mir bewußt, wie bizarr gerade die europäische Mode sein konnte. Als ich aus dem Flugzeug stieg, sah ich voller Erstaunen zwei bemerkenswerte Menschen an mir vorbeischweben. Ihre Augen waren weit geöffnet und strahlend, ihre Haut unglaublich weiß und ihre Lippen von grellem Rot. Einen Augenblick lang schien es, als müßten die beiden Besucher jenes sonderbaren afrikanischen Stammes sein, dessen Angehörige sich bleich anmalen und eine Schwäche für unglaublich große Augen und ein breites Lächeln haben. Aber nein – es waren einfach zwei junge Frauen, die noch im Rahmen, wenn auch stark nach der aktuellen Mode geschminkt waren. Ich brauchte ein paar Tage, bis ich dieses »Stammes-Make-up« wieder für normal hielt. Während meines langen Aufenthalts im Gelände hatte ich es irgendwann als »Norm« akzeptiert, daß alle Menschen spärlich bekleidet, klein und dunkelhäutig waren.

Der Weg zurück von unserem Schwimmbecken war stets gefürchtet. Der Pfad wurde jeden Nachmittag auch von einer alten Frau benutzt, der das zweifellos größte und übellaunigste Schwein in ganz Melanesien gehörte. Dieses wahre Ungeheuer wäre mit großer Sicherheit schon längst in einer mit Steinen ausgekleideten Grube gekocht worden, wäre da nicht die außerordentliche Zuneigung gewesen, welche die alte Frau, die es versorgte, für ihren Schützling empfand.

Die Miyanmin pflegten bei dem lauten Rascheln, welches das Herannahen dieser gewaltigen Sau ankündigte, auf Bäume oder ins Gebüsch zu springen. Ich selber huschte oft genau in dem Moment hinter einen Baum, wenn die Sau vorbeipflügte – selbstredend wütend, jemandem zu begegnen, der es wagte, diesen Trampelpfad zu benutzen.

Sauen sind gefährliche Geschöpfe, denn im Gegensatz zu Ebern (die einen nur mit ihren Hauern aufschlitzen) beißen sie kräftig und hartnäckig zu. Solche Bisse führen oftmals zum Tod.

Jeder in Betavip mit Ausnahme seiner »Mutter« (wie die alte Frau genannt wurde) lebte in Todesangst vor diesem Schwein. Wer die Sau nachmittags ins Dorf kommen hörte, der rettete sich mit einem Sprung auf die Veranda seines Hauses. Dann trottete die große, grunzende Sau vorbei, gefolgt von einer winzigen, verhutzelten Frau, die gerade einmal dreißig Kilo wog (ich wußte das, weil Don sie wegen einer ärztlichen Behandlung hatte wiegen müssen). Das Schwein war viermal so groß wie sie, trotzdem hielt sie es mit einem Stock mühelos in Schach. Das Tier hörte auf jedes ihrer Worte und gehorchte ihr wie ein verängstigter kleiner Hund. Diese Frau hatte das Biest an ihrer Brust gesäugt, als es noch ein Ferkel gewesen war. Später hatte sie das heranwachsende Tier mit Leckerbissen wie Süßkartoffeln gefüttert und es jeden Tag hinausgelassen, damit es im Wald Futter suchte. Kurz, die Sau war für sie wie ein Kind.

Die Dorfbewohner nahmen die Gelegenheit unseres Besuchs zum Anlaß, sich dieses Monsters zu entledigen. Ungeachtet der Proteste der alten Frau behaupteten sie, es sei viel zu gefährlich, die Bestie hier zu haben, solange die weißen *mastas* zu Besuch weilten. Der Streit wogte tagelang hin und her. Sehr zum Kummer der alten Frau gewannen am Ende die Dorfbewohner.

Die Bestie um die Ecke zu bringen erwies sich als komplizierte Prozedur. Bevor die Sau erlegt werden konnte, mußten ihre »echten« Eltern informiert werden. Offensichtlich war die alte Dame nur die Stiefmutter des Tieres! Sie hatte es als Ferkel von einem Paar adoptiert, das in einem Dorf zwei Tagesmärsche nördlich von Betavip wohnte. Seile knüpfen, dachte ich bei mir.

Als die Eltern des Schweins in Betavip eintrafen, kamen die Vorbereitungen für das Festmahl in Gang. Am Rand des Dorfes wurde eine tiefe Grube ausgehoben und direkt daneben ein großer Haufen Feuerholz angezündet, auf den man Flußsteine stapelte. Das Schwein wurde unterdessen in der Mitte des Dorfplatzes angebunden, während ganz in der Nähe seine Stiefmutter in ihrer Hütte leise schluchzte.

Schließlich trat mein Freund Kebuge vor und spannte seinen Bogen. Er traf das Schwein in die Brust, aber der Streich war nicht tödlich, und einen Moment lang drohte die quiekende, wütende Kreatur sich von ihrem Strick loszureißen.

In diesem kritischen Augenblick stürzte Anaru mit einem schweren Knüppel bewaffnet vor. Mit einem einzigen mächtigen Schlag auf die Schädeldecke brachte er das Tier zum Verstummen.

Binnen Minuten wurde die große Sau durch eine Horde Bambusmesser schwingender Miyanmin in Schweineschnitzel verwandelt. Anschließend wickelten sie das Fleisch in Blätterbündel ein. Zum Auskleiden der Grube wurden glühende Steine verwendet, gefolgt von Schichten aus Blättern und Kräutern. Obendrauf wurden die Fleischpakete gelegt und mit einer Schicht Bananenblätter abgedeckt. Darauf strich man einen dicken Brei, Taro-»Pudding«, der wiederum mit einer Schicht blutroter Sauce aus einer langen, roten, speerartigen Pandanusfrucht *(marita)* bedeckt wurde. Zum Schluß wurde das Ganze mit einer Schicht aus Blättern, Steinen und Erde verschlossen.

Das Schluchzen der beraubten »Mutter« schien sich einige Stunden später zu verstärken, als das *mumu* geöffnet wurde und ihm die köstlichen Düfte ihres »Kindes« entströmten. Wir hatten Mitleid mit der alten Frau und schenkten ihr ein paar Dosen Fisch zum Abendessen (ein magerer Ersatz für frisches Schweinefleisch, fürchte ich). Aber sie war untröstlich in ihrem Kummer.

10

Unterirdische Welt

Ganz am Anfang unseres Aufenthaltes in Betavip hatte Don Gardner eine Frau wegen einer Blutvergiftung am Bein behandelt. Infolge einer infizierten Schnittwunde an ihrem Fuß war die gesamte Extremität geschwollen und rot gewesen und hatte entzündet ausgesehen. Die Frau sprach hervorragend auf eine Antibiotikabehandlung an, und ihr Mann Kaifak, der bis dahin ziemlich unnahbar gewesen war, begegnete uns nach diesem Vorfall besonders freundlich. Er hatte gehört, daß meine Frau mit unserem ersten Kind schwanger war, und kam eines Tages zu mir, um mir vertraulich (und, wie sich herausstellte, korrekt) zu prophezeien, daß es ein Junge würde. Er bestand darauf, daß ich das Kind Oki nennen sollte, was ich ordnungsgemäß auch tat. Er erklärte, Oki bedeute »Tritt des Kasuars«, und mein Kind würde groß und stark werden, wenn es diesen Namen trüge.

Kaifak hatte ein offenes, edles Gesicht mit großen, dunklen Augen und der für Melanesier typischen vorstehenden Nase. Durch ein ziemlich großes Loch in einem Ohr trug er eine Sicherheitsnadel, und gewöhnlich lächelte er. Kaifak unterhielt eine besondere Verbindung zur Geisterwelt – er war Schamane. Zutritt zum Geisterreich hatte er eines Tages erhalten, als er im Wald auf der Jagd war und einem Geist begegnete. Der Geist führte ihn in einen Teil des Waldes, den Kaifak nicht kannte. Dort bot der Geist ihm geisterhaftes Taro zu essen an. Kaifak aß es. Normalerweise führte der

Verzehr solch geisterhaften Taros unweigerlich zum Tod. Dieser Fall war insoweit ungewöhnlich, als der Geist und der Mensch zu einer Übereinkunft gelangten. Kaifak würde dem (unsichtbaren) Geist von Geschehnissen in der Welt der Lebenden erzählen, während der Geist Kaifak darüber auf dem laufenden hielte, wie die Dinge im Land der Toten stünden. Der Geist umarmte Kaifak, und so wurden die beiden unzertrennlich.

Die Toten sind den Miyanmin stets unmittelbar gegenwärtig. Die Miyanmin glauben, daß die Verstorbenen eine Welt bewohnen, die ihrer eigenen in vielerlei Hinsicht ähnlich sei und sich nur ein oder zwei Meter unter der Erdoberfläche befinde. Die meisten Tätigkeiten, welche die Zeit der Lebenden beanspruchen, so glaubt man, beschäftigen auch die Toten in ihrer unterirdischen Existenz.

Das Raum- und Zeitgefühl der Miyanmin ist beschränkt und ihr Wissen über die Welt außerhalb ihres Tals dürftig. Obwohl sie von ihr gehört und möglicherweise sogar den einen oder anderen Ort draußen besucht haben, ist das Tal des Yapsai River ihre Welt. Regionen jenseits seiner Grenzen verschwimmen hinter immer neuen Nebeln der Ungewißheit. Sogar Port Moresby ist ein beinahe mythischer Ort.

Geschichte, wie die Miyanmin sie verstehen, reicht lediglich etwa drei Generationen zurück. Die Zeit vor der Geburt ihrer Großväter schreiben sie einer entfernten, verschwommenen Ära zu, die vielleicht dem Beginn der Zeit selbst nahe ist. Auch das Christentum hat ihre Vorstellung von der Zukunft beschnitten, da sie in Kürze, auf jeden Fall noch zu ihren Lebzeiten, die Apokalypse und die Wiederkunft Christi erwarten.

Trotz dieser begrenzten Sichtweise von Zeit und Raum akzeptieren sie mit großer Gelassenheit Ereignisse, die mir selber außerordentlich vorkommen.

In einer klaren Nacht saßen einige von uns im Dorf und beobachteten die Sterne. Bald kam als heller Fleck ein Satellit in Sicht, der langsam durch die Schwärze wanderte. Ich wies darauf hin und fragte die Leute, ob ihnen solche Objekte vertraut seien. Nach einigem Hin und Her erzählte ein kleiner Junge mir, daß sie, obwohl man sie jetzt häufig sehe, zu der Zeit, als sein Vater ein Junge gewesen sei, unbekannt gewesen seien. Ich fragte ihn, ob er wüßte, um was es sich handle. Als er verneinte, versuchte ich die Sache irgendwie zu erklären.

Im Jahr 1984 war Ronald Reagan Präsident der Vereinigten Staaten von Amerika und sein Star-Wars-Programm in vollem Gange. Zu meiner Erklärung gehörte unter anderem die Verwendung von Satelliten bei der Kriegführung und ihre Fähigkeit, Ziele im Weltall und auf der Erde zu treffen. Nach dieser Enthüllung verfielen meine Zuhörer in ein langes Schweigen und schienen allesamt fassungslos. Dann kam ein ganz kleiner Junge auf mich zu und fragte mit ernstem Gesicht: »*Masta*, mein Vater ist sehr alt. Seine Augen sind schwach, und er kann nicht mehr jagen. Wenn du Mr. Reagan das nächste Mal siehst, könntest du ihn fragen, ob er nicht seinen Satelliten ein paar Beutelratten für meinen Vater schießen lassen könnte?«

Eines Tages kam eine auffallende Gestalt mit großen Schritten nach Betavip gelaufen. Es war Ambep, Kaifaks Bruder. Mit seiner Ankunft lud sich die Atmosphäre in Betavip plötzlich elektrisch auf. Ampeb hatte es vorgezogen, mit seiner weitverzweigten Familie in einem abgelegenen, traditionellen Dorf namens Kyemana zu leben. Kyemana lag zwischen Hügeln eingebettet oberhalb von Betavip, etwa einen halben Tagesmarsch entfernt.

Ambep war ein zierlicher, älterer Mann, der nur eine Peniskalebasse trug und auf dem Kopf einen Gegenstand, den ich zuerst für eine seltsame Art von Teewärmer hielt.

Ambeps Nase war genauso vorspringend wie die Kaifaks, aber sein Gesicht schien schmaler und verhärmter. Seine Augen hatten jedoch ein heiteres Strahlen, das Kaifak fehlte. Trotz seiner wunderlichen äußeren Erscheinung war mit Ambep nicht zu spaßen. Ich bat eines Tages darum, ihn fotografieren zu dürfen, erfuhr aber durch Kegesep, daß Ambep mein Ansinnen wütend zurückwies. Zu viele Leute seien gestorben, nachdem man sie fotografiert habe, sagte er. Tatsächlich war die Sterblichkeitsrate unter den Miyanmin damals so hoch, daß Ambep mit seiner Beobachtung nicht gar so weit von der Wahrheit entfernt war.

Sogar seine nahen Verwandten beschrieben Ambep als »verrückt«. Im Laufe der Jahre hatte er sich mit fast allen überworfen, außer mit seiner unmittelbaren, lenkbaren Familie. Als Kaifak ein paar Monate vor unserer Ankunft nach Betavip gekommen war – mit einem Pfeil, der ihm im Arm steckte –, hatte er hier Zuflucht vor seinem eigenen Bruder gesucht. Er war nach einem Streit aus Ambeps Dorf geflüchtet.

Die Umstände dieser familiären Krise waren höchst ungewöhnlich. Vier Miyanmin-Männer, darunter nahe Verwandte Ambeps, waren auf die Jagd gegangen. Während eines Sturms hatten sie in einer kleinen Gartenhütte Zuflucht gesucht, die von einem gewaltigen Urwaldbaum überragt wurde. Der Baum war bei der Anlage des Garten stehengelassen worden (weil es zu mühsam gewesen wäre, ihn zu fällen). Und dort hatte er, langsam verfaulend, jahrelang gestanden. Auf dem Höhepunkt des Sturms hatte eine ungeheure Windböe ihn geknickt, und seine gewaltige Masse war auf die zerbrechliche Hütte gekracht. Alle vier Männer waren auf der Stelle tot gewesen.

Kaum ein Melanesier, der irgendwo auf dem Lande lebt, würde nicht glauben, daß ein solcher Vorfall das Ergebnis von Hexerei ist. Ein so schreckliches Unglück kann nur das Werk arglistiger Feinde sein.

Die Todesfälle machten Ambep auf eine für die Miyanmin typische Art verrückt vor Wut und Trauer. Er hatte eine Adoptivtochter, die er vor Jahren bei einem Überfall auf die Atbalmin gefangengenommen hatte. Sie war ungefähr siebzehn Jahre alt, kam also gerade ins heiratsfähige Alter, und wurde von Ambep und seiner Familie ebenso geliebt wie geachtet. Ambep nahm seine Axt und erschlug das Mädchen. Dann befahl er seiner Frau, die Leiche zu zerlegen und zu kochen. Anschließend zwang er seine kleine Familiengruppe, sie zu essen. Kaifak protestierte – und wurde mit einem Pfeil im Arm davongejagt. Ich habe gesehen, wie Ambep jagte. Er hätte Kaifak töten können, wenn er es gewollt hätte.

So hatten wir alle jetzt das Gefühl, daß Ambeps Eintreffen in Betavip ein Vorzeichen drohender Gewalt war. Der örtliche Pastor war nervös. Er drohte, dem Regierungsbeamten von Ambeps Kannibalismus zu erzählen. Aber damit hätte er das Dorf nur in weitere Panik gestürzt.

Trotz alledem mußte ich aus purem Eigennutz irgendwie mit Ambep fertigwerden, denn er war ein äußerst geschickter Jäger, der mir jeden Tag interessante Exemplare brachte. Eines Nachmittags suchte ich die Hütte am Rand des Dorfes auf, in der Ambeps Familie untergebracht war. Ich wollte Ambep erklären, worum es bei meiner Arbeit eigentlich ging. Der einzige Raum der Hütte war von Rauch erfüllt, und Menschen belegten den größten Teil des Bodens.

Eine der jungen Frauen in der Gruppe litt schwer unter Tuberkulose. Ihr Oberkörper war infolge der Krankheit verkrüppelt, und sie hustete ständig schaumigen, rötlichen Auswurf. Ihre Augen hatten diesen glotzenden, angsterfüllten Blick eines Menschen, der nicht ausreichend Luft einatmen kann. Ihr wiederholtes Husten erschwerte es Ambep, mein wirres Pidgin (eine Sprache, die er ohnehin kaum verstand) zu verstehen.

Plötzlich wurde Ambep wütend. Seine Augen blitzten vor Zorn, als er aufstand, um der Frau mit dem Rücken seiner Faust einen Schlag über den Kopf zu versetzen. Sie duckte sich in panischer Angst, während ich durch meine Erklärung stolperte, gefangen zwischen Gefühlen von Empörung, Ekel und Furcht.

Ambeps augenscheinlicher Wahnsinn in Zeiten der Trauer war kein Einzelfall. Die meisten West-Miyanmin werden von Zeit zu Zeit wahnsinnig vor Kummer. In der Miyanmin-Gesellschaft gilt dieser Zustand vorübergehender, durch eine Katastrophe verursachter Geisteskrankheit als weitgehend akzeptiert – trotz der Tatsache, daß wahnsinniger Schmerz als Entschuldigung für die verabscheuungswürdigsten Taten herhalten kann. Mit der Zeit zuckte ich schließlich jedesmal zurück, wenn ich hörte, daß jemand »wahnsinnig vor Schmerz« geworden sei. Oft kündete eine solche Information die schrecklichste, sinnloseste und unberechenbarste Gewalt an.

Don Gardner hatte einem seiner Assistenten eines Tages ein nagelneues Moskitonetz geschenkt; der Mann hatte das Geschenk zu schätzen gewußt und das Netz ordentlich in seinem Haus aufgehängt. Dann war eines der Hühner seines Bruders in die Hütte gekommen und hatte auf das blütenweiße Netz gekackt. Das erste, was Don davon mitbekam, war ein wütender Miyanmin, der mit einer Axt in der Hand kreuz und quer über den Dorfplatz stürmte. Der Inhalt seiner Worte war im wesentlichen folgender:

»Der weiße Mann ist zu uns gekommen und war großzügig. Er hat mir ein kostbares Geschenk gemacht – ein Moskitonetz. Und was hat meines Bruders Huhn getan? Meines *eigenen* Bruders Huhn hat auf mein neues Moskitonetz geschissen. Meines eigenen Bruders Huhn!«

Bei diesen Worten schwang er die Axt heftig gegen ein paar Papayabäume, die seinem Bruder gehörten und gerade frische Früchte trugen. Als nächstes wurden die Hühner seines Bruders abgeschlachtet. Sie waren eine äußerst wertvolle Handelsware und erst kürzlich ins Dorf gelangt. Hätte sein Bruder selbst sich in diesem Moment blicken lassen, ihm hätte durchaus dasselbe Schicksal blühen können.

Daß solche Ereignisse dazu neigten, aus scheinbar trivialen Ursachen zu erwachsen, machte mich vielleicht allzu ängstlich. Eines Tages kam der Dorfpfarrer zu mir und bat mich, ihm beim Zählen seines Geldes zu helfen. Er brauchte 140 Kina (seinerzeit ungefähr 200 australische Dollar), um die Bibelschule in Duranmin zu besuchen (die einen Zweiwochenmarsch entfernt lag), und war ganz aufgeregt, weil er glaubte, 137 Kina zu besitzen, die beinahe ausreichten, um sich anzumelden. Ich öffnete seine Dose und war entsetzt, dort nur einen Kina und 37 Toea (zwei australische Dollar) vorzufinden. Was sollte ich sagen? Weil ich einen Tobsuchtsanfall befürchtete, konnte ich ihm nur raten, weiter zu sparen.

Bei einer anderen Gelegenheit hatten zwei kleine Jungen, die für mich arbeiteten, sich Anarus Kanu (ein kostbarer Besitz) »geborgt« und es zuschanden gefahren. Erst als ein finsterer Anaru anfing, seine *kundu*-Trommel zu spielen, ging mir ein Licht auf, wie man die Krise vielleicht entschärfen konnte. Ich marschierte zu seiner Hütte und bot mit schwungvoller Gebärde an, die Trommel für sehr viel mehr zu kaufen, als sie wirklich wert war. Damit zauberte ich ein Lächeln auf Anarus Gesicht, das Augenblicke zuvor noch vor Wut verzerrt gewesen war.

Im Jahr 1986 wurde ich beinahe selber ein Opfer der kindlichen, völlig unberechenbaren Gewalt der Miyanmin. Ich schlief am hellichten Nachmittag in meiner Hütte, nachdem ich fast die ganze Nacht im Schein der Taschenlampe Tiere gejagt hatte. Plötzlich wurde ich von Rufen und Schreien aus einer angrenzenden Hütte geweckt. Ich rappelte mich hoch und ging zum Eingang. Draußen sah ich im grellen tropischen Sonnenlicht einen jungen Mann mit einem Bogen stehen, dessen Sehne straff gespannt war. Er versuchte, durch die Pfosten einer Hüttenwand auf etwas zu zielen. Ich wußte instinktiv, daß er versuchte, jemanden zu töten. Also schrie ich, um seine Aufmerksamkeit zu erregen, und sagte, daß ich gezwungen sei, ihn der Polizei zu melden, wenn er jemanden verletzte.

Als er sich zu mir umwandte, erkannte ich, daß ich einen schrecklichen Fehler gemacht hatte. In seinen Augen war ein wahnsinniges Glühen, das zeigte, daß er meine Worte nicht gehört hatte. Er wollte töten, und sein Bogen, der schon gespannt war, zielte aus weniger als zehn Metern Entfernung direkt auf meine Brust.

Meine Schrotflinte lehnte drinnen in der Hütte am Türpfosten, aber es wäre vollkommen zwecklos gewesen, nach ihr zu greifen. Während ich dies in Sekundenschnelle erwog, sah ich jemanden aus dem Schutz einer angrenzenden Hütte rennen und den jungen Mann von hinten um die Brust packen, wobei er ihm die Arme an den Körper preßte. Den Pfeil konnte er nun nicht mehr abfeuern.

Dieser Mann, der mir das Leben rettete, war der Onkel des jungen Mannes. Er erklärte mir, daß der junge Mann kürzlich erst geheiratet habe und daß er seine Frau der Untreue verdächtige. Sie sei es gewesen, die er zu töten versucht habe.

Das Seltsamste war, daß derselbe junge Mann, der mich beinahe umgebracht hätte, später an diesem Abend lächelnd zu meiner Hütte kam und mir eine Beutelratte anbot, die er soeben geschossen hatte. Er war freundlich und entspannt, so als sei nichts geschehen. Er war Ambeps Sohn.

Kaifaks symbiotische Beziehung zum Reich der Geister löste am Vorabend unserer Abreise aus Betavip außerordentliche politische Aktivitäten aus. Als wir schon abmarschbereit auf dem Dorfplatz standen, fing Kaifak an, vor der versammelten Menge auf und ab zu schreiten und in Miyanmin herumzuschimpfen. Die Menge schien bedrückt und regelrecht enttäuscht zu sein von dem, was er zu sagen hatte. Schließlich wurden wir eingeweiht. Kaifak hatte folgendes gesagt: »Die Geister werden von der Regierung in Port Moresby sehr gut behandelt, wißt ihr. Jeder in der Geisterwelt hat Armbanduhren und Transistorradios erhalten. Und sie haben bereits ihren eigenen Dorfrat.« Ein wunder Punkt bei den Miyanmin, die wußten, daß sie beinahe die einzigen in Papua-Neuguinea waren, die auf diese Form der Autoritätsausübung verzichten mußten! »Und was hat die Regierung für uns getan? Seht uns an. Wir haben nichts! Warum begünstigen sie die Geister so, wenn wir es doch sind, die für sie stimmen? Ich werde diese weißen Männer hier auffordern, Michael Somare« – damals schon längst nicht mehr an der Macht – »zu sagen, daß diese Vetternwirtschaft aufhören muß. Die Regierung muß anfangen, den lebenden Menschen etwas von denselben Gütern abzugeben, die sie den Geistern schenkt.«

Ich blickte auf meine Stiefel und biß mir von innen in die Backen, um mir ein Grinsen zu verkneifen. Feierlich schwor ich mir, Michael Somare, wenn ich ihm das nächste Mal begegnete, Kaifaks Wunsch auszurichten.

Als wir Betavip verließen, bat ich alle, die Kieferknochen der Tiere, die sie jagten, aufzubewahren. Ich versprach, daß ich sie bei meiner Rückkehr (falls ich zurückkehrte) kaufen würde, um abschätzen zu können, wie hoch die Proteinaufnahme war, die die Jagd jeder Familie ermöglichte.

Und ich kehrte tatsächlich nach Betavip zurück – zwei Jahre später, im Jahr 1986, mit meinem Freund und Kollegen Lester Seri, einem Biologen am Umweltministerium von Papua-Neuguinea. Erstaunlicherweise war der widerwärtige Schläger Ambep der einzige, der all seine Knochen sorgfältig aufgehoben hatte. Was immer er auch sonst war, jedenfalls war er ein Mann, der zu seinem Wort stand.

Ich teilte Ambep mit, daß ich gern ein paar weitere Exemplare der seltenen Riesenratte *Xenuromys barbatus* hätte, der ich zum ersten Mal zwei Jahre zuvor auf dem Mount Boobiari begegnet war. Anscheinend besaß er den einzigen Hund, der die Tiere, die er als *Boboyomin* kannte, verläßlich aufspüren konnte. Ich zog ein Buschmesser, eine kleine Plane und einen Tomahawk aus meiner Pfadfinderkiste und legte alles vor ihn auf den Boden der Hütte. Dann zeigte ich nacheinander darauf und sagte: *Wanpela Boboyomin, wanpela Boboyomin, wanpela Boboyomin* – Ambep könne sich einen dieser Gegenstände aussuchen, sobald er mir einen *Boboyomin* bringe.

Am selben Nachmittag kehrte Ambep triumphierend mit einem *Boboyomin* in der Hand zurück. Sein Hund hatte den Bau des Tieres inmitten eines großen Felshaufens, dem typischen Schlafplatz dieser Spezies, aufgestöbert. Ambep übergab mir den toten Körper und ersuchte mit großer Förmlichkeit um den Tomahawk. Er versicherte mir, er würde am nächsten Tag wiederkommen, um auch die übrigen Gegenstände zu erhalten.

Doch dann schlug das Verhängnis zu. Als ich an diesem Abend Ambeps Hütte aufsuchte, lag sein Hund zuckend und mit Schaum vor dem Maul beim Feuer. Seine Augen rollten in den Höhlen, während er von Anfällen geschüttelt wurde. Ambep dachte, er hätte einen giftigen Tausendfüßler gefressen oder sei von einem gebissen worden. Vielleicht habe ein eifersüchtiger Rivale diesen geschickt, um zu vereiteln, daß Ambep die restlichen Reichtümer erhielt.

Angesichts des Rückschlags für Ambep war es in der Tat eine Überraschung, als er am darauffolgenden Tag, wie versprochen, mit einem weiteren *Boboyomin* in der Hand zurückkkam. Nachdem er sich die Plane genommen hatte, erklärte er, daß er seine Frau gebeten habe, ihn auf der Suche zu begleiten. Sie habe mit der bloßen Hand in unzähligen Felsspalten nach dem Bau der großen Ratte getastet. Am Ende habe sie eine ausfindig gemacht, und indem sie den Arm in den Bau gesteckt habe, sei es ihr auch gelungen, das Tier mit einer Hand zu erwürgen, ohne gebissen zu werden. Leider liefen Ambep bis zu dem Tag, an dem wir Betavip verlassen sollten, keine weiteren Riesenratten mehr über den Weg. So blieb das Buschmesser in unserem Besitz.

Gegen Ende unseres Aufenthalts bauten wir, wie auch früher schon, eine Reihe von Flößen, mit denen wir den Fluß hinunterfahren wollten; aber am Morgen unserer geplanten Abreise war der Skgonga über die Ufer getreten, und wir konnten nicht weg. Um die Mittagszeit waren die Miyanmin, die uns begleiten sollten, zu der Überzeugung gelangt, das Hochwasser sei so weit gesunken, daß man sich flußabwärts wagen könne. Also wurde unser Gepäck verladen. Dabei ging unser Buschmesser anscheinend in letzter Minute in dem angeschwollenen Fluß verloren. Bedrückt fuhren Lester und ich los, da wir beide argwöhnten, daß es in Wirklichkeit gestohlen worden war.

Am Tag nach unserer Ankunft in der Station von Yapsai tauchte Ambep vollkommen unerwartet und erschöpft vor unserem Haus auf. In einer Hand hielt er das verschwundene Buschmesser. Er erklärte, daß es uns von einem jungen Mann gestohlen worden sei. Ambep hatte ihn gezwungen, ihm das Versteck zu verraten, und ihn später für diesen unverschämten Diebstahl verprügelt. Dieser Akt der Ehrlichkeit rührte uns zutiefst. Ambep hätte das begehrte Messer leicht behalten können, denn ich hatte nicht vorgehabt, nach Betavip zurückzukehren.

Je mehr ich über die Gesellschaft der Miyanmin erfuhr, desto stärker hatte ich den Eindruck, als sei Ambeps Gewalt einfach eine extremere Version der gesellschaftlichen Norm. Ja, Ambep konnte ein Ungeheuer sein, aber er war auch ein komplizierter Mensch, der die meisten seiner Stammesgenossen an Intelligenz und Aufrichtigkeit in den Schatten stellte. Wie sollen wir einen Menschen beurteilen, dessen Kultur und Einstellungen wir kaum begreifen? Ich denke noch immer an diesen sonderbaren, widersprüchlichen Mann zurück und muß zugeben, daß ich ihn mittlerweile mit Zuneigung betrachte.

Eine Erinnerung: An dem Nachmittag, an dem Ambeps Sohn durchgedreht war, hatte ich Besuch von Anaru. Wir saßen auf der Veranda meiner Hütte, ließen uns eine Tasse süßen, schwarzen Kaffee schmecken und starrten auf den stolzen Gipfel des Mount Boobiari, der von Wolken umhüllt in der Ferne lag.

Anaru blickte wehmütig auf den Berg. »Ich will dir erzählen, wie *Timboyok*« – so nennen die Miyanmin das Goodfellow-Baumkänguruh – »dort oben auf diesem Berg lebt. Jeden Morgen, wenn die Sonne scheint, klettert *Timboyok* in die Äste der höchsten Bäume am Boobiari. Von seinem hochgelegenen Beobachtungsposten aus kann *Timboyok* unser kleines Dorf und das Treiben aller Menschen, die dort leben, erkennen. Von dort oben sehen wir für ihn aus wie Ameisen. *Timboyok* sieht uns kämpfen, krank werden und sehr schwer arbeiten, um Wald für die Gärten zu roden. Während wir schuften und leiden, schaut er seinen Kindern ringsherum beim Spielen zu und genießt die Sonne auf seinem Fell.«

11

Keine größere Liebe

Die Siedlung Yominbip ist eine Nadel im Heuhaufen der gewaltigen Thurnwald Range. Der Bau eines Hubschrauberlandeplatzes in der Thurnwald Range im Jahr 1986 war ein schwieriges Unterfangen. Don Gardner, der dort medizinische Erhebungen durchführen wollte, hatte Kebuge zu Fuß vorausgeschickt, damit er sich um die Anlage des Landeplatzes kümmerte. Um ihm zu zeigen, wieviel Freifläche erforderlich wäre, hatte er ein Quadrat von fünfzehn Schritt Seitenlänge abgeschritten. Nach Kebuges Aufbruch warteten wir etwa einen Monat, bevor wir starteten, weil wir annahmen, daß diese Zeit ausreiche, um den Landeplatz fertigzustellen.

Der Flug nach Yominbip war ein außerordentliches Erlebnis. Der Hubschrauber traf am frühen Morgen von seinem Erkundungsstützpunkt im Gebiet des Green River ein. Es war eine winzige Maschine mit einer großen Glaskuppel vorn, durch die man beim Abheben sah, wie der Erdboden sich entfernte. Es war mein erster Flug mit einem Hubschrauber, und das Gefühl der Verwunderung und des Schwindels, als wir uns über das Kronendach des Urwalds erhoben und Kurs auf die weit entfernte Thurnwald Range nahmen, ließ mich beinahe glauben, daß wir im Begriff standen, eine andere Welt zu betreten. Nach ungefähr vierzig Minuten Flug erreichten wir die zerklüftete Bergkette und fingen an, nach unserem Landeplatz Ausschau zu halten.

Die schmale Kammlinie erstreckte sich vor uns ohne Unterbrechung vom höchsten Gipfel bis zu den Ausläufern des Gebirges, bevor sie jäh zu Tal abfiel. Sie sah aus wie eine große, grüne Messerklinge, überzogen mit dem Grünspan zeitloser Waldriesen. Aber eine einzige kleine, braune Stelle gab es darauf – einen Rostfleck –, unmittelbar vor der Spitze der Klinge. Bei näherem Hinsehen erkannte ich, daß der Rostfleck der frisch angelegte Hubschrauber-Landeplatz war. In ein oder zwei Minuten würden wir dort ausgespuckt werden, und der Hubschrauber würde lärmend wieder davonschwirren. Er würde einige Zeit nicht zurückkehren und uns ohne Funkgerät zurücklassen, ohne die Möglichkeit, Verbindung mit der Außenwelt aufzunehmen.

Als der Hubschrauber sich der Lichtung näherte, wurde eine Wolke aus Blättern und Zweigen von den Rotorblättern aufgewirbelt. Sie wirbelten wild um uns herum – offensichtlich war der Landeplatz zu klein. Der Pilot mußte entweder in dem überhängenden Kronendach seine Rotorblätter riskieren oder die Mission abbrechen.

Nach einem Augenblick des Zögerns entschloß er sich zur Landung und setzte schließlich wackelig auf. Aus dem Hubschrauber zu steigen war knifflig, denn er balancierte auf der Kante, und die Kufen ragten zu beiden Seiten der messerscharfen Kammlinie über den Abgrund hinaus.

Noch lange nach dem Abflug des Hubschraubers war die Luft voll von den Fetzen herabfallender Blätter. Die auf dem Vorgebirge versammelten Miyanmin beschirmten ihre Augen. Blattfragmente sprenkelten ihr Haar.

Die meisten der Männer, die die Ausrüstung und die frisch ausgeworfene menschliche Fracht umstanden, trugen nur Peniskalebassen; die Frauen waren mit sehr kurzen Basträcken bekleidet, obwohl ein paar Angehörige beiderlei Geschlechts sich mit einem kunterbunten Sammelsurium zerschlissener, ausrangierter europäischer Kleidungsstücke herausgeputzt hatten. Eine einzelne ältere Frau, die mit verwirrtem Gesichtsausdruck ziellos durch die kleine Menschenansammlung irrte, trug die Überreste eines einstmals sehr eleganten weißgoldenen Abendkleides. Die aufsehenerregende Wirkung des Kleides wurde verstärkt durch die Tatsache, daß die Brustwarzen der Frau, zweifellos aufgrund der Reibung, deutlich sichtbar durch den Stoff stachen.

In der Nähe humpelte ein älterer Mann vorwärts, wobei ihm die Peniskalebasse unter seinen engen, gebrauchten Fußballshorts offenkundig große Beschwerden verursachte. Uns wurde plötzlich klar, daß die Bewohner von Yominbip die wenigen europäischen Kleidungsstücke, die sie besaßen, zu Ehren unserer Ankunft angezogen hatten. Doch einige hatten wirklich keine Lust, sich so weit zu erniedrigen, auch noch ohne ihre traditionelle Kleidung zu erscheinen.

Als wir unsere Ausrüstung von dem improvisierten Hubschrauberlandeplatz zum Dorf transportierten, trat eine junge Frau vor, um zu helfen. Sie trug ein sauberes Kleid, und ihr welliges schwarzes Haar war mit einem roten Band zu einem ordentlichen Pferdeschwanz zurückgebunden. Nach ein oder zwei Minuten faßte auch ein Mann Ende Vierzig oder Anfang Fünfzig mit an.

Noch lange, nachdem der Hubschrauber an diesem Tag wieder weggeflogen war, wanderten die Dorfbewohner ziellos, wie unter Schock, umher und starrten abwechselnd uns und sich selbst mit großen Augen an, als suchten sie nach einer Erklärung für all das. Schließlich sprach einer von ihnen am Abend bei uns vor, um mehr über uns und den Zweck unseres Besuchs in Erfahrung zu bringen.

Als wir es ihnen erzählten, fiel es ihnen schwer, es zu begreifen. Denn sie konnten nicht glauben, daß Menschen von außerhalb – vielleicht die ersten, die je in ihr abgelegenes Dorf gekommen waren – so weit reisten, um so wenig zu sehen.

Für ein paar Einwohner Yominbips war unser Besuch allerdings keine solche Neuheit. Einige junge Männer hatten schon einmal das Dorf verlassen, um benachbarte Gemeinschaften zu besuchen, die Behelfslandeplätze hatten, und waren mit ein paar Handelswaren und wundervollen Geschichten über die Welt außerhalb des Tals zurückgekehrt. Einer hatte sogar das Meer gesehen, als er auf einer Plantage in Madang arbeitete. Und nun war an diesem schönen Morgen im April 1986 (wie ich wußte, sie aber nicht) die Außenwelt eingetroffen, auf daß jeder sie sich ansah.

Oft ist es gar nicht so leicht, anderen Menschen (auch vielen Abendländern) die Bedeutung einer scheinbar so nutzlosen Arbeit wie meiner eigenen zu vermitteln – aber hier schien die Herausforderung schier unüberwindlich zu sein. Dennoch war Lester Seri, mein lieber neuguineischer *bras* (Bruder), an diesem Morgen unverzagt, als er sich mit einer Ansprache an die ganze Gemeinschaft wandte:

»Ich bin Papua-Neuguineer, und ich arbeite für unser Volk. Und weil diese Arbeit so wichtig ist, hat die australische Regierung einen Mann entsandt, einen Doktor, um uns zu helfen. Er ist den ganzen Weg von Australien hierhergekommen.

Wir sind hier, um etwas über eure Tiere herauszufinden. Die Regierung ist beunruhigt, weil an vielen Orten alle Nahrungstiere ausgerottet wurden. Sie möchte herausfinden, welche Tiere hier überlebt haben und wie ihr euch um sie kümmert. Wir interessieren uns nicht nur für die Tiere, die euch als Nahrung dienen, sondern auch für eure Schädlinge: eure Schlangen, Würmer, Ratten und sogar eure Frösche. Ja, für alles. Wir möchten von jeder hier lebenden Tierart mindestens ein Exemplar sehen, und wir werden einige in dieser Medizin hier (Formalin) konservieren und sie mitnehmen, um sie der Regierung zu zeigen. Bei dieser Arbeit brauchen wir eure Hilfe. Wenn euch bei euren alltäglichen Verrichtungen, beispielsweise bei der Gartenarbeit oder beim Holzsammeln, ein Tier über den Weg läuft, möchten wir gern, daß ihr uns davon erzählt und daß ihr das Tier ins

Dorf bringt. Wir werden euch für eure Hilfe bezahlen, und wenn ihr für Geld keine Verwendung habt, dann haben wir Nahrungsmittel und ein paar andere Dinge, die ihr vielleicht gern hättet.«

Diese Neuigkeiten schienen alle vollkommen fassungslos zu machen, und man hatte den Eindruck, daß Lester, obwohl er ein Landsmann war, für die Einwohner von Yominbip ein ebenso seltsames Wesen war wie ich. Er mußte sich dieselben Blicke und verstohlenen Berührungen gefallen lassen – unter anderem einen recht spektakulären Ausfall unter die Gürtellinie durch eine ältere Bürgerin, die sich, wie ich vermute, hinsichtlich seines Geschlechts nicht sicher war. Aber erst im Laufe der nächsten Wochen begann ich zu verstehen, wie fremd wir dieser kleinen Gemeinschaft einfach waren und was unser Eintreffen für ihre Mitglieder bedeutete.

Der Häuptling des Dorfes ergraute bereits. Er wußte sein Alter nicht, und als ich ihn das erste Mal fragte, erwiderte er, daß er sieben Jahre alt sein könnte. Gebeten, noch einmal darüber nachzudenken, behauptete er verwegen, es könnten auch vier sein. Dieser Mann war ein großartiger Quell traditionellen Wissens, ebenso wie sein betagter Onkel, der allerdings zu alt war, um viel davon zu erzählen.

Der Onkel des Häuptlings war vielleicht der älteste Miyanmin, den ich je gesehen hatte. Inzwischen über siebzig, war er zur Zeit der großen Raubzüge in den fünfziger Jahren bereits Ältester gewesen. Obschon stocktaub und mit rasch schwindendem Augenlicht, war der alte Mann doch nicht vollkommen hilflos, denn er blieb rührig und kroch noch jeden Tag durch seinen kleinen Garten, um Unkraut zu jäten.

Eines Nachmittags, als Lester und ich arbeiteten, Proben vermaßen, häuteten und Daten protokollierten, sahen wir den alten Mann scheinbar verloren und gleichgültig gegenüber der Welt im Schatten einer Hütte sitzen. Eine Frau hatte in ihrem Garten den Bau einer Wasserratte (*Hydromys chryso-*

gaster) ausfindig gemacht, das Tier ausgegraben und es uns gebracht. Kein Tier hat ein so herrlich weiches und geschmeidiges Fell wie eine Wasserratte. Seine Berührung brachte mich auf eine Idee, und so trug ich die Ratte hinüber zu dem alten Mann und legte sie ihm in die Hände. Er stand auf, ohne anfangs zu begreifen, was ich vorhatte. Das Tier, das ich ihm gegeben hatte, befühlte er mit einer Sanftheit, wie man sie eher einem Kind zutrauen würde. *Ayam,* flüsterte er (so lautete der Miyanmin-Name für das Tier), während der verhärtete, gleichgültige Blick, der sein Gesicht normalerweise kennzeichnete, schwand und dem glückseligsten Lächeln wich.

Der Onkel tat uns allen leid. Jeden Abend hackte er sein eigenes Feuerholz, doch diese Arbeit schien für seinen altersschwachen Körper viel zu anstrengend zu sein. Eines Nachmittags beschwatzte Don Gardner einen kleinen Jungen, das Holz für den alten Mann zu hacken. Ein paar Minuten später fing der alte Knabe an zu plappern. Man hörte das Geräusch von Holz, das gegen eine Wand knallte. Dann kam der Junge vorbeigerannt, dicht gefolgt von einem wohlgezielten Reisigbündel. Scheinbar schätzte der alte Mann seine Unabhängigkeit mehr als Feuerholz.

Ich muß zugeben, daß der alte Onkel ein wenig störte. Jedesmal wenn wir Reis kochten, schien er zur Stelle zu sein, starrte in den Topf und grummelte verwundert vor sich hin. Er fragte sich laut, wo wir so viele Ameiseneier gefunden hätten. Oft stolperte ich fast über ihn, wenn ich auf meinen täglichen Runden draußen Fallen und Netze überprüfte. Da jätete er dann auf allen vieren Unkraut und murmelte Dinge zu sich selbst. Manchmal war er in seinem Garten, manchmal nicht.

Eines Abends hätte er beinahe dafür gesorgt, daß unsere Expedition in einer Katastrophe endete. Lester war auf der Kammlinie oberhalb des Dorfes unterwegs, um im Licht der Taschenlampe Jagd auf Tiere zu machen. Der alte Mann hatte beschlossen, diese Nacht draußen zu campieren, und saß in einer primitiven Hütte am Rande seines Gartens, wenige Minuten Fußmarsch entfernt.

Spätabends auf dem Nachhauseweg begegnete Lester unerwartet dem alten Knaben, der wach neben seinem Feuer hockte, das inzwischen bis auf ein paar glühende Kohlen heruntergebrannt war. Der Alte sah Lesters Taschenlampe und griff rasch nach Pfeil und Bogen. Lester rief fröhlich, um den alten Mann zu beruhigen – bis ihm einfiel, daß der stocktaub war.

Sich für seine Dummheit scheltend wurde Lester im selben Moment bewußt, daß der alte Mann vielleicht gar nicht wußte, was eine Taschenlampe war. Gerade noch rechtzeitig schaltete er sie aus. Der Alte glitt bereits durch das Unterholz, die Bogensehne unter dem Druck eines Pfeils, der einen Menschen töten konnte, straff gespannt. Lester zog sich schnell in den Wald zurück und ging wieder ins Dorf.

Als wir wenig später zurückkehrten, um nachzusehen, was mit dem alten Mann los war, stellten wir fest, daß er die Mutter aller Leuchtfeuer entzündet hatte. Es war so gewaltig, daß es die Baumspitzen oberhalb der Schutzhütte versengte. Unangenehm nahe bei der Feuersbrunst sitzend, sang er aus voller Kehle, fraglos in dem verzweifelten Versuch, den bösen Geist zu vertreiben, der seine Einsamkeit gestört hatte.

Der Liebling des Dorfes war Oblankep, der Sohn des Häuptlings. Er gehörte zu den wenigen tatkräftigen jungen Männern im Dorf und war ein großer Jäger. Obwohl es vielleicht noch dreißig weitere Erwachsene in der Gemeinschaft gab, begann mein Leben sich bald um Oblankeps Familie zu drehen.

Oblankeps Vater war hoch geachtet – ein geborener Führer mit gebieterischer Präsenz –, und ohne seine Freundschaft wäre unser Aufenthalt wohl unhaltbar gewesen. Er sorgte dafür, daß jeden Tag Gemüse für uns gekocht, unsere Wäsche gewaschen und uns eine Vielzahl anderer Gesten der Gastfreundschaft erwiesen wurde, die das Leben angenehm machten. Oft saß er bei uns, wenn wir arbeiteten, immer neugierig und beiläufig um das Schicksal der uns gehörenden Gegenstände besorgt – etwa indem er wissen wollte, ob wir bei unserer Abreise irgendwelche Dinge zurücklassen würden.

Seine Augen leuchteten jedesmal auf, wenn meine Stahlfeile zum Vorschein kam. Es war eine einfache Fünf-Dollar-Feile, die wir verwendeten, um unsere Buschmesser und Fallen zu schleifen, aber für ihn war sie das begehrenswerteste Objekt. Schließlich holte er eines Nachmittags sein eigenes, schon älteres Buschmesser hervor. Ich befühlte die Klinge: Sie war fast so stumpf wie der Rücken des Messers. Er erklärte, daß es nicht mehr richtig schneide – nur *chewim daun diwai* (Baum). Die Klinge für ihn zu schärfen schien der geringste Gefallen zu sein. Innerhalb von Minuten lag jedes Messer aus dem Dorf vor mir und wartete darauf, geschliffen zu werden.

Ich brauchte nur eine Stunde. Doch die ganze Last meiner Aufgabe wurde mir erst bewußt, als später an diesem Nachmittag ein junger Mann auf mich zugehumpelt kam.

Er hatte sein Bein oberhalb des Knies mit einer Buschranke abgebunden. Als er die provisorische Kompresse lockerte, schoß Blut aus einer Arterie, die unmittelbar über dem Knie durchtrennt war. Die Größe des Schnitts war erschreckend, und es schien keine Möglichkeit zu geben, die Blutung zu stillen. Allein um die Wunde abzudecken, verbrauchte ich einen beträchtlichen Teil meines Verbandsvorrats.

Ich war kaum damit fertig, mich um diesen Notfall zu kümmern, und fragte mich gerade, wie die Leute normalerweise mit solch scheußlichen Unfällen zurechtkamen, als eine Gruppe von Frauen unter furchtbarem Wehklagen auf mich zustürzte. Eine junge Mutter hatte mit ihrem spielenden Kind neben sich Feuerholz geschnitten, als ihr Buschmesser plötzlich von dem Holz abgeglitten war. Fast hätte es einen Zeh vom Fuß ihres Kindes abgetrennt.

Bislang hatte ich niemals ernsthaftere Verletzungen als kleine Schnittwunden versorgen müssen. Entsetzen packte mich plötzlich, doch ich verband die Wunde, so gut ich konnte.

Die Liste der Verwundeten wurde länger. Oblankep schnitt sich fein säuberlich die Kuppe seines linken Daumens ab; andere hatten weitere Schnitte und Wunden vorzuweisen. Natürlich verhalten sich geschärfte Buschmesser in Händen von Leuten, die an stumpfe gewöhnt sind, völlig unberechenbar.

Die großen und schrecklichen klaffenden Wunden, die ich während der folgenden Tage behandelte, wurden für mich zu einem Symbol: Sie waren genauso greifbar wie die tiefe Verständniskluft zwischen mir und meinen neugefundenen Freunden.

Oblankep war mit den Gewohnheiten aller größeren Beuteltierarten bestens vertraut und wußte genau, wo und wann man sie fand. Mit ihm zu arbeiten war eines der größten Privilegien, in deren Genuß ich jemals kam. In seiner Gesellschaft streiften Lester und ich von den unmittelbar auf der Kuppe der Thurnwald Range liegenden Mooswäldern bis hinunter in den dunstigen Dschungel der darunter liegenden Flußtäler. Tagelang campierte Lester mit Oblankep in den bewaldeten oberen Regionen der Thurnwald Range, die unbewohnt und kaum frequentiert sind. Es ist einer der herrlichsten Plätze auf Erden. Von hier aus wirkt das umliegende Tiefland, als sei es ewig in Wolken gehüllt, aus denen die hohen Gipfel wie Inseln herausragen. Leider erwischte Lester dort oben die Malaria, und er kehrte mehr tot als lebendig nach Yominbip zurück.

Während Lester sich erholte, ging ich in den mittleren Hanglagen, zwischen etwa 1000 und 1700 Metern Meereshöhe, auf die Jagd. Einen Großteil der Arbeit erledigte ich nachts.

Die Bedingungen waren furchtbar, da die Hänge steil und glitschig waren und das Unterholz größtenteils aus Nesseln bestand. Eines Nachts, nachdem ich mehrere Stunden durch den Wald gekraxelt war, erspähte ich weit oben in einem Baum die schwach rot glänzenden Augen einer Beutelratte. Da wir in dieser Gegend bislang noch keine Beutelratten gefangen hatten, beschloß ich, diese hier als Musterexemplar mitzunehmen.

Ich stand an einem extrem steilen Hang, und es hatte zu regnen begonnen. Der Regen lief mir in die Augen, als ich das Gewehr entsicherte und anlegte, um zu zielen. Beinahe augenblicklich und ohne Vorwarnung gab der Boden unter meinen Füßen nach. Ich stürzte den Hang hinunter in ein dichtes Nesselgestrüpp etwa zehn Meter weiter hangabwärts. Das Gewehr landete neben mir, aber wie durch ein Wunder ging es nicht los. Ich weiß nicht, was ich getan hätte, wenn ich mich an diesem abgelegenen Ort selbst erschossen hätte.

In Yominbip gibt es mindestens zwei Arten von Nesseln. Die Brennhaare der einen sind schmerzhaft, aber nicht gefährlich. Die Miyanmin benutzen sie, wenn sie auf einem längeren Marsch müde werden: Dann reißen sie eine Handvoll aus und geißeln ihren Körper damit. Sie behaupten, es erfrische sie. Ich habe es einmal ausprobiert, bekam aber einen ziemlich schmerzhaften roten Ausschlag davon, der jedesmal wiederkehrte, wenn ich mich wusch. Es war, als würde man den ganzen Körper mit einem sehr scharfen Mittel einreiben.

Obschon äußerlich ähnlich, brennt die zweite Nesselart sehr viel stärker, und die Miyanmin behaupten, sie sei gefährlich. Und genau in diese war ich gefallen. Mein langärmeliges Hemd und meine lange Hose bewahrten mich vor ernsthaften Verletzungen, aber Hände, Knöchel und Gesicht waren noch Tage danach von einem hochroten Ausschlag verschwollen.

Noch mehr zu schätzen lernte ich Oblankeps Freundschaft schließlich, als ich einen Teil seiner Lebensgeschichte erfuhr. Er hatte Schreckliches durchgemacht, und die schlimmsten Erlebnisse trugen sich in seiner Zeit als Landarbeiter auf einer Plantage in der Nähe von Madang zu. Er hatte sich bei einem Besuch der nächstgelegenen wichtigen Regierungsstation, Telefomin, »verpflichtet«. Der Werber hatte ihm von den Abenteuern, die in der großen Stadt auf ihn warteten, erzählt und ihn für zwei Jahre rekrutiert. Die Bedingungen waren entsetzlich, mit langen Tagen erschöpfender Arbeit und Prügel für jene, die sich beschwerten. Ein Großteil seines Lohns ging für das Lebensnotwendigste und lediglich ein klein wenig Luxus drauf.

Die Sache spitzte sich zu, als Oblankep die Nachricht vom Tod seines älteren Bruders erhielt. Um die traditionellen Bestattungsriten zu erfüllen, mußte er nach Hause zurückkehren, aber der Plantagenverwalter lehnte seine diesbezügliche Bitte rundweg ab. Als Oblankep und ein paar andere Männer den Verwalter an diesem Abend allein vorfanden, fielen sie über ihn her und flüchteten anschließend von der Plantage, wobei sie den Großteil ihrer Habe und ihres Lohns zurückließen.

Fast ein Jahr lang führte Oblankep in Madang ein Wanderleben. Hier lernte er Maria, seine Frau, kennen. Oblankep beschaffte die traditionellen Brautzahlungen und bat seine Verwandten und Freunde um das Geld für Flugtickets, damit er und seine neue Frau von Madang ins entlegene Telefomin fliegen konnten. Von dort waren sie fast eine Woche zu Fuß unterwegs, bis sie Yominbip erreichten. Oblankeps Frau war es gewesen, die uns an jenem ersten Tag beim Ausladen geholfen hatte.

Der Häuptling und seine Frau hatten Oblankep sehr gern. Wir saßen oft zusammen und redeten. Eines Tages verkündete der Häuptling zu meiner großen Überraschung, er werde mir die Geschichte erzählen, wie er seinen Sohn gefunden habe.

Es war, wie er glaubte, irgendwann in den späten fünfziger oder frühen sechziger Jahren gewesen, im Jahr des letzten großen Raubzugs im Yominbip-Gebiet. Die Bevölkerung von Yominbip hatte diesen Raubzug jahrelang geplant und heimlich eine Hängebrücke aus Rohr über den Sepik gebaut. Eine großer Trupp Krieger überquerte bei Nacht die Brücke und umzingelte ein Atbalmin-Dorf.

Auf ein Zeichen hin fiel der Trupp über das Dorf her und machte die ungefähr fünfundfünfzig Einwohner des Ortes bis auf den letzten Mann nieder. Nur ein paar junge Mädchen und Kinder wurden verschont. Bis zum darauffolgenden Morgen waren alle damit beschäftigt, die Leichen zu zerlegen und aus den Teilen passende Packen zu schnüren. Der Häuptling, der damals noch jung war, machte sich mit dem ausgenommenen Torso eines männlichen Opfers, den man ihm auf den Rücken gebunden hatte, auf den Weg. Über jede Schulter warf er sich einen abgetrennten Arm und ein abgetrenntes Bein, und an seiner Seite baumelte, verborgen in einem Packen Palmblätter, der Kopf.

Am Rand des Dorfes ließ ihn ein schwaches, aber hartnäckiges Geräusch anhalten. Es war ein schreiendes, noch kein Jahr altes Baby, das in einer *bilum*, einer Netztasche, an einem Baum am Wegesrand hing. Seine Mutter war wohl auf das Lärmen der Räuber hin aus ihrer Hütte gestürzt und hatte ihr Kind in einem verzweifelten Versuch, sein Leben zu retten, dort versteckt, bevor sie selbst niedergestreckt wurde. Der Häuptling nahm die Netztasche vom Baum und warf sie sich über die Schultern. Getröstet von der Wärme und dem rhythmischen Schritt seines neuen Stiefvaters, beruhigte sich das Kind nach ein paar Schritten und schlief ein. Es wußte ja nicht, daß es zwischen den abgetrennten Gliedmaßen seiner Eltern hing.

Während er diese außergewöhnliche Geschichte erzählte, nahm der alte Mann Oblankeps Hand mit großer Zärtlichkeit in seine eigene. Als er geendet hatte, fügte er mit leiser Stimme in Pidgin hinzu:»Ich wußte damals, daß mein Sohn ein lieber Mensch sein würde. Er schrie nicht, sondern war lieb und still, als ich ihn trug.«

Oblankep blickte seinem Vater ins Gesicht und lächelte. Ich war noch immer schockiert und durcheinander von diesem Bericht über familiäre Liebe, als die Frau des Häuptlings sich zu uns gesellte.

»Wie haben seine Atbalmin-Eltern gegessen. Sie waren fett. Sie gaben mir die ganze Milch, die ich brauchte, um zwei Kinder zu nähren. Oblankep wurde stark durch sie.«

In Yominbip waren Geschichten wie die von Oblankep nichts Ungewöhnliches. Tatsächlich waren sie die Regel, und wenn die Geschichte der Herkunft eines Menschen auf diese Art erzählt wurde, schien dies sein Gefühl der Zugehörigkeit zur Gesellschaft von Yominbip zu verstärken.

Seit den frühen Siebzigern waren für die Bewohner von Yominbip schwere Zeiten angebrochen. Indem sie umliegende Gemeinschaften schützte, unterband die australische Regierung Überfälle wirkungsvoll. Aufgrund der furchtbaren Säuglingssterblichkeit gab es in Yominbip jedoch relativ wenig Kinder, und so entvölkerte sich das Dorf langsam.

Mit dem Niedergang der alten Bräuche schlug ein seltsames Gemisch aus westlichen und melanesischen religiösen Anschauungen Wurzeln. Einige Jahre vor unserer Ankunft hatte eine christliche *rebaibal* (Erweckungsbewegung) Yominbip überrollt − trotz der Tatsache, daß die Gemeinde damals noch nicht zum Christentum bekehrt war. Diese »Erweckungen« sind eine einzigartige melanesische Antwort auf das evangelische Christentum. Es sind fanatische Glaubensaffirmationen, die darauf abzielen, die heidnischen Bräuche auszumerzen, die in den meisten Gesellschaften noch fortbestehen.

Rebaibals haben apokalyptische Untertöne. Wenn ein *rebaibal* seinen Höhepunkt erreicht, hören die Menschen oft auf, ihre Gärten zu bestellen und andere Arbeiten zu verrichten, weil sie glauben, daß die Wiederkunft Christi unmittelbar bevorstehe. In den siebziger und achtziger Jahren verbreiteten sich *rebaibals* überall in den abgelegenen Gegenden Papua-Neuguineas wie Lauffeuer, indem sie von einem erleuchteten Dorf auf das nächste übersprangen. In Yominbip wurde das Geisterhaus niedergebrannt, als die Bewegung Fuß faßte, und die Schädel der Ahnen warf man in den Fluß.

An einem Ort wie Yominbip verliert man jedes Zeitgefühl. Plötzlich blieben uns nur noch ein paar Tage, bis der Hubschrauber zurückkehren würde, um uns abzuholen. Ich fing an, über die Verteilung der Gegenstände, die zurückbleiben würden, nachzudenken, und wir arbeiteten an einer Verbesserung des Hubschrauberlandeplatzes, um den Abflug zu erleichtern.

Oblankep und seine Familie waren bestürzt darüber, daß wir sie verließen. Oblankep machte ein langes Gesicht, verdoppelte seine Anstrengungen, eine neue, seltene Spezies aufzutreiben, die wir noch nicht gesammelt hatten, und verbrachte die Nächte meist draußen mit der Jagd.

An unserem letzten Abend in Yominbip machten wir uns rastlos in unserer Hütte zu schaffen und packten mehrmals die Ausrüstung um, als Maria, Oblankeps Frau, uns einen unerwarteten Besuch abstattete. Als sie sprach, war ihre

Stimme leise und verzweifelt; und als sie in Pidgin ihre Geschichte erzählte, vermischten sich Haß und Furcht.

Sie war in einem kleinen Dorf unmittelbar außerhalb von Madang aufgewachsen; obwohl ihre Familie arm war, war sie an das Leben in der Stadt gewöhnt und liebte es. Oblankep lernte sie auf dem Markt in Madang kennen, als er dort lebte. Sie fand ihn ansehnlich und nahm ihn mit nach Hause, damit er ihre Familie kennenlernte. Er erzählte Geschichten von Yominbip, das er als großes Dorf nicht weit entfernt von einer großartigen Stadt und der Küste schilderte.

Marias Eltern nahmen den Heiratsantrag an. Wohl wissend, daß sie ihre Eltern niemals wiedersehen würde, sagte sie ihnen unter Tränen Lebewohl.

Oblankeps Benehmen änderte sich, als sie in Telefomin ankamen. Er wurde tätlich und zwang sie, schwanger, wie sie war, nach Yominbip zu laufen. Die Reise hätte sie beinahe umgebracht. Schließlich hatte sie ihm, allein unter Fremden, ein Kind geboren. Täglich arbeitete sie in den weit entfernten Gärten. Allmählich hatte sie Yominbip hassen gelernt. All die Geschichten über diesen Ort – nichts als Lügen hatte er ihr erzählt.

Mit heiserer Stimme flüsterte sie: »Bitte nehmt mich mit. Wenn der Hubschrauber kommt, nehmt mich bitte mit.«

»Aber was ist mit deinem Kind?«

»Laß' ich da«, sagte sie ungerührt.

Als sie davonhuschte, war mir außerordentlich unbehaglich zumute. Sollten wir Maria aus Yominbip entführen (denn so würde Oblankep die Sache zweifellos sehen), oder sollten wir ihr ihre Bitte abschlagen? Ich wagte ihren Besuch nicht zu erwähnen, denn für das, was sie getan hatte, konnte sie schwer geprügelt werden. Ein gescheiterter Fluchtversuch könnte sogar tödlich für sie enden.

Die meisten Morde auf Neuguinea ergeben sich aus dem Diebstahl von Frauen, Schweinen oder Land. Wir würden unsere eigene Sicherheit gefährden, sollten wir versuchen, ihr zur Flucht zu verhelfen. Und es galt weitere, kompliziertere Fragen zu bedenken. Praktisch die gesamte Gemeinschaft von Yominbip war als Folge von Entführungen entstanden. Oblankep hatte seine Frau entführt, aber auch er selber war seiner ursprünglichen Familie mit Gewalt entrissen worden. In einer solchen Situation wäre es zwecklos, zu versuchen, Recht und Unrecht in Marias Fall zu entwirren. Moral, wie ich sie kannte, würde man schlichtweg nicht begreifen.

Ich machte mir den ganzen Morgen Gedanken über die Frage, bis ein schwaches Motorengeräusch die unmittelbare Ankunft des Helikopters ankündigte. Ich lief zu Oblankeps Hütte und fand Maria in einer Ecke sitzend vor, während ihr Schwiegervater neben ihr stand. Ihr Gesicht konnte ich nicht erkennen. Mit erzwungener Heiterkeit fragte ich, ob es irgendwelche Nachrichten gäbe, die ich irgend jemandem überbringen sollte. Keine Antwort. Ich brach das peinliche Schweigen, indem ich Oblankep bat, in meine Hütte zu kommen, damit ich ihm ein paar Geschenke geben könnte. Ich vertraute dann alles, was ich zurückließ, seiner und der Obhut seines Vaters an, damit es von der ganzen Gemeinschaft genutzt werden könnte.

Der Hubschrauber kam näher. Kurz bevor er auf dem neuen Landeplatz aufsetzte, sah ich Maria weinend in der Tür von Oblankeps Hütte stehen. Lester fing im Lärm der Rotorblätter an, unsere Exemplare und unsere Ausrüstung im Frachtraum zu verstauen, ohne zu merken, was los war. Ich ging zurück zu Maria, die in Tränen aufgelöst war. Hinter ihr paßte Oblankep auf, mit harten und zornigen Augen.

12

Die Flüchtlinge

Mitte der achtziger Jahre hielt eine Gruppe von Flüchtlingen aus Irian Jaya in Yapsai Einzug. In den Grenzdörfern Papua-Neuguineas waren bereits irianische Flüchtlinge in wachsender Zahl eingetroffen. Sie waren vor einem brutalen Versuch der indonesischen Armee, die Provinz zu »befrieden«, geflohen. Die Flüchtlinge erhielten von einer internationalen Hilfsorganisation Unterstützung in Form von Nahrungsmitteln, Kleidung und Gerätschaften.

Die Miyanmin waren entgeistert, als diese ganze »Fracht« nach Yapsai eingeflogen wurde. Die Beziehungen zwischen ihnen und den Flüchtlingen waren nicht unbedingt freundschaftlich zu nennen. Die Miyanmin hatten das Gefühl, daß die Regierung sie im Stich gelassen habe – wieder einmal. Sie als Bürger von Papua-Neuguinea besaßen praktisch nichts, doch für diese Neuankömmlinge hatte die Regierung eine ganze Ladung bereitgestellt! »Big Men« der Miyanmin liefen mit großen Schritten über das Rollfeld und schrien ihre Beschimpfungen gegen alle dort in Port Moresby hinaus. Soweit es sie betraf, war dies nur ein weiterer Hinweis darauf, daß sie die »letzten« Menschen waren. Es zeigte praktisch keine Wirkung, als Don erklärte, daß die Hilfe nicht aus Port Moresby käme, sondern von internationalen Organisationen, denn solche Feinheiten in bezug auf höhere Regierungsebenen waren für sie undurchschaubar.

Die Flüchtlinge mußten irgendwann zwischen Februar 1984 und April 1986 angekommen sein. Als ich ihnen begegnete, schienen sie noch nicht lange in Papua-Neuguinea zu sein, weil sie kaum ein Wort Pidgin sprachen. Zum Glück wohnte seinerzeit ein Bahasa-Pidgin-*turnim-tok* (Übersetzer) in Yapsai, und durch ihn erzählten sie ihre Geschichte.

Ob diese Geschichte stimmt oder nicht, kann ich nicht sagen. Was ich hingegen weiß, ist, daß die Menschen, mit denen ich sprach, Amungme aus Süd-Zentral-Irian-Jaya waren, wie sie mir mitteilten. Ich notierte mir viele Tiernamen in ihrer Sprache, von deren Richtigkeit ich mich später überzeugte.

Die Amungme leben in der Nähe der Freeport-Gold- und Kupfermine in Zentral-Irian-Jaya, etwa 500 Kilometer westlich von Yapsai. Um zu Fuß nach Papua-Neuguinea zu gelangen, hatten diese Menschen offenbar eines der unwegsamsten Gebiete der Erde durchqueren müssen. Es ist ein Wunder, daß sie alle die Reise überlebten.

Die Amungme berichteten, daß ihr Elend begonnen habe, als ein indonesischer Beamter in ihr Dorf geschickt worden sei, um die Neuorganisation ihres Lebens zu beaufsichtigen. Der Beamte (wahrscheinlich ein muslimischer Armeeoffizier) habe gesagt, es sei laut indonesischer Regierung nicht hinnehmbar, daß sie ihre traditionelle Lebensweise fortführten. Die Männer und Jünglinge der Amungme wohnen gemeinsam in einem Männerhaus, während die Frauen zusammen mit den jüngeren Kindern und Schweinen in kleineren Häusern leben. Der Beamte habe darauf beharrt, daß die Männer – nach gutem muslimischen Brauch – mit ihren Frauen und Kindern in Häuser zögen. Die Schweine sollten von ihnen getrennt leben.

Einem solchen Vorschlag mußten die Amungme ablehnend gegenüberstehen. Viele melanesische Männer glauben, daß zuviel Kontakt mit Frauen eine schwächende Wirkung habe. Sollten die Amungme tun, wie ihnen geheißen wurde, dann würden sie ihrer Ansicht nach verhext und rasch krank oder sie würden im nächsten Kampf fallen. Außerdem gebe die neue Regelung den Reichtum einer Familie (in Form von Schweinen) schutzlos dem Diebstahl preis. Schweinediebstahl ist in manchen Gegenden weit verbreitet, und wenn eine Familie ihre Schweine verliert, kann dies katastrophale Auswirkungen haben. Eheschließungen müßten aufgeschoben werden, und die traditionelle Entschädigung bliebe unbezahlt, was zu noch mehr Stammeskriegen führen würde.

Zumindest teilweise aufgrund solcher Anschauungen waren die Amungme nicht bereit, sich dem Vorschlag des Beamten zu fügen. Als dieser die Angelegenheit forcierte, wurde er tätlich angegriffen und mit Gewalt aus dem Dorf gejagt.

Ein paar Tage später hörte man Helikopter über dem Dorf. Sie landeten und spuckten indonesische Truppen in großer Zahl aus. Diese Soldaten trennten die Männer von den Frauen und Kindern und führten sie in zwei eilends errichtete Lager, die mit Stacheldraht eingezäunt waren. Dann begannen sie die Männer auszufragen, ob sie es gern sähen, wenn Irian Jaya von Indonesien unabhängig würde. Viele dieser einfachen Menschen aus dem Busch antworteten, daß sie das ganz gewiß gern sähen. Daraufhin wurde ein Mann beiseite genommen und vor den Augen der anderen enthauptet.

In einer Vierundvierzig-Gallonen-Tonne wurde ein Feuer entzündet, über dem man Drahtstücke bis zur Weißglut erhitzte. Dann wurden weitere Männer ausgesondert, und die Soldaten stießen einem nach dem anderen erhitzte Drähte direkt in den Unterleib.

In dieser Nacht beschlossen die verbliebenen Männer, aus dem Lager auszubrechen, in den Dschungel zu flüchten und ihre Familien damit der Gnade der Soldaten zu überlassen. Die Flüchtlinge erzählten, daß in jener Nacht 300 Männer in den Dschungel geflohen seien – doch es ist unwahrscheinlich, daß eine so große Zahl an dem Ausbruch beteiligt war, da selbst die größten Dörfer im Hochland weniger als 300 Einwohner zählen.

Wie auch immer, jedenfalls floh die Gruppe ostwärts durch den Dschungel. Viele verhungerten, während andere feindlichen Stämmen zum Opfer fielen. Als sie die südlichen Ausläufer der Carstensz Range überquerten (die im Osten der Freeport-Mine liegt), stießen sie auf einen Stamm, der in Häusern lebte, welche in den Wipfeln der Bäume errichtet waren. Als diese Menschen die Amungme erblickten, ließen sie Strickleitern herunter, kletterten hinab und griffen sie an.

Meine Informanten meinten, daß ihre Angreifer die Leichen von etwa dreißig Amungme nach oben in die Baumhäuser geschafft hatten.

Nach einer mehrmonatigen beschwerlichen Reise erreichten die Überlebenden das Dorf Ok Sibil direkt an der Grenze zu Papua-Neuguinea. Sie nahmen Kontakt mit Stammesangehörigen aus Ok Sibil auf und wurden von diesen zunächst freudig begrüßt und mit Essen versorgt.

Doch das war eine Falle, denn als die Amungme in dieser Nacht schliefen, stürzten ihre Gastgeber sich auf die Flüchtlinge und töteten viele von ihnen. Die Amungme glaubten, der Grund dafür sei, daß den Bewohnern von Ok Sibil ein Kopfgeld von 50 000 Rupien (damals ungefähr 35 australische Dollar) für jeden Grenzgänger gezahlt wurde, dessen Kopf sie auf dem örtlichen Militärposten ablieferten.

Die Amungme sind ein zähes Volk, und ein paar Tage später gruppierten sie sich neu und überfielen Ok Sibil. Sie töteten mehrere Bewohner und entführten gewaltsam eine Reihe junger Frauen. Zu der Zeit, als ich mit den Flüchtlingen sprach, hielten sie sich diese Frauen als ihre Ehefrauen. Keiner sprach die Muttersprache des anderen, so daß die Beziehungen zweifellos alles andere als glücklich waren.

Die Flüchtlinge scharten sich eng um mich. Sie hatten gehört, daß ich eine Schrotflinte besaß. Ob sie sie ausleihen könnten, fragten sie, um nach Indonesien zurückkehren und sich für das erlittene Unrecht »revanchieren« zu können?

Entsetzt von dem Gedanken, mitten in einen internationalen Zwischenfall zu geraten, ließ ich die Waffe nicht eher aus den Augen, bis ich sie sicher an Bord der Cessna wußte, die mich nach Port Moresby bringen sollte.

TEIL DREI

Telefomin

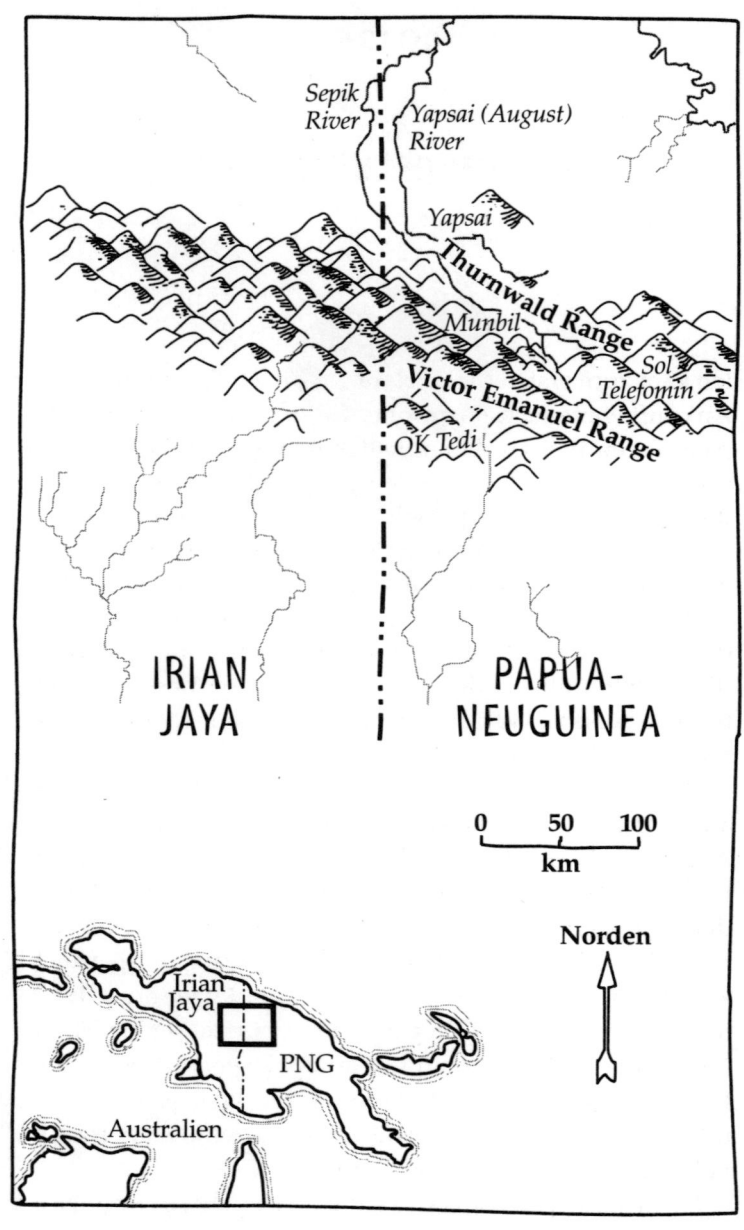

13

Abenteuer Luftmatratze

Ich kam zum ersten Mal im Jahr 1984 nach Telefomin. Meine Ankunft war eine Katastrophe, die sich schon in den letzten paar Tagen meines Aufenthaltes in Yapsai anbahnte. Don Gardner und der Rest unserer Gruppe hatten beschlossen, die Strecke von Betavip nach Yapsai auf Flößen zurückzulegen. Ich hatte so etwas noch nie zuvor gemacht. Also war es eine aufregende Aussicht, auf die ich mich mächtig freute.

Der Morgen unserer Abreise war herrlich, still und warm, der Fluß floß sanft dahin und reflektierte auf seiner Oberfläche den umliegenden Wald. Es schien ein perfekter Tag für eine Reise zu Wasser zu sein. Keine unangenehmen Märsche durch Sümpfe mehr für uns, dachte ich vergnügt!

Das Floß, auf dem ich reiste, war überfüllt, und das unaufhörliche Plappern meiner Begleiter wurde bald zu einem Ärgernis, da der Lärm jedes Wildtier abschreckte, lange bevor wir nahe genug herankamen, um es zu sehen. Außerdem war es frustrierend, an so vielen Dingen vorbeizutreiben, die ich mir gern näher angesehen hätte, es aber nicht konnte, einfach weil das Floß nicht wendig genug war. Da ich diese verpaßten Gelegenheiten unerträglich fand, beschloß ich, meine Luftmatratze aufzublasen und neben dem Floß herzuschwimmen. Auf diese Weise wäre ich ein wenig unabhängig und könnte all die Dinge näher in Augenschein nehmen, die mich besonders interessierten.

Nicht weit entfernt vom Floß durchbrach der Kopf einer

Neuguinea-Weichschildkröte die glatte Wasseroberfläche. Ich wollte zu ihr hinpaddeln. Bald nahm das Geschöpf, das ich noch nie zuvor in freier Wildbahn beobachtet hatte, mich vollkommen gefangen.

Die Schildkröte tauchte. Dann erspähte ich einen Brahminenweih, der auf einem über den Fluß hängenden Zweig hockte. Der stattliche braun-weiße Raubvogel saß einfach da, während ich mich ihm näherte – ein prächtiger Anblick. Irgendwie betrachteten die Tiere des Flusses mich nicht als Bedrohung, wenn ich auf meiner Luftmatratze vorüberglitt. Vielleicht dachten sie, ich sei tot oder nur ein weiterer treibender Baumstamm.

Allein auf dem Fluß, das Floß außer Sichtweite, schien ich das Paradies gefunden zu haben. Jetzt, da die lärmende menschliche Karawane vorübergezogen war, wuchsen die Geräusche des Flußufers schnell an. Vögel und andere Tiere tauchten scheinbar aus dem Nichts auf.

Den ganzen Tag lang trieb ich allein diesen verzauberten Fluß hinab und beobachtete aus der Nähe Wildtiere, denen ich nie zuvor begegnet war. Am Nachmittag passierte ich einen großen, kreisrunden Strudel, der mindestens 15 Meter Durchmesser gehabt haben dürfte. In der Gesellschaft der Baumstämme und anderen Trümmer, die er in seiner Gewalt hatte, wirbelte ich langsam herum. Auf dem Rücken liegend beobachtete ich die Kronen riesiger Bäume, die sich gegen den Himmel abzeichneten, während sie sich um meinen Kopf zu drehen schienen. Es war einer der magischsten Tage meines Lebens.

An einer Stelle blockierte ein großer Stau von Stämmen fast den ganzen Fluß. Ein Mitglied unserer Expedition, die mir ja vorausreiste, hatte zu seiner Überraschung mittendrin die Überreste eines halb verwesten Wallabys gefunden, die dort feststeckten. Er war vom Floß aus über die schlüpfrigen Stämme geklettert und hatte behutsam den Schädel für die Museumssammlung geborgen. Monate später, als unsere Exemplare im Museum gesäubert und präpariert wurden, sollten mir ein paar eigenartige Löcher im Schädel dieses Wallabys auffallen. Langsam dämmerte mir, daß es sich um Bißlöcher handelte, die von einem Krokodil stammten. Das Wallaby war nicht, wie ich vermutet hatte, ertrunken. Es war von einem Krokodil getötet und in dem Baumstammgewühl verstaut worden, als der Wasserspiegel noch höher lag – möglicherweise nur ein paar Tage, bevor wir vorbeigeschwommen waren.

Unterdessen trieb ich paradiesisch allein und ahnungslos den Fluß hinab. Aber am Spätnachmittag wurde mir bewußt, daß ich keinen Schimmer hatte, wie weit ich eigentlich von der Yapsai-Station entfernt war. Es schien sogar möglich, daß ich an ihr vorbeigetrieben war, ohne es zu merken – und nun auf den mächtigen Sepik zusteuerte.

Sollte ich die Station verpaßt haben, dann steckte ich in ernsten Schwierigkeiten, denn vor mir gab es über viele, viele Kilometer keine menschliche Behausung.

Beunruhigt über meine Orientierungslosigkeit, paddelte ich nun entschlossen los und hielt nach Anzeichen einer menschlichen Siedlung Ausschau. Als die letzten Sonnenstrahlen den Himmel färbten, geriet ich allmählich in Panik. Dann machte ich hoch über der Uferböschung an der Spitze eines Mastes die neuguineische Flagge aus. Es war der Fahnenmast der Regierungsstation von Yapsai.

Als ich das Ufer hochkletterte, wurde ich von Deyfu abgeholt, der vor ungefähr einer Stunde mit dem Floß angekommen war. Er blickte mich streng an und führte mich zum Waldrand. Dort steckte auf einem Pfahl einer der größten Krokodilschädel, die ich je gesehen habe. Er wies auf ihn und sagte, daß das Tier vor ein paar Wochen im Fluß getötet worden sei, direkt bei der Station. Ich kam mir ungeheuer dumm vor. Doch das Schlimmste sollte erst noch kommen.

In der Nacht nach meiner Ankunft in Yapsai erwachte ich in den frühen Morgenstunden unter den schrecklichsten

Magenkrämpfen. Ein Besuch auf der Toilette war ohne Frage dringend geboten, doch nichts fürchtete ich mehr. Bei dem Abort draußen hinter unserem Cottage aus Asbestzementplatten handelte es sich um das Modell Grube mit schmutzigem hölzernen Sitz: eine weit weniger ersprießliche Option, als sich in den Busch zu hocken. Schlimmer noch – zumindest für mich – war die Tatsache, daß der Abtritt der ideale Lebensraum für eine beträchtliche Population großer, haariger Spinnen war. Ich hatte meine Rolle Toilettenpapier zwischen zwei Besuchen dort liegenlassen und war beim nächsten Mal auf ein besonders ekelhaftes Exemplar gestoßen, das sich in der Papprolle verbarg. Tagsüber versteckten die meisten sich in Winkeln und Ritzen, aber nachts waren sie überall.

Große, haarige Spinnen – ich schäme mich, es zuzugeben – fürchte ich mehr als alles andere. In jener Nacht mußte ich meiner Furcht unzählige Male ins Auge blicken, da die Schmerzen immer schlimmer wurden.

Gegen Morgen war mir übel, und ich mußte mich übergeben. Ich hatte nicht mehr die Kraft, mich zur Toilette und zurück zu schleppen, und so legte ich mich in die primitive metallene Duschkabine in dem Asbestzement-Haus. Jedesmal, wenn ich oben oder unten etwas absonderte, drehte ich die Dusche auf und ließ mich von ihrem kalten Strahl säubern. Dieser unglückselige Zustand dauerte mehrere Tage an, in denen ich nichts aß. Als die kleine Cessna eintraf, um uns nach Telefomin zu bringen, fühlte ich mich noch schwach, hatte mich aber schon so weit erholt, daß ich meine Forschungsarbeit fortsetzen konnte.

14

Der Nabel des Universums

Während meines Aufenthaltes in Yapsai im Jahr 1984 hörte ich viel von Telefomin. Manche Miyanmin stellten mir den Ort beinahe so dar, wie manche Australier immer noch London sehen: als entfernte, aber zentrale Heimat ihrer Vorfahren. Bevor ich auf der Flugpiste von Yapsai an Bord der Cessna ging, fragte ich Anaru, was er von den Telefol wisse. »Ihre Sprache klingt wie das Quaken der Frösche«, sagte er. Er erzählte mir, daß alle Mountain Ok einschließlich der Miyanmin ursprünglich aus Telefomin stammten. Er erwähnte einen alten Telefol namens Femsep, der die Macht habe, das Taro der Miyanmin zu verderben. Anaru vermittelte mir den Eindruck, daß ich unbedingt nach diesem alten Knaben und seinem Zauber Ausschau halten sollte.

Don Gardner hatte mir ein wenig über die Geschichte des europäischen Kontakts in Telefomin erzählt. Sie sei insoweit ungewöhnlich, meinte er, als dies einer der wenigen Orte in den australischen Kolonialgebieten sei, wo ein organisierter Aufstand gegen die Verwaltung stattgefunden habe.

Im Jahr 1953 fingen die Telefol zwei junge australische Regierungsbeamte und zwei Papua-Polizisten ab und ermordeten sie. Anschließend rotteten Krieger der Telefol sich bei der Station zusammen und versuchten, die übrigen Australier zu töten, unter denen sich Norm Draper, ein geistesgegenwärtiger Baptisten-Missionar, befand. Draper schnappte sich Femseps Sohn, der in der Nähe der Hütte spielte, in welcher das Funkgerät stand, und nahm ihn als Geisel, bis Hilfe eintraf.

Die Telefol fällten Bäume, um mit den Stämmen das Flugfeld zu blockieren und so die Australier an der Landung zu hindern. Aber Draper rief über Funk Hilfe herbei, bevor die Baumstämme auf die Landebahn geschafft werden konnten. Der Aufstand war vorüber, noch ehe er recht begonnen hatte. Die Rädelsführer wurden mit einer Reihe weiterer Telefol-Männer zum Tode verurteilt, aber die Urteile wurden später in Haftstrafen umgewandelt.

Telefomin ist von den Bevölkerungszentren Papua-Neuguineas wahrhaftig weit entfernt. Das dichtbevölkerte zentrale Hochland von Papua-Neuguinea liegt Hunderte von Kilometern östlich, während sich das Baliem-Tal von Irian Jaya noch weiter entfernt im Westen befindet. Dieser Abgeschiedenheit ist es zu verdanken, daß die Region von Telefomin ziemlich rückständig ist, obgleich sie über eine unverwechselbare Kultur verfügt.

In den meisten anderen Gegenden bildet die (vor etwa 400 Jahren auf Neuguinea eingeführte) Süßkartoffel das Rückgrat der Landwirtschaft, doch in Telefomin spielt sie eine recht untergeordnete Rolle. Hier herrscht nach wie vor unangefochten der Taro (eine sehr viel ältere, einheimische Feldfrucht). Seltsamerweise fehlt in Telefomin die Polynesische Ratte *(Rattus exulans)*, die vor ungefähr 3000 Jahren nach Neuguinea kam und in der Mehrzahl der Häuser und Gärten des Landes ein große Plage darstellt. Wahrscheinlich spiegelt dies einmal mehr die Abgeschiedenheit der Region wider.

Die materielle Kultur der Telefol ist gleichfalls charakteristisch. Die Mountain Ok (die ihre Herkunft ausnahmslos auf die Telefomin zurückführen) sind das einzige Bergvolk auf Neuguinea, das die Tradition kunstvoller Holzschnitzerei pflegt. Ihre Schilde und Hausbretter (Bretter mit einer kleinen, ovalen Öffnung, die als Tür dient) sind mit wunderschönen abstrakten Schnitzereien verziert, die oft ockerfarben, schwarz und weiß ausgemalt sind.

Auch die Kleidung der Mountain Ok unterscheidet sich von derjenigen, die in den meisten anderen Gegenden Papua-Neuguineas üblich ist, ähnelt jedoch der Tracht vieler Bergstämme in Irian Jaya. Frauen tragen einen Rock aus Bast, und man sieht sie selten ohne eine beladene *bilum*, die ihnen von der Stirn baumelt. Diese wundervoll geflochtenen Netztaschen sind aus der Rinde eines bestimmten Baumes gefertigt. Neu sind sie schneeweiß und weich, aber ungeheuer haltbar und elastisch. In ihnen transportiert man Taro, andere Nahrungsmittel, Feuerholz und sogar Kinder. Es war eine *bilum* gewesen, die Oblankeps Leben gerettet hatte. Telefol-*bilums* sind wegen ihrer Stärke, Haltbarkeit und künstlerischen Gestaltung in ganz Papua-Neuguinea berühmt.

Die Kleidung der Männer ist ziemlich raffiniert. Sie besteht aus einem langen Flaschenkürbis, der über den Penis gestülpt und an seiner Unterseite am Hodensack festgebunden wird. Um die Taille werden als Gürtel ein paar geflochtene Bambusstreifen getragen, und in der durchstochenen Nasenscheidewand steckt ein Knochen oder ein Eberhauer. Die Hörner des Rhinozeroskäfers werden durch Löcher in der Nasenoberwand getragen, und die steifen zylindrischen, stachelartigen Federn aus den Flügeln des Kasuars werden durch Löcher in den Nasenflügeln gesteckt. Diese Federn kreuzen sich über der Nase und verleihen dem Gesicht eine eberähnliche Wildheit. Die *bilums* der Männer sind häufig kunstvoll mit Federn oder anderen Gegenständen verziert. In früheren Zeiten trugen die Männer außerdem einen komplizierten Kopfschmuck aus Bambusrohr und Ocker. Die Beschaffenheit von Kopfschmuck und *bilum* bezeichnete das Stadium der Initiation, das ein Mann erreicht hatte.

Eine Zeitlang vermischte sich die Kleidung der Telefomin-Region auf sonderbare Weise mit neuen Einflüssen. Ein Mann war etwa dafür berühmt, daß er anstelle des gelben Flaschenkürbisses, der gewöhnlich über den Penis gestülpt wird, das rosafarbene, pummelige Bein einer Plastikpuppe trug. Das rosige Babyfleisch aus Plastik und der niedliche Babyfuß sahen in ihrer neuen Rolle irgendwie obszön aus. Von einem anderen war bekannt, daß er eine Zigarrenkiste trug.

Um die Zeit meines ersten Besuchs in Telefomin im Jahr 1984 gab es noch ein paar alte Männer, die eine Peniskalebasse und Streifen aus Bambusrohr als Gürtel trugen; beides aber war bis 1990 ebenfalls verschwunden. Nun waren fast alle mit schmutzigen, ausrangierten europäischen Kleidungsstücken angetan. Diese Kleider spenden Australier der Baptisten-Mission, die sie nach Papua-Neuguinea weitertransportiert, um sie dort den Telefol zu verkaufen.

Bei diesem ersten Besuch in Telefonim flog ich von Yapsai aus über die Sepik-Schlucht. Wenn man sich dem Tal auf dieser Route nähert, dann erkennt man, daß ein Steilabfall von gigantischen Ausmaßen seinen Eingang markiert. Diese vielleicht 1500 Meter hohe Klippe aus weißem Kalkstein bewacht die Südseite des Tals. Direkt am Rand der Klippe befindet sich ein winziges Dorf. Im Verhältnis zur Größe des enormen weißen Abhangs darunter sieht es aus wie das Werk von Ameisen.

Die kleine Regierungsstation und der Missionsposten in Telefomin liegen eingebettet in den Grund des steilen, jedoch flachen Tals. Der Sepik River fließt in der Nähe ihres südlichen Rands vorbei, allerdings mehrere hundert Meter unterhalb der Haupttalsohle. Ich kann mir am ehesten vorstellen, daß das Tal entstand, als vor langer Zeit ein Erdrutsch den Sepik blockierte, wobei seine aufgestauten Wasser einen See bildeten, der das gesamte Tal von Telefomin ausfüllte. Vielleicht ist die aufragende weiße Klippe die Narbe, die dieser gewaltige prähistorische Erdrutsch hinterlassen hat. Wie auch immer, jedenfalls müssen sich in dem uralten See über einen langen Zeitraum hinweg Gesteinsschichten abgelagert haben, die sich schließlich zu einer Mächtigkeit von mehreren hundert Metern aufbauten. Als der Damm brach, floß der See ab, und der Fluß begann sich einen Weg durch die aufgetürmten Gesteinsschichten zu bahnen. Heute hat der Fluß sich so tief eingeschnitten, daß er ein gutes Stück unterhalb der Ebene des alten Seegrundes fließt.

Im Jahr 1987, als in dem Tal in der Nähe der Station von Telefomin eine Straße gebaut wurde, gruben Arbeiter faszinierende Beweise vorzeitlichen Lebens aus, das einst die Gegend um den alten See bevölkert hatte. Die Bulldozer, die die Trasse anlegten, stießen auf eine Schicht versteinerter Blätter und Halme, die sich in einem bläulichen Lehm erhalten hatten. In der Nähe fand sich der größte Teil des Skeletts eines ausgestorbenen Beuteltiers. Das Tier, ein entfernter Verwandter des Wombat, erinnerte in Größe und Gestalt an einen Panda. Es dürfte in den Wäldern gelebt haben, die den See einst umgaben. Die fossilen Pflanzen sind noch nicht erforscht, doch sollten sie untersucht werden, so dürften sie einen faszinierenden Blick auf das Aussehen jenes Waldes gewähren, der vor Ewigkeiten hier gestanden haben muß.

Die einstige Seefläche ist heute vollständig mit Grasland bedeckt, das in prähistorischer Zeit durch Rodung entstand, wenngleich sich in einigen Schluchten kleine Waldreste erhalten haben. Die Südseite des Tals ist ebenfalls mit Gras bewachsen. Die Gebirgswand steigt dort jäh auf über 2500 Meter Meereshöhe an und ist so steil, daß Feuer, die in der Trockenzeit an ihrem Fuß entzündet werden, direkt bis nach oben lodern und auf ihrem Weg den Wald vernichten.

Als ich das Tal von Telefomin zum ersten Mal erblickte, schien es mir ein trüber, unfreundlicher Ort zu sein. Wolken schlossen es ab wie eine über einem Talkessel hängende Decke. Darunter, im immerwährenden Nieselregen, umging ein Gewirr schlammiger Pfade die Sümpfe und führte zu düster aussehenden Gebäuden. An jedem exponierten Zaunpfahl wuchsen Moos und Flechten, und abgestorbene Bäume bezeugten, daß hier Regen und Wolken die einzigen Konstanten des Lebens waren.

Dan Jorgensen, ein kanadischer Anthropologe, der bereits mehrere Jahre bei den Telefol verbracht hatte, lebte damals in einem Dorf namens Telefolip. Telefolip liegt einen Fußmarsch von etwa vierzig Minuten südlich der Start- und Landebahn an einem glitschigen, schlammigen Pfad, der sich durch das Grasland windet. Ich wollte Dan unbedingt kennenlernen, hatte meine Erfahrung mit Don Gardner mir doch gezeigt, wie wertvoll die Kontakte der Anthropologen sein können.

In der Nähe der Stelle, wo die Abzweigung nach Telefolip den Hauptweg verläßt, liegt eine kleine Ansammlung von Hütten. Ich erkundigte mich in einer davon nach Dan, und ein alter Mann geleitete mich durch hohes *kunai*-Gras über den Nebenpfad. Bald stiegen wir von der Hochebene in eine steile Schlucht hinab, und die Umgebung veränderte sich plötzlich. Wir wanderten durch einen herrlichen Araukarienhain. Rings um den Saum des Nadelwäldchens waren die Bäume jung, doch weiter drinnen wurden daraus hoch aufragende Riesen, durch deren Kronen Nebelschwaden zogen. Ihre kerzengeraden, sauberen Stämme trugen Flecken aus hellgrünem Moos, die sich von der walnußfarbenen Rinde abhoben. An einer Stelle verschwand der Pfad unter dem Stamm eines gefallenen Riesen, was mir die Gelegenheit verschaffte, mich an dem Durchmesser eines dieser prachtvollen Bäume zu messen. Er war ungefähr einen Meter dick.

Das Bemerkenswerteste an dem Hain war seine Klangfarbe. Es schien, als hätten wir in einem Augenblick die geräuschvolle, schlammige Welt des Nieselregens und der Menschen verlassen und wären in eine große Kathedrale unter freiem Himmel eingetreten. Die Dörfer mit ihren glitschigen Wegen und dem Lärmen von Schweinen und Kindern blieben hinter uns. Sogar das Geräusch des Regens war verstummt – der Nieselregen wurde hoch oben im Kronendach aufgefangen. Hier unten konnte man ihn weder spüren noch hören. Auch der Pfad selbst war angenehmer geworden, weil er nun über einen weichen Teppich aus Blättern und Moos führte, der unsere Schritte dämpfte.

Plötzlich flatterte zwischen den unteren Ästen einer der Araukarien ein Vogel. Ich hielt den Atem an, als ich erkannte, daß es eine männliche Pracht-Paradieselster *(Astrapia splendidissima)* war. Mit ihrem langen Schwanz und dem gebogenen Schnabel sind diese herrlichen Paradieselstern eindrucksvolle Geschöpfe. Aus der Entfernung wirken sie vollkommen schwarz, aber wenn man sie aus größerer Nähe betrachtet, kann man die schillernden Flecken auf Brust und Kopf erkennen, die unbeschreiblich schön sind. Ihre prachtvollen Schwanzfedern sind überall heißbegehrt. Folglich werden die Vögel eifrig gejagt und sind im allgemeinen recht scheu. Ich suchte bei meinem Begleiter nach Zeichen des Interesses an dem Vogel und war höchst erstaunt, daß er kaum davon Notiz nahm, als das Tier in den Zweigen direkt über seinem Kopf herumflatterte. Er trottete einfach mit gesenktem Kopf vorbei und weiter den Pfad entlang.

Nur allzubald schimmerte Licht durch die Bäume vor uns und kündigte das Ende des Araukarienhains an. Wir kamen zu einem Zaun, und vor uns erhob sich die Mauer eines Gebäudes, wie ich es noch nie zuvor auf Neuguinea gesehen hatte. Es handelte sich um einen scheunenartigen Bau, ungefähr so hoch wie ein zweistöckiges Haus, und als wir außen herum zur Vorderseite gingen, konnte ich sehen, daß der einzige Weg hinein über eine winzige ovale Tür auf halber Höhe der Stirnwand führte.

Ausgestreckt vor diesem bemerkenswerten Bauwerk lag das Dorf Telefolip. Es bestand aus etwa einem Dutzend Häusern, die, in zwei Reihen angeordnet, mit ihren Fronten auf einen Weg blickten, der zu dem scheunenartigen Gebäude führte. Jedes Haus stand auf einem ungefähr einen Meter hohen Sockel aus Erde. Augenscheinlich waren die Sockel entstanden, weil der Boden zwischen den Häusern und darum herum durch unzählige Generationen von Füßen ausgetreten worden war. Im größten Teil Neuguineas kommt es nie zu etwas Vergleichbarem, weil der Standort des Dorfes sich regelmäßig ändert.

Was mich in Telefolip am stärksten beeindruckte, war, daß alles traditionell war. Weder ein Nagel noch ein eisernes Werkzeug, keine Plastiktüte und kein Stück Nylonschnur gaben irgendeinen Hinweis darauf, daß dieses Dorf in das Ende des 20. Jahrhunderts gehörte.

Dan Jorgensen saß, umringt von älteren Telefol-Männern, in einer der Hütten. Er war ins Gespräch mit ihnen vertieft, begrüßte mich jedoch herzlich. Ich war noch ganz außer Atem vor lauter Aufregung, daß ich einen Paradiesvogel aus so kurzer Entfernung zu Gesicht bekommen hatte, und platzte mit der Erzählung über das, was ich gesehen hatte, heraus.

Doch scheinbar zeigte dieser spezielle Vogel sich nun schon seit mehreren Wochen in dem heiligen Hain. Der Araukarienhain, erklärte Dan, sei Eigentum von Afek, der Ahnfrau der Telefol. Das große Gebäude am Ende des heiligen Hains sei ihr Kulthaus, wohin junge Männer gebracht würden, um sie dort in die Geheimnisse der Ahnfrau einzuweihen. Keine Frau dürfe das Kulthaus jemals betreten. Tatsächlich sei es einer Frau noch nicht einmal gestattet, den heiligen Araukarienhain zu betreten, den ich gerade durchquert hatte. Statt dessen müsse sie einen steilen, matschigen Pfad benutzen, der über eine andere Route ins Dorf führe.

Dan erklärte, daß praktisch alles an dem Hain heilig sei. Nicht ein einziges Blatt, nicht einmal ein lästiger Moskito dürften darin gestört werden. Die Vögel wüßten dies seit Generationen, und selbst normalerweise scheue Geschöpfe wie Paradiesvögel zeigten sich innerhalb der bequemen Reichweite eines Pfeils manchmal furchtlos. Daß wertvolle Vögel wie die Pracht-Paradieselster sich offen zur Schau stellten, bekümmerte die Telefol – was den bedrückten Gesichtsausdruck meines Führers erklärte. Es mußte ein wenig so sein, als entdeckte man auf dem Boden einen Edelstein, dürfe ihn aber nicht aufheben.

Die Telefol glauben, daß das Leben selbst in dem heiligen Hain und dem Kulthaus von Telefolip seinen Anfang genommen hatte. Für sie lebte hier der erste Mensch, und es ist auch der Ort, von dem alle Mountain Ok abstammen. Für die Telefol ist Telefolip buchstäblich der Nabel des Universums. Ich glaube, daß Telefomin mich von dem Moment an verzauberte, als ich das hörte. Die Telefol sind das melanesische Volk, bei dem ich bis heute am glücklichsten bin und in dessen Gesellschaft ich mich am wohlsten fühle.

Nachdem ich ein paar Stunden mit Dan geplaudert hatte, betrat ich zum ersten Mal das Kulthaus von Telefolip. Der winzige Eingang liegt hoch oben an der Gebäudeseite, am Ende einer wackeligen Leiter. Von dieser unsicheren Hühnerstange aus muß man sich irgendwie durch das kleine, ovale Loch zwängen, um ins Innere zu gelangen. Der Durchlaß ist so eng und das Unterfangen so gefährlich, daß das Erlebnis ein wenig dem Geborenwerden ähnelt. Den Telefol-Jungen entgeht dieser Symbolismus gewiß nicht, wenn sie das Kulthaus zum ersten Mal betreten, um bald darauf als Männer daraus hervorzugehen.

Ich streckte als erstes ein Bein und den Kopf hinein und mußte das Bein dabei unter dem Kinn zusammenfalten, um es hineinzubekommen. Mein Rücken krümmte sich unterdessen und folgte nur unter erheblichem Zureden und mit der Hilfestellung zweier Telefol, die als »Hebammen« fungierten.

Nachdem ich drinnen war und mich aufgerichtet hatte, konnte ich zuerst nichts sehen. Als meine Augen sich an die Finsternis gewöhnten, erkannte ich, daß die vier Wände des Gebäudes mit den Kieferknochen und Schädeln Zehntausender Schweine geschmückt waren. Dazwischen hingen *bilums*, die menschliche Schädel und Knochen enthielten, während an den Wänden ein paar alte Telefol-Schilde, Keulen und andere Geräte lehnten.

Auf dem Boden gab es zwei Feuerstellen. Dan hatte mir gesagt, daß die linke die Taro-Feuerstelle und die rechte die Pfeil-Feuerstelle sei. Ein paar Gerätschaften, die mit Landwirtschaft beziehungsweise mit Kriegführung zu tun hatten, befanden sich verstreut in der Nähe oder über den Feuerstellen, und nicht weit davon entfernt lag etwas Feuerholz.

Dan erklärte mir die Bedeutung der beiden Feuerstellen in dem Kulthaus. Mit der Taro-Feuerstelle verbundene Rituale wurden zum Nutzen von Landwirtschaft, Schweinezucht und ähnlichen Dingen vollzogen. Rituale auf der Pfeilseite galten der Kriegführung und der Jagd. Die Bewohner von Telefolip gliederten sich in zwei Hauptgruppen, analog zu den Feuerstellen. Der Pfeil-Clan befand sich seit der Ankunft der Europäer im Niedergang – und zwar aus dem Grund, weil Krieg und Jagd an Bedeutung verloren hatten, seit die Europäer Frieden und westliche Waren gebracht hätten.

Der Raum war nicht sehr hoch, da der Großteil der Gebäudehöhe von einem großen, abgeschlossenen Bereich unterhalb des Fußbodens in Anspruch genommen wurde. Dieser Raum darunter hatte keinen Eingang. Ich konnte zunächst kaum etwas darüber in Erfahrung bringen, aber ein alter Mann vertraute mir einige Jahre später an, daß er tatsächlich von Afek bewohnt werde.

Dan Jorgensen leistete mir einen unschätzbaren Dienst, als er mich zwei älteren Männern aus Telefolip vorstellte. Amunsep und Tinamnok waren beide Pfeilmänner. Ich hätte Glück, sagte er, daß ich mit Amunsep einen der Letzten des alten Pfeil-Clans kennenlernte. Sein Wissen über die Säugetiere der Region sei einzigartig.

Beim Verlassen des Kulthauses wurde ich direkt zum Haus von Amunsep geführt, das zur Linken nur ein paar Türen weiter lag. Es war, wenn das überhaupt möglich war, noch dunkler als das Kulthaus selbst. Dach und Wände hatte der Ruß geschwärzt. Der Raum war in zwei Kammern unterteilt. Die hintere wurde vermutlich zum Schlafen und Kochen benutzt, während der größere Vorraum vorn im Haus unter anderem der Bewirtung von Besuchern zu dienen schien.

Eine Gruppe von Telefol-Männern saß im Haus und wartete auf mich. Sie ergriffen meine Hand und begrüßten mich mit dem für West-Papua-Neuguinea so charakteristischen schnalzenden Händedruck. Dazu steckt man den Knöchel seines Zeigefingers zwischen zwei Knöchel der Finger des Freundes. Dann zieht der Freund seine Finger schnell zurück und produziert so ein schnalzendes Geräusch. Nach dem Vollzug dieses Rituals verkündete ein Mann, daß er Tinamnok, Amunseps Neffe, sei und Amunsep selbst sich aber leider auf der Jagd befinde.

Die Dekorationen im Vorraum von Amunseps Haus waren unvergleichlich. An den Wänden hingen oder lehnten einige schöne *bilums* sowie Bögen, Pfeile und andere Gegenstände, doch die Hauptstücke der Ausstellung fanden sich über dem Eingang: Reihe um Reihe hingen dort die Kieferknochen, die der große Jäger im Laufe seines Lebens von seinen Beutetieren gesammelt hatte. Es gab Hunderte, nein Tausende davon, und alle waren sie nach Größe und Art geordnet. Selbst mir, immerhin Kurator für Säugetiere im Australian Museum, wäre die Klassifizierung und Ausstellung nicht besser gelungen. Seltsamerweise fehlten die Kiefer von Ratten, und auch ein paar andere Arten glänzten durch Abwesenheit. Was es damit auf sich hatte, erfuhr ich erst, als ich anfing, die Kultur der Telefol zu begreifen – Amunsep hatte nur die Tiere gefangen und deren Kiefer gesammelt, die als Nahrung für ältere Männer geeignet waren.

Tinamnok und seine Familie adoptierten mich während meines Aufenthalts in Telefolip mehr oder weniger. Sie kamen zu der Ansicht, daß ein Stück Land in der Nähe der Quellflüsse des Sol River der beste Ort für meine Forschungen war. Dieses Gebiet grenzte an eine zerklüftete Kalksteinlandschaft, die von Baumkänguruhs bewohnt wurde.

Tinamnok war ein liebenswürdiger Mann zwischen vierzig und fünfzig und ein hervorragender Jäger. Seine Gesellschaft genoß ich außerordentlich. Er besaß einen betagten Prügel von Schrotflinte, deren Treffgenauigkeit und Zuverlässigkeit äußerst zweifelhaft waren. Doch er hing sehr an ihr und weigerte sich standhaft, die modernere Waffe zu benutzen, die ich trug. Jedesmal wenn ich vorschlug, sie ihm zu leihen, weiteten sich seine Augen, und er biß sich auf den Knöchel eines Fingers als Ausdruck des Mißtrauens, ja der Furcht vor meinem glänzenden neuen Gewehr.

Trotz seiner Fähigkeiten als Jäger mittelgroßer Beuteltiere behauptete Tinamnok, nicht geschickt genug zu sein, um ein *D'bol* zu fangen, wie die Telefol das Doria-Baumkänguruh (*Dendrolagus dorianus*) nennen. Dazu müsse ich Amunsep zu Rate ziehen, und der war noch immer im Landesinnern auf der Jagd. Ich war bestürzt, beschloß jedoch, statt einfach nur zu warten, Tinamnok und einen jungen Mann namens Willok auf ihrer Reise in ein Hochtal am Sol River, einen halben Tagesmarsch entfernt, zu begleiten. Das war Tinamnoks Land.

15

Reise zum Sol

Es ist ein steiler, anstrengender Marsch zum Sol. Der größte Teil des Weges führt durch Urwald und ist – abgesehen von einer nicht abreißenden Folge von glitschigen Baumstämmen, die selbst jeden Seiltänzer auf die Probe stellen würden – trotz der Steigung relativ leicht zu bewältigen. Das einzige nennenswerte Hindernis, das es zu überqueren gilt, ist der Sol River selbst, auf den man ungefähr nach der halben Wegstrecke trifft.

Der Sol ist ein großer Nebenfluß des Sepik – ein ansehnlicher, ungestümer Fluß, der häufig über die Ufer tritt. Auf diesem ersten Marsch erreichten wir ihn etwa um die Mittagszeit.

Schon geraume Zeit, bevor ich ihn erblickte, wußte ich, daß uns eine schwierige Überquerung bevorstand, da das Tosen des Wassers bereits aus großer Entfernung zu hören war. Als wir näher kamen, konnte ich in dem Tosen dumpfe Donnerschläge wie von einer entfernten Kanone unterscheiden. Diese Geräusche stammten von großen Felsbrocken, die von der Strömung hochgehoben und gegen die Ufer geschleudert wurden. Als wir uns dem Ufer näherten, stieg mir der schießpulverähnliche Geruch zerschmetterten Gesteins in die Nase. Der Strom war grau wie ein wütender Schwall flüssigen Schlamms. Obwohl nicht durch Abfälle verschmutzt, sah – und roch – er wie ein Fluß, der angefüllt war mit Minenabraum.

Es mußte heftig geregnet haben im Einzugsbereich des Sol, damit er zu einem solch reißenden Strom anschwellen konnte. Die alte Bohlenbrücke, die den Fluß früher an dieser Stelle überspannte, war weggespült worden, und ich war überzeugt davon, daß wir umkehren mußten. Doch Tinamnok war frei von solchen Zweifeln. Er ging mit großen Schritten auf eine Gruppe von Kasuarinen (Keulen- oder Känguruhbäume) zu, die am Fluß wuchsen, und fing an, den höchsten zu fällen.

Nach ein paar Minuten fiel der Stamm in einem schönen Bogen über den reißenden Strom, und seine Spitze erreichte knapp das gegenüberliegende Ufer. Tinamnoks Hund war als erster drüben. Er spazierte hinüber, wobei er sich um aufragende Zweige, die im Weg standen, schlängelte, als passierte er einen ausgetretenen Fußweg.

Tinamnok selbst ging in der Mitte und lief genauso lässig, bis ihm bewußt wurde, daß mir bei der Überquerung nicht wohl war. Er kam zurück und schnitt mir einen langen Stock, mit dessen Hilfe ich das Gleichgewicht halten konnte. Dann führte er mich an der Hand über die improvisierte Brücke. Ich heftete meinen Blick starr auf das gegenüberliegende Ufer, so daß mir der erste Teil der Überquerung relativ leicht fiel. Der Stamm des Keulenbaums hatte hier noch keine Äste und war von einer rauhen Rinde bedeckt, die mir gut Halt gab.

Erst als ich die Mitte des Stroms erreichte, wo ein paar große Zweige mir den Weg versperrten, geriet ich in Schwierigkeiten. Hier machte ich den Fehler, nach unten zu schauen. Das Wasser bewegte sich mit derart beängstigender Geschwindigkeit nur einen halben Meter unter mir, daß der Anblick mich schwindelig machte. Ich konnte meinen Blick nicht schnell genug auf irgend etwas fixieren, so daß ich lediglich einen scheußlichen, brausenden, verschwommenen Fleck wahrnahm, der mich hinabzuziehen drohte.

Ich begann das Gleichgewicht zu verlieren. Aber der Gedanke, daß ein Sturz von dem Baumstamm den augenblicklichen Tod bedeutete, brach die hypnotische Macht, die der reißende Strom auf mich ausübte. Zitternd und Tinamnoks Hand fester denn je haltend, passierte ich die hinderlichen Äste, und in wenigen Augenblicken stand ich am anderen Ufer.

Nach dieser gefährlichen Überquerung fiel es mir für den Rest des Ausflugs schwer, mich zu entspannen. Der Gedanke an den Sol, der jederzeit in meinem Rücken ansteigen und mir den Rückweg abschneiden konnte, ließ mich nicht mehr los. Ich war mir nicht sicher, ob ich den Mut hatte, ihn bei Hochwasser noch einmal zu überqueren. Beinahe unmittelbar nach unserer Ankunft an dem kleinen Unterstand, den Tinamnok auf der Jagd als Schutzhütte benutzte, zeigte ich erneut Krankheitssymptome, die jenen ähnelten, welche ich in Yapsai erlebt hatte. Später erfuhr ich, daß ich unter Giardiasis (eine nicht bakterielle Diarrhöe, verursacht durch den Parasiten *Lamblia Giardia*) litt, die ich mir im schmutzigen Wasser des Yapsai River zugezogen hatte. Der Rückfall am Sol machte mich völlig hilflos. Ich hatte über eine Woche lang nicht richtig gegessen und mußte meine ganze Kraft aufbieten, bloß um jeden Morgen um meine Fallenreihe herumzukriechen und sowohl die von mir gefangenen Exemplare als auch jene, die Tinamnok mir brachte, zu wiegen, zu messen und zu häuten.

Während ich in der Nähe des Unterstandes blieb, ging Tinamnok auf die Jagd, oft zwei oder drei Tage hintereinander. Er schlief dann in einem hohlen Baum oder machte ein Nickerchen an einer sonnigen Uferböschung und kehrte erst zurück, wenn er Erfolg gehabt hatte. Begleitet wurde er dabei von Willok, dem Jugendlichen, den Tinamnok adoptiert hatte. Willok, ein Atbalmin (deren Gebiet im Westen an das der Telefol stößt), war ein glattrasierter Bursche mit ehrlichem Gesicht, der sich mir in echter Zuneigung anzuschließen schien. Er war kein guter Jäger, zeigte aber wie viele

Atbalmin unendliche Geduld bei der Suche nach Baumlöchern und möglichen Brutplätzen kleinerer, auf den Bäumen lebender Tiere. Und er sammelte ein paar der seltensten und interessantesten Säugetiere, denen ich bei meiner Arbeit in Telefomin begegnete.

Doch Willok hatte eine höchst unglückliche Angewohnheit, die jedem, auch seinem Stiefvater, den Magen umdrehte. Jedesmal wenn Tinamnok mit einem Kupfernen Streifen-Ringelschwanzbeutler zurückkehrte – und diese Spezies war sehr verbreitet –, erbot Willok sich voller Eifer, mir beim Häuten und Ausnehmen des Tieres zu helfen. Seine Hilfe bestand darin, die Därme zu entfernen und sie aufgeregt abzutasten. Sobald er eine kleine Beule entdeckte, durchstach er mit dem Fingernagel vorsichtig die Darmwand und zog triumphierend einen großen, gelben Bandwurm heraus. Als kulinarische Vorbereitung ließ er ihn durch die Finger gleiten, um den anhaftenden Kot zu entfernen – und anschließend ließ er den sich windenden Parasiten direkt in seinen Mund fallen.

Meine Telefol-Freunde informierten mich daß Willoks Angewohnheit eine Eigenart der Atbalmin sei, die ihnen genauso zuwider war wie mir. Als Biologe faszinierte mich die Möglichkeit, daß dieser offensichtlich eßbare Parasit seinen menschlichen Konsumenten infizieren könnte. Also kam ich Willok bei mehreren der Würmer zuvor und schickte sie, als ich nach Australien zurückkehrte, einem Parasitologen zur Untersuchung. Der Parasitologe war ebenso fasziniert wie ich, denn eßbare Parasiten sind in der Natur in der Tat selten. Allerdings bezweifelte er, daß Willoks Ernährungsvorliebe ihm schaden würde, weil die Därme von Ringelschwanzbeutlern hochspezialisiert seien. Alles, was dort leben könne, würde im menschlichen Darm auf eine feindliche Umgebung stoßen.

Ein paar Jahre später fand ich in meiner Post ein Exemplar des wissenschaftlichen Aufsatzes, in dem der Parasitologe die von mir gesammelten Würmer beschrieb. Da es sich um eine der Wissenschaft zuvor unbekannte Art handelte, prägte er einen neuen Namen für sie, *Burtiella flanneryi* – mir zu Ehren! Bis heute habe ich ein zwiespältiges Gefühl dabei, mit diesem kulinarischen Wunder in Verbindung gebracht zu werden.

Eines Nachts, als ich krank und allein unter meinem Schutzdach lag und mir selbst ziemlich leid tat, kam unerwartet ein Hund ins Lager gelaufen. Augenblicklich folgte ihm ein zweiter, dann noch einer. Ein paar Minuten später traf ein Mann ein.

Es war Amunsep. Er war nach Telefolip zurückgekehrt und hatte sich, als er von mir erfuhr, auf den Weg hierher gemacht, um mir bei der Suche nach Baumkänguruhs zu helfen.

Amunsep schien zwischen fünfzig und sechzig zu sein. Er hatte ein breites Gesicht mit einer großen melanesischen Nase und krauses Haar, das an den Schläfen grau zu werden begann. Über einem Auge saß eine Beule, so groß wie ein Hühnerei. Er trug ausrangierte Armeeshorts und eine Uniformmütze, aber zweifellos hatte er in seiner Jugend *kamen* und *autil* getragen, die traditionelle Peniskalebasse der Telefol und den Hosenbund aus Bambusstreifen. Über der Schulter trug er eine ganz außergewöhnliche *bilum*, die mit der Sorgfalt und dem Blick für das Nützliche hergestellt war, wie sie nur Telefol-Frauen besitzen. Noch nie zuvor hatte ich eine Netztasche mit solchen Verzierungen gesehen. So schmückten die Schwanzspitzen von mindestens zwanzig *D'bol*-Baumkänguruhs die Außenseite. Um Amunseps Hals hing eine Miniatur-*bilum*, die sogar noch schöner war als die erste. Sie war so klein, daß sie unmöglich zu irgend etwas nutze sein konnte.

Amunsep war zweifellos überrascht, jemanden im Lager vorzufinden. Vielleicht hielt er mich für zu faul oder zu unfähig, Tinamnok zu folgen, wenn er auf die Jagd ging. Wie dem auch sei, jedenfalls war es schwierig, ihn von seinen Ansichten abzubringen, denn Amunsep war ein traditionsbewußter Mensch, der weder Englisch noch Pidgin sprach. Und ich selbst hatte nach weniger als einer Woche Aufenthalt in Telefomin herzlich wenig Telefol gelernt. Trotzdem begrüßte ich ihn mit dem traditionellen Satz: *Ngum saro,* den er erwiderte, bevor er sich ans Feuer setzte. Nach einem verlegenen Schweigen fischte ich eine gekochte Süßkartoffel (von denen wir uns im Lager hauptsächlich ernährten) aus der Asche und reichte sie ihm. Während er aß, las ich laut die Liste der Tiernamen auf Telefol vor, die ich mir mühsam mit Tinamnoks Hilfe zusammengestellt hatte.

Bei jedem richtig ausgesprochenen Tiernamen stellte Amunsep pantomimisch das Verhalten des Tieres dar, ahmte seinen Ruf nach und deutete, indem er entweder nach oben, nach unten oder in alle Richtungen zeigte, an, auf welcher Höhe über dem Meeresspiegel es verbreitet sei. Da war zunächst *Bogol,* wie die Telefol die Neuguinea-Harpyie *(Harpyopsys novaeguineae)* nennen. Dieser Vogel ist so stark, daß er angeblich junge Baumkänguruhs und sogar menschliche Säuglinge, die für einen Augenblick von ihren Müttern vernachlässigt werden, davontragen kann. Der Ruf des Männchens klingt wie das Schwirren einer Bogensehne beim Abschießen des Pfeils. Darauf folgt der tiefe, gackernde Ruf des Weibchens. Amunsep imitierte diese Rufe perfekt. Bei seiner Pantomime der entsetzlichen, herabfahrenden Krallen des *Bogol* und der Grimmigkeit seines Blicks schlug mir das Herz bis zum Halse.

Schließlich kam ich zum Baumkänguruh, *D'bol.* Augenblicklich erwachte das Tier vor mir zum Leben. Seine ungeheuer kräftigen Unterarme, seine erschreckend scharfen Klauen, der gebieterische Blick, wenn es von hoch oben aus dem Kronendach auf seine Angreifer herabschaute – alles wurde von Amunsep lebensecht beschworen. Die schnüffelnden Geräusche und das Knirschen mit den Zähnen, um

Verärgerung anzuzeigen, wurden mir ebenso demonstriert wie seine eigentümliche Haltung und sein Sprung. Als ich endlich von meiner Liste mit Tiernamen aufblickte, war es fast zwei Uhr morgens. Eine sternenklare Nacht versprach für den kommenden Tag eine gute Jagd.

Die ersten grauen Streifen der Dämmerung trieben mir beißenden Rauch ins Gesicht. Amunsep war bereits auf den Beinen und entfachte das Feuer, um sich zu wärmen. Während ich ihm aus meinem feuchten Schlafsack zuschaute und mich kränker denn je fühlte, nahm Amunsep die winzige *bilum* ab, die er um den Hals trug. Er holte etwas daraus hervor, das wie einheimischer Tabak aussah. Er rollte die Blätter zu einer Minizigarre zusammen, zündete sie an und inhalierte tief. Dann packte er den Hund, der ihm am nächsten lag, am Vorderlauf und riß ihn aus dem Schlummer, indem er ihm den Rauch direkt in die Nasenlöcher blies. Dann ließ er das winselnde Tier los und wiederholte die Prozedur bei den anderen.

Als nächstes nahm Amunsep sich die blasse Rinde einer Pflanze, die bei den Telefol *tabap kal* heißt. Diese duftende Rinde zerkaute er zu einem Brei. Wieder griff er sich nacheinander die Hunde und blies ihnen die weißen Krümel direkt in ihre Schnauzen. Schließlich entnahm er der *bilum* einen wunderschönen, dunkelroten Achat, den irgendein Fluß glatt und rund geschliffen hatte. Mit diesem Stein rieb er jedem Hund sanft die Stirn, wobei er die ganze Zeit vor sich hin sang. Dann war Amunsep verschwunden, und ich blieb in diesem wunderschönen Wald zwei weitere Tage mir selbst überlassen.

Eines Nachmittags kehrten Amunsep und Tinamnok zusammen zum Lager zurück. Sie hatten die gewöhnlichen Kuskus und Ringelschwanzbeutler dabei, aber das *D'bol* war ihnen wieder einmal entwischt.

Ich fühlte mich inzwischen gesund genug, um zu laufen. Die Expedition war vorüber, ohne daß wir ein Baumkänguruh zu Gesicht bekommen hatten, und gemeinsam machten wir uns an den Abstieg aus der Welt des *D'bol* in die Welt der Menschen.

Der wütende Sol River aus meinen Alpträumen war von einem niederschlagsfreien Himmel gezähmt worden. Ich überquerte ihn, indem ich von einem Stein auf den nächsten sprang, und fand sogar Zeit, die Sonne am Flußufer zu genießen, wo ich mich niederließ und dem Plätschern der Strömung lauschte.

16

Der Kuskus hat vier Zehen

Die Nächte und Tage mit Tinamnok, Willok und Amunsep am Sol waren eine verzauberte Zeit. Immer wieder kehrte ich zwischen 1984 und 1990 in das Tal zurück, um mich in die Wälder an seinem Ende aufzumachen. Jedesmal teilte ich mir mit ihnen ihre Gartenhütte, die allerdings im Laufe der Jahre vergrößert wurde, um unsere Gruppe beherbergen zu können. Manchmal waren sogar vier oder fünf andere Europäer bei mir, so daß diese Erweiterungen auch notwendig waren.

Ich glaube, daß Tinamnoks Familie sich auf unsere Besuche freute. Alle bekundeten großes Interesse an den seltsamen Dingen, die wir mitbrachten. Bei einem Besuch schleppte ich einen Leinensack voller lebender Schlamm- oder Mangrovenkrabben an, die damals auf dem Koki-Markt in Port Moresby sehr billig zu haben waren. Die Telefol hatten ausschließlich zu Lande gelebt und solche Wesen noch nie gesehen. Ihre Augen weiteten sich vor Erstaunen, als sie die Tiere untersuchten. Ich bat um einen großen Topf, den ich mit Wasser füllte, warf ein paar Schlammkrabben hinein und fing an, das Wasser zu erhitzen. Die Küche war gestopft voll mit Leuten, die gekommen waren, um das Wunder zu erleben, aber als der Topf heiß wurde, verlor eine der Krabben die Fesseln, die ihre Scheren zusammenhielten, und drückte den Deckel des Topfes hoch. Der Anblick der großen Schere, die über dem Dampf winkte, ließ die versammelten Scharen schreiend die Flucht hinaus in die Nacht ergreifen. Die meisten waren wieder da, als die Krabben gar waren, aber nur wenige waren dazu zu bewegen, sie zu probieren. Trotz dieses Widerwillens lief praktisch jeder Einwohner von Telefolip noch Wochen später geschmückt mit Splittern von Krabbenpanzern oder -scheren herum.

Mit jedem Besuch lernte ich die Gegend besser kennen. Einmal war in der gesamten Region ein außergewöhnliches Wachstum leuchtender Pilze zu beobachten. Hunderte kleiner, schlanker, nicht eßbarer Pilze, bei Tage hellbraun, verwandelten sich Nacht für Nacht in hellgrüne Sonnenschirme. Andere leuchtende Pilze befielen morsches Holz. Bei einem Waldriesen, der vor Jahren gefallen war, schien jede Faser seines vermodernden Gerippes voll von den Pilzfäden einer einzigen Sorte zu sein, die nicht ganz so stark glänzte wie die grünen Giftpilze. Man mußte seine Taschenlampe eine Zeitlang ausschalten, bevor dieser Pilz seine ganze Pracht entfaltete. Sobald die Augen sich an die Dunkelheit gewöhnt hatten, bot sich ein höchst erstaunlicher Anblick – lagen doch überall im Wald verstreut bis zu einem Meter dicke Bruchstücke von Stämmen und Ästen, die bei ihrem Fall zerschmettert und abgebrochen worden waren. Sie glänzten in einem silbernen Licht, so daß man mit den leuchtenden Teilen im Geiste Puzzle spielen konnte. Das Erstaunliche an der Szenerie war, daß kein anderer pflanzlicher Stoff von der leuchtenden Vegetation befallen zu sein schien. Bei Tage jedoch konnte man den riesigen zerbrochenen Baum nicht ausmachen, so überwuchert war er von einer dicken, faulenden Schicht aus Moos und Flechten.

Obwohl dies in der Tat spektakuläre Pilze waren, ging das bemerkenswerteste Leuchten von einer Böschung hinter einem Garten aus, auf der vertrocknendes Gras wuchs. Etwa fünf Meter hangabwärts war die Böschung mit geknickten Halmen übersät, und jeder einzelne war von einer

Spezies befallen, die ein silbriges, funkelndes Leuchten abgab. Nachts verwandelte es den profanen Abhang in einen glänzenden, gleichsam gefrorenen Wasserfall. Insgesamt wartete die Säugetierfauna der Sol-Region mit wenigen Überraschungen auf. Die am weitesten verbreitete Art, die wir fingen, war der Kuskus – unsere Jäger dürften in der Zeit, als ich dort arbeitete, über hundert von ihnen angeschleppt haben. Wir behielten nur ein paar fürs Museum, denn der überwiegende Teil gehörte einer einzigen Spezies an, dem Seiden-Kuskus *(Phalanger sericeus)*. Gegen Ende einer Expedition im Jahr 1986 brachte ein Jäger dann einen jungen Kuskus an, der anders aussah als alle anderen. Als ich nach Australien zurückgekehrt war, stellte ich fest, daß er einem ausgewachsenen Tier ähnelte, das ich ein Jahr zuvor südlich von Telefomin am Nong River gefangen hatte. Damals nahm ich an, bei diesem Tier handle es sich um eine Mischform.

Da mir nun zwei Exemplare vorlagen, begann ich meine Vorstellungen zu überdenken. Dann zeigte Lester Seri mir ein Weibchen, das er vor Jahren in der Nähe von Tifalmin gefangen hatte. Hier war ein drittes. Biochemische und morphologische Untersuchungen ergaben schließlich zweifelsfrei, daß diese Exemplare eine eigene, sehr seltene und primitive Kuskus-Art darstellten, die nur im Telefomin-Gebiet vorkam. Ich nannte sie *Phalanger matanim*. Unter dem Namen *Matanim* kennen die Telefol diese Spezies. Selbst heute weiß man nur von sechs Exemplaren dieses sonderbaren Geschöpfs.

Als ich meine Arbeit am Sol fortsetzte, erfuhr ich ein wenig darüber, was es bedeutete, Telefol zu sein. Im Mittelpunkt des Weltbildes der Telefol steht die Geschichte von Afek – Afek aus dem Araukarienhain –, Ahnfrau aller Mountain Ok.

Ihre Geschichte kursiert in vielen Versionen, und zweifellos ist die, die man mir erzählt hat, nicht identisch mit derjenigen, die anderen erzählt wird. Aufgrund meines Interesses an Tieren erfuhr ich wahrscheinlich mehr über jene Abschnitte der Geschichte, die sich auf wildlebende Tiere beziehen, als über andere Aspekte. Trotz der Schwierigkeit, den ganzen Mythos zu erfahren, muß man die Geschichte von Afek kennen, um das Weltbild der Telefol richtig einschätzen zu können.

Den Telefol zufolge war Afek der erste Mensch, der gelebt hat. Sie wohnte mit ihren Kindern im Kulthaus von Telefolip. Mindestens eines ihrer Kinder war ein Mensch, während zu den anderen der Langschnabelige Ameisenigel (der bei den Telefol *Egil* heißt), die Ratte *(Senok)* und der Neuguinea-Kuskus *(Quoyam)* gehörten. Lange Zeit lebten sie alle zusammen mit ihrer Mutter glücklich und zufrieden in dem Haus.

Egil war das erste von Afeks Kindern, das das Haus verließ. Er beklagte sich bei seiner Mutter, daß der Rauch des Kochfeuers seinen kleinen und schwachen Augen schade. Afek erwiderte, es sei das beste, wenn er ginge und oben im Mooswald lebte, der das Tal von Telefomin umgibt. Ihrem menschlichen Sohn sagte sie, daß *Egil* sein Bruder sei und ihm unter keinen Umständen ein Haar gekrümmt werden dürfe.

Aufgrund dieser Verfügung machten die Telefol bis vor kurzem niemals Jagd auf dieses seltenste aller Tiere Neuguineas. In den fünfziger Jahren waren Ameisenigel so verbreitet in Telefomin, daß man sogar in der unmittelbaren Nachbarschaft von Telefolip auf sie stoßen konnte. Dieses Tabu, Langschnabelige Ameisenigel zu jagen, war auf ganz Neuguinea einzigartig und machte Telefomin seinerzeit zur letzten Hochburg dieser heute gefährdeten Spezies.

Das Tabu, *Egil* Schaden zuzufügen, war so mächtig, daß die Telefol glaubten, es bringe Unglück über alle Angehörigen der Mountain Ok, wenn man mit dem Blut des Ameisenigels an den Händen in Telefolip erschien. Noch heute, wo alle Telefol offiziell Christen sind, weigern sich viele ältere Männer, einen toten *Egil* zu berühren, zu essen oder auch nur anzusehen. Trotzdem sieht man den Langschnabeligen Ameisenigel im Gebiet von Telefomin nicht mehr. Jüngere Männer, die seit ihrer Jugend Christen sind, fangen die Tiere und verkaufen sie lebend zu sagenhaften Preisen an Nicht-Telefol, die in Telefomin leben, oder bringen sie zum Verkauf zu benachbarten Stämmen.

Ich muß schweren Herzens berichten, daß ich während meines gesamten Aufenthalts in Telefomin zwischen 1984 und 1992 niemals einen lebenden Langschnabeligen Ameisenigel zu Gesicht bekam.

Die Geschichte von Afek geht folgendermaßen weiter: *Senok*, die Ratte, war das Kind, das niemals von zu Hause wegging. Es blieb statt dessen in Afeks Haus und wurde zu einer Plage für den Menschen. Die Ratte, die die Telefol-Häuser heimsucht, ist die Kleine Stachelige Ratte *(Rattus steini)*. Ungeachtet ihres Namens handelt es sich um ein ziemlich großes und stinkendes Nagetier, das dem Saatgut beträchtlichen Schaden zufügt. In früheren Zeiten war diese Spezies durchaus von Nutzen: Bevor es überall Lebensmittel zu kaufen gab, war *Senok* ein wichtiger Proteinlieferant für die Frauen der Telefol.

Die Geschichte von *Quoyam* (dem Neuguinea-Kuskus) ist vielleicht die seltsamste von allen, die man sich über Afeks Kinder erzählt. Der Neuguinea-Kuskus ist ein großes und kräftiges Tier, das von vielen Gruppen der Mountain Ok geachtet wird – was zweifellos daran liegt, daß er ein Kind Afeks ist und tatsächlich als ein höchst menschenähnliches Tier betrachtet wird. Die Telefol behaupten, *Quoyam* stehle Nahrungsmittel aus ihren Gärten. Er stopfe sich Taro-Stücke in seinen Beutel, so wie ein menschlicher Dieb gestohlenen Taro in seiner *bilum* verstecken würde. Selbst die Geschichte, wie *Quoyam* schließlich sein angestammtes Zuhause verließ, hat ausgesprochen menschliche Untertöne.

Quoyam lebte glücklich bei seiner Mutter, bis er in die Pubertät kam; er begann, sich für das andere Geschlecht zu interessieren, und wurde neugierig auf die weibliche Anatomie. Getrieben von fleischlicher Wißbegier, steckte er eines Tages eine seiner Zehen in die Vagina seiner Mutter. Wütend hackte diese ihm die betreffende Zehe mit einer Steinaxt ab. Folglich glauben die Telefol bis auf den heutigen Tag, daß *Quoyam* an seiner Vorderpfote nur vier Zehen habe.

Wir Biologen haben ein Problem mit dieser Geschichte, weil wir wissen, daß *Quoyam* wie alle Kuskus-Arten an jeder Vorderpfote fünf Zehen hat. Als ich die Aufmerksamkeit eines jungen Telefol, der ein Exemplar gefangen hatte, zum ersten Mal auf diese »Anomalie« lenkte, blickte er verständnislos auf die Pfote mit ihren fünf kräftigen Zehen. Kopfschüttelnd meinte er, daß *Quoyam* vier Zehen haben *müsse* und daß das Tier, das er gefangen habe, trotz seines Äußeren vielleicht überhaupt kein *Quoyam* sei!

Wie soll man die Hartnäckigkeit dieses Telefol-Glaubens angesichts einer derart stringenten Argumentation erklären? Die Antwort könnte in der Tatsache liegen, daß die Neuguinea-Kuskus kampflustige Geschöpfe sind. Alte Männchen können schreckliche Verletzungen aufweisen, von ausgekratzten Augäpfeln über fehlende Ohren bis zu abgebissenen Pfoten und Zehen. Vielleicht hat eine hinlängliche Zahl großer Männchen eine Zehe auf dem Schlachtfeld opfern müssen, um den Mythos in den Köpfen der Telefol lebendig zu erhalten.

Um zum zentralen Thema der Geschichte von Afek zurückzukehren: Die Telefol glauben aufgrund der Verbindung der Ahnfrau mit Telefolip, daß das Dorf in der Kosmologie der

Mountain Ok einen besonderen Platz einnehme. Sie meinen tatsächlich, daß sie einen physisch und spirituell zentralen Ort in der Region bewohnen. Folglich sind sie davon überzeugt, daß die Rituale, die sie in Telefolip vollziehen, Auswirkungen auf die gesamte Welt der Mountain Ok haben.

Dieses besondere Verantwortungsgefühl hat vielleicht dazu geführt, daß die Telefol recht unerschütterlich und ernst auftreten. Manchmal brauchen sie lange, bevor sie lachen, und das Ideal der Telefol ist die Verachtung alles Frivolen. In der Tat charakterisieren die Telefol sich selbst als nüchterne, verantwortungsvolle Menschen – Eigenschaften, die sie an ihren Nachbarn vermissen. Die Miyanmin, behaupten sie, seien hitzig und gewalttätig und neigten – wie Kinder – zu Wutanfällen. Den Atbalmin unterstellen sie, ebenfalls wie Kinder zu sein, bar echten Verantwortungsgefühls oder der Sorge um die Zukunft.

Vielleicht ist dieses Gefühl für die Bedeutung des Sozialen eine Erklärung dafür, daß das Kulthaus in Telefolip noch existiert, während so viele weniger bedeutende Kulthäuser in der Gegend aufgegeben wurden. Seit dem Kontakt mit den Europäern ist die Kultur der Telefol einem ungeheuren, sowohl beabsichtigten als auch unbeabsichtigten Druck ausgesetzt.

Die vielleicht beschämendste Entdeckung, die die Europäer den Telefol bescherten, war die, daß die Welt ein viel größerer Ort ist, als sie angenommen hatten, und daß die Mitte dieser Welt nicht notwendigerweise in Telefolip liegt.

Das Christentum kam nach dem Zweiten Weltkrieg nach Telefomin, und seit den frühen fünfziger Jahren existiert nur ein paar Kilometer von Telefolip entfernt eine Baptisten-Mission. Die jungen Telefol haben herausgefunden, daß es andere Möglichkeiten des gesellschaftlichen Prestige- und Statuserwerbs gibt, als ihre eigene Tradition sie bietet. Indem sie Pfarrer wurden oder auf anderem Wege Macht und Einfluß innerhalb der Kirche erlangten, haben sie gelernt, die soziale Kontrolle der Clan-Ältesten zu umgehen und traditionelle Autoritätsstrukturen in Frage zu stellen. Bei dem Versuch, die alte Machtstruktur zu diskreditieren, ist es für diese aufstrebenden jungen Führer nur allzu leicht, uralte Rituale als Teufelswerk zu etikettieren. Dies hat zum Niedergang vieler traditioneller Glaubensvorstellungen geführt.

Eine Folge dieses Einflusses ist, daß die wichtigsten Initiationen heute nicht in Telefolip stattfinden, sondern in anderen Kulthäusern weiter im Süden, die von den Wopkaimin bevölkert sind und unter römisch-katholischem Einfluß stehen.

Einige der jungen Telefol, die Pfarrer wurden, zogen in andere Mountain-Ok-Gemeinschaften, um das Wort Gottes zu verbreiten. Im Jahr 1986 lernte ich in der Atbalmin-Siedlung Munbil, ungefähr 50 Kilometer westlich von Telefomin, einen solchen Mann kennen.

Die Start- und Landebahn in Munbil war erst drei Wochen vor meinem Besuch eröffnet worden und wurde noch verlängert und planiert, als unsere Cessna am Ende der Lichtung, wenige Meter vor dem Dschungel, quietschend zum Stehen kam.

Die Atbalmin, die auf der Rollbahn arbeiteten, schienen bislang wenig Kontakt zur Außenwelt gehabt zu haben, denn sie waren noch mit Baströcken oder Peniskalebassen bekleidet, und die meisten sprachen nur wenig Pidgin, wenn überhaupt. Moses, der Telefol-Pastor, stellte sich uns vor und lud uns ein, in der frisch fertiggestellten Klinik am Rollfeld zu wohnen. Er erzählte uns, daß er beschlossen habe, als Missionar unter den Atbalmin in Munbil zu leben, nachdem er als junger Bursche vor zwanzig Jahren in Telefomin die Botschaft des Evangeliums vernommen habe.

Moses hatte den Atbalmin lange versprochen, daß, wenn sie aufrichtig beteten und die Lehren des Evangeliums befolgten, der Tag käme, an dem Europäer einträfen und wundervolle Dinge mitbrächten. Unser Besuch, sagte er, sei die

Erfüllung eines Traums, der zwanzig Jahre lang geträumt worden sei. Er bat uns, die Tomaten und Karotten zu kaufen, welche die Dorffrauen anbauten. Er erklärte, die Atbalmin würden solche seltsamen Nahrungsmittel noch nicht essen und bauten sie lediglich an, um sie den in Scharen erwarteten Touristen zu verkaufen. Wenn sie sähen, daß wir sie äßen, so sein Argument, könnte sie das ermuntern, sie ebenfalls zu essen oder zumindest eine größere Menge für den Handel anzubauen.

Trotz dieser hohen Erwartungen an uns kamen wir mit Moses ganz gut zurecht – bis zu einem Morgen, an dem unsere kleine Gruppe (ich selbst und vier Mitglieder der Australischen Musemsgesellschaft) zum Fluß hinuntergingen, um zu baden.

Der Fluß verlief etwa 50 Meter unterhalb des Dorfes am Fuße eines steilen Felsens. Wir alle (einschließlich zweier Frauen) zogen uns bis auf die Unterhosen aus und genossen eine gründliche Wäsche. Ich merkte, daß wir die ganze Zeit von der Spitze des Felsens aus von Moses und ungefähr zweihundert Atbalmin beobachtet wurden.

Als wir zurück zum Dorf hinaufstiegen, war Moses den Tränen nahe.»Seit zwanzig Jahren«, klagte er,»versuche ich diesen Frauen beizubringen, ihre Brüste sittsam zu bedecken, wie es die Bibel verlangt. Und jetzt kommt ihr und stellt euch vor meiner ganzen Gemeinde schamlos zur Schau. Was werden sie von mir denken?«

Ich habe mich oft gefragt, was ich von Moses halten sollte. Er hatte sein Leben dem Ziel geweiht, Gutes zu tun, so wie er es verstand. Doch was hatte er erreicht? Er hatte vielleicht eine abwechslungsreichere Kost unter den Atbalmin eingeführt und solchermaßen ihre Ernährung verbessert. Aber würde dies die Krankheiten aufwiegen, die aufkamen, als die Menschen anfingen, schmutzige, abgelegte europäische Kleidungsstücke zu tragen? Vielleicht stimmt es, daß beschränktes Wissen eine gefährliche Sache ist.

Die Baptisten-Missionare in Telefomin haben sich sehr darum bemüht, die Telefol dem zu entwöhnen, was sie als deren heidnische Lebensweise betrachteten. Mehr als einmal erzählte man mir, sie hätten angeboten, Holz aufzukaufen, das in Afeks heiligem Hain bei Telefolip geschlagen worden sei. Anscheinend hatten sie die Leute auch davon abgehalten, sich an der Erneuerung des Kulthauses zu beteiligen – eine Arbeit, die etwa alle zwanzig Jahre fällig ist, da die verwendeten Baumaterialien rasch verfallen.

Während der zweiten Hälfte der achtziger Jahre waren traurigerweise deutliche Anzeichen dafür zu erkennen, daß die alte Kultur der Telefol brüchig wurde. Die letzten Menschen, die sich traditionell kleideten, wurden rasch weniger. Telefolip wurde baufällig, und selbst der heilige Araukarienhain war nicht mehr länger sakrosankt. Ich erinnere mich, daß ich im Jahr 1984 in Gesellschaft eines jungen Telefol durch den Hain ging: er sah plötzlich, daß von einem der größeren Bäume ein Zweig abgefallen war. Die Sache beunruhigte ihn zutiefst, und er blickte konzentriert auf das abgefallene Glied, als versuchte er, eine Bedeutung daraus abzulesen.

Als ich den Hain im Jahr 1992 das letzte Mal aufsuchte, lag eine große Araukarie neben dem Weg – ihr Stamm war mit einer Kettensäge zerstückelt worden. War der Baum gefallen, bevor man ihn zersägt hatte? Noch ein Jahrzehnt früher wäre das Zersägen selbst eines gefallenen Baums undenkbar gewesen.

Obwohl die Telefol ungefähr zwischen 1950 (als der Einfluß der Regierung allmählich spürbar wurde) und 1990 einen dramatischen sozialen Wandel erlebten, stand ihnen der Zusammenbruch von Gesetz und Ordnung, der solche Veränderungen in Papua-Neuguinea häufig begleitet, noch bevor. Raubüberfälle waren zu der Zeit, als ich dort war, in Telefomin nahezu unbekannt, und die eng miteinander verwachsene und isolierte Gemeinschaft schien die schlimmsten Ausschreitungen ihrer jungen Männer nach wie vor relativ fest unter Kontrolle zu haben. Telefol werden nicht einfach so gesetzlos. Dafür sind sie zu verantwortungsbewußt. Trotzdem machten die Häuser von Telefolip im Mai 1992 einen vernachlässigten Eindruck und wurden zweifellos nicht mehr bewohnt. Unkraut umwucherte sie, und Kletterpflanzen rankten sich um Türen, die vielleicht nie wieder geöffnet werden würden. Das Kulthaus selbst war vollkommen verfallen. Durch große Löcher im Dach war der Regen eingedrungen, und kostbare Telefol-Schilde (die auf dem internationalen Kunstmarkt Tausende von Dollar wert waren) und *bilums* voll mit den Knochen der Ahnen moderten auf dem Boden vor sich hin. Scheinbar hatte die moderne Welt am Ende gesiegt. Telefomin war nicht mehr der Mittelpunkt des Universums. Es war zu einer weiteren entlegenen, tristen Regierungsstation verkommen.

17

Femsep: Ein »Big Man« der Telefol

Die Ankunft der Europäer in Telefomin hat viele Menschen in Verwirrung gestürzt; sie suchen nun nach Erklärungen für die Phänomene, die ihr Leben so verändert haben. In der Tat hat dieser Wandel sich so schnell und dabei so ungleichmäßig vollzogen, daß große Mißverständnisse unausweichlich sind.

Ich stellte fasziniert fest, daß Tinamnok starkes Interesse an einer Kerze zeigte, denn er hatte noch nie zuvor eine gesehen – während batteriebetriebene Taschenlampen passé für ihn waren. Ebenso werden Kleinflugzeuge in Telefomin als alltägliche Transportmittel fraglos akzeptiert; doch wie würden seine Bewohner auf ein Fahrrad reagieren?

Die Ankunft westlicher Technologie ist ein Lieblingsthema in den Geschichten der Telefol. Wie die erste Taschenlampe im Tal eintraf, hat man mir mehrmals erzählt. Ein junger Mann, der in einem Laden gewesen war, hatte sie mitgebracht. Alle hielten sie für ein Wunder – wirklich zu wertvoll, um Eigentum eines so jungen, verantwortungslosen Burschen zu bleiben. Deshalb nahm sein betagter und angesehener Onkel sie in Besitz. Eines Nachts ging der Onkel auf die Jagd. Mit der Taschenlampe war er so erfolgreich, daß er unter dem Berg von Beutelratten, die er erlegt hatte, schier zusammenbrach.

Er hatte sich weit von zu Hause entfernt, und mitten in der Nacht fing es an zu regnen. Unbekümmert hielt der alte

Mann unter einem Baum an und sammelte etwas Holz. Er hielt die Taschenlampe dicht an die Zweige und sah der erwarteten Flamme entgegen. Nach einiger Zeit brannte sein Feuer immer noch nicht, und Enttäuschung stieg in dem alten Knaben hoch, der inzwischen naß war und fror. Schließlich wurde er wütend und warf die Lampe zu Boden. Sie ging entzwei, und er verbrachte die Nacht, zusammengekauert unter seinem Haufen Beutelratten, in Dunkelheit. Als er am Morgen ins Dorf zurückkehrte, warf er seinem Neffen die Taschenlampe vor die Füße und verfluchte das nutzlose Ding mitsamt dem Burschen, der sie erworben hatte.

Man kann Sympathie empfinden für das Gefühl der Orientierungslosigkeit, das von den Telefol angesichts des Eindringens der modernen Welt so heftig empfunden wird. Wie sehr diese Entwicklung ihre Abgeschiedenheit störte, wurde mir bei einem Besuch im Jahr 1986 klar. Ich hielt mich gerade am Sol River auf, als mehrere Leute höchst aufgeregt bei mir erschienen und meinten, der dritte Weltkrieg habe begonnen. Sie behaupteten, im Radio gehört zu haben, daß die Amerikaner die Russen angegriffen hätten und daß viele Städte bereits zerstört seien. Einige Berichte waren recht präzise und nannten die Zahl der MiGs und anderer Flugzeuge, die beide Seiten verloren hätten.

Da wir uns in der Ära Reagan befanden und der kalte Krieg noch in vollem Gange war, klang diese erschreckende Neuigkeit nicht ganz und gar unglaubwürdig. Ich war mehrere Tage äußerst besorgt und fragte die Leute eingehend nach der Quelle ihrer Informationen aus und was genau sie gehört hätten. Ihre Geschichten deckten sich, und jeder beharrte so sehr darauf, daß ich ihnen am Ende tatsächlich glaubte. Dann kam mir der Gedanke, daß vielleicht alles, was von der Welt übrig war, dieses winzige Tal hoch oben in den Bergen von Zentral-Neuguinea sei.

Als ich ein paar Tage später nach Telefolip zurückkehrte, stellte ich fest, daß alle dort von denselben Befürchtungen gequält wurden. Niemand wußte, woher die Neuigkeit stammte, aber es schien tatsächlich, als befänden Amerika und Rußland sich im Krieg und als hätten Atomwaffen schreckliche Verwüstungen angerichtet.

Erst als ich ein paar Wochen später nach Port Moresby kam, erfuhr ich die ganze Wahrheit. Im Atomreaktor in Tschernobyl hatte es einen Störfall gegeben. Bis die Nachricht Telefomin erreichte, hatten Gerüchte dieses Ereignis in einen Weltkrieg verwandelt.

Am Sol suchte mich mitten in der Nacht häufig ein Ältester der Telefol auf und flüsterte mir zu: »Heute abend verrate ich dir alles über die Geheimnisse von Afek. Und nun, Freund, erzähl mir: Woher kommt Geld?«

Zuerst verstand ich nicht so recht, was diese Frage sollte, und ich pflegte zu antworten, daß Geld angehäuften Wohlstand darstelle und daß meine Vorfahren schwer gearbeitet und fleißig gespart hätten. Ihr Geld hätten sie in Banken oder Unternehmen investiert und dadurch noch mehr Wohlstand geschaffen.

Mein Zuhörer reagierte bezeichnenderweise jedesmal gereizt auf diese Worte und sagte: »Geld kommt nicht von Arbeit. Du kommst her und bezahlst uns, damit wir für dich arbeiten. Wir tragen deine Ausrüstung und ernähren dich. Du arbeitest nicht, trotzdem bist du es, der das Geld hat. Jetzt sag mir ehrlich als Freund, der dein Geheimnis hüten wird: Woher kommt das Geld denn nun?«

Was die Telefol hören wollten, war die Zauberformel, nach der Geld »gemacht« werden konnte.

Eines Nachts wurde ich ganz ähnlich gefragt, wie Flugzeuge erschaffen würden. Da viele Telefol mittlerweile die neu eröffnete Ok-Tedi-Mine besichtigt hatten, beschloß ich, zunächst einmal grundsätzlich zu erklären, woher Rohstoffe wie beispielsweise Metalle stammten. Ich sagte, daß Flugzeuge aus Metall – wie das Kupfer und das Gold, das in Ok Tedi gefördert werde – gemacht würden. Dieses Metall bringe man zu einer Fabrik, in der eine große Anzahl von Leuten mit unterschiedlichen Fähigkeiten es zu einem Flugzeug verarbeite. Ich fügte hinzu, daß wahrscheinlich kein einzelner Mensch wisse, wie man ein Flugzeug baue, sondern daß es eine gemeinsame Anstrengung sei, die viele Hände erfordere.

Wieder hörten meine Telefol-Freunde mir geduldig zu, aber am Ende fragten sie ziemlich schwermütig: »Sag uns einfach, wie man sie macht.« Es war, als wüßte ich um das Geheimnis, wie man auf wunderbare Weise Flugzeuge erschafft, weigerte mich aber aus purem Egoismus, es mit ihnen zu teilen.

Bevor ich Telefomin in der Feldforschungssaison 1985 verließ, kam ich zu der Überzeugung, daß ich versuchen müßte, Femsep kennenzulernen, einen Mann, von dem ich viel gehört hatte. Er hatte all die soeben geschilderten Veränderungen erlebt und in einigen von ihnen eine entscheidende Rolle gespielt. Aufgrund der Erzählungen von Anaru und Don Gardner und eines Aufsatzes von Tom Gilliard vom American Museum of Natural History, den ich gelesen hatte, meinte ich, bereits recht viel über diesen berühmtesten aller Telefol zu wissen, und hatte das Gefühl, daß meine Begegnung kaum Überraschungen bringen würde. Wie sehr ich mich doch irrte!

Tom Gilliard war Ornithologe und hatte in den fünfziger Jahren mit Femsep gearbeitet. Ironischerweise traf Gilliard just an dem Tag aus New York kommend in Port Moresby ein, an dem die beiden australischen Regierungsbeamten und die zwei einheimischen Polizisten durch die Hand aufgebrachter Telefol- und Elip-Krieger starben. Gilliard hatte vorgehabt, in Telefomin zu arbeiten, aber wegen des Blutbads mußten seine Pläne verschoben werden. Als er schließlich über ein Jahr später nach Telefomin kam, war Femsep wegen seiner führenden Rolle bei den Morden verhaftet worden. Man hatte ihm den Prozeß gemacht und ihn zum Tode verurteilt. Seine Strafe war in lebenslange Haft umgewandelt worden, aber man hatte ihn schließlich in Wewak aus dem Gefängnis entlassen und ihn nach Telefomin zurückkehren lassen, als sein krankheitsbedingter Tod bevorzustehen schien.

Wie Gilliard berichtet, fand er Femsep in dem runden Eingang seiner Wohnung sitzend vor: »Er war ein winziger Mann, ausgezehrt von Ruhr und Fieber... vollkommen nackt, und in den Löchern seiner Nase fehlten die schlanken, schmückenden Kasuarfedern, die andere Männer trugen. Sein Haar war nach Gefängnisart geschoren – die Strähnen, die sich einst in einem großen Horn aus sorgfältig gewickelten Rohrschäften verflochten hatten, waren verschwunden ...«[*]

Als er diese klägliche Gestalt ausfragte, stellte Gilliard fest, daß Femsep den größten Teil des Territoriums der Mountain Ok bereist hatte und mehr über wildlebende Tiere wußte als jeder andere lebende Telefol.

Derselbe Eindruck wurde mir jedesmal vermittelt, wenn ich mich nach einem besonders obskuren Tier oder einem geheimen Teil traditionellen Wissens erkundigte. Die Antwort lautete stets: *Femsep i save* (Femsep müßte es wissen).

An jenem Morgen im Jahr 1985, als ich mich aufmachte, Femsep zu treffen, nahm ich den Weg, der nach Telefolip führte. Ich hatte mich mit ein paar Fischkonserven und einigen Stangen Paradise-Twist-Tabak als Geschenken bewaffnet, da solche Dinge unerläßlich waren, wenn man sich mit einer so bedeutenden Person traf. Unterwegs sah ich einen alten Mann vor mir herlaufen. Ich hatte ihn bald eingeholt

---

[*] Alan Ternes: *Ants, Indians And Little Dinosaurs*, New York, Scribner 1975, S. 102.

und begrüßte ihn auf Pidgin: *Apinun wanpela, Femsep i stap we* (Guten Tag, mein Herr, wissen Sie, wo Femsep ist)? Zu meinem Erstaunen erwiderte er, daß er selbst Femsep sei. Meine Überraschung rührte teils von seiner körperlichen Erscheinung her, die trotz Gilliards Beschreibung nicht dem Bild entsprach, das ich mir von diesem großartigen Mann gemacht hatte. Femsep war in der Tat *winzig*: Er reichte mir bis zur Taille; außerdem sah er in den allgegenwärtigen ausrangierten europäischen Kleidungsstücken vollkommen durchschnittlich aus.

Ein wenig in Verlegenheit gebracht durch das unerwartete Aufeinandertreffen, verlieh ich meiner Hoffnung Ausdruck, mit ihm ein wenig über sein Leben sprechen zu können. Ich gab ihm die Dosen mit Fisch und den Tabak. Femsep blieb stehen, und nachdem er sich verstohlen umgesehen hatte, um sich zu vergewissern, daß niemand zuschaute, versteckte er sie in dem hohen Gras neben der Landepiste. Er sagte, wenn er sie mit nach Hause nähme, würden sie nur von seiner Familie aufgebraucht. Es sei daher besser, sie dort zu verstecken, damit er zurückkommen und sich selbst gütlich daran tun könnte.

Als wir weitergingen, hatte ich das Gefühl, Femsep wissen lassen zu müssen, daß ich kein blutiger Anfänger war, sondern schon seit geraumer Zeit im Telefomin-Gebiet arbeitete und Säugetiere studierte. Um mich vorzustellen, sagte ich, daß ich mit Amunsep und dessen Familie gearbeitet hätte. Als er dies vernahm, machte Femsep ein trauriges Gesicht und sagte: *Amunsep i dai pinis!* (Amunsep ist tot). Ich war zutiefst erschrocken, hatte ich Amunsep doch tags zuvor noch getroffen und eine Tasse Tee mit ihm getrunken. Nachdem Femsep meinen Verdruß ein paar Augenblicke lang genossen hatte, brach er in schallendes Gelächter aus und war offensichtlich hoch erfreut, mich so gründlich hinters Licht geführt zu haben.

Nachdem wir das Geplänkel noch eine Weile fortgesetzt

hatten, fragte ich Femsep ein wenig über seine Rolle im Aufstand von 1953 aus; aber er behauptete, wenig darüber zu wissen, und bestritt nachdrücklich, bei dem Blutbad eine führende Rolle gespielt zu haben. Diese Leugnung entsprach absolut nicht der Wahrheit, wie ich aus zeitgenössischen Berichten wußte.

Als wir sein Ziel erreichten, schied ich von dem sonderbaren alten Mann in erneuertem Respekt vor seiner Schlauheit. Bis zum Ende seines Lebens blieb er abenteuerlustig und immer bereit, neue Erfahrungen zu sammeln; ein paar Tage, nachdem wir uns kennengelernt hatten, hörte ich, daß er mit dem Hubschrauber nach Green River geflogen war, um seinen Sohn zu besuchen, der dort arbeitete.

Zwei Jahre später starb Femsep. Die Telefol stellen sich den Tod eines »Big Man« wie den Fall einer großen Araukarie vor. »Der *drii* ist gefallen«, pflegten sie zu sagen, wenn sie vom Tod eines solchen Menschen sprachen. Femsep muß weit über achtzig gewesen sein, als er starb. Er war so geachtet, daß die örtliche Gemeinschaft ein paar Säcke Zement erhielt und ihm ein Denkmal errichtete. Es ist meines Wissens das erste und einzige derartige Denkmal, das jemals von Telefol zu Ehren eines Telefol erbaut worden ist.

Aber wurde Femsep am Ende tatsächlich unter dem Betondenkmal begraben, oder war es nur eine glänzende List, um den *tablasep* (den Weißen) einmal mehr einen Streich zu spielen? Insgeheim hoffte ich, daß Femseps Leichnam nach bester Telefol-Tradition an einem geheimen Ort im Wald aufgebahrt wurde und man später seine Knochen einsammelte, um sie in einer *bilum* im Kulthaus von Telefolip auszustellen. Offene Bestattungen sind heute in Papua-Neuguinea verboten, doch es wäre nicht das erste Mal, daß Femsep sich gegen den Rest der Welt durchgesetzt hätte. Die Baptisten-Missionare und die staatlichen Gesundheitsbeamten in Telefomin wären jedenfalls entsetzt.

Viel später, im Jahr 1995, lief ich bei einem meiner Besuche in der Minenstadt Tabubil meinem alten Telefol-Freund Trondesep über den Weg. Wir plauderten einen Vormittag lang über Freunde und Orte, die wir kannten. Zu meinem großen Kummer erfuhr ich vom Tod Amunseps um das Jahr 1993 herum und vom Tod Tinamnoks ein Jahr später. Letzteres war eine wahrhaft bestürzende Neuigkeit, denn Tinamnok war keinesfalls alt oder gebrechlich gewesen und hatte sich immer guter Gesundheit erfreut. Offensichtlich war er einer Lungeninfektion erlegen, entweder infolge einer Grippe oder Lungenentzündung. Eine Handvoll Antibiotika hätte ihn vielleicht retten können.

Ich erfuhr, daß Willok geheiratet und seine Frau bereits ihr erstes gemeinsames Kind zur Welt gebracht hatte. Dann erzählte Trondesep mir etwas, das nur schwer zu glauben war. Das Kulthaus von Telefolip sei wieder aufgebaut worden, und ein paar junge Initiierte hätten mit den sechs Stufen ritueller Unterweisung begonnen, die sie zu Männern machen würden. Das waren ermutigende Neuigkeiten, aber selbst heute weiß ich noch nicht, ob sie stimmten oder ob Trondesep mir einfach irgend etwas erzählte, von dem er glaubte, daß es mich aufmuntern könnte.

Zur Mittagszeit nahm ich Trondesep mit ins Cloudlands Hotel, wo er ein Steak aß. Er fummelte mit Messer und Gabel herum, bis er das Steak schließlich frustriert mit beiden Händen packte und anfing, zufrieden darauf herumzukauen. Ein Gruppe von schwarzen und weißen Minenarbeitern sandte finstere Blicke in unsere Richtung, während Trondesep sich sein Essen schmecken ließ. Ich hatte vollkommen vergessen, daß Trondesep ein kleiner barfüßiger Telefol mit durchstochener Nasenscheidewand war, der schmutzige Kleider trug. Ich hatte in ihm den Stammesführer gesehen, einen Mann von Wissen, dessen Würde und spiritueller Edelmut für jedermann offensichtlich sein müßten. Wie, fragte ich mich, können die Menschen dazu gebracht werden, über Äußerlichkeiten hinweg auf die charakterliche Größe zu blicken, die einen Menschen ungeachtet seines Aussehens, seiner Sprache oder seiner Kultur auszeichnet?

Inzwischen fallen überall die *drii*. Ihren Platz nehmen Männer ein, die keine traditionellen Fertigkeiten und Kenntnisse mehr brauchen, um »Big Men« zu werden. Statt dessen haben sie sich auf Gedeih und Verderb der westlichen Religion oder dem westlichen Wissen ausgeliefert. Das Land sowie das Gleichgewicht zwischen ihm und seinen Menschen wird sich dadurch unwiderruflich verändern.

Ich bin froh, große traditionelle Führer wie Femsep kennengelernt zu haben, aber ihr Hinscheiden erfüllt mich mit großer Sorge für die Zukunft.

TEIL VIER

Ok Tedi und weiter

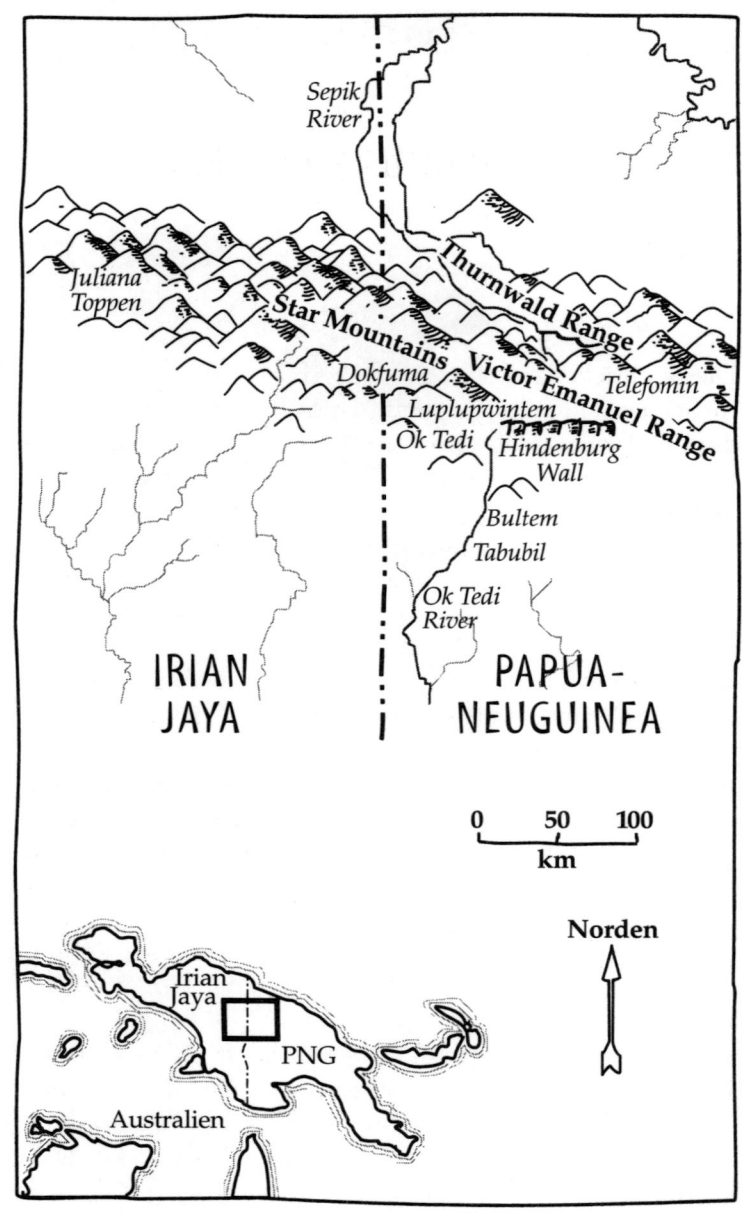

18

Eine Fledermaus aus der Eiszeit

Die beschriebene rasche soziale Zerrüttung ereilte die Telefol im Schneckentempo, jedenfalls verglichen mit dem Wandel, der den Wopkaimin – einer anderen Gruppe der Mountain Ok, die an den Südhängen der Star Mountains lebt – aufgezwungen wurde. Die Wopkaimin leben in einem Gelände, das zu den schwierigsten auf Neuguinea zählt. In dem Dorf Bultem (ihrer Hauptsiedlung) beträgt die jährliche Niederschlagsmenge mehr als neun Meter, und auch in ihrem übrigen Territorium ist sie nur unwesentlich geringer. Ein sonniger Tag ist eine Seltenheit, und eine Woche ohne Regen gibt es praktisch nicht. Zu allem Überfluß gestaltet sich die Topographie der Region atemberaubend vertikal. Relativ ebene Stellen, die sich für die Landwirtschaft und für die Anlage von Dörfern eignen, sind beinahe so selten wie sonnige Tage, und wo sie tatsächlich vorkommen, sind sie für gewöhnlich sehr beschränkt. Die Mountain Ok nennen solche Orte *bil*, was die Namen von Start- und Landebahnen erklärt, die mit diesem Zusatz gebildet wurden (wie Tabubil, Tumolbil oder Defakbil).

Diese Faktoren machten es unumgänglich, daß die Wopkaimin in winzigen, weitverstreuten Familiengruppen an ein paar wenigen günstigen Plätzen ihres riesigen Territoriums leben. Bis zu den siebziger Jahren verbrachten sie ihr Leben daher nicht nur isoliert von der Außenwelt, sondern die meiste Zeit über auch isoliert von ihren Nachbarn. In diesem Zustand verblieben sie – und praktisch unbehelligt von der Kolonialverwaltung –, bis die Erschließung durch die Ok-Tedi-Kupfermine begann. Innerhalb weniger Jahre nach der Entdeckung kommerziell ausbeutbarer Kupfer- und Goldvorkommen drang die Außenwelt dann mit geballter Kraft in ihre kleinen Dörfer und Wälder ein. Die Wirkung war so gewaltig wie ihre Folgen unerwartet.

Meine Beziehung zu den Wopkaimin kam größtenteils dank einer sehr ungewöhnlichen Fledermaus zustande. Im Jahr 1975 beschrieb Jim Menzies, Dozent für Biologie an der Universität von Papua-Neuguinea, eine außergewöhnliche, erst kürzlich entdeckte Fledermausart. Die Beschreibung basierte auf ein paar Knochen, die in Höhlenablagerungen in der Chimbu Province, etwa 400 Kilometer östlich der Wopkaimin, gefunden worden waren. Die Knochen datierten vom Ende der Eiszeit vor etwa 12 000 Jahren. Ähnliche Höhlen in der Gegend hatten die Überreste tasmanischer Tiger, riesiger, wombatartiger Wesen, und großer ausgestorbener Wallabys zutage gefördert. Die Fledermausknochen selbst schienen zu einer großen, höhlenbewohnenden Spezies zu gehören, die in der Welt der Fledermäuse insoweit einzigartig war, als ihr die Vorderzähne (Schneidezähne) komplett fehlten.

Offenbar war dieses Wesen inzwischen ausgestorben. Doch der Fund war so ungewöhnlich, daß er auf internationales Interesse stieß (und viel später erwähnte Michael Crichton ihn in seinem Roman *Jurassic Park*). Menzies nannte seine neue Fledermaus *Aproteles bulmerae*. Der erste Name bedeutet »vorn unvollständig«, der zweite ist eine Reminiszenz an Susan Bulmer, die Archäologin, die die Überreste ausgegraben hatte. Biologen (und wohl auch die breitere Öffentlichkeit) kannten die neue Spezies bald unter dem Namen Bulmer-Flughund.

Zwei Jahre nach ihrer Entdeckung begleitete der Anthropologe David Hyndman, der bei den Wopkaimin lebte, einige Freunde auf eine Fledermausjagd. Dank der Beschäftigungsmöglichkeiten bei den Erkundungsteams, die für Ok Tedi arbeiteten, hatten die Wopkaimin erstmals Bekanntschaft mit Geld und westlichen Waren gemacht. Die Folge war, daß Jäger der Wopkaimin zum ersten Mal überhaupt eine Schrotflinte und Nylonseile besaßen.

Die Jäger gingen zu einer Höhle, die Luplupwintem hieß, was soviel bedeutet wie »Versammlungsplatzhöhle« – eine Anspielung auf die gewaltige Zahl von Fledermäusen, die sich dort zu versammeln pflegten. Diese Höhle ist riesig und ihr Eingang unpassierbar, so daß sie jahrtausendelang nicht betreten wurde. Der Schacht ist eine senkrechte, mindestens 300 Meter tiefe Doline – eine trichterförmige Vertiefung der Erdoberfläche –, die sich nach unten zu einer Höhle von den Ausmaßen einer Kathedrale öffnet. Selbst wenn Menschen hätten hineingelangen können, so ist der riesige Raum, in dem die Fledermäuse sich niederlassen, doch so hoch, daß selbst Pfeile die von der Decke herabhängenden Tiere nicht erreichen könnten.

Die Fledermäuse trugen zur Erhabenheit des Ortes bei. Die Wopkaimin behaupten, daß der Erdboden vom Donner ihrer Flügelschläge erbebe, wenn die Fledermäuse sich Abend für Abend zu Zehntausenden hinauswagten. Menschen müßten sich die Ohren zuhalten, um von dem Geräusch nicht taub zu werden.

Wie auch immer, jedenfalls ließ sich in Anwesenheit von David Hyndman ein besonders tapferer Mann an einem Seil in die gewaltige Doline hinab und verbrauchte ganze fünf Schachteln Schrotpatronen, mit denen er Fledermäuse schoß. Tausende Tiere waren die Ausbeute, so daß es an diesem Abend ein großes Festmahl gab. Hyndman sicherte sich einen Schädel und ein Paar Kieferknochen sowie ein Fell, das er ausstopfte, damit er die ungewöhnlichen Fledermäuse, die ihm zum Abendessen aufgetischt worden waren, identifizieren konnte.

Doch zu Hyndmans Verdruß fraßen Dorfhunde den ausgestopften Fledermausbalg, bevor er zur Bestimmung nach Port Moresby gebracht werden konnte. Schädel und Kieferknochen jedoch trafen sicher in der Zoologischen Abteilung der Universität von Papua-Neuguinea ein.

Man stelle sich die Überraschung von Jim Menzies vor, als er das Paket öffnete und einen vollständigen Schädel und die Kieferknochen einer Fledermaus erblickte, der die Schneidezähne fehlten und die erst vor ein paar Wochen zum Abendessen verspeist worden war. Sofort wußte er, daß der Bulmer-Flughund nicht ausgestorben war, sondern in der Nähe der Ok-Tedi-Mine im äußersten Westen Papua-Neuguineas irgendwie überlebt hatte.

Die beiden Wissenschaftler kehrten, sobald sie konnten, nach Luplupwintem zurück, stellten aber zu ihrer großen Bestürzung fest, daß die großartige Kolonie verschwunden war. Andere Gruppen von Jägern hatten den Schlafplatz in der Zwischenzeit besucht (die Wopkaimin behaupten, sie seien aus Tifalmin gekommen) und hatten die Kolonie völlig ausgerottet. Die Wissenschaftler sahen nur zwei Fledermäuse den Schlafplatz umkreisen, bei späteren Besuchen zeigten sich gar keine mehr. Es schien, als sei der Bulmer-Flughund zum zweiten Mal ausgestorben – praktisch im Moment seiner Wiederentdeckung, noch dazu ohne daß auch nur ein Fell überlebt hätte, so daß die Forscher hätten rekonstruieren können, wie er aussah. Tatsächlich blieb er beinahe so rätselhaft, als würde man ihn nur von vorzeitlichen Fossilien kennen.

Daß die Bewohner von Bultem (dem Dorf, das der Höhle am nächsten liegt) Luplupwintem als heiligen Ort betrachteten und normalerweise keiner der dort hängenden Fledermäuse ein Haar krümmten, überrascht nicht. Die Geschichte der Höhle und ihrer besonderen Bewandtnis erzählte mir

Noken, der in den späten achtziger Jahren Führer des Dorfes war. Er war damals schon alt und litt offensichtlich an Tuberkulose. Er flüsterte mir die Geschichte in holprigem Pidgin zu, nachdem er sich vergewissert hatte, daß niemand uns belauschte.

Ich mußte Noken schwören, Stillschweigen zu bewahren, und er sagte mir, daß die Geschichte nur initiierten Männern aus Bultem bekannt sei; sollte sie den Feinden von Bultem zu Ohren kommen, so könne dies großen Schaden anrichten. Folglich kann ich sie an dieser Stelle nicht wiederholen. Es reicht wohl, wenn ich sage, daß die Dorfbewohner glauben, jedes Unglück, von dem die Fledermäuse heimgesucht würden, werde im Gegenzug auch ihnen zustoßen.

Zur Zeit des explosiven Wandels, den der Kontakt zur Außenwelt in den späten siebziger Jahren brachte, wurden diese Überlieferungen von manchen vorübergehend ignoriert. Es ist sogar möglich, daß Leute aus anderen Dörfern (die diese Tradition nicht teilten) durch Erzählungen der Erkundungsteams nach Bultem gelockt wurden und im Jahr 1977 den größten Teil der Ausrottung erledigten, während die Bewohner von Bultem lediglich zuschauten.

Während ich im nahe gelegenen Telefomin arbeitete, hatte der Bulmer-Flughund angefangen, mich zu faszinieren. Im Zuge einer Erhebung über die Säugetiere des Telefomin-Gebietes, die Lester Seri und ich von 1984 bis 1992 durchführten, suchten wir jede Höhle in der Region ab, ohne eine Spur dieser Spezies zu finden. Unsere Suche wurde davon erschwert – um es milde auszudrücken –, daß wir keine Vorstellung davon hatten, wie die Fledermaus aussah. Eigentlich war alles, was wir von ihr wußten, daß sie groß war, in Höhlen lebte und keine Vorderzähne besaß.

Einige der Höhlen, die wir untersuchten, waren aufregende Orte. Ich bin ein wenig klaustrophobisch veranlagt, während Lester eine krankhafte Angst vor Schlangen (die in den Höhlen Neuguineas überall anzutreffen sind) hat, so daß wir kaum das ideale Paar zur Erkundung von Höhlen darstellten. Trotz dieser Mängel krochen, rutschten und kraxelten wir so ziemlich in jede Höhle und Spalte rings um Telefomin und dokumentierten dabei das Vorkommen Dutzender Arten von Fledermäusen, Fröschen, gewaltigen spinnenartigen Pseudoskorpionen – und von Schlangen.

Eine Höhle gibt es, die ich niemals vergessen werde. Sie liegt am Nong River, einen Fußmarsch von etwa anderthalb Tagen südlich von Telefomin in der Nähe des Hindenburg Wall, einer atemberaubenden Felswand, von der ich schon viel gehört hatte. Der Fluß selbst fließt durch ein wunderschön bewaldetes, von Menschenhand so gut wie unberührtes Tal. Die Höhle liegt im Tal, weitab von jeder Hilfe, sollte welche benötigt werden. Ihr Eingang ist ein schmaler Schlitz, doch sobald man ein paar Meter vorwärts gekrochen ist, öffnet sie sich zu einem Saal von der Größe einer Kathedrale, der durch ein Loch in der Decke erhellt wird. Ein paar insektenfressende Fledermäuse hingen schlafend im Zwielicht in der Nähe des Eingangs, aber ansonsten konnte ich in diesem ersten Raum wenig Interessantes entdecken.

Mangels Fledermäusen fing ich an, einige mit Wasser gefüllte Gruben auf dem Boden der Höhle zu inspizieren. Das Wasser war so still und klar, daß es unmöglich war, seine Tiefe abzuschätzen oder es in manchen Fällen überhaupt nur zu erkennen. Auf dem Grund mancher Becken lagen wunderschöne, rundpolierte Steine, während andere Knochen bargen. Bei näherem Hinsehen erkannte ich, daß es menschliche und nicht einmal sehr alte Knochen waren. Ich verbarg diese Entdeckung vor unseren Begleitern von den Mountain Ok, denn sie ängstigen sich vor den Geistern, von denen sie glauben, daß sie Höhlen bewohnen, und machten ohnehin schon einen nervöseren Eindruck als gewöhnlich.

Als Lester und ich tiefer in die Dunkelheit vordrangen, ließen wir die Mountain Ok in der Nähe des Eingangs zurück.

Weiter schienen sie auch nicht gehen zu wollen und redeten andauernd von den *masalai*, die in der Höhle wohnten.

Nachdem wir ein Stück gegangen waren, bemerkte ich ein schwaches Grollen. Zuerst schien es so dumpf, daß ich es eher spürte als hörte. Gleichzeitig trübte sich die Luft rasch durch einen sonderbaren Dunst. Das nervte sehr, denn die Höhle war immerhin so groß, daß man ohne weiteres in ihrer Mitte stehen konnte, und doch sah man in allen Richtungen nichts als weißes Schneegestöber.

Als ich um eine Ecke bog, verlor ich den Strahl von Lesters Taschenlampe aus den Augen. Ich bewegte mich langsam weiter, wobei ich kaum den Höhlenboden erkennen konnte und daher nach einer Wand tastete, an der ich mich orientieren konnte. Das Grollen wurde zu einem ohrenbetäubenden Tosen, das die Höhle zu erschüttern schien.

Erleichtert konnte ich schließlich eine Wand fühlen. Als ich nach oben tastete, machte ich direkt vor mir einen großen, hölzernen Gegenstand aus. Es war ein gewaltiger Baumstamm, der hoch oben in der Höhle eingeklemmt war.

Mit einem Mal verstand ich, an was für einem Ort ich mich hier eigentlich befand. Das Geräusch und der Dunst stammten von einem gewaltigen unterirdischen Wasserfall. Sein Widerhall erfüllte den Raum und erschütterte den Boden. Wenn die über den Fall schießende Wassermenge zunahm, würde der Raum, in dem ich stand, überflutet werden. Bäume, die von den Fluten mitgespült wurden, waren in den Wänden und in der Decke steckengeblieben.

Scheinbar waren auch menschliche Leichen in die Höhle gespült worden. Sie verwesten, und ihre Knochen kamen in den stillen Becken in der Nähe der Höhlenöffnung zur Ruhe.

Plötzlich hatte ich das Gefühl, die Orientierung zu verlieren. Woher wußte ich, daß ich von dem Wasserfall weg- und nicht auf ihn zukroch? Der Dunst war jetzt so dicht, daß ich kaum die Hand vor Augen sehen konnte. Meine wachsende

Panik unterdrückend und mich gegen die Höhlenwand pressend, bewegte ich mich langsam weiter vorwärts.

Allmählich begann der Dunst sich zu verziehen, und das Grollen entfernte sich. In meiner Verwirrung hatte ich angefangen, denselben Weg zurückzugehen. Mit einem Gefühl des Entsetzens, das wohl den Empfindungen nicht unähnlich war, die diese Höhle bei meinen Mountain-Ok-Begleitern auslöste, ging ich an den Knochen in der Grube vorbei.

Als Ergebnis dieser und vieler ähnlicher Erkundungen kamen Lester und ich zu der Überzeugung, daß es in der Gegend keine größere vom Bulmer-Flughund bewohnte Schlafstätte gebe. Wäre dem so gewesen, so hätten wir sie aller Wahrscheinlichkeit nach gefunden.

Obwohl wir diese Spezies im Zuge unserer Forschungen niemals ausfindig machten, stellte sich durch eine höchst bizarre Wendung des Schicksals heraus, daß eine Teillösung des Geheimnisses um die Bulmer-Flughunde die ganze Zeit zum Greifen nahe gewesen war. Denn in all den Jahren, in denen wir im entlegenen Neuguinea nach dieser Spezies gesucht hatten, war daheim in Sydney, weniger als 200 Meter von meinem Arbeitsplatz entfernt, ein Exemplar verstaubt!

Fast ein Jahrzehnt später sollte dieses Teil seinen Platz in dem Puzzle finden.

Teils aufgrund fehlender finanzieller Mittel für die Verwaltung der Sammlung hatten sich seit den fünfziger Jahren ungefähr zweitausend »Problemexemplare« in der Säugetiersammlung des Australian Museum angehäuft. Diese Exemplare lagerten nicht katalogisiert und unerforscht in Schubladen und Vitrinen. Im Jahr 1990 erhielt ich die Mittel, dieses Material zu untersuchen, zu erfassen und ordnungsgemäß für die Sammlung zu katalogisieren.

Eines Spätnachmittags klopfte die Kuratoriumsassistentin, die eingestellt worden war, um diese schwierige Aufgabe zu übernehmen, an meine Tür. In der Hand hielt sie eine Schachtel mit nicht erfaßten Fledermausschädeln. Als ich aufs Geratewohl einen hochhob und nach Möglichkeiten suchte, ihn zu bestimmen, stockte mir der Atem, und mein Herz begann wild zu klopfen. Der ansonsten gut erhaltene Schädel hatte keine Vorderzähne.

So unmöglich es auch schien, aber ich hielt einen Schädel des beinahe mythischen Bulmer-Flughundes in Händen! An dem Schädel hing ein Schildchen, auf dem nur zwei Nummern standen:»24/85«. Es waren Präpariernummern, mit denen ein Exemplar versehen wird, wenn es zum Präparieren oder Ausnehmen an den Präparator geschickt wird. Die Assistentin schaute rasch im Katalog nach und brachte mir aus der Sammlung einen Balg mit einer Nummer, die sich mit derjenigen an dem Schädel deckte. Laut Etikett handelte es sich um den Balg eines gewöhnlichen Ungesattelten Flughundes *(Dobsonia magna)*, dem er bei oberflächlicher Betrachtung auch ähnelte. Ein kurzer Blick auf Pelz, Füße und Flügel überzeugte mich jedoch davon, daß das Etikett falsch war. Ein Ring zog sich um meine Stirn zusammen, und ich verspürte ein flaues Gefühl im Magen. Mir wurde klar, daß ich in diesem Augenblick der einzige Forscher auf Erden war, der wußte, wie der Bulmer-Flughund aussah.

Später untersuchte ich den Balg systematischer, und allmählich sah ich, daß er sich vollkommen von dem des gewöhnlichen Ungesattelten Flughundes unterschied. Das Fell war feiner, die Gesichtszüge waren breiter und die Krallen braun statt elfenbeinfarben. Dieses Exemplar hatte auch am Flügel eine zusätzliche Kralle. Zudem war dies hier, obwohl es die Größe eines Ungesattelten Flughundes hatte, noch ein Jungtier. Das erwachsene Tier mußte viel größer sein. Wenn ja, dann wäre es die größte höhlenbewohnende Fledermaus unseres Planeten.

Als mein Herzschlag sich etwas verlangsamte und mein verwirrter Kopf allmählich wieder klar denken konnte, begann ich mich zu fragen, ob das alles vielleicht ein bizarrer Traum war. Denn wie hätte ein Exemplar der seltensten Fledermaus der Welt unbemerkt in unsere Museumssammlung gelangen können? Wer konnte es von wo mitgebracht haben?

Die Antworten lagen, wie sich herausstellte, in dem Etikett, das an dem Balg befestigt war.

Gesammelt hatte die Fledermaus im Jahr 1984 Steven Van Dyck vom Queensland Museum. Er hatte mich auf meiner ersten Expedition nach Telefomin und Yapsai begleitet. Steve ist Experte für Beutelmäuse. Er hatte sich dafür entschieden, an einem Ort namens Afektaman zu arbeiten, der auf 1400 Metern Meereshöhe im Telefomin-Tal liegt – während ich mich zum Sol River aufmachte –, weil er glaubte, in dieser Höhe bessere Chancen zu haben, auf Beutelmäuse zu stoßen.

An dem Tag, an dem er den Bulmer-Flughund mitnahm, muß er äußerst beschäftigt gewesen sein, denn die Eintragung in seinem Feld-Notizbuch nennt nur die kargsten Einzelheiten: Geschlecht, Gewicht und Länge der Vorderarme des Tieres. Daneben war das rätselhafte Wort *Woflayo* hingekritzelt.

Bei unserer Rückkehr teilten Steve und ich unsere Exemplare zwischen dem Queensland und dem Australian Museum auf. Unter dem vom Australian Museum erworbenen Material befand sich die Fledermaus. Sie war in die taxidermische Abteilung gelangt, wo das Fell ausgestopft worden war, der Schädel jedoch durch einen Zufall bei der Katalogisierung für die Sammlung oder beim Präparieren vom Fell getrennt worden war. Bei der Feldforschung war das Fell als das eines gewöhnlichen Ungesattelten Flughundes identifiziert und in der Sammlung entsprechend beschriftet worden. Den Schädel hatte man in eine Schachtel mit »Problemexemplaren« gelegt, zu denen Daten fehlten. Aus Zeit- und Geldmangel war der Fehler niemals korrigiert worden.

Inzwischen sprach ich ein bißchen Telefol und vermutete, daß *Woflayo* der Name einer Person war. Und so waren

Ein Jäger taucht aus dem morgendlichen Nebel auf, der die Berge südlich von Telefomin einhüllt.

Abstieg vom Neon Basin. Ken Aplin und Goilala-Jugendliche aus Kosipe tragen einen Teil unserer Ausrüstung einen steilen Hang hinab, unter anderem den außerordentlich wichtigen Zylinder mit flüssigem Stickstoff.

Der Hindenburg Wall im Ok Tedi-Gebiet, West-Papua-Neuguinea. Das in der Gegend als Wall bekannte Kliff zählt zu den Naturwundern der Erde.

Beim Überqueren des Yapsai River im Kanu. Das Wasser wimmelte von Krokodilen. (Foto: Robert Attenborough)

Eine Verschnaufpause im Dschungel bei einem Glas guten Weins.

Dieser Unterstand wurde 1981 in der Nähe von Kosipe als Unterkunft für mich errichtet, als ich Fallen auslegte. Er wurde mit den Rindenstreifen eines *Papuacedrus*-Baums gedeckt, der mindestens ein halbes Jahrtausend alt war.

Der Alltag am Yapsai scheint seit Jahrtausenden unverändert zu sein. Jeden Abend kehren die Frauen, schwer beladen mit Kindern, Schweinen, Feuerholz und Nahrung, ins Dorf zurück.

Kebuge tötet ein Schwein für ein Festmahl in Yapsai. Obwohl er unter Elefantiasis litt, ging Kebuge zu Fuß von Yapsai nach Yominbip, um dort für uns einen Hubschrauberlandeplatz anzulegen.

Anaṛu kehrt am Mount Boobiari mit zwei *Kuyam* (Neuguinea-Kuskus) von der Jagd zurück.

Tenkile (Dendrolagus scottae). Drei Jahre lang war eine einzelne Kralle der einzige Beweis, den ich für die Existenz dieser neuen Baumkänguruh-Art hatte.

Syme, ein berühmter Baumkänguruh-Jäger, wird 1992 von uns mit einem Siegeskranz gekrönt.

Amunsep im besten Alter mit einem seiner Jagdhunde. In der linken Hand hält er ein paar Jagdamulette.

Bei den großen Objekten, die die Angehörigen des Stammes der Olo tragen, handelt es sich um *tumbuans* (Geistermasken). Die schwarze und rote ganz vorn stellen den Ahnengeist *Tenkile* dar. Sie wurden aus dem *haus tambaran* ins Freie gebracht, um die Beendigung unserer Feldforschungssaison 1992 zu feiern.

Die jungen Männer aus dem Dorf Bultem in der Nähe von Tabubil unterziehen sich nach wie vor männlichen Initiationsriten. Im wenig entfernten Telefomin dagegen ist diese Tradition verlorengegangen.

A. D. Hope und befreundete Goilala vor einem Chalet im Schweizer Stil in Kosipe

Mit Femsep, ein oder zwei Jahre vor seinem Tod, fotografiert von einem Eingeborenen.

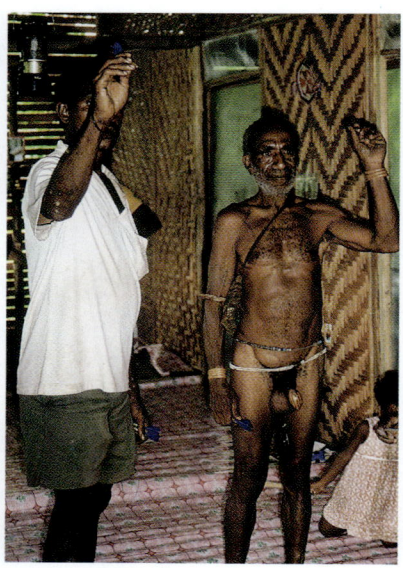

Trotz ihrer Tüchtigkeit mit Pfeil und Bogen gewannen beim Darts-Turnier gewöhnlich wir.

Die Telefol ekelten sich vor Willoks Angewohnheit, Bandwürmer zu essen. Diesen entnahm er dem Darm eines Ringelschwanzbeutlers. Mir sollte am Ende die zweifelhafte Ehre zuteil werden, daß der Wurm nach mir benannt wurde.

Dieser kleine Junge, der unter Anarus Trommel sitzt, war vor kurzem Waise
geworden. Sein aufgeblähter Bauch deutet auf Unterernährung, Malaria
oder beides hin. Seine Haut ist von *grile* überzogen.

Peter war der Chefassistent von Anton, unserem Koch, als wir Tenkile per Funk aufspüren wollten. Peter hatte immer ein Lächeln für uns übrig, selbst nachdem er Wochen in unserem durchweichten Dschungelcamp verbracht hatte.

Hat dieses Schwein mir tatsächlich das Leben gerettet? Ich brachte es den Bewohnern von 3Fas als Friedensangebot, um die explosive soziale Situation zu entschärfen. (Foto eines Eingeborenen)

Dieser Lani stellt im Wald in der Näge von Kwiyawagi eine Baumfalle auf.
So werden Riesenratten, Quolls (*Dasyurus maculatus*), Beutelratten und sogar
Wallabys gefangen. Die *noken* auf seinem Rücken enthält Süßkartoffeln.

»Dandys« aus Kwiyawagi. Auf unserem Marsch zur Kelangurr-Höhle haben diese jungen Lani sich mit Blättern und Blüten aus dem Wald schöngemacht.

Diese Gruppe von West-Dani lief von Ilaga nach Wamena, um Salz einzutauschen.

Der Meren-Gletscher in Zentral-
Irian-Jaya gehört zu den letzten
Äquatorialgletschern auf der Welt.

Unser Lager im Meren-Tal. Dieses
riesige Kalkstein-Kliff hat ein
Gletscher vor 15 000 Jahren geformt.

Ich kauere mich am Eingang der Eishöhle nieder, die von Yonas auf dem
Meren-Gletscher entdeckt wurde. Sie hieß *rumah tuan tannah* – Haus des
Erdgeistes. (Foto: Yonas Tinal)

Ein riesiges Waldgebiet im Tiefland wird bald vom Abraum der Freeport-Mine bedeckt sein. Hier wurde sterbender Wald entlang des Abraumdamms in der Nähe von Timika kahlgeschlagen.

Die mit Bulldozern in den Dschungel von Süd-Irian-Jaya planierte Siedlung für Neuzuwanderer ist wie unzählige andere mit militärischer Präzision angelegt. Es ist schwierig, hier Reis anzupflanzen, also überleben die Campbewohner, so gut sie können. Einige finden Arbeit bei Holzfällerfirmen, während andere Wildtiere fangen und verkaufen.

Der zentrale Platz von Kuala Kencana in Süd-Irian-Jaya im Februar 1996. Die Stadt wurde neu erbaut, ist aber noch nicht bewohnt. Dort, wo sie errichtet wurde, hatte es noch ein oder zwei Jahre zuvor nur Tieflanddschungel gegeben. Man geht davon aus, daß eine Viertelmillion Menschen, in der Mehrzahl Nicht-Irianesen, hier leben werden.

Dingiso (Dendrolagus mbaiso). Die Entdeckung dieses schwarzweißen, am Boden lebenden Baumkänguruhs im Jahr 1994 war der Höhepunkt meiner Laufbahn als Biologe. Das Volk der Moni verehrt es als mythischen Vorfahren.

Lester Seri und ich mit ein wenig Unterstützung der Ok-Tedi-Mine bald unterwegs nach Afektaman, auf der Spur des Bulmer-Flughundes. Unsere Trumpfkarte war *Woflayo*.

Afektaman ist ein hübsches kleines Dorf mit Blick auf die Gebirgskette, die sich südlich von Telefomin erstreckt. Es liegt am Eingang zur Sepik-Schlucht und ist nur etwa 30 Kilometer Luftlinie von Luplupwintem entfernt, das bis 1977 die einzige Schlafstätte des Bulmer-Flughundes gewesen war.

Bei unserer Ankunft in Afektaman fragten wir sofort, ob hier irgend jemand mit Namen Woflayo lebte – und wurden ohne Umschweife zu einem Mann zwischen vierzig und fünfzig geführt, der in einer winzigen Ansammlung von Hütten ungefähr einen Kilometer außerhalb des Dorfes wohnte.

Woflayo lud uns in sein Haus ein und bot uns eine Tasse Tee an. Während wir uns unterhielten, wurde deutlich, daß sein Pidgin ziemlich begrenzt war. Er war ein konservativer Telefol, der sich an seine Traditionen klammerte. Er ließ sich nicht dazu herab, die neue Lingua franca zu erlernen.

Nachdem wir ihm den Zweck unseres Besuches erklärt hatten, meinte Woflayo, es sei günstig, daß wir heute angekommen seien, weil er gegen Ende der Woche nach Batalona abreise. Zuerst rätselte ich, wohin genau Woflayo wohl fahren könnte. Batalona klang nicht wie irgendein Telefol-Ortsname, den ich schon einmal gehört hatte. Nach einigem weiteren Hin und Her kam heraus, daß Woflayo in der Tat eine sehr weite Reise unternahm. Er wollte nach Barcelona fahren, wo er bei den Feiern der Olympischen Spiele 1992 eine Tanztruppe der Telefol anführen sollte!

Woflayos strenge Bewahrung der Tradition hatte sich zweifellos ausgezahlt. Unter allen Telefol war er berühmt als bester Kenner der alten Tänze, weshalb die Wahl des Führers der Truppe natürlich auf ihn gefallen war. Ich frage mich oft, was die braven Bürger von Barcelona wohl von dem mit Peniskalebasse, Bambusrohrgürtel und gefiedertem Kopfputz geschmückten Woflayo gehalten haben mögen, der sich da singend zu seinen Telefol-Rhythmen wiegte.

Nachdem wir unseren Tee ausgetrunken hatten, nahm Woflayo uns mit zu einem Garten hinter seiner Hütte. Dort zeigte er uns den Stumpf eines kleinen Feigenbaums. In diesem *tiup*-Baum, sagte er, habe er die Fledermaus geschossen, die er 1984 *masta* Steve verkauft habe.

Ich war platt. Welch enttäuschender Ausklang einer Reise, die Monate zuvor und Tausende von Kilometern weit weg so aufregend begonnen hatte!

Eine Fledermaus, die Woflayo im Garten hinter seinem Haus geschossen hatte und die ihm völlig gleichgültig war, hatte Fremde von einem anderen Kontinent bis zur Schwelle seiner Tür geführt ... Und in wenigen Tagen würde er vor einer zehntausendköpfigen Menge auf einem Kontinent tanzen, der ihm so fremd war wie die andere Seite des Mondes.

Unsere Arbeit auf dieser Reise wäre nicht abgeschlossen gewesen ohne eine letzte Überprüfung von Luplupwintem. Die Höhle war jetzt doppelt wichtig, weil wir das Gefühl hatten, daß Woflayos Fledermaus in der Nacht ihres Ablebens durchaus von dort hätte losgeflogen sein können. Wenn es 1984 junge Fledermäuse in der Gegend gegeben hatte, dann bestand immerhin die Möglichkeit, daß in der großen Höhle vielleicht noch eine Brutkolonie unentdeckt überlebt hatte.

Lester und ich hatten Luplupwintem bei einer früheren Gelegenheit auf dem Weg von Telefomin nach Tabubil überflogen, so daß wir wußten, wie zerklüftet die Region war.

Damals waren wir am frühem Morgen in einer winzigen Cessna durch die Sepik-Schlucht geflogen.

Es war vom Start weg eine haarsträubende Reise, denn die Schlucht dreht und windet sich, und das Flugzeug scheint oft direkt und ohne Ausweichmöglichkeit auf eine senkrechte Wand zuzusteuern, bis es plötzlich der Schlucht in ihrem gewundenen Verlauf folgt und abdreht.

Wir wandten uns nach Südwesten, während wir den Ilam River, einen Nebenfluß des Sepik, überflogen. Dann kletterte die Maschine empor, bis wir in etwa 100 Metern Höhe über das als Finimterr (Finisterre) bekannte riesige, flache Kalksteinplateau hinwegflogen. An jenem Morgen verhüllte dünner Nebel die Hochebene, aber durch den Dunst hindurch konnte man gelegentlich Flecken braunen Graslandes ebenso wie das Grün alpinen Buschwerks sehen. Irgendwo dort unten war Luplupwintem.

Da ich darin vertieft war, mich in der Topographie zurechtzufinden und die Höhle auszumachen, traf es mich völlig überraschend. Plötzlich raste das kleine Flugzeug in einem jähen Sturzflug auf den Vorhang aus Nebel zu. Noch bevor das Entsetzen mich mit voller Wucht gepackt hatte, waren wir vollständig durch den Nebel getaucht und flogen neben einer gewaltigen Felswand geradewegs in die Tiefe. Riesige Höhlen und von Wasser scheckiger Fels sausten an uns vorbei. Dann begann die Maschine aus ihrem Sturzflug heraus hochzuziehen.

Der Pilot wandte sich zu mir um und fragte: »Wie finden Sie den Hindenburg Wall?«

Der Hindenburg Wall wird häufig als das achte Naturwunder der Erde bezeichnet. Es ist ein riesiges Kalksteinkliff, das sich über Dutzende Kilometer quer durch Süd-Zentral-Neuguinea zieht.

Ich war versucht zu sagen, daß ich von diesem senkrechten 1500-Meter-Gefälle absolut genug gesehen hatte, um für den Rest meines Lebens bedient zu sein.

Einen Tag, nachdem wir Woflayo Lebewohl gesagt hatten, gingen Lester Seri und ich auf dem Flughafen von Tububil an Bord eines Hubschraubers und flogen zurück zur Finimterr-Hochebene.

Wir landeten in einem Graslandgebiet, wo der Helikopter aufsetzen konnte; es lag ungefähr drei Stunden Fußmarsch vom Eingang der Höhle entfernt. Dann machten wir uns über Kalksteinkuppen und Sickerlöcher auf den langen und beschwerlichen Weg zur Höhle.

Stundenlang bahnten wir uns einen Weg über kleine Gipfel und durch dichtes, moosiges Hochgebirgsgestrüpp. Es war eine geschlossene, beinahe klaustrophobische Welt, die uns zu verschlingen schien. Dann, nachdem wir eine letzte Biegung genommen hatten, mündete der Pfad in den leeren Raum. Wir waren endlich am Rand von Luplupwintem angelangt.

Luplupwintem ist die spektakulärste Höhle, die ich je gesehen habe. Ihr Eingang ist ebenso unerwartet wie großartig. Wir fanden uns unmittelbar an der Kante eines riesigen, mehr oder weniger kreisrunden Schachtes von vielleicht 400 Metern Durchmesser wieder, dessen Wände Hunderte von Metern senkrecht abstürzten. Als ich über den Abgrund hinweg auf die südliche Wand blickte, sah ich, daß wir an der niedrigsten Stelle des Lochs standen. Die klippenartigen Wände der Doline ringsherum stiegen Hunderte von Metern über unsere Köpfe empor und fielen ebenso tief nach unten ab. Inzwischen war es früher Nachmittag, und ein Sonnenstrahl bohrte sich nach unten in die düsteren Tiefen. Ich konnte erkennen, daß die Doline sich zu einer Höhle von den Ausmaßen einer Kathedrale erweiterte, über deren Öffnung sich ein feiner, beinahe dunstartiger Wasserfall ergoß. Die Höhe der

Südwand schien fast einen Kilometer zu betragen, wenn nicht mehr.

Während wir uns am Rand dieser Pracht erschöpft ausruhten, hörten wir ein seltsames Zwitschern, das von weit unten, aus dem Innern der Höhle kam. Es klang wie der Ruf eines Sittichs, aber kein Papagei, der auf sich hielt, würde sich an diesem düsteren Ort niederlassen. Statt dessen sahen wir einen großen Flughund aus der Höhle unter uns ausbrechen und durch den Lichtstrahl fliegen.

Das war in der Tat aufregend. Aber hatten wir da nun den Bulmer-Flughund wiederentdeckt, oder hatte sich an seiner Statt eine Kolonie gewöhnlicher Ungesattelter Flughunde in der Höhle niedergelassen? Gespannt warteten wir auf die Dunkelheit, um es herauszufinden.

Etwa eine halbe Stunde vor Einbruch der Dämmerung begannen die Fledermäuse immer höher in der Doline zu kreisen, bis sie schließlich auf der Suche nach Futter ihren Schlafplatz verließen und über unsere Köpfe hinwegflogen. Es waren sehr große Flughunde, und als die letzten aus der Höhle ausgeflogen waren, hatten wir 137 gezählt.

Während wir ihre Flugroute beobachteten, entwickelten wir eine Strategie, wie wir einen von ihnen mit einem Netz fangen könnten. Es würde keine leichte Sache werden, denn das Terrain bot wenig Möglichkeiten, ein Schleiernetz aufzuspannen.

Leider gab es nirgends in Luplupwintem eine Möglichkeit, zu campieren, und wir hatten den Großteil unserer Ausrüstung auf dem Grasflecken zurückgelassen, auf dem der Hubschrauber uns abgesetzt hatte. Um 21 Uhr mußten wir den langen Rückmarsch antreten und kamen gegen Mitternacht im Lager an.

An jedem der drei folgenden Tage marschierten wir zurück nach Luplupwintem und probierten Abend für Abend eine neue Fledermaus-Fangmethode aus. Unsere Bemühungen hatten nicht den geringsten Erfolg. Die Fledermäuse flogen jedesmal zu hoch oder zur Seite, so daß man uns in den frühen Morgenstunden erschöpft, durchnäßt und zerschunden ins Lager zurückkehren sehen konnte.

Da uns nur noch ein einziger Tag blieb, bevor der Hubschrauber uns abholen käme, war es Zeit für Verzweiflungsmaßnahmen. Unter Berücksichtigung der Flugroute, die von der Mehrzahl der Fledermäuse eingeschlagen wurde, und der Topographie des Eingangs kamen Lester und ich zu dem Schluß, daß wir ein Schleiernetz hoch oben über dem Kronendach, in einer Position, wo es über den großen Abgrund hinausragte, spannen müßten, wenn wir eine Chance haben wollten, eine der Fledermäuse zu fangen.

Es war ein gefährliches Unterfangen, dessen Erfolg davon abhing, daß die Spannung des Netzes stimmte, sonst würde die Sache nicht funktionieren.

Zur Durchführung dieses riskanten Manövers brauchten wir einen ganzen Nachmittag. Wir waren gerade fertig, als die Fledermäuse unten anfingen, sich zu rühren. Erschöpft warteten wir darauf, daß sie nach und nach von ihrem Schlafplatz ausschwärmten. Folgendes schrieb ich später auf:

Die letzten drei Stunden waren der reine Horror. Um das Netz zu spannen, mußten wir auf zwei große, moosüberwucherte Bäume klettern, die über die senkrecht mehrere hundert Meter hinunterstürzende Kante dieser gewaltigen Höhle hinausragten. Es war eine 15-Meter-Kletterpartie bis zum Wipfel, und wir mußten erst mit Buschmessern eine Öffnung für das Netz schlagen. Dann mußte jeder von uns eine 7-Meter-Stange mit dem Schleiernetz daran geschickt an Ort und Stelle bugsieren und an dem Baum befestigen. Währenddessen wurde das Tageslicht immer schwächer, und die Kletterpflanzen, mit deren Hilfe ich den Baum hochgeklettert war, wurden von den vielen Tritten immer glitschiger.

Als wir fertig waren, brach die Dunkelheit herein. Wolken von Moskitos umschwärmten uns, während wir dasaßen, und krabbelten uns in Ohren, Nase und Augen. Nach ihnen schlagen konnten wir nicht, aus Angst, die Fledermäuse aufzuschrecken. Dann endlich vernahmen wir den charakteristischen »Pok-Pok-Pok«-Flügelschlag, als sie ihren Schlafplatz verließen. Das Geräusch der Fledermäuse, die eine nach der anderen gegen das Netz hoch über unseren Köpfen flogen, klang vielversprechend, bis uns klar wurde, daß sie wieder abprallten. Das Netz war zu straff gespannt, und wir würden hoch in das Kronendach oberhalb der Höhle klettern müssen, um es zu lockern. Und das mußte rasch geschehen: In zehn Minuten wäre keine Fledermaus mehr am Himmel.

Der Gedanke, noch einmal in den Baum klettern zu müssen, jagte mir einen Schrecken ein; dann erkannte ich an den Geräuschen über meinem Kopf, daß Lester »seinen« Baum bereits halb hochgeklettert war.

Im Dunkeln schien der Aufstieg leichter zu sein, weil ich den gähnenden Abgrund unter mir nicht erkennen konnte – ebensowenig, wie ich sehen konnte, wie der Baum schwankte, als ich die dünneren Äste der Krone erreichte. Beinahe unmittelbar nach der Lockerung des Netzes stieß eine Fledermaus dagegen und verhedderte sich kräftig. Ich hielt mich mit einem angewinkelten Ellbogen an dem Baum fest, klemmte die Taschen-lampe in eine Astgabel und begann das Netz einzuho-len. Die Fledermaus war verständlicherweise wild und versuchte alles in ihrer Umgebung zu beißen. Sie war viel größer, als ich erwartet hatte. Als ich das Tier er-reichte, sah ich, daß ich das Netz zerschneiden und das Stück, in dem die sich heftig wehrende Fledermaus hing, nach unten würde tragen müssen.

Nachdem ich das Stück Netz abgeschnitten hatte,

machte ich mich im Dunkeln an den Abstieg, weil meine Taschenlampe heruntergefallen war, als ich mich mit dem Einziehen des Netzes abgequält hatte. Plötzlich spürte ich, wie ich das Gleichgewicht verlor, und mir wurde bewußt, daß ich mich an der Schleiernetzstange abstützte, die ich locker an dem Baum befestigt hatte. Ich tastete hektisch nach einer anderen Haltemöglichkeit und erwischte eine Liane. Zitternd kletterte ich die letzten paar Meter nach unten, während die wütende Fledermaus sich zu befreien versuchte.

Lester wartete unten mit einem Baumwollbeutel. Vorsichtig setzte er die Fledermaus hinein, dann nahm er seine Taschenlampe und starrte in den Beutel. Erstaunt blickten wir in das empörte Gesicht des Tiers. Seine Schneidezähne fehlten. In unserer Gewalt befand sich ein Tier, von dem man einmal angenommen hatte, es sei gegen Ende der letzten Eiszeit, vor ungefähr 12000 Jahren also, ausgestorben. Wir fielen einander vor Freude in die Arme – nach acht Jahren Feldforschung im zerklüfteten Papua-Neuguinea hatten wir den Bulmer-Flughund wiederentdeckt!

Heute sind sowohl Lester als auch ich davon überzeugt, daß der Bulmer-Flughund die siebziger und achtziger Jahre in Luplupwintem überlebt hatte. Angesichts dessen, was wir heute über die Wachstumsrate der Population an jenem Schlafplatz wissen, ist es wahrscheinlich, daß dem Massaker im Jahr 1977 vielleicht nur zehn bis zwanzig Fledermäuse entkamen. Dieser winzige Bestand, der übrigblieb, war in der Weite der Haupthöhle wahrscheinlich mehr als ein Jahrzehnt lang unbemerkt geblieben, bis sich seine Zahl wieder so weit erhöht hatte, daß die Fledermäuse an dem

Lärm, den sie am Höhleneingang veranstalteten, erneut ausgemacht werden konnten.

In den vergangenen paar Jahren haben wir eine Menge über diese faszinierende Fledermaus erfahren. Es handelt sich tatsächlich um die größte höhlenbewohnende Fledermaus der Welt; sie vermehrt sich einmal im Jahr, und Weibchen bekommen im dritten Lebensjahr zum ersten Mal Junge. Ihre Zahl steigt langsam (1993 gab es etwa 160 Tiere) – langsamer, als ihre Fortpflanzungsrate nahelegen würde. Wir vermuten, daß sie immer noch irgendwo gejagt wird, möglicherweise an einem oder mehreren ihrer Futterplätze.

Ermutigend jedoch ist, daß die örtlichen Wopkaimin, die Besitzer von Luplupwintem, sich darauf geeinigt haben, die Jagd in der Höhle zu verbieten. Sie waren niemals erfreut gewesen über die Verstöße gegen das Tabu, das die Höhle und ihre Fledermäuse schützte, waren aber angesichts der modernen Welt, in deren Schlingen sie selbst zappelten, verunsichert, ob es überhaupt noch von Bedeutung war.

Langsam gewinnen die Wopkaimin ihr Gleichgewichtsgefühl wieder. Im Jahr 1993 willigten sechs junge Männer ein, sich der traditionellen Initiation zu unterziehen. Mit ihrer Körperbemalung aus rotem Lehm und dem außergewöhnlichen taroförmigen Kopfschmuck sahen sie großartig aus.

Die Rückkehr zu dieser traditionellen Form des Schutzes gibt dem Bulmer-Flughund die bislang beste Möglichkeit, sich zu erholen. Sollte diese Maßnahme erfolgreich sein, dann wird vielleicht erneut der Tag kommen, an dem der Boden unter dem Flügelschlag Zehntausender Bulmer-Flughunde erbebt.

19

Expedition zu den Sternen

Die westliche Welt befand sich bereits mitten im Weltraum-
zeitalter – bis zur ersten Mondlandung waren es nur noch
vier Jahre –, als im Jahr 1965 die ersten europäischen For-
schungsreisenden zu den Gipfeln der Star Mountains em-
porstiegen.

Die Star Mountains, die sich gegen die Grenze zu Irian
Jaya drängen, sind die geheimnisvollste Bergkette Papua-
Neuguineas. Benannt wurden ihre Gipfel – aus der Ferne –
von den holländischen Forschern, die sie im Jahr 1910 zum
ersten Mal erblickten. Vielleicht wählten sie die Namen von
Sternen und Sternenkonstellationen, weil das Durcheinander der Gipfel ebenso verschwenderisch und entrückt
wirkte wie der Himmel selbst.

Zu der Zeit, als ich mit meiner Arbeit in Telefomin begann, waren die Star Mountains in biologischer Hinsicht
noch unerforscht, doch sie lockten unwiderstehlich. Und als
sich in den späten achtziger Jahren die Gelegenheit ergab,
dort ein paar biologische Erhebungen durchzuführen (mit
freundlicher Genehmigung der Umweltabteilung von Ok
Tedi Mining), ließen Lester Seri und ich uns das nicht zwei-
mal sagen.

Die Minenstadt Tabubil liegt auf etwa 600 Metern Meereshöhe an den südlichen Hängen der zentralen Gebirgskette.
Wie die meisten Minenstädte auf Neuguinea ist sie eine Ansammlung von Asbestzement-Cottages, Bürogebäuden und

neuen Straßen, alles in einer frisch gerodeten Bresche im Wald errichtet. Die Stadt ist laut, und so fühlt man sich weiter weg vom echten Busch denn je.

Was Tabubil von anderen Minenstädten unterscheidet, sind seine Abgeschiedenheit und die katastrophalen Wetterverhältnisse in der Region. Der Flug nach Tabubil ist immer eine aufregende Sache. In diesem Gebiet regnet es an 300 Tagen im Jahr, und über den Gebirgsausläufern können wochenlang ununterbrochen Wolken hängen. Eintreffende Flüge werden häufig nach Kiunga umgeleitet (von dort führt eine Straße nach Tabubil), und die Maschinen, die nicht umgeleitet werden, brauchen oft mehrere Versuche, um eine Lücke in der Wolkendecke zu finden, durch die sie die Landepiste erkennen können. Am Boden ist die Luft warm, feucht und stickig. Von dem Moment an, da man aus dem Flugzeug steigt, kann man spüren, wie der Schwamm auf der Haut wächst.

Das erste, was ich von der Tierwelt Tabubils bemerkte, waren die Spinnen. Die großen Haubennetzspinnen waren überall, und ihre festen, gelben Netze bedeckten über Meter Büsche und Bäume. Übersehen konnte man die Netze kaum, weil sie mit allerlei Abfall geschmückt waren, den die launigen Melanesier hineinwarfen. So zierte die Netze in der Nähe des Hotels ein geschmackvolles Aufgebot an Bierdosen. In einem gewaltigen Netz in der Nähe des Kasinos steckten Plastikteller, Besteck und noch mehr Bierdosen, während sich in einem anderen in der Nähe des Stadtzentrums Wahlplakate und sogar ein paar Lederriemen fanden. Ein Plakat warb für »Pius Fred«, den Kandidaten für den Sitz von North Fly Open. Sein Ganovengesicht wirkte wenig vertrauenerweckend, und wir hofften, daß der Parlamentspräsident im Falle seines Sieges niemals verlangen würde, der »Abgeordnete für North Fly Open möge sich erheben«.

In der Mitte jedes Netzes hockte eine große, silbrige Spinne mit einem Hinterleib von der Größe einer Weintraube – und der Beinspannweite einer ausgestreckten Hand. Sosehr ich auch anfangs entsetzt war, so sehr begannen sie mich bald zu faszinieren. Während ich ihnen zusah, wie sie ihre Netze trimmten, wenn der Wind zunahm, Haltetaue hinzufügten, wenn er sich drehte, und Extrafäden einzogen, wenn die Bedingungen günstig waren, fing ich an, sie als winzige, emsige Segler vor dem Winde zu betrachten.

Aber diese Segler sind ausnahmslos Weibchen. Bei näherem Hinsehen kann man eine weitere, viel kleinere Spinne (häufig auch mehr als eine) in der Nähe des Weibchens erkennen. Dies ist das Männchen, und es lebt gefährlich. Amouröse Absichten zwingen es, seiner potentiellen Gattin Gesellschaft zu leisten, die mindestens hundertmal so groß ist wie das Männchen. Doch sie ist an ihm viel mehr als Vorspeise interessiert denn als Liebhaber, also muß er wachsam sein.

Jedesmal, wenn ich eines der Netze bewegte, erstarrte das Weibchen augenblicklich vor Angst. Die Männchen suchten sich ausnahmslos diesen Moment aus, um das Weibchen zu nehmen. Sie sahen aus wie ungezogene Schuljungen, wie sie sich dem Weibchen hurtig näherten, ihre großen, schwarzen Kopulationsorgane über der Genitalpore des Weibchens in Stellung brachten und dann einen kurzen Stoß vollführten, bevor sie sich vorsichtig zurückzogen.

Als ich sehr genau hinschaute, entdeckte ich in den Netzen weitere, noch kleinere Spinnen. Sie gehörten einer völlig anderen Spezies an. Sie führten ein Leben als Diebe und stahlen in den Netzen gefangene Insekten, die vermutlich zu klein waren, um das Interesse der Architektin zu erregen. Die Sehkraft der Haubennetzspinnen dürfte zu schwach sein, um diese winzigen Opportunisten auszumachen.

Die Mountain Ok haben einen speziellen Verwendungszweck für die Netze: Sie fertigen Fischfallen daraus. Zu diesem Behufe suchen sie nach einem Stock mit vier Enden, den sie unter blitzschnellen, kreisenden Bewegungen in ein Netz nach dem anderen einrühren. Bald wird das Ganze zu einem Gerät aus klebrigen Netzen und in der Falle sitzenden Spinnen, den sie dann umgestülpt in einen Fluß oder Strom setzen, wo Kleinfische an den klebrigen Fasern haften bleiben.

Unser Weg in die Star Mountains führte durch Tabubil, weil sich dort der Hubschrauberstützpunkt von Ok Tedi Mining befand. Tabubil lag in der Nähe von Bultem – der Heimat der traditionellen Eigentümer der Berge, der Wopkaimin. Sie hatten Bultem wohl an seinem gegenwärtigen Standort errichtet, um Tabubil näher zu sein. Folglich macht Bultem im Vergleich zu den meisten traditionellen Dörfern einen eher unordentlichen Eindruck, weil der Baustil eine Mischung aus traditionellem und modernem Stil ist und rings um den zentralen Platz eine Reihe von Kraftfahrzeugen in unterschiedlichen Stadien des Zerfalls parkt.

Von David Hyndman, dem Anthropologen, der in den siebziger Jahren bei den Wopkaimin gearbeitet hatte, hatte ich den Namen eines Mannes namens Griem erhalten. Als ich nun zum ersten Mal nach Bultem kam, fragte ich also nach ihm und war überrascht, zu einem zwergenhaften Mann ungefähr in meinem Alter geführt zu werden, der die allgegenwärtige, schmutzige, ausrangierte westliche Kleidung trug. Griem teilte mir mit, daß sein Name jetzt Freddy sei und daß er für die Mine arbeite, als Fahrer der gewaltigen Lastwagen, die das Erz von der Grube zum Brechwerk transportierten. Als ich einen eventuellen Abstecher in die Berge erwähnte, leuchteten seine Augen, und er meinte, daß er mit meiner Hilfe vielleicht ein oder zwei Wochen Urlaub bekommen könnte, um uns zu begleiten.

Von allen Menschen, denen ich je begegnet bin, hat Freddy eines der außergewöhnlichsten Leben geführt. Als Ok Tedi

Mining begann, das Wopkaimin-Gebiet nach Bodenschätzen zu erforschen, war er noch in jugendlichem Alter. Er erinnert sich noch heute an den Tag, an dem ein Hubschrauber versuchte, unten im Taro-Garten seines Vaters zu landen. Freddy und seine Mutter hatten schreckliche Angst, aber sein Vater eilte in einem bemerkenswerten Akt der Tapferkeit in den Garten und fing an, Pfeile auf das Ungetüm abzufeuern, das seine Familie bedrohte.

Weniger als zwei Jahrzehnte waren seit diesem einschneidenden Ereignis vergangen, und Freddy war zu dem Zeitpunkt, als ich ihn kennenlernte, ein zufriedener Mann mit einer eigenen Familie und mit Lastwagen, Hubschraubern und Flugzeugen besser vertraut als ich. Freddy lehrte mich, daß das Hereinbrechen der Zukunft nicht immer schockierend sein muß.

Freddy und ich unterhielten uns ausführlich über den Einfluß der Ok-Tedi-Mine auf das Leben der Wopkaimin. Insgesamt, so behauptete er, hätten sich die Dinge durch das Vorhandensein der Mine außerordentlich gebessert. Diese Ansicht hat viele Anhänger unter den Wopkaimin, die von den Umgestaltungen, die der Bergbau brachte, auf mannigfache Weise unmittelbar profitierten. Das soll nicht heißen, daß die mit einem schnellen Wandel üblicherweise verbundenen Traumata gänzlich an ihnen vorübergegangen wären. Aber sie hatten das Tempo und die Wucht des Wandels besser unter Kontrolle als viele eingeborene Völker in einer ähnlichen Situation.

Im Laufe der Zeit zeigte sich dies zum Beispiel im Fortleben der Initiationriten im Kulthaus von Bultem. Im Jahr 1987 traf ich im Supermarkt von Tabubil zwei Initiierte. Die beiden mit Peniskalebasse und kunstvollem Ocker-Kopfschmuck bekleideten jungen Männer schoben einen Einkaufswagen voller Reis und Fischkonserven durch die Gänge. Sie mischten sich unter die Ehefrauen von Bergleuten und andere Kunden, ohne im geringsten Aufsehen zu erregen. Im Jahr 1993 begegnete ich dann in Bultem selbst weiteren jungen Initiierten. Einer von ihnen – ein ernsthafter junger Mann namens Tarapi – begleitete uns nach Luplupwintem, um uns bei der Zählung der Bulmer-Flughunde zu helfen. Tarapi legte ein soziales Verantwortungsgefühl an den Tag, das für einen Mann seines Alters selten ist. Vielleicht wird er eines Tages ein bedeutender traditioneller Führer sein.

Doch nicht alle Neuguineer sind erfreut über die Entwicklungen in Ok Tedi. Die weiter flußabwärts von Tabubil lebenden Stämme beispielsweise sind verärgert über den Schaden, der dem Ökosystem am oberen Ok Tedi River zugefügt wird. Der Fluß ist für sie eine wichtige Nahrungsquelle, die durch die Einleitung von Abfällen beeinträchtigt wird. Bis vor kurzem erhielten diese Menschen nur relativ wenig als Entschädigung.

Freddy erzählte mir, aus seiner Sicht sei der bedeutendste Vorteil, den die Mine bringe, das Gesundheitswesen, das nun ausnahmslos allen zur Verfügung stehe. Viele Wopkaimin (er selbst eingeschlossen, sagte Freddy) wären schon längst gestorben, hätten sie dort nicht medizinische Hilfe erhalten.

Freddy spürte, daß sich seine Lebensqualität auch verbessert hatte, weil ihm westliche Nahrungsmittel und Waren zugänglich geworden waren. Für ihn haben die Dinge sich so günstig entwickelt, daß er heute Besitzer eines Jeeps ist und mehrere Reisen nach Übersee unternehmen konnte. Im Jahr 1992 hatte er vor, in den Vatikan zu reisen, um den Papst zu sehen (Bultem ist heute ein katholisches Dorf), doch als ich kurz darauf in jenem Jahr zurückkehrte, teilte er mir mit, daß er es sich anders überlegt habe. Er hatte in Tabubil einen philippinischen Mechaniker kennengelernt, der von den Freuden des Fleisches geschwärmt hatte, die den Reisenden in den Nachtclubs von Manila erwarteten. Das Ergebnis war, daß Freddy sich zu einem weltlicheren Urlaub entschloß.

Am Ende eines langen Gesprächs fragte ich Freddy, ob es noch irgend etwas anderes gäbe, was die Mine für ihn tun könne. Er dachte eine Weile angestrengt nach und sagte dann, daß er gern einen Kerosinofen hätte.

An jenem Tag, als ich Freddy bat, mich zu den Star Mountains zu begleiten, war meine Kenntnis der Wopkaimin-Kultur und der Veränderungen, die der Kontakt mit der westlichen Kultur herbeigeführt hatte, nur rudimentär. Freddy schlug vor, seinen Onkel Serapnok mitzunehmen, der einen guten Jagdhund besitze. Anfangs war ich vor Serapnok ziemlich auf der Hut. Er hatte eine Habichtsnase und ein schmales, scharfgeschnittenes Gesicht, was ihm ein recht finsteres Aussehen verlieh – er sah fast aus wie Nosferatu –, und deswegen, aber auch weil uns eine gemeinsame Sprache fehlte, brauchte ich einige Zeit, um ein instinktives Mißtrauen gegen ihn zu überwinden.

Freddy erzählte mir, er kenne einen guten Platz für die Hubschrauberlandung und ein Basislager. Es handelte sich um einen Flecken subalpinen Graslandes auf 3200 Metern Meereshöhe tief in den Star Mountains, der unter dem Namen Dokfuma bekannt ist. Doch es gab ein Problem, weil sich bei Diskussionen mit dem Hubschrauberpiloten herausstellte, daß seine Maschine nur 160 Kilogramm Last auf eine solche Höhe transportieren konnte. Dies bedeutete, daß wir den Ort mehrmals würden anfliegen müssen. Außerdem mußten wir wegen der extremen Wetterumschwünge im Gebirge sorgfältig überlegen, was wir auf dem ersten Flug mitnahmen, da wer oder was auch immer zuerst auf die Reise ging, dort oben für längere Zeit eingeschlossen sein konnte.

Nach einigem Nachdenken wurde beschlossen, daß die erste Ladung aus mir selbst, einem Zelt mit Schlafsack, ein paar Kleidungsstücken und Lebensmitteln für eine Woche bestehen sollte. Auf diese Weise konnte ich bequem ausharren, sollte schlechtes Wetter mich allein in Dokfuma festhalten.

Um 6 Uhr am Morgen unserer Abreise herrschte schönes
Wetter in Tabubil, was uns einen problemlosen Start ermöglichte. Dies war insofern eine Erleichterung, als das Wetter
im Umkreis der Stadt häufig schlecht ist. Als wir uns jedoch
den Star Mountains näherten, war klar, daß dichter Nebel
über den Gipfeln eine Landung unmöglich machen würde.

Wir kehrten zum Stützpunkt zurück, und ich saß mehrere
Stunden auf dem Flughafen von Tabubil herum, während
der Hubschrauber Besorgungen im Tiefland erledigte. Die
ganze Zeit beobachtete ich, wie die Wolken dichter wurden.

Etwa gegen 9 Uhr ergab sich die Gelegenheit für einen
neuerlichen Versuch. Diesmal stellten wir fest, daß die Bedingungen in den Bergen sich leicht gebessert hatten, daß
sie sich nun aber rings um Tabubil rapide verschlechterten.
Der Pilot fragte mich, ob er landen solle, und erklärte, daß
das schlechte Wetter in Tabubil einen weiteren Flug durchaus vereiteln könnte. Ich wollte unbedingt mit meiner Arbeit
beginnen und bat ihn, zu versuchen, mich in dem alpinen
Kräuterfeld abzusetzen, das wir vage unter uns ausmachen
konnten. Es sah so aus wie der Ort, den Freddy vor ein paar
Tagen als Dokfuma beschrieben hatte. Der Pilot notierte sich
seine Position und begann hinunterzugehen.

Unter uns befand sich ein Grasfleck von der Form eines
Beckens, das von leicht bewaldeten Kammlinien umgeben
war. An einem Ort wie diesem sammelt sich frostige Luft,
die das Wachstum von Bäumen verhindert. An diesem Morgen hingen dichte Wolken über den Hügeln, die den Rand
des Beckens formten, aber mittendrin war die Wolkendecke
dünner, so daß von oben gelegentlich ein Blick auf die Mitte
des Flecks möglich war.

Durch einen Spalt in der dicht über dem Boden hängenden Wolkendecke begann der Hubschrauber behutsam tie-

ferzugehen. Ein plötzlicher Stoß sagte mir, daß wir gelandet waren. Es war Zeit, auszusteigen und die Maschine zu entladen.

Binnen einer Minute lagen mein Rucksack und ein trommelförmiger Behälter neben mir, und der Hubschrauber entschwand wieder durch die Lücke in dem Nebel über mir.

Nach Stunden inmitten der Menschenmassen und des Trubels auf dem Flughafen von Tabubil und der anschließenden Reise an Bord eines lärmenden Hubschraubers kam mir Dokfuma ziemlich still vor. Und es war ziemlich kalt. Die eisige Luft nahm mir den Atem und zwickte an meinen Fingern.

Ich brauchte ein paar Minuten, um mich von dem Geräusch des abfliegenden Hubschraubers loszureißen und aufzuhören, mich zu fragen, ob ich es an diesem Tag oder auch nur in dieser Woche wiederhören würde. Ich raffte mich auf, etwas zu tun. Als ich meine Ausrüstung auf höheres Gelände schleppte, damit sie nicht naß wurde, stellte ich erschrocken fest, daß ich kaum Luft bekam. Es schien so, als ob mein alter Widersacher, die Höhenkrankheit, mich auch auf dieser Reise begleiten würde.

Als ich alles erledigt hatte, setzte ich mich mit laut rasselndem Atem auf ein Moosbüschel und versuchte, Dokfuma in mich aufzunehmen.

Rings um mich herum waren jedes Büschel Moos und jeder Kräuterbusch von einer feinen Gaze aus Spinnennetzen bedeckt. Die Netze waren herrlich sichtbar, weil die Sonne die Wassertropfen noch nicht hatte verdunsten lassen, die die Netze wie Perlen an einer Schnur zierten. In der Nähe blühte ein nadelkissengroßer Rhododendron, dessen lange, trompetenartige rote Blüten das einzig Strahlende in einem Meer aus vermoostem Gold und silbernem Grün waren. Irgendwo in der Nähe stieß eine kleine Kröte unter einem Miniaturbüschel hervor ihren kurzen, knarrenden Schrei aus.

Die nebelverhangenen *Dacrycarpus*-Bäume, die Dokfuma

einschlossen, bildeten ein offenes Waldland. Diese Verwandten der Huon-Kiefer Tasmaniens sind prächtige, ziemlich lichte, pyramidenförmige Bäume, fünf bis sieben Meter hoch, mit winzigen, dunkelgrünen Blättern und von Flechten überzogener Rinde. Sie verliehen der Szenerie eine düstere Schönheit. Das beinahe undurchdringliche Gewirr des Hochgebirgsregenwaldes, der das Neon Basin umgab, fehlte hier weitgehend – nur in einigen wenigen Gebieten fand man derart dichtes Gestrüpp.

Von jenseits des Nebelschleiers ertönte ein seltsames Rascheln und Rauschen: die Flügel eines großes Vogels in einem Wäldchen. Paradiesvögel und Tauben sind die einzigen Arten, die ein solches Geräusch machen.

Jetzt war das entfernte Ft-ft-ft des zurückkehrenden Helikopters zu hören. Das Wetter war uns freundlich gesonnen und brachte in mehreren Flügen hintereinander Lester, Freddy, Serapnok und seinen Hund (der fest verschnürt in einer *bilum* steckte) sowie den Herpetologen und letzten Expeditionsteilnehmer Hal Cogger mit herauf.

Ich stellte bald fest, daß Dokfuma, auch wenn es auf einer ähnlichen Meereshöhe lag wie das Neon Basin, ein ganz anderer subalpiner Lebensraum war. Das Neon Basin war am Boden relativ trocken gewesen, und gewöhnlich überwogen dort Grasbüschel. Hier in Dokfuma wuchsen auf einem Sumpf dichte und stachelige Matten aus Moos, Flechten und Kräutern. Selbst an den Hängen war der Boden durchgeweicht, und wir merkten, daß unser Zeltplatz tatsächlich langsam hangabwärts rutschte, als unsere Fußtritte das moosige Floß von seinen Rändern lösten.

Als der Nebel über Dokfuma sich hob und die Sonne meine Haut wärmte, sah ich allmählich mehr die Schönheit und weniger die Unannehmlichkeiten des Ortes. Im Norden lagen die weißen Kalksteingipfel des Mount Capella, während im Nordwesten die Gipfel von Scorpion und Antares aufragten – die allerhöchsten der Star Mountains. Weit entfernt im Westen, in Irian Jaya, glitzerte ein einzelner reflektierender Punkt im Sonnenschein wie ein Diamant. Es war der Juliana Toppen, bestäubt mit Neuschnee.

Ein kleiner Bach, der nach Westen floß, entwässerte Dokfuma und bildete am Ende des Tals einen malerischen Wasserfall. Hinter diesem kleinen Fall und auf dem gegenüberliegenden, leicht bewaldeten Rand des Tals erhob sich ein riesiger und eindrucksvoller Berg. Die Wopkaimin nennen diesen großen, pyramidenartigen Monolithen Deng. Auf unseren Karten fanden wir keinen anderen Namen für ihn. Dieser Berg beherrschte die nähere Umgebung des Tals auf recht unheimliche Weise.

Manchmal beobachtete ich den Deng stundenlang, denn dort oben wurde das Wetter für Dokfuma »gemacht«. An manchen Nachmittagen stiegen warme Luftströme an seiner schroffen Südwand auf. Jedesmal tauchten aus klarer Luft binnen Sekunden große, wirbelnde Wolken in den phantastischsten Formen auf. Häufig verschwanden sie so plötzlich, wie die warme Luft den Gipfel überquerte, aber zu anderen Zeiten wurden sie größer und hüllten Dokfuma – manchmal tagelang – völlig ein, wodurch sie die Arbeit und eine Landung des Hubschraubers unmöglich machten. Der Deng regierte unser Leben. Manchmal, besonders wenn er heftige Stürme erzeugte, hatte es den Anschein, als könne er sogar darüber entscheiden, ob wir lebten oder starben.

Besondere Freude bereitete mir Dokfumas Vogelwelt, denn noch nie hatte ich Vögel in größerer Fülle gesehen, und noch nie waren sie zutraulicher und prächtiger gewesen. Die Berg-*Schefflera* (Verwandte des Schirmbaumes) standen in Blüte, und ihre Früchte sowie die mit Nektar gefüllten Blüten lockten Vögel zu Hunderten an.

Jeden Morgen zeigte sich in einem einzelnen *Dacrycarpus*-Baum hinter unserem Zelt eine männliche Pracht-Paradieselster in vollem Federkleid. Solange sie mit der Sonne im Rücken ruhig dasaß, sah sie lediglich aus wie ein großer, krähenartiger Vogel mit langem Schwanz und Schnabel. Aber sobald sie sich hin und her bewegte, blitzte ihr leuchtend schillerndes Gefieder im Sonnenschein rot, blau und gelb auf.

Im höheren Gebirgswald schlug eines Morgens ein männlicher Albert-Paradiesvogel *(Pteridophora alberti)* auf einem dünnen Zweig kaum einen Meter über meinem Kopf mit den Flügeln. Obwohl nur etwa so groß wie ein Hirtenstar, ist der Albert-Paradiesvogel einer der prächtigsten Vögel, die ich je gesehen habe. Zuerst fällt seine gelbe Brust ins Auge, aber zweifellos ist sein markantestes Merkmal ein Paar hellblauer, emailleartiger Federn von mindestens vierzig Zentimetern Länge. Diese außergewöhnlichen Gebilde wachsen ihm aus jeder Seite seiner Stirn. Es sind stark modifizierte Federn, und sie scheinen aus einer Reihe kleiner, an einem Mast aufgereihter emailleblauer Fähnchen zu bestehen.

Bislang hatte ich diese bemerkenswerten Federn immer nur am Kopfputz von Hochlandbewohnern gesehen. Dort bilden sie oft den Mittelpunkt eines phantasievollen Federschmucks, aber am lebenden Vogel dienen sie dazu, eine weit großartigere Wirkung zu erzielen. Im Ruhezustand liegen die Federn auf dem Rücken des Vogels, fast wie ein Paar langer, geschwungener Schreibfedern, die hinter den Ohren eines Bankangestellten stecken. Da die Federn viel länger sind als der Körper des Vogels, schwingen sie im Flug hinter ihm her.

Dieses herrliche Geschöpf ließ jetzt einen merkwürdig insektenartigen Ruf ertönen, der eher an ein defektes Elektrogerät erinnerte. Ich hatte diesen Ruf schon unzählige Male vernommen, ohne jemals das Wesen zu Gesicht zu bekommen, das ihn erzeugte. Jetzt beobachtete ich erstaunt, wie der Vogel auf seinem Ast zu springen anfing und stotterte und knatterte, als er loslegte. Dann warf er seine langen, fühlerähnlichen Stirnfedern nach vorn über den Kopf. Zunächst zögerlich, bewegte er sich, als vollführe er ein außerordentlich schwieriges akrobatisches Kunststück. Die Federn schwangen anmutig nach vorn und schimmerten dabei im Sonnenlicht. Rasch wurden sie zurückgeworfen, und die Bewegung begann aufs neue. Diesmal war der Bogen, den die Federn beschrieben, größer, bis der Vogel sie schließlich gerade vor seinem Körper ausrichtete. In dieser Haltung ähnelte er sehr einem unglaublich großen Bockkäfer mit hellblauen Fühlern.

Ich bin mir sicher, daß ich von diesem wundervollen Anblick ebenso gefesselt war wie jedes liebeskranke Paradiesvogel-Weibchen. Dann, plötzlich und allzu schnell, waren die magischsten zwanzig Sekunden meines Lebens vorüber. Der Vogel flatterte zwischen den moosüberwucherten Ästen davon und verschwand aus meinem Blickfeld.

Auf Neuguinea dem Ruf der Natur zu gehorchen beschert einem oftmals unerwartete Belohnungen. So richtete ich meinen goldenen Strahl beispielsweise in hohem Bogen auf einen bemoosten Hügel – nur um zu erleben, wie eine noch nicht beschriebene Kleinkrötenart aus dem Grün hüpfte. An einem Morgen während dieser Tour trug ich meine Schaufel ein beträchtliches Stück vom Lager weg auf den Rücken einer kleinen Erhebung, die inmitten eines Wäldchens aus knorrigen *Dacrycarpus*-Bäumen lag. Dort konnte ich die Natur ganz für mich allein betrachten.

Ich war vollkommen in die Schönheit meiner Umgebung versunken, als ich in der Nähe denselben typischen raschelnden Flügelschlag hörte, den ich am Morgen meiner Ankunft vernommen hatte. Jetzt glitten zwei große, samtschwarze Vögel in die unteren Äste eines Baums ganz in meiner Nähe. Langsam begannen sie sich ihren Weg durch die Zweige nach oben zu suchen, wobei sie unterwegs kleine Früchte fraßen. Als sie den Wipfel erreichten, machten sie sich mit einem kurzen Abwärtsflug davon und landeten in dem Baum direkt neben mir. Abgesehen vom typischen Geräusch ihrer Flügel waren sie größtenteils ruhig.

Als sie flogen, waren unter ihren Flügeln große orangefarbene Flecken sichtbar. Dann waren sie so nahe, daß ich deutlich die fleischigen, hellorangefarbenen Kehllappen von der Größe einer Dollarmünze erkennen konnte, die merkwürdig hinter ihren Augen flatterten. Es war schier unglaublich, aber was ich hier vor mir sah, war ein Pärchen Macgregor-Paradiesvögel *(Macgregoria pulchra)*, die zu den seltensten gehören.

Macgregor-Paradiesvögel leben nur auf den Gipfeln der drei höchsten Bergketten Neuguineas. Es gibt einen kleinen Bestand auf dem Gipfel des Mount Albert Edward (obwohl ich bei meinem Aufenthalt dort keine sah). Ein weiterer lebt in den Snow Mountains von Irian Jaya, während sich der dritte hier in den Star Mountains findet. Bei allen handelt es sich zweifelsohne um Restbestände, deren Verbreitung im Zuge des seit der letzten Eiszeit schrumpfenden Lebensraumes abgenommen hat.

Während ich diese herrlichen Vögel beobachtete, wunderte ich mich, daß sie überhaupt überlebt hatten, denn sie waren so groß und zutraulich, daß sie eigentlich alle längst in einem Kochtopf hätten enden müssen. Zweifellos hat die Abgeschiedenheit des ihnen verbliebenen Lebensraumes sie vor diesem Schicksal bewahrt.

Ich hockte weit länger als notwendig und sah diesen wunderbaren Vögeln zu. Scheinbar war das Pärchen gern zusammen, folgten sie einander doch dichtauf, als sie sich einen Weg durch das lichte Laubwerk suchten. Zuletzt verlor ich sie aus den Augen. Ich griff unter mir nach einer Handvoll feuchtem Moos, dann nach einer Handvoll einer trockneren Sorte – beides um soviel angenehmer und umweltfreundlicher als Papier!

Der Zweck meiner Reise war die Säugetierkunde. Aber ich mußte zu meiner Enttäuschung feststellen, daß die Säugetiere von Dokfuma weit weniger ins Auge sprangen und nicht so interessant waren wie die Vögel. Wie im Neon Basin stieß man auch hier beim Leeren der Fallenreihe am Morgen am häufigsten auf die winzigen Schnauzen von Mooswald-Ratten und Mosaikschwanzmäusen. Natürlich gab es noch andere Säugetierarten, aber es war schwierig, sie mit Fallen zu fangen.

Eine bestimmte Fährte in der Nähe unseres Lagers faszinierte mich. Noch sehr frisch und deutlich, gehörte sie sicherlich einem ziemlich großen Säuger. Jeden Abend stellte ich entweder mitten darauf oder in der Nähe eine Falle auf. Doch ich kam nie dahinter, um was für ein Tier es sich handelte – allmorgendlich kehrte ich zurück, um festzustellen, daß die Falle von irgendeinem unbekannten, aber zweifellos sehr kräftigen Tierchen aus dem Weg gestoßen worden war. Ich konnte bestenfalls vermuten, daß es irgendeine Art Riesenratte war. Mein Fehlschlag war bedauerlich, denn die in den Star Mountains lebenden Riesenratten sind nach wie vor unerforscht.

Freddy und Serapnok verließen das Lager jeden Morgen mit dem Hund im Schlepptau. Am Nachmittag kehrten sie zurück, öfter mit leeren Händen als mit vollen, und dann setzten wir uns ans Feuer und plauderten. In diesen Pausen erfuhr ich viel über beide. Freddy gehört zu jenen hochherzigen Menschen, die stets entzückt sind, ihre Freunde zufrieden zu sehen. Serapnok ist unbekümmert und gutmütig. Nichts bereitet ihm so viel Vergnügen wie den Dorfclown zu spielen.

Nachdem ich Serapnoks unbeschwertere Seite entdeckt hatte, war ich erstaunt, eines Nachmittags zu erfahren, daß er es gewesen war, der im Alleingang beinahe den Bulmer-Flughund ausgerottet hatte. Er hatte im Innern von Luplupwintem an einem Seil Hunderte von Metern über dem

Boden gebaumelt, um die Fledermauskolonie zu erreichen, und, wie er sagte, Bultems erste Schrotflinte dabei, zusammen mit seinen fünf Schachteln Patronen.

Es war ein schwieriger Abstieg gewesen. Als er über den Rand gegangen war, hatte er zu seiner Frau zurückgebrüllt, sie solle besser jemand anderen heiraten, denn er werde auf dem Weg nach unten gewiß abrutschen! Auf dem Boden der Höhle angekommen, hatte Serapnok sein Gewehr genommen und unmittelbar in die dickste Ansammlung von Fledermäusen in der Kolonie gefeuert. Der Regen getroffener Fledermäuse, der auf seinen Kopf niederging, hätte ihn beinahe bewußtlos geschlagen. Danach hatte er schräg nach oben geschossen, um den fallenden Körpern zu entgehen. Immer wieder hatten die Schüsse gekracht, und Serapnok hatte Hunderte, ja Tausende von Fledermäusen geerntet. *Bilum* auf *bilum* hatte er mit ihnen gefüllt und jede Ladung an dem Seil befestigt, damit sie nach oben gehievt werden konnte. Schließlich waren keine Fledermäuse mehr zu sehen gewesen, und Serapnok hatte sich selbst an das Seil gebunden und geschrien, man solle ihn hochziehen. An jenem Abend hatten die Wopkaimin Fledermäuse gegessen, bis sie ihnen zu den Ohren herauskamen.

Serapnoks und Freddys Jagdzüge hier in Dokfuma erwiesen sich jedoch als so erfolglos, daß ich schließlich zu argwöhnen begann, daß sie gerade weit genug weggingen, um sich hinsetzen und unentdeckt einen Paradise Twist anzünden zu können, bevor sie am Nachmittag zurückkehrten, um zu essen. Doch meine Skepsis wurde eines Tages zerstreut, als sie tatsächlich triumphierend zurückkehrten. Freddy ging voran und trug ein großes, bräunliches Fellbündel, während Serapnok lediglich mit einer *bilum* folgte, deren Öffnung zugebunden war. Die beiden hatten ein Baumkänguruh gefangen. Während ich das von Freddy getragene tote Weibchen inspizierte, schnürte Serapnok seine *bilum* auf, und ein winziges junges Känguruh streckte den Kopf heraus. Dokfuma, wie wir es schließlich nannten, wurde bald der Liebling des Lagers.

Das ausgewachsene Baumkänguruh sah recht ungewöhnlich aus, und ich vermutete, daß es sich um eine noch nicht beschriebene Unterart des Doria-Baumkänguruhs handelte. Am Ende stellte sich heraus, daß ich damit richtig lag. Wir gaben ihm den Namen *stellarum*, was »von den Sternen« bedeutet. Wie sich schließlich herausstellte, war es kein ganz passender Name, denn spätere Erhebungen zeigten, daß es überall in den Bergen West-Neuguineas vorkommt, von der Grenze zu Irian Jaya bis zu den Bergen unmittelbar östlich der Paniai-Seen. In Anerkennung der lebenslangen Bemühungen von *lewa bilong mi* (meines engen Freundes) Lester Seri um die Dokumentation der Fauna dieses Landes verlieh ich dem Tier den gewöhnlichen Namen Seri-Baumkänguruh.

Mit der Zeit erwies sich, daß es hier in Dokfuma keine Wallabys gab, und ebensowenig fanden sich Hinweise auf Langschnabelige Ameisenigel oder auf Schweine – einmal mehr ganz im Gegensatz zum Neon Basin. Warum diese Arten an dem einen Ort offensichtlich fehlten, während sie an dem anderen verbreitet waren, habe ich nie herausgefunden. Wie zum Ausgleich besaß Dokfuma eine Menge neuguineischer singender Hunde. Diese winzigen, dingoähnlichen Geschöpfe stammen von den Hunden ab, die vor etwa 200 Jahren von den Inseln im Westen nach Neuguinea gebracht wurden. Wie Dingos heulen auch sie im Chor. Den Jagdruf hört man gewöhnlich am frühen Morgen und abends. Bei mir ruft er immer Erinnerungen an die Berge Neuguineas wach.

Neuguineische singende Hunde sind extrem scheu. Obwohl ich sie in Dokfuma oft hörte, sah ich sie nur ein einziges Mal, und auch dann nur eher zufällig. An einem Morgen hatten alle bis auf mich das Lager verlassen, um im Westen zu jagen oder zu wandern. Hal hatte sich auf die Suche nach weiteren Exemplaren eines noch nicht beschriebenen Froschs gemacht, den er gefunden hatte. Ich mußte dableiben, um die Fallenreihe zu kontrollieren, und ruhte mich die ersten paar Stunden, nachdem die Gruppe abmarschiert war, im Zelt aus. Plötzlich hörte ich das vereinte, jodelartige Geheul der Hunde viel näher als je zuvor. Gewiß hatten sie uns beobachtet und die Abreise der Gruppe früher an diesem Morgen mitbekommen. Obwohl es fast schon übernatürlich gerissene Tiere sind, können sie nicht zählen. Als sie die Mehrheit des Lagers abrücken sahen, nahmen sie an, das Camp sei verlassen. Reglos in meinem Zelt liegend, beobachtete ich, wie die Hunde näher kamen. Als sie bis auf ein paar hundert Meter herangekommen waren, beunruhigte sie etwas, und sie machten kehrt. Irgendwie mußten sie meine Anwesenheit bemerkt haben.

Schließlich kam der Tag unserer Abreise aus Dokfuma. Da ich mich darauf freute, es wieder warm zu haben und etwas anderes als Morast unter den Füßen zu spüren, war ich nicht unglücklich, als wir das Geräusch des zurückkehrenden Hubschraubers hörten. Der Deng war freundlich zu uns, und wir erfreuten uns auf dem ganzen Weg nach Hause angenehmen Wetters.

TEIL FÜNF

Die North Coast Ranges

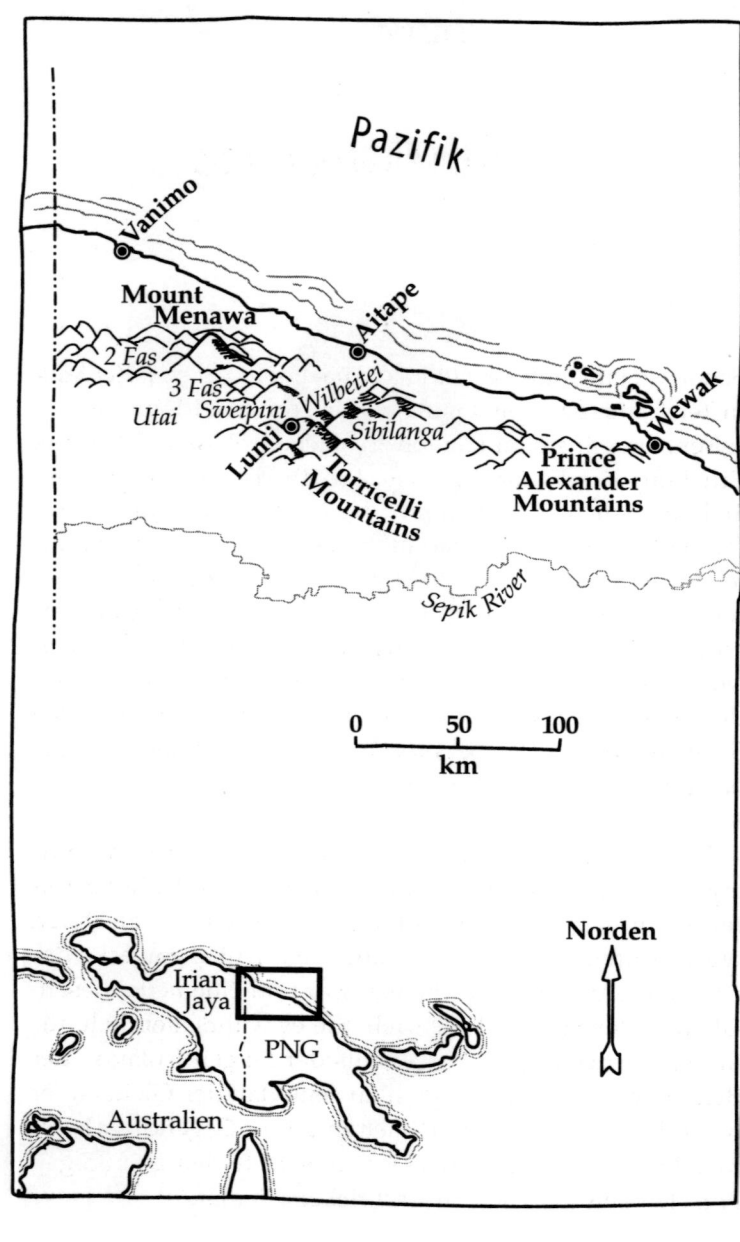

20

Die Torricelli Mountains

Schon im Jahr 1985 beschloß ich, nachdem ich eine Zeitlang in Telefomin gearbeitet hatte, in die Torricelli Mountains zu reisen, um mir ein Bild davon zu machen, ob sie sich für eine Erhebung der Fauna eigneten. Die Torricellis bilden einen Teil des östlichen Abschlusses der North Coast Ranges von Papua-Neuguinea. Sie verlaufen mehr oder weniger parallel zur Nordküste, über eine Strecke von etwa 200 Kilometern zwischen Wewak und der Grenze von Irian Jaya. Nur eine schmale Küstenebene liegt zwischen ihnen und dem Meer, während die weite Schwemmebene des Sepik sie von den höheren Zentralketten trennt. Vor langer Zeit war die Schwemmebene des Sepik vom Meer überflutet, und die North Coast Ranges dürften Inseln gewesen sein, die viele Kilometer vor der Küste lagen.

Die Torricellis sind eine niedrige Gebirgskette, die nur etwa 1500 Meter Meereshöhe erreicht. Forscher früherer Zeiten ignorierten sie größtenteils. Mein Interesse an ihnen wurde durch einen wissenschaftlichen Artikel geweckt, der ein paar Jahre zuvor erschienen war und eine neue Riesen-Gleitbeutler-Spezies beschrieb, die es wahrscheinlich nur in den Torricellis gab. Angesichts der langen Isolation der Bergketten schien es möglich zu sein, daß der Gleitbeutler nicht das einzige ausschließlich in dieser Gegend vorkommende Säugetier war. Vielleicht erwartete den geduldigen Forscher eine gänzlich unbeschriebene Fauna.

Der leichteste Weg in die Torricellis führt über Lumi, eine kleine Siedlung, die auf ungefähr 500 Metern Meereshöhe an den südlichen Hängen der Gebirgskette liegt. Im Jahr 1985 führte eine Straße über den größten Teil der Strecke bis zur Fatima-Mission am Fuße der höchsten Gipfel. Während meiner jahrelangen Forschungsarbeit in den Torricellis konnte ich beobachten, wie diese Straße immer tiefer in die Berge vordrang. Im Jahr 1992 war es möglich, mit einem Lastwagen bis in den unberührten Busch an den oberen Hängen des Mount Somoro (des höchsten Gipfels der Kette) zu fahren. Ich fürchte, daß diese Straße das Ende des Waldes von Somoro einläutet.

In Papua-Neuguinea an einem neuen Ort einzutreffen kostet jedesmal Nerven. Man hat keine Ahnung, wie man von den Einheimischen empfangen werden wird. Als ich damals zum ersten Mal in Lumi aus der Cessna stieg, wurde ich von einem kleinen, verhutzelten Burschen empfangen, den alle miteinander »Lumi Man« nannten. Lumi Man macht einen offiziellen Eindruck. Er trägt ein sauberes weißes Hemd und blaue Shorts. Manchmal hat er Klemmbrett und Stift dabei. Lumi Man begrüßt jeden Fremden beim Aussteigen aus dem Flugzeug mit einer langen, ausführlichen Tirade. Diese Tirade wird den Neuankömmling ziemlich beunruhigen, denn Lumi Man trägt sie in einer Sprache vor, die außer ihm kein Mensch versteht.

Bei späteren Besuchen in Lumi habe ich Europäer minutenlang verwirrt und verlegen dastehen sehen, während sie versuchten, aus Lumi Man und seiner Funktion schlau zu werden. Inzwischen haben alle anderen in Lumi gewaltigen Spaß an dem Witz. Die beste Reaktion besteht offensichtlich darin, Lumi Man ziemlich förmlich die Hand zu schütteln, eine Ehre, die er hocherfreut mit einem schneidigen Gruß erwidert.

Meine erste Reaktion auf Lumi Man dürfte dieselbe Form verlegener Ratlosigkeit gewesen sein, deren Zeuge ich bei anderen so häufig geworden bin – aber ich kann mich weder daran noch in der Tat an sonderlich viel anderes über Lumi im Jahr 1985 erinnern. Was den Rest der Expedition betrifft, so sind meine Erinnerungen auch hier spärlich und traumartig.

Auf dieser ersten Erkundungstour beschloß ich, in dem Dorf Wigotei zu wohnen, etwa einen halben Tagesmarsch vom katholischen Missionszentrum in Fatima entfernt. Ich fühlte mich bei meiner Ankunft etwas unwohl. Ich dachte, daß dies wahrscheinlich der Vorbote eines beginnenden Malariaanfalls sei. Malaria ist der ständige Begleiter von Säugetierkundlern, die im Tiefland von Neuguinea arbeiten, weil wir bei unserer Arbeit einer Infektion mit dem Malaria-Parasiten ziemlich schutzlos ausgeliefert sind.

Die meisten neuguineischen Säuger sind Nachttiere. Um sie zu beobachten, muß man nachts im Wald sein, wenn auch die Malariamücken *(Anopheles)* aktiv sind. Als Säugetierkundler macht man sich oftmals stundenlang an einem Schleiernetz zu schaffen, weil man versucht, Fledermäuse aus dem Netz zu lösen, ohne sie zu verletzen. Die ganze Zeit ist man dabei von einer summenden Moskitowolke umgeben. Weil beide Hände vollauf damit beschäftigt sind, mit lebenden Fledermäusen fertigzuwerden, kann man die Moskitos nicht einmal wegwedeln. Wie gut man auch durch Kleidung und Insektengift geschützt sein mag, ständig scheint einem ein Dutzend Rüssel gleichzeitig im Blutkreislauf zu stecken.

Malariamedikamente bieten häufig nur einen partiellen Schutz. Scheinbar mutiert die Malaria so schnell, daß sie schon bald nach der Entwicklung eines neuen Medikaments resistent dagegen wird.

Folglich habe ich gelernt, bei meinen Aufenthalten auf Neuguinea mit der am meisten verbreiteten und ungefährlichsten Art, der *Malaria tertiana*, dem Dreitagefieber, zu leben. Die größten Schwierigkeiten scheint mir die Malaria allerdings häufig in Australien zu bereiten. Eine Attacke in Woolloomooloo war besonders gefährlich. Ich aß gerade mit ein paar Freunden in einem Pub zu Mittag, als die ersten Symptome auftraten. Der Anfall wurde rasch schlimmer, und meine Freunde gingen los, um ein Taxi aufzutreiben, das mich zu einem Arzt brächte. Mir wurde kalt, und ich beschloß, einen Spaziergang in der schwachen Wintersonne zu machen.

Als ich die Straße auf und ab ging, fuhr ein Polizeiwagen vorbei. Die Polizisten schienen sich weit stärker für mich zu interessieren als gewöhnlich. Zuerst drängte es mich, stehenzubleiben und sie um Hilfe zu bitten, aber etwas in ihren Gesichtern hielt mich davon ab. Dann wurde mir bewußt, wie ich aussehen mußte: bleich und schwitzend, heftig zitternd, mit um die Brust geschlungenen Armen. Und ich spazierte eine Straße entlang, die berüchtigt als Umschlagplatz für Heroinsüchtige war.

Ich sah mich schon auf der Polizeiwache von King's Cross sitzen und zu erklären versuchen, daß ich ganz bestimmt kein Junkie sei, sondern wirklich an Malaria litt. Die durch die Malaria vergrößerte Leber und Milz sind äußerst anfällig; ich hatte eine Vision meines vorzeitigen Ablebens aufgrund eines Milzrisses, den ein Polizistenstiefel mir zugefügt hatte, weil sein Träger fand, ich sei ein widerlicher, klugscheißerischer Junkie. Mit diesen Gedanken, die mir durch den Kopf wirbelten, stürzte ich in den Pub zurück und verkroch mich auf der Toilette, um dort die Flucht per Taxi ein paar Minuten später abzuwarten.

Mir blieb nichts anderes übrig, als diese unvermeidliche Malaria-Infektion philosophisch zu betrachten, weil ich andernfalls einfach keine Feldforschung betreiben konnte. Die Expedition des Jahres 1985 war so kostspielig, so zeitaufwendig und so schwer zu organisieren, daß ich unmöglich direkt nach meiner Ankunft in dieser abgelegenen und faszinierenden Gegend aussteigen konnte.

Also – einfach ein paar Tage Arbeit, sagte ich mir jetzt, und der ganze Ärger würde sich auszahlen. Ich schluckte einige Chinintabletten (immer noch das wirksamste, obschon älteste Malariamittel) und beschloß, die Umstände in Wigotei auszuhalten.

Am folgenden Nachmittag zog ich los, um ein Schleiernetz aufzuspannen. Auf dem Weg zurück ins Dorf wurde ich von einem heftigen Fieberanfall gepackt. Es war, als verpaßte mir jemand mit einer Axt einen Hieb auf den Schädel. Ich spürte einen grellen Kopfschmerz und konnte weder gehen noch irgend etwas scharf erkennen. Mit Hilfe einiger Dorfbewohner quälte ich mich zurück zu meiner Hütte und schluckte in der Gewißheit, soeben die Mutter aller Malariaanfälle zu erleiden, noch mehr Chinin.

Soweit ich mich erinnern kann, verstrich die Zeit in Wigotei auf sonderbare Weise. Die Nächte waren eine absolute Qual, weil an Schlaf nicht zu denken war und ich schweißgebadet und fiebernd dalag. Die Sekunden verrannen zäh in den Stunden der Dunkelheit, während ich mich nach einem Schluck Wasser und dem Balsam des Schlafs sehnte. Statt Schafen zählte ich die Pandanusblätter, aus denen das Dach bestand. Ich kam nie bis zum Ende einer Reihe, weil mein verwirrter Verstand selbst unter den fein säuberlich angeordneten Farnwedeln den Überblick verlor.

Die Tage waren kaum besser. Ich lag in der unerträglich heißen Hütte, war ausgetrocknet und sehnte mich nach Wasser. Ein Strom von Menschen ging vorüber, und jeder steckte seinen Kopf in die Tür und murmelte *tarangu* (ein Ausdruck des Mitgefühls in Pidgin, der grob übersetzt so viel wie »herzliches Beileid« bedeutet). Irgendwie schlugen meine Versuche fehl, ihnen begreiflich zu machen, daß ich Wasser brauchte. Zum Glück kam hin und wieder eine freundliche Frau mit einem Bambusrohr voll des kostbaren

Nasses vorbei, so daß ich jedesmal trinken und noch ein paar Chinintabletten hinunterspülen konnte.

Noch konnte ich nicht klar genug denken, um die Leute aus dem Dorf zu bitten, mich zum Missionshospital zu bringen, und von sich aus ergriffen sie nicht die Initiative. Vielleicht warteten sie darauf, daß meine europäische Körperfülle abnahm, bevor sie bereit waren, mich stundenlang auf ihren Schultern durch das unwegsame Gelände zu tragen. Also nahm ich weiter Chinin. Schlimmer war, daß ich durcheinanderkam und nicht mehr wußte, wie viele Tabletten ich schon geschluckt hatte – was äußerst gefährlich war, da mit Chinin nicht zu spaßen ist.

Der Tod durch eine Überdosis Chinin ist schrecklich. Die Wirkungen des Medikaments sind nicht rückgängig zu machen, so daß der Tod unausweichlich ist. Was als leichtes Klingeln in den Ohren begonnen hatte, steigerte sich lautstärkemäßig mit der Zeit, bis es wie Kirchenglocken dröhnte. Bald wurden aus den Glocken Kanonen. Dieser Nebeneffekt tritt allgemein bei Chinin auf und brachte mir schließlich zu Bewußtsein, daß ich wahrscheinlich schon viel zuviel genommen hatte.

Manchmal schien ich um die Mittagszeit lichte Momente zu haben, die etwa zwanzig Minuten dauerten. Während eines dieser Intervalle veranlaßte ich, daß ich auf einer Tragbahre zum Missionshospital gebracht wurde. An die Reise selbst kann ich mich kaum erinnern, aber ich entsinne mich sehr wohl an eine Reihe halbhalluzinatorischer Visionen – darunter eine, in der eine außergewöhnlich große Schnecke auf einem Baumstamm saß. Ich erinnere mich außerdem, daß mich aus meiner ungewöhnlichen Position eine schwarze Kralle faszinierte, die einer meiner Träger an einer Schnur um den Hals trug. Irgendwie gelang es mir, ihm die Halskette abzukaufen, als wir in der Mission ankamen.

Am Ende sollte diese Kralle die wichtigste Probe sein, in deren Besitz ich auf dieser kurzen Expedition gelangte.

Im Missionshospital warf die verantwortliche katholische Schwester einen Blick auf mich und sagte: »Sie haben den schlimmsten Fall von Malaria, der mir seit geraumer Zeit untergekommen ist. Nehmen Sie etwas Chinin.«

Ich schaffte es nicht, mit ihr darüber zu diskutieren – eigentlich war es mir auch fast schon egal –, und so schluckte ich die bitteren Pillen ein weiteres Mal.

Als ich an diesem Abend in einem Feldbett des Missionskrankenhauses lag, überkam mich ein außergewöhnliches Gefühl der Ruhe. Die Qual von Durst und Fieber, die schreckliche Spannung, die der Schmerz erzeugt, all das fiel von mir ab. Ich lag einfach friedlich und vollkommen gelassen da und fühlte mich so entspannt wie niemals zuvor in meinem Leben.

Einmal bemerkte ich eine Nonne, die hereinkam und mich auszog. Ihre Hände und Augen suchten jeden Teil meines Körpers ab. Ich war katholisch erzogen und während meiner Grundschulzeit von Nonnen unterrichtet worden. Es kam mir nicht in den Sinn, mich zu fragen, warum sie mich so berührte. Normalerweise hätte ein derart intimer Kontakt mich in unaussprechliche Verlegenheit gebracht, aber in jener Nacht lag ich einfach bloß herrlich friedlich da. Es war, als widerführe all das jemand anderem.

Von den folgenden paar Tagen weiß ich überhaupt nichts mehr. Das nächste, woran ich mich erinnere, ist, daß ich in einem Bett im Boram Hospital in der Küstenstadt Wewak lag. Der Krankensaal war voll sterbender Menschen. Alles war primitiv und schmutzig. Ein großer, bedrohlich aussehender Krankenpfleger, dessen Ohren und Nase nach traditioneller Art durchstochen waren, kam mit einer Subkutanspritze in der Hand auf mich zu. Ich schwöre, daß er sie an seinem schmuddeligen Hemdsärmel abwischte, bevor er sie mir mit den Worten in den Arm jagte: »Ich bin mir sicher, daß Sie den schlimmsten Fall von Malaria haben …«

Nachdem er mir Blut abgenommen hatte, kletterte ich aus

dem Bett und ging so lange, bis ich ein freundliches Gesicht erblickte. Es war der Zahnarzt des Krankenhauses. Er nahm mich mit zu sich nach Hause, wo ich blieb, bis ich kräftig genug war, um nach Australien zurückzukehren.

Es war Milbenfleckfieber (Tsutsugamushi-Fieber) gewesen. Bei Erkrankten, die sechs oder mehr Tage nicht behandelt werden, ist die Sterblichkeitsrate erschreckend hoch. Als ich Jahre später die Nonne wiedertraf, die mich zuerst behandelt hatte, sagte sie mir, daß sie damals nur gedacht habe, ich hätte noch zwölf Stunden zu leben, wenn ich keine Behandlung erhielt.

Bei der Leibesvisitation, erzählte sie mir später, sei sie auf den Biß einer Milbenfleckfieberzecke gestoßen. Diese Zecke ist nicht dumm. Sie versucht, in die Genitalien zu beißen, weil sie »weiß«, daß dieser Teil der Anatomie wahrscheinlich in Berührung mit einem anderen Tier kommen wird, das vielleicht auch einen Partner für sie beherbergt.

Zum Glück hatte die Nonne einen Vorrat der geeigneten Medikamente zur Hand, und nachdem sie sie mir verabreicht hatte, verlegte sie mich nach Wewak. Ich verdanke ihr mein Leben.

Ich brauchte eine ganze Zeit, um wieder auf die Beine zu kommen. Mehrere Monate lang konnte ich keine Nacht durchschlafen. Mein Kurzzeitgedächtnis funktionierte nicht. Es war unmöglich, mir ein neues Gesicht oder einen neuen Namen zu merken oder ein Telefon zu benutzen, einfach weil ich eine Ziffernfolge nicht lange genug im Kopf behalten konnte, um die Nummer zu wählen. Aber ich fand einen Weg, diese spezielle Schwierigkeit zu umgehen – ich schrieb die Nummer, die ich wählen wollte, auf ein Stück Papier, das ich ans Telefon klebte. Andere Probleme waren hartnäckiger, und meine Unfähigkeit, mich an ein Gesicht oder einen Namen zu erinnern, führte zu unzähligen Behinderungen und Unannehmlichkeiten.

Schließlich war ich in der Lage, die kleine Sammlung von Säugetieren, die ich in Wigotei angelegt hatte, zu untersuchen. Von allen Proben und Exemplaren, die ich zusammengetragen hatte, war es die Kralle, die ich meinem Bahrenträger abgekauft hatte, deren Bestimmung sich als am schwierigsten erwies. Ich meinte, sie müsse von einem Baumkänguruh stammen – doch im Detail unterschied sie sich von allem, was ich über dieses Tier wußte. Das Fell war am Ansatz schwarz, und die Kralle war größer als jede Baumkänguruhkralle, die ich je gesehen hatte.

Nur eine einzige Spezies war früher aus den Torricelli Mountains gemeldet worden, das Braune Baumkänguruh (*Dendrolagus inustus*), aber dies war nicht seine Kralle. Zumindest eine weitere Baumkänguruhart schien es in den Bergen noch zu geben – aber welche?

21

Der »Wildtier«-Clan

Drei Jahre sollten vergehen, bevor ich in die Torricelli Mountains zurückkehren konnte, um ihre Rätsel weiter zu erforschen. Selbst unter den günstigsten Umständen ist es schwer, Gelder für Forschungsarbeit auf Neuguinea aufzutreiben – aber als ich den Leuten von der großen schwarzen Kralle und meiner Vermutung erzählte, sie könne von einer noch nicht beschriebenen Baumkänguruhart stammen, ließ ihre Skepsis keinen Zweifel daran, daß es so gut wie unmöglich sein würde, anhand derart dürftigen Beweismaterials Mittel lockerzumachen.

Ich beschloß, einige bereits vorhandene Forschungsgelder zu »strecken«. Im Jahr 1988 erhielt ich einen Zuschuß zur Erforschung der Säugetiere Neuirlands auf dem Bismarckarchipel im Norden Neuguineas. Ein Abstecher zu den Torricellis würde nur ein paar hundert Dollar extra kosten. Irgendwie rechtfertigte ich diese Umleitung von Geldmitteln vor mir selbst und hoffte, der Bewilligungsausschuß würde niemals davon erfahren.

In der Mission von Fatima machte ich die Bekanntschaft von Pater Patrick McGeaver. Ich mußte Pat schon im Jahr 1985 begegnet sein (obwohl ich mich nicht daran erinnern kann), denn als wir uns im Jahr 1988 wiedertrafen, begrüßte er mich wie einen lange verschollenen Angehörigen.

Pat führt ein recht spartanisches Leben. Sein Haus hat keine Fenster und besteht aus Blech. Seine Möbel sind primitiv, und er verfügt nicht über die Annehmlichkeiten, die von den meisten Menschen im Westen für selbstverständlich gehalten werden. Seine tägliche Kost besteht vornehmlich aus gekochten Kartoffeln. Als ich seiner Küche einen Besuch abstattete, um ein paar Köstlichkeiten abzuliefern, die ich aus Australien mitgebracht hatte, dankte der Koch mir und schimpfte, der Pater esse weit schlechter als seine Gemeindemitglieder. Während diese Situation den Koch empörte, schien sie Pat nicht zu stören, der eine Vorliebe für den Pratie (ein irisches Gericht aus Äpfeln und Kartoffeln) hat, wie sie nur die Iren aufbringen können. An dem Abend, an dem wir uns im Jahr 1988 trafen, bewirtete er mich mit einem einfachen, aber köstlichen Mahl aus gekochten Kartoffeln und einem Ei.

Nachdem wir gegessen hatten, holte Pat eine Flasche ohne Etikett hervor, die mit einer klaren Flüssigkeit gefüllt war, und fragte mich mit funkelnden Augen, ob ich Potheen kennen würde. Das sei der einzig wahre »Stoff«, zweifellos in irgendeiner Schwarzbrennerei an der Westküste Irlands destilliert – und er sei wunderbar. Die Gläser wurden gefüllt, und wir richteten uns auf einen langen Abend ein.

Wir unterhielten uns über das Neueste im Hockey, im Rugby, im australischen und irischen Fußball sowie über eine Reihe weiterer Sportthemen. Das Zimmer begann sich mit Nachtfaltern zu füllen. Draußen nieselte es, doch das Wetter war mild – perfekte Bedingungen für fliegende Insekten aller Art. Pat stand auf, um die hölzernen Läden zu schließen. Ich bat ihn, es nicht zu tun, da ich lebende Insekten bräuchte, um meine Fallen zu beködern; hier handle es sich um einen unverhofften Glücksfall. Während wir dasaßen und bis weit in die Nacht hinein redeten, umschwirrten uns Nachtfalter wie ein großer, lebender Schneesturm. Das Zimmer füllte sich. Manche waren groß und schwarz, wie große Schwalbenschwanz-Schmetterlinge. Andere waren kleiner und schimmerten in sämtlichen Farben des Regenbogens.

Einige schienen sogar transparent zu sein. Niemals habe ich eine solche Fülle prächtiger Geschöpfe gesehen. Am Ende des Abends schaufelte ich sie zu Hunderten in meine Leinentaschen, während Pat nach draußen ging, um den Generator auszuschalten.

Pater Pat ist ein Ire, für den Gälisch als Sprache an erster Stelle rangiert. Er gehört zu einer neuen Generation römisch-katholischer Missionare und ist eine treibende Kraft im Leben der Bevölkerung der Torricelli Mountains. Als wir uns kennenlernten, fing ich an zu verstehen, was Pat motivierte. Er sagte, daß seine eigene Sprache und Kultur durch die einfallenden Engländer verboten und herabgesetzt worden seien und daß er gewiß nicht abwarten werde, bis dasselbe den Mitgliedern seiner Gemeinde in Papua-Neuguinea widerfahre. Leider seien sie in den dreißiger Jahren von katholischen Missionaren deutscher Herkunft dadurch bekehrt worden, daß ihre Kultur unterdrückt worden war. Pat war entschlossen, dies wiedergutzumachen.

Unter Pater Pat hatte die Gegend einen drastischen kulturellen Aufschwung erfahren. Die Messe wurde von diesem in melanesischen Ornat gekleideten irischen Priester nun in Olo, der hiesigen Sprache, gelesen. Sein Kopfschmuck aus Kuskusfell und die Armbinden aus Paradiesvogelfedern zitterten prächtig, wenn er sang. Mitzuerleben, wie Pater Pat in großer Aufmachung die Messe las, war wirklich eines der bewegendsten Erlebnisse, die ich jemals in einer Kirche hatte.

Nicht ohne Stolz erzählte Pat mir, die Wiederbelebung alter Traditionen sei so weit gegangen, daß die Frauen aus der Pfarrei als besondere Gunstbezeigung gegenüber dem zu Besuch weilenden Bischof von Vanimo unter dem Gesang von Kirchenliedern einen barbrüstigen Umzug durch die Kirche veranstaltet hätten.

Doch die Wiederbelebung war sehr viel tiefgreifender gewesen als bloße zeremonielle Formalitäten. Pat hatte die alten Männer ausführlich nach ihren vorchristlichen Gebräuchen ausgefragt und dort, wo es paßte, traditionelle Elemente in die Feier der Sakramente einbezogen. So wurden heute bei Taufen und Firmungen traditionelle Worte aus Geburts- und Initiationszeremonien gesprochen, die bei der Gemeinde vielfach längst in Vergessenheit geraten waren.

In dem Dorf Wilbeitei war zum ersten Mal seit Jahrzehnten wieder ein *haus tambaran* (Ahnen-Geisterhaus) errichtet worden; dort wurden die – sämtlich neu hergestellten – Geistermasken aufbewahrt, für die die Region früher berühmt gewesen war. Aber heute erfüllte das Haus einen doppelten Zweck. Während an den Wänden große Geistermasken aufgehängt wurden, von denen manche fünf Meter hoch waren, wurde in der Mitte der neue Gemeinschaftslastwagen geparkt, das Ergebnis eines von Pater Pat aufgelegten Anlage- und Sparplans.

Pats Wiederbelebung der Dorftraditionen war in einem entscheidenden Augenblick erfolgt. Die Olo waren fast sechzig Jahre lang vom Christentum beeinflußt worden. Auf dem Weg der Verwestlichung waren sie ein gutes Stück weiter als selbst die Telefol. Es war bestürzend festzustellen, daß sich die Olo für gewöhnlich des Pidgin bedienten – selbst in Gesprächen untereinander – und daß sich nur die allerältesten Mitglieder der Gemeinschaft daran erinnerten, wie die traditionelle Kleidung ausgesehen hatte. Wäre Pater Pat nur ein Jahrzehnt später gekommen, so hätte er möglicherweise herzlich wenig vorgefunden, das er bewahren konnte.

Pater Pat schlug mir vor, das Dorf Wilbeitei zur Basis meiner Forschungsarbeit zu machen. Hier gebe es eine Gemeinschaft, die durch diese neue Art von Katholizismus wiederbelebt worden sei. Bei unserer Ankunft wurde der Dorfladen geöffnet, und man machte uns ein Begrüßungsgeschenk in Form von Lebensmitteln. Wir wurden mit offenen Armen in den Schoß der Einwohnerschaft aufgenommen. Teilweise dank des Wohlwollens der Dorfbewohner begann für mich eine überaus angenehme Forschungsphase.

Zu meiner wichtigsten Kontaktperson in Wilbeitei wurde bald Kaspar Seiko. Kaspar ist ein traditioneller Dorfführer, der alt genug ist, sich an das Erdbeben von 1934 zu erinnern. Dieses Erdbeben zählt zu den schwersten, die jemals auf Neuguinea verzeichnet wurden. Überall in den Torricellis verwüstete es Dörfer, Gärten und Wälder.

Kaspar wußte von dem Baumkänguruh, das schwarze Krallen besaß. Er nannte es *Tenkile,* und er, Kaspar Seiko, sei der Hüter eines *ples masalai,* eines verbotenen Ortes namens Sweipini, der gewöhnlich *as ples bilong Tenkile* (Mittelpunkt von *Tenkiles* Welt, sein Ursprungsort) genannt werde. Sweipini liegt genau auf der Kammlinie der Torricelli Mountains, in einem Gebiet mit verkümmerten, moosüberzogenen Bäumen und ewigem Nebel.

Als ich ihm den Grund für mein Hiersein und meinen Wunsch erläuterte, ein möglichst vollständiges Exemplar des Baumkänguruhs zu sehen, erklärte Kaspar sich bereit, eines für mich aufzutreiben zu versuchen. Er beschloß, in seinem Jagdrevier in der Nähe von Sweipini nach *Tenkile* zu suchen, aber wegen der Heiligkeit des Ortes war es weder mir noch sonst jemandem gestattet, ihn zu begleiten.

Kaspar erklärte, daß im Herzen von Sweipini ein kleiner See liege. Die Ole glauben, daß dieser See die Heimat riesiger Aale sei. Wenn sich außer Kaspar selbst irgend jemand nähere, bekämen es die in dem See lebenden Frösche beim Anblick eines fremden Gesichts mit der Angst zu tun und fingen laut zu quaken an. Der Lärm wecke die Riesenaale, die furchtbare Unwetter hervorrufen, so die Ernte zerstören und allgemeine Hungersnot bringen könnten. Hunderte von Menschen würden Hungers sterben, sollte dies geschehen.

Ein paar Tage später kehrte Kaspar zurück, beladen mit einem kleinen Fellbündel. Es war ein winziges *Tenkile*-Junges. Das kleine Wesen war von Kaspars Hunden getötet worden. Ich war zwar traurig über seinen Tod, aber auch begeistert und überrascht, zum ersten Mal ein ganzes *Tenkile* zu Gesicht zu bekommen. Es war vollkommen schwarz – bislang hatte man noch nie von schwarzen Baumkänguruhs gehört. Ohne Zweifel hatte ich hier ein Tier vor mir, das der Welt unbekannt war. Es war eine bedeutende Entdeckung, denn es kommt kaum vor, daß ein so großes Säugetier bis zum Ende des 20. Jahrhunderts unbeschrieben bleibt.

Ausgerüstet mit Geldern, die ich dank dieses sehr viel überzeugenderen Fundes erhalten hatte, begann ich also im Jahr 1989 mit ausgedehnten Feldforschungen in den Torricellis. Mein erster Schritt bestand in einer großangelegten Erhebung, um festzustellen, ob *Tenkile* noch anderswo in den Gebirgsketten vorkam. Zunächst fragte ich Jäger nach Baumkänguruhs aus und sammelte alle Kieferknochen- und Schädelfragmente sowie Fellfetzen, die sie als Jagdtrophäen aufbewahrt hatten. Dadurch hoffte ich sowohl etwas über seine Verbreitung und die Häufigkeit seines Vorkommens als auch ein wenig über seine Biologie zu erfahren.

Meine Aufenthalte in Wilbetei und anderen Dörfern wurden häufig durch Geschichten von früheren Jagden und darüber, wie aufregend es gewesen sei, *Tenkile* aufzuspüren und zu töten, belebt. Die Männchen, so erzählte man mir, seien viel größer als die Weibchen und sehr kräftige Gegner. Außerdem hätten sie einen durchdringenden Geruch. Die Jäger sagten, man könne unmöglich verheimlichen, daß man ein Tier erlegt habe, weil man *Tenkile* noch Wochen später an den Händen des Jägers riechen könne.

Es wurde klar, daß *Tenkile* ein sehr auffälliges Tier war. Messungen der Kiefer- und Schädelfragmente ergaben, daß es sich in der Tat um ein großes Baumkänguruh handelte. Sie belegten außerdem, daß es mit dem Doria-Baumkänguruh *(Dendrolagus dorianus)* verwandt war, einer Spezies, die in der zentralen Gebirgskette Neuguineas verbreitet ist. *Tenkile* unterschied sich vom Doria-Baumkänguruh, indem es schwarz statt braun war, außerdem in der Schädel- und Gebißform und seinem kräftigeren, wenngleich nicht völlig unangenehmen Geruch.

Im Anschluß an diese erste Untersuchung begann ich nach einem lebenden Tier zu suchen. Ein ausgewachsenes *Tenkile*, ein Männchen, das 1990 von einem Jäger gefangen worden war, sah ich überhaupt nur ein einziges Mal. Es war ein kostbarer Augenblick.

Bei der Untersuchung dieses seltenen Geschöpfs stellte ich fest, daß das, was die Jäger mir über seinen Geruch erzählt hatten, keine Übertreibung gewesen war. Er klebte noch eine Woche später in Sydney an mir – eine Mischung aus Kiefernnadeln, Moschus und etwas, das ich nur als »Baumkänguruh« beschreiben kann.

Es war entmutigend, zu erfahren, daß dieses schöne und unverwechselbare Baumkänguruh in den Torricellis in höchster Gefahr war. Ich befragte ältere Jäger und begleitete sie manchmal an Orte, wo sie in ihrer Jugend *Tenkile* gefangen hatten. Viele grenzten nun an Gärten und lagen ganz in der Nähe von Dörfern. In manchen Fällen waren dort schon seit fünfzig Jahren keine *Tenkile* mehr gesehen worden. Heute konzentriert sich seine Verbreitung ausschließlich auf die heilige Stätte in Sweipini und eine abgelegene Hügelkette namens Mungople; sie war das von den Siedlungen in der Fatima-Region am weitesten entfernte Gebiet.

Diskussionen über *Tenkile* führten zu Gesprächen über

andere Tiere, die in den Wäldern des Olo-Landes lebten. Von Kaspar Seiko und einigen der älteren Jäger aus Wilbeitei hörte ich Geschichten über ein Wesen, das sie *Weimanke* nannten. *Weimanke*, sagten sie, sei ein wenig wie *Tenkile*, aber sein Gesicht sei bleich wie das eines weißen Mannes. Kaspar sagte, daß, obwohl er selbst niemals *Weimanke* gefangen habe, sein Vater einmal eines aus Sweipini ins Dorf gebracht habe, als er noch ein Kind gewesen sei. Ich war verwirrt und fragte mich, was für ein Geschöpf *Weimanke* wohl sei – falls es wirklich mehr war als ein Mythos. In jedem Fall mußte ich meine Anstrengungen darauf konzentrieren, das greifbarere *Tenkile* aufzuspüren. *Weimanke* schlug ich mir aus dem Kopf. Doch noch während unserer ausgedehnten Erhebung in den North Coast Ranges wurde das Rätsel des mythischen Geschöpfs mit dem Gesicht des weißen Mannes gelöst.

Wir teilten die Arbeit unter den Mitgliedern des bei dem Projekt eingesetzten Forschungsteams auf. Lester Seri und Pavel German (vom Australian Museum) sollten die weiter entfernten östlichen und westlichen Abschnitte der Bergketten abdecken, während ich die hohen, zentralen Menawa- und Somoro-Massive in Augenschein nehmen wollte.

Lester und Pavel begannen im Osten. Sie trafen auf der Flugpiste in Sibilanga mit dem Ziel ein, den Mount Sapau zu untersuchen, einen einsamen Gipfel, der das östliche Ende der hohen Torricellis markiert. Als sie sich auf den Anstieg vorbereiteten, erkrankte Lester an Malaria. Unfähig, einen Schritt zu gehen, beauftragte er Pavel, ohne ihn weiterzumachen und ein paar Jäger auf den Gipfel zu begleiten.

Eine Woche später kehrte Pavel mit einem sehr seltsamen Baumkänguruh zurück. Die Jäger, die es gefangen hatten, nannten es *Weiman*. Es war rötlich und hatte ein weißlich-rosafarbenes Gesicht. Sofort wußte ich, daß alles stimmte, was man mir über *Weimanke* erzählt hatte. Erstaunlicherweise hatten wir hier ein weiteres Baumkänguruh, das in den Torricelli Mountains lebte und der Wissenschaft unbekannt war!

In Wilbeitei öffnete ich die Tonne, in der Pavel den Balg dieses Tieres aufbewahrt hatte. Kaspar sah *Weimanke* seit mindestens sechzig Jahren zum ersten Mal. Ihm traten Tränen in die Augen. Wie schön es doch wäre, *Weimanke* wieder in Sweipini zu sehen, sagte er. Doch die Chancen, daß dies je geschähe, schienen gering zu sein, denn *Weimanke* ist selbst am Mount Sapau, seinem letzten Rückzugsgebiet, fast ausgestorben.

Mit dem Menawa-Massiv hatte ich mir ein Gebiet als Untersuchungsobjekt ausgesucht, das außerordentlich schwer zugänglich war. In der Nähe des höchsten Gipfels, des Mount Menawa, gibt es nur wenige Dörfer und keine Landepisten, und die Gemeinschaft, von der ich vermutete, daß sie der traditionelle Besitzer des Berges sei, schien sich in der Nähe eines kleinen Dorfes zu konzentrieren, das auf meinen Karten als Fas eingezeichnet war. In dieser Hinsicht war die große Entfernung zwischen menschlicher Ansiedlung und Gipfel ermutigend: Baumkänguruhs leben gewöhnlich dort, wo keine Menschen sind. Die nächste Start- und Landebahn lag offensichtlich an einem Ort namens Utai. Ich würde ein kleines Flugzeug chartern müssen. Folglich erklärte ich dem Piloten, daß ich in das Dorf Fas wolle und Utai scheinbar die nächstgelegene Landepiste sei.

Zu meiner Freude teilte er mir mit, daß in Fas selbst soeben eine neue Start- und Landebahn eröffnet worden sei. Wir könnten direkt dorthin fliegen, was mir einen Fußmarsch erspare. Nur 50 Minuten später marschierte ich vom Flugzeug aus direkt ins Zentrum des Dorfes Fas. Während die Twin Otter zum Start wieder über die Piste zurückrollte, wurde ich vom Häuptling des Dorfes begrüßt.

Er kam mit großen Schritten auf mich zu, und wir schüttelten uns die Hände. Ich stellte mich vor und erklärte, daß ich gern den Mount Menawa besteigen würde – wie lange der Marsch dorthin dauern würde? Der Häuptling lächelte und schüttelte traurig den Kopf. Der Mount Menawa, erwiderte er in perfektem Pidgin, sei ungefähr fünf Tagesmärsche entfernt. Mit einem flauen Gefühl im Magen holte ich die Karte heraus und zeigte dorthin, wo Fas lag – nicht mehr als etwa einen halben Tagesmarsch vom Berg entfernt, wie ich dachte. »Ach«, sagte er, »das ist 3Fas. Dies hier ist 2Fas.« Wir schauten nach oben, als die Twin Otter auf ihrem Weg nach Vanimo über unseren Köpfen aufstieg.

Meine Lage wurde durch den Zustand der neuen Start- und Landebahn von Fas nicht gerade einfacher. Die Piste funktionierte wie eine Ameisenlöwen-Falle: Man kommt sehr leicht hinein, aber nur außerordentlich schwer wieder heraus. Das Problem war, daß die Piste morastig und kurz war. Jedes x-beliebige Flugzeug konnte hier eine große Menge Fracht abladen, aber nur eine Twin Otter war stark genug, damit auch wieder abzuheben. Und ich wußte, daß dieselbe Twin Otter, die jetzt wegflog, die einzige war, die in der Sandaun Province in Betrieb und Wochen im voraus ausgebucht war.

Zu allem Überfluß war das hiesige Funksprechgerät, mit dem Flugzeuge angefordert werden konnten, kaputt. Um eine Nachricht nach draußen zu befördern, mußte jemand über die Bergkette ins nächste Dorf laufen oder andernfalls das Schulfunkgerät benutzen und hoffen, daß derjenige, mit dem er Verbindung bekam – ganz gleich wer es war –, unsere Bitte an die Fluglinie weiterleitete.

Besonders ärgerlich war diese Situation für die von Gary Steer, einem australischen Dokumentarfilmer, angestellte Crew, die mit mir reiste. Für sie war Zeit Geld, doch sie saß gründlich fest. Es gab in 2Fas einfach nicht genug Träger, um die 200 Kilo Filmausrüstung irgendwohin zu schleppen.

Wir waren dazu ausersehen, zwei Wochen in 2Fas zu verbringen und auf ein Flugzeug zu warten, das uns auf die 20-Minuten-Reise nach Utai mitnähme.

Unsere mißliche Lage wurde durch die Kakerlakenplage noch verschlimmert, von der unsere Hütte heimgesucht wurde. Selbst bei Tage gab es die Quälgeister wie Sand am Meer. Wenn man ein Notizbuch auch nur für einen Augenblick offen liegen ließ, fand man es bei seiner Rückkehr bedeckt von kleinen schwarzen Klecksen vor – Kakerlakenkot, der unablässig vom Strohdach herabrieselte. Mein Süßkartoffelfrühstück erlitt das gleiche Schicksal.

Abends wuchsen sich die von den Schaben verursachten kleineren Unannehmlichkeiten zu einem größeren Problem aus. Wir waren als Beleuchtung auf eine altersschwache Sturmlaterne angewiesen, die gelegentlich mit einem Zischen ausging. Eines Abends erlosch sie, als wir gerade mit dem Essen anfangen wollten. Ich stellte meinen Teller hin, um nachzusehen. Doch die Lampe hatte andere Pläne, und trotz all meiner Bemühungen war ihr kein Fünkchen Leben mehr zu entlocken. Unwirsch und verdrossen griff ich nach dem Essen, das ich nun im Taschenlampenlicht verzehren mußte. Doch dieser Ärger blieb mir erspart, denn als ich den Strahl auf den Tisch richtete, fand ich keine Mahlzeit vor, sondern einen Teller, der von einem Haufen Kakerlaken überquoll. Sie krabbelten aufgeregt von dem Licht weg und nahmen meinen Appetit gleich mit. Mindestens vier Arten waren an der Orgie beteiligt.

Unsere Zeit war jedoch nicht ganz vergeudet. Ich veranstaltete zahlreiche Darts-Turniere mit den Dorfbewohnern und verbrachte mehrere wunderbare Abende mit Tom, dem örtlichen Schullehrer, den ich bereits in Yapsai getroffen hatte. Ich bin mehr als beeindruckt von der Arbeit, die Lehrer wie Tom verrichten. Wenn sie in solche entlegenen Dörfer versetzt werden, führen sie ein größtenteils entbehrungsreiches Leben, doch der Dienst, den sie ihrem Land und der Allgemeinheit erweisen, ist unschätzbar. Bei meiner Abreise überließ ich Tom fast all meine Bleistifte und Kulis und quasi mein gesamtes Papier – obwohl das Schuljahr schon weit fortgeschritten war, wartete er noch immer auf die Schulmaterialien, die er von der Schulbehörde erhalten sollte.

Auch wissenschaftlich war der Aufenthalt nicht ganz nutzlos, erfuhr ich doch durch Ausfragen der Dorfbewohner ein wenig über den seltenen Schwarzen Tüpfelkuskus. Außerdem entdeckte ich eine unbeschriebene Unterart der Hufeisennase, die sich unter einem Erdrutsch in der Nähe des Dorfes niedergelassen hatte.

Die Twin Otter traf just in dem Moment ein, als ich im Begriff war, mich zu Fuß über die Berge nach Sissano Lagoon aufzumachen, um die Rückkehr des Flugzeugs zu arrangieren. Ich verließ 2Fas mit einer kleinen, aber interessanten Säugetiersammlung aus dieser bislang unbekannten Region.

Gegen Mittag landeten wir auf dem Flugplatz von Utai. Da es von dort aus nur ein Vier-Stunden-Marsch bis nach 3Fas war (und ein weiterer halber Tag bis zum Fuß des Berges), beschloß ich, noch am selben Tag zum Dorf aufzubrechen und den größten Teil meiner Ladung und die Filmcrew zurückzulassen, um sie später nachzuholen.

Ein paar Männer aus 3Fas hielten sich gerade in Utai auf, und ich bat sie, mir zu helfen, ihr Dorf zu erreichen. Erstaunt stellte ich fest, daß ihnen dies widerstrebte; einer ging sogar so weit, vorzuschlagen, ich solle um meiner eigenen Sicherheit willen überhaupt nicht nach 3Fas gehen.

Diese vollkommen unerwartete Situation brachte meine Pläne durcheinander. Mit einem unfreiwilligen Umweg über 2Fas war ich den ganzen Weg von Sydney nach Utai gekommen, nur um zum Mount Menawa zu gelangen. Die zwei verlorenen Wochen hatten mich innerlich keinesfalls bewogen, das Projekt abzubrechen. Außerdem ist der Mount Menawa der höchste Berg der gesamten North Coast Ranges. Umzukehren, ohne ihn erforscht zu haben, würde den Wert des ganzen Projekts in Frage stellen.

Es war Spätnachmittag, als ich beschloß, den Marsch nach 3Fas ohne Begleitung anzutreten, trotz des unheilschwangeren Empfangs in Utai. Es fiel mir schwer, zu glauben, daß die Verdrossenheit über meinen beabsichtigten Besuch von mehr als ein oder zwei Einzelpersonen geteilt wurde.

Es war ein langer, nasser Marsch ein Flußbett hinauf, bevor ich – geraume Zeit, nachdem die letzten Sonnenstrahlen den Himmel verlassen hatten – das Dorf erreichte. Nach allem, was ich sehen konnte, handelte es sich um einen sehr traditionellen Ort, denn es gab nirgendwo Hinweise auf elementare öffentliche Einrichtungen wie eine Schule oder eine Erste-Hilfe-Station. Ein paar Männer kamen auf den Dorfplatz, um mich zu empfangen. Sie schienen echt überrascht und beunruhigt zu sein, mich dort stehen zu sehen. Ich erklärte, wer ich sei und warum ich gekommen war, und wurde anschließend zu einer Hütte am Rand des Dorfes geführt.

Dort blieb ich und holte im Licht der Taschenlampe die Ausrüstung aus meinem Rucksack. Niemand brachte mir etwas zu essen oder Wasser oder bot gar an, ein Feuer anzuzünden. Dieser extreme Bruch mit den fundamentalsten melanesischen Benimmregeln warnte mich. Noch niemals war ich in Neuguinea so schlecht behandelt worden.

An diesem Abend wurde auf dem Dorfplatz ein großes Feuer entzündet. Männer begannen sich um das Feuer zu versammeln und heftig zu diskutieren. Ich bemühte mich, zu hören, was sie sagten, aber sie redeten größtenteils in ihrer eigenen Sprache. Doch als die Debatte hitziger wurde, mischten sich ein paar Pidgin-Phrasen unter das *tok ples*.

»Wenn wir ihn töten, wird die Regierung auf unserer Seite sein ... Er ist ein ›Wildtier‹, wir sollten ihn töten.«

Dann eine andere Stimme: »Die Bibel sagt, es ist unrecht, zu töten. Wir werden eine Menge Ärger bekommen, wenn wir ihn töten.«

Die Debatte zog sich bis weit in die Nacht hin. Bestürzt über die Art der Diskussion, fand ich erst in den frühen Morgenstunden Schlaf, als ich während einer Flaute der Veranstaltung kurz eindöste. Noch vor dem ersten Tageslicht stahl ich mich aus der Hütte und begann flußabwärts zu laufen. Im Dorf regte sich nichts.

Auf meinem Weg flußaufwärts war ich an einem Dorf vorbeigekommen, das etwa zwei Stunden Fußmarsch von 3Fas entfernt lag. Als ich es an diesem Morgen erneut erreichte, gingen die Leute bereits ihren frühmorgendlichen Verrichtungen nach. Auf dem Dorfplatz stand ein schönes, halb ausgewachsenes Schwein. Ich erkundigte mich nach seinem Besitzer und fragte ihn, ob er es mir verkaufen wolle. Wir einigten uns auf einen Preis von 40 Kina, und ich bat den Eigentümer, mir zu helfen, es nach 3Fas zurückzuschaffen.

Wir erreichten am hellen Vormittag ein Dorf, das noch einen sonderbar stillen Eindruck machte. Ich führte das Ferkel auf den Dorfplatz und setzte dort zu einer Rede in Pidgin an.

Zuerst sagte ich, daß ich das Gefühl hätte, die Bewohner von 3Fas seien *bel i hat* (wütend) und hegten einen Groll gegen mich. Ich hätte keine Ahnung, woher dieser Groll rühre, aber ich hätte dieses Schwein als »sprechendes Schwein« mitgebracht, damit wir uns hinsetzen, es essen und anschließend darüber diskutieren könnten, was für ein Problem sie hätten.

Nach ein paar Minuten kam ein älterer Mann auf mich zu, um mir mitzuteilen, daß mein Geschenk vom Dorf angenommen worden sei. Nach und nach versammelte sich eine Gruppe von Männern um uns und setzte sich, um zu reden, während die Frauen und Jugendlichen eine *mumu* vorbereiteten, in der das Schwein zusammen mit etwas Sago und Grüngemüse gekocht werden sollte.

Einer der jüngeren Männer war wortgewandter als die anderen. Sein Name war Simon, und während wir redeten, kam der Grund für die Wut der Dorfbewohner allmählich ans Licht. Die tiefere Ursache dafür war die in ihren Augen schlechte Behandlung, die sie durch frühere Tierforscher erfahren hatten.

Simon erzählte, das erste »Wildtier«, das ihr Dorf besucht habe, sei ein amerikanischer Ornithologe gewesen, der um das Jahr 1974 gekommen sei. Damals hatten die Dorfbewohner nur sehr wenig Kontakt zur Außenwelt gehabt. Der Forscher erklärte, er wolle den Mount Menawa besteigen. Die Einheimischen hatten Bedenken gehabt, weil der Mount Menawa ihr heiliger Ort war, wo die *masalai* wohnten. Sie hatten eingewilligt, sein Gepäck bis zu einem Vorsprung direkt unterhalb des Gipfels zu tragen, sich aber geweigert, einen Schritt weiter zu tun. Der Ornithologe war allein weitergegangen und hatte, als er den Gipfel erreichte, seine Schrotflinte abgefeuert. Daraufhin waren ein paar von den kühneren Männern aus dem Dorf seiner Spur auf den Gipfel gefolgt.

Der *ples masalai* war erobert, aber viele Dorfbewohner hielten das Eindringen in das Reich der Geister nach wie vor für fragwürdig.

Beim Verlassen des Dorfes hatte der Ornithologe jedem, wie sie es beschrieben, *sixpences* gezahlt. Die Dorfbewohner waren begeistert, weil sie aufgrund der großen Anzahl kleiner Münzen, die er ihnen gab, glaubten, jeder habe ein wahres Vermögen erhalten. Überzeugt davon, reich zu sein, waren sie in den Laden von Utai gegangen – nur um festzustellen, daß ihre Münzen kaum ausreichten, einen Beutel Reis oder eine Dose Fisch zu erstehen.

Ein zweites »Wildtier« hatte Utai in den achtziger Jahren besucht. Dieser (wieder ein Amerikaner) hatte auf dem Berg eine vollständige Erhebung über die wildlebenden Tiere durchführen wollen. Den Dorfbewohnern zufolge sammelte er buchstäblich Tausende von Vögeln, Säugetieren, Reptilien und Insekten – genug, wie sie sagten, um ihre Ernährungsgrundlage zu gefährden. Und laut jenen, die mit ihm arbeiteten, schikanierte er seine Arbeiter und zahlte den Leuten für die gewaltige Anzahl von Tieren, die er ihrem Land wegnahm, nur sehr wenig. Er war arrogant und mißtrauisch und hatte den Einheimischen gesagt, sie seien faul und hätten eben nicht genug gesammelt. Und das hatte sie wütend gemacht.

Schließlich hatten die Bewohner von 3Fas die Nase voll gehabt und einen Plan ausgeheckt, um den bei ihnen weilenden Amerikaner zu ermorden. Simon hatte vor, ihm an seinem letzten Tag auf den Berg zu folgen, wenn er seine Fallenreihe entlangging und die Fallen einsammelte. Tief im Wald würde Simon ihm dann, wenn er sich schutzlos über eine Falle beugte, mit einer Machete den Schädel spalten.

Der Plan wurde indes durchkreuzt, als der Forscher jemand anderen losschickte, die Fallen einzusammeln, und erklärte, er sei zu sehr mit Packen beschäftigt, um sich selbst darum zu kümmern.

Nach diesen bedrückenden Begegnungen mit Angehörigen des von ihnen so genannten »Wildtier-Clans« entschieden die Bewohner von 3Fas, Rache zu nehmen. Sie waren entschlossen, das nächste Mitglied des Clans, das sie besuchte, zu töten. Das war ich.

Obwohl die Vorstellung, daß der Gerechtigkeit Genüge getan werden könne, indem eine unschuldige Person getötet wurde, Europäern befremdlich erscheinen mag, war sie für die Bewohner von 3Fas überaus vernünftig. In Melanesien ist der Clan die soziale Einheit, auf die es ankommt. Die Vergeltung für ein Vergehen darf jedes Mitglied des Täter-Clans treffen.

Dieses allgemein als »Heimzahlen« bekannte System funktioniert, weil es für eine zahlenmäßige Gleichheit zwischen konkurrierenden Gruppen sorgt. Wenn in diesem System ein Mensch plötzlich eines natürlichen Todes stirbt, wird über eine Zeremonie ermittelt, wer den Zauber verfügte, der für seinen Tod verantwortlich ist. Dabei kommt man unweigerlich zu der Feststellung, daß die Täter eine konkurrierende, gewöhnlich benachbarte Gruppe sind. Der Mord aus Rache muß nun das Gleichgewicht zwischen den

Gruppen wiederherstellen. Nicht, daß dem Individuum Gerechtigkeit widerfährt, ist also in diesem System von Bedeutung, sondern daß ein Gleichgewicht zwischen konkurrierenden Clans erreicht wird.

An jenem ersten Abend zu erfahren, daß man in mir ein Mitglied des »Wildtier-Clans« sah, hätte mir die Augen dafür öffnen müssen, daß ich eine Gemeinschaftsverantwortung trug. Leider war dem nicht so, und erst nach Simons ausführlicher Erklärung begriff ich die Natur des Problems. Ich zweifle nicht daran, daß mich die gerechte Strafe ereilt hätte, wenn ich die Angelegenheit nicht auf mehr oder weniger melanesische Art geregelt hätte.

Unser Schweine-Festmahl endete mit einer offiziellen schriftlichen Abmachung. Ich erläuterte präzise, was ich mir von meiner Arbeit versprach (hauptsächlich Erkenntnisse über Baumkänguruhs sowie eine Probe jeder in der Gegend vorkommenden Tierart), und legte meinerseits schriftlich eine für die Dorfbewohner annehmbare Bezahlung für Dienstleistungen, Nahrungsmittel und Musterexemplare fest. Sollten Angehörige meines Clans sie künftig jemals wieder besuchen, würden die Bewohner von 3Fas diese Vereinbarung anwenden.

Bald darauf traf der Rest der Crew ein, und alle reagierten mit Unglauben, als ich ihnen erzählte, was in den letzten 24 Stunden vorgefallen war.

So verbrachte ich mehrere Wochen in 3Fas und erfuhr dort, daß oben auf dem Mount Menawa ein Bestand an Baumkänguruhs existiere, die sich von *Tenkile* zwar deutlich unterschieden, jedoch eine gewisse Ähnlichkeit aufwiesen. Allerdings gehörte dieses Wissen zu dem am sauersten verdienten meiner gesamten Zeit in Melanesien. Nicht nur, daß es mich beinahe das Leben kostete; ich habe auch niemals im Rahmen meiner Feldforschungstätigkeit so schlecht gegessen.

Die Bewohner von 3Fas sind Sago-Esser. Sie legen keine

Gärten an, so daß selbst eine Banane ein unerhörter Luxus ist. Wie sie mußte auch ich mich von Sago ernähren, der zu einer grauen, gallertartigen Masse verarbeitet wurde, in Farbe, Konsistenz und (wohl auch) Geschmack Rotz nicht unähnlich. Ich ekelte mich davor und konnte kaum einen Bissen hinunterwürgen. Die Folge war, daß ich gegen Ende meines Aufenthalts in 3Fas stark abgemagert war und mir allmählich um meine Gesundheit Sorgen machte. Die einzige Abwechslung, die ich hatte, nachdem meine dürftigen Vorräte zur Neige gegangen waren, bestand in einem gelegentlichen, fast ranzigen Stück Schweinefleisch. Einmal aß ich ein Stück hell orangefarbenen Kasuarfetts, das man mir als Geschenk überreicht hatte. Die Tatsache, daß es von Fliegen beschmutzt war, machte es nicht appetitlicher, hielt mich aber auch keineswegs davon ab, es zu verzehren.

Als ich 3Fas verließ, war Simon unter denjenigen, die mir ihre Hilfe beim Transport meines Gepäcks nach Utai anboten. Kurz bevor wir die Ansiedlung erreichten, machten wir halt, um in einer Hütte zu rasten. Sie wurde von mehreren Frauen bewohnt, darunter eine junge Mutter mit einem hübschen Neugeborenen. Ich fragte, wer der Vater des Babys sei, und erfuhr zu meiner großen Überraschung, daß es Simon war. Bemerkenswerterweise machte Simon während unseres gesamten Aufenthaltes beflissen einen Bogen um Frau und Kind. Ich fragte einen seiner Freunde, ob Simon sein Kind vorher schon einmal gesehen habe. Scheinbar hatte er nicht.

Ich erfuhr nie, was hinter dieser Sache steckte. Vielleicht folgte Simon einer kulturellen Praxis, die mir nirgendwo sonst begegnet ist, oder vielleicht war er wütend auf seine Frau. Wie auch immer, jedenfalls wurde ich dadurch in meiner Ansicht bestärkt, daß die Kultur der Menschen von Utai sich sehr von derjenigen anderer Gruppen unterschied, mit denen ich bei meiner Feldforschungsarbeit zu tun hatte.

22

Die Fährte der *Tenkile*

Tenkile waren tatsächlich nur in den Torricelli Mountains in der Nähe von Wilbeitei zu finden, auch wenn ein verwandtes Baumkänguruh oben auf dem Mount Menawa lebte.

Mir blieb deshalb nichts anderes übrig, als mein Forschungs- und Naturschutzprogramm auf die Gegend von Wilbeitei zu konzentrieren. Wir sollten im Laufe der nächsten paar Jahre noch viele Male hierherkommen.

Gleich als wir anfingen, schlug das Schicksal zu. Der heilige *ples masalai* in Sweipini war eines der letzten Rückzugsgebiete der *Tenkile*. Aber im Jahr 1990 baten einige Dorfbewohner Pater Pat, die Geisteraale auszutreiben, von denen es heißt, sie bewachten die heilige Stätte. Er tat dies in einer Zeremonie in Sweipini, bei der Hunderte zugegen waren. Und da die mächtigen Geister nun wirkungsvoll gebannt waren, konnten Jäger den Ort ungehindert betreten – und sie töteten in nur wenigen Monaten viele *Tenkile*.

Als ich Sweipini im Jahr 1991 mit Kaspar aufsuchte, stellten wir bestürzt fest, daß sämtliche Spuren der *Tenkile* – wie frische Kratzer von Krallen an Bäumen, Exkremente, Fährten und gekaute Pflanzen – verschwunden waren. *Tenkile* hatte seine letzte sichere Zufluchtsstätte verloren.

Ich bemühe mich noch immer, zu begreifen, was die Bewohner von Wilbeitei dazu veranlaßte, Pater Pat um den Exorzismus zu bitten. Stand dahinter vielleicht der neue und belebende Katholizismus, der in der Gegend um sich gegriffen hatte? Oder versuchten sie in gewisser Weise, mir zu helfen, indem sie ein Gebiet zugänglich machten, in dem es noch *Tenkile* in Hülle und Fülle gab? Wenn das der Fall war, dann hatte ich einen in der Tat verhängnisvollen Fehler begangen, als ich überhaupt Interesse an der Erforschung von *Tenkile* bekundete.

Die Entwicklung von Naturschutzprogrammen in Ländern wie Papua-Neuguinea ist extrem schwierig. Westliche Vorstellungen von Naturschutz erscheinen den Einheimischen oft vollkommen unsinnig. Viele Dorfbewohner glauben, daß die Tieres des Waldes immer dagewesen sind und immer dasein werden. Mit eindeutigen Hinweisen für einen Rückgang des reichen Bestandes oder gar für ein Aussterben konfrontiert, verweisen sie unweigerlich auf einen Ort jenseits der Berge und meinen: »Dort gibt's noch jede Menge.« Sie sind sich nicht im klaren darüber, daß es immer ein Dorf »dort drüben« gibt, in dem Menschen leben, die auf dieselbe Frage in ihre eigene Richtung zurückdeuten.

Das Problem reicht noch viel tiefer, denn zum melanesischen Weltbild gehören Mensch und Tier, das Sichtbare und das Unsichtbare, das Lebende und das Tote, und zwar auf eine Art und Weise, die sich erheblich von der europäischen Auffassung unterscheidet. Was Europäer als »übernatürliche« Faktoren bezeichnen, sind für Neuguineer einfach die unsichtbaren Teile in einem einzigen Kontinuum des Lebens. Diese Faktoren sind sogar ausgesprochen »natürlich«. Solche Gesichtspunkte entscheiden oft über das Schicksal einer Tierart – ein Umstand, der mir während meiner Zeit in 2Fas klar wurde.

Die Männer von 2Fas tragen einen Kopfschmuck, der aus dem Fell des Schwarzen Tüpfelkuskus (*Spilocuscus rufoniger*) gemacht ist – jener Spezies, der ich zum ersten Mal vor vielen Jahren auf meiner Reise zum Mount Boobiari begegnet war. Es handelt sich um einen äußerst seltenen Kuskus, der rasch verschwindet, sobald er auch nur im geringsten durch Jagd unter Druck gerät. In den achtziger Jahren war er im größten Teil seines Verbreitungsgebietes in Papua-Neuguinea bereits ausgestorben, und alle Belege aus jüngerer Zeit stammen von extrem abgelegenen Orten wie dem Mount Boobiari.

Wenn ich die Bewohner von 2Fas nach dem Schwarzen Tüpfelkuskus fragte, lautete die Antwort stets: *Planti i stap* (Hier gibt es noch viele davon). Bei der Erforschung der Geschichte einzelner, aus seinem Fell hergestellter Schmuckgegenstände regten sich in mir jedoch Zweifel an dieser Aussage. Viele dieser Gegenstände waren sehr alt. Manche waren vom Großvater oder von der Großmutter geerbt worden. Wenn die Spezies so verbreitet war, warum, so fragte ich mich, waren die Schmuckgegenstände dann praktisch Erbstücke?

Die Antwort kam schließlich ans Licht, als ich einen Nachmittag mit einer Gruppe älterer Männer verbrachte und wir uns Geschichten erzählten. In Erwiderung auf meine vielen Fragen meinte einer von ihnen: »Wir haben dir gesagt, daß dieser Kuskus sehr verbreitet, aber auch sehr schwer zu fangen ist. Wenn ein Mann einen fangen will, muß er einen sehr starken Zauber besitzen. Um diesen Zauber herzustellen, muß er sechs Monate im Kulthaus der Männer verbringen. Er darf nur bestimmte Speisen essen, und er muß sich die ganze Zeit des Geschlechtsverkehrs enthalten. Dann muß er zu dem großen Busch reisen, zwei Tagesmärsche von hier. Wenn er Glück hat, wird er dort einen Kuskus finden.«

Als ich fragte, wie lange es her sei, daß jemand Erfolg bei der Jagd gehabt hätte, sagte man mir, daß seit vielen Jahren niemand einen gefangen habe. In den Augen der Älteren war die Dorfjugend ein degenierter Haufen, dem das moralische Rückgrat fehlte, um die anstrengende Vorbereitung durchzuhalten, die für eine erfolgreiche Jagd notwendig war.

Aber auch das ist nicht die ganze Geschichte. Im Jahr 1987 besuchte ich Woodlark Island vor der Küste von Ost-Neuguinea, um den einzigartigen getüpfelten Woodlark-Kuskus *(Phalanger lullulae)* zu erforschen, der nur hier vorkommt. Dieser Besuch fiel zeitlich mit einem ähnlichen Besuch durch eine Gruppe von Studenten der Oxford University zusammen. Woodlark ist eine abgelegene Insel ohne regelmäßige Flugverbindung. Nur wenige Europäer kommen hierher, so daß die Ankunft zweier großer Gruppen – beide versessen darauf, dieselbe Kuskusart zu erforschen – für einen ziemlichen Aufruhr sorgte. Während unseres zwei- oder dreiwöchigen Aufenthalts arbeiteten wir alle schwer. Am Ende hatten wir ein paar Exemplare des Kuskus für das Museum gesammelt, um seine Zuordnung zu bestätigen, und dachten nicht mehr weiter daran.

Doch erst kürzlich erhielt ich einen Brief vom Leiter der Expedition der Oxford University. Er hatte von einem Besucher der Insel gehört, daß der Kuskus jetzt viel seltener vorkomme als früher und daß die Einheimischen fest davon überzeugt seien, die von unseren Expeditionen an dem Bestand verübten schrecklichen Dezimierungen seien dafür verantwortlich. Woodlark ist eine riesige, etwa 800 Quadratkilometer große Insel, und es ist undenkbar, daß unsere kleine Sammlung eine Auswirkung auf die Kuskus-Population gehabt haben könnte, denn das Tier war äußerst verbreitet. Aber natürlich hatte die Ankunft unserer Expedition eine gewaltige soziale Wirkung, die die Vorstellungen der Leute über das reiche Vorkommen dieser Spezies getrübt haben mag.

Nach Erfahrungen wie diesen und durch Beobachtung der Versuche anderer wohlmeinender Forscher, in Melanesien Naturschutzprogramme zu entwickeln, glaube ich, daß in der Tat nur ein ungewöhnlicher Mensch in der Lage ist, sich ein erfolgreiches Programm auszudenken. Und zwar deshalb, weil man dazu das Vertrauen der Einheimischen ebenso besitzen muß wie ein aufrichtiges, tiefes Verständnis für ihr Weltbild. Meine Hoffnung ist, daß das Ministerium für Umwelt und Naturschutz von Papua-Neuguinea imstande ist, lokale, innovative Lösungen für dieses Problem zu entwickeln, weil man dort sowohl über ein gründliches Verständnis melanesischer Lebens- und Denkungsart als auch über den erforderlichen wissenschaftlichen Rahmen verfügt, um zu erkennen, wo die Probleme des Naturschutzes liegen.

Unsere Probleme in den Torricellis wurden gelegentlich durch die Anwesenheit der Filmcrew kompliziert. Gary Steer war daran interessiert, einen Film über unsere Suche nach *Tenkile* zu machen. Bei der Feldforschung ist Gary ein wundervoller Begleiter, aber der Riesenberg an Ausrüstung, den er manchmal benötigte, verwandelte unser Lager in eine aus allen Nähten platzende kleine Stadt.

Und Garys Bedürfnisse unterschieden sich grundlegend von unseren eigenen. Wir waren damit zufrieden, unsere Tiere aus einer gewissen Entfernung zu verfolgen, denn es war weit schlimmer, sie ständig zu stören, als sie niemals zu Gesicht zu bekommen, dafür aber ungefähr zu wissen, wo sie waren. Die Filmcrew brauchte hingegen Bilder von Baumkänguruhs.

Außerdem stellten wir fest, daß die Filmerei unter den Einheimischen neue finanzielle Begehrlichkeiten weckte. Mir hatten sie gern geholfen, etwas über *Tenkile* in Erfahrung zu bringen, und sie hatten sich gefreut, für ihre Arbeit durchschnittlich bezahlt zu werden. Das Filmvorhaben sahen sie mit anderen Augen, weil sie das Gefühl hatten, daß es Gary am Ende einen sagenhaften finanziellen Gewinn bescheren würde. Und für diesen Fall verlangten sie als Eigentümer des Landes ihren gerechten Anteil. Obwohl ich mit der Sache direkt nichts zu tun hatte, führten die dadurch aufgeworfenen Probleme (wie Argwohn gegenüber Garys und gelegentlich auch meinen Motiven) zu sozialen Spannungen, ohne die wir sehr viel besser dran gewesen wären.

In anderer Hinsicht jedoch waren die Beziehungen durchaus gut. Wir waren im Dorf von Anfang an in eine Reihe von Beziehungen eingebunden. Kaspar Seiko und die beiden besten Jäger waren unsere wichtigsten Helfer. Die beiden waren es, die gemeinsam mit ihren Hunden beim Aufspüren von *Tenkile* eng mit uns zusammenarbeiteten. Außerdem wurden sie unsere engsten Freunde. Jedesmal, wenn wir uns mit ihnen in den Busch aufmachten, brach unsere Trägerreihe in ein herrlich jauchzendes Gebrüll aus: *Yi, yi, yi*. Es hörte gar nicht mehr auf, und erst die Erschöpfung vom Tragen der schweren Lasten sorgte schließlich für Ruhe. Der Klang erinnerte mich an den melodischen Ruf des neuguineischen singenden Hundes.

Auch zu anderen Dorfbewohnern gediehen die Beziehungen. Anton, ein Mann Anfang Sechzig, wurde unser Koch. Anton war bei jeder Expedition vom Augenblick unseres Eintreffens bis zum letzten Lebewohl da. Für seine Stellung qualifizierte ihn der Umstand, daß er einst für die Priester in Aitape gekocht hatte. Als ich seine erste Mahlzeit probierte, war ich gehörig beeindruckt, denn die Mischung aus Dosenfisch, frischem Grüngemüse und Reis war zumindest genießbar. Bedenken kamen mir, als uns dasselbe Gericht zum Frühstück wieder aufgetischt wurde; diese Bedenken verwandelten sich beim Mittagessen desselben Tags in schreckliche Gewißheit, als offensichtlich wurde, daß Anton nur ein einziges Gericht kochen konnte.

Trotz gewaltiger Ermunterung einschließlich verschiedener Geschenke in Form von Kräutern, Gewürzen und anderer Zutaten hielt Anton seiner Spezialität unerschütterlich die Treue. Vielleicht hatten die Priester aus der kulinarischen Monotonie eine Art Buße konstruiert, und Anton hatte gemutmaßt, es handle sich dabei um eine europäische Tradition.

In einem verzweifelten Versuch, seine kulinarischen Beschränkungen zu überwinden, heuerte ich sogar einen freundlichen Assistenten namens Peter für ihn an, der leider, wie es schien, an derselben Kochschule gelernt hatte. Und trotzdem gab es keine Möglichkeit, Anton zu feuern. Für die Dorfbewohner war er Koch von Beruf. Ihn zu feuern und jemand anderen einzustellen hätte zu einem furchtbaren Verlust seiner Selbstachtung geführt. So etwas konnte und durfte man ihm einfach nicht antun, denn Anton war ein liebenswerter Mensch. Und ich hielt an diesem Vorsatz fest, selbst als eines Tages ein weibliches Mitglied der Filmcrew entsetzt zu mir kam und sagte, sie hätte gerade im Küchengebäude gesehen, wie Anton versucht habe, ein großes und sehr entzündet aussehendes Furunkel in der Leistengegend aufzustechen – mit ihrer Gabel! Meine matte Antwort, sie könne das Gerät doch in etwas Desinfektionsmittel ausspülen, das ich zur Seite geschafft hätte (die offiziellen Bestände schwanden bei der Behandlung der Schnittwunden und Kratzer eines ganzen Dorfes gewöhnlich rasch), schien ihre Entrüstung nur noch zu steigern.

Viare Kula, einen Papua-Neuguineer mit einem Abschluß von der University of Papua New Guinea, hatte ich eingestellt, damit er den größten Teil der Senderverfolgung übernahm. Um sich auf seine Aufgabe vorzubereiten, hatte er die vergangenen acht Monate in Australien verbracht, wo er mit Roger Martin Bennett-Baumkänguruhs *(Dendrolagus bennettianus)* per Sender verfolgt hatte. Viare war ein fähiger und hart arbeitender Forscher. Soweit wir mit dem Unternehmen Erfolg hatten, verdankten wir dies größtenteils ihm.

Zum Auftakt gingen Viare, Kaspar und die Jäger daran, ein paar *Tenkile* zu fangen, um ihnen Funkhalsbänder anzulegen. Ich hatte zu dieser Zeit in Australien zu tun und konnte nicht dabei sein. Zu meiner Überraschung und Erleichterung hatte Viare diesen Teil der Arbeit binnen weniger Wochen erfolgreich abgeschlossen. In Anbetracht der Seltenheit der Spezies waren wir davon ausgegangen, daß die Sache länger dauern würde. Eine Schönwetterperiode (einmalig während der Zeit unserer Untersuchung) erlaubte den wirksamen Einsatz der Hunde, und Viare legte drei Tieren Halsbänder an. Die Erfolgsaussichten schienen hervorragend zu sein, wenn wir an unsere drei verkabelten *Tenkile* dachten, die den Wald rings um Sweipini durchstreiften.

Inzwischen war ich zurück in den Torricellis. Unser Basislager befand sich auf dem einzigen relativ ebenen Stück Boden auf der Sweipini-Route. Und es war die letzte Stelle, an der man zu Wasser kam, obwohl man dazu einen fast senkrechten 150-Meter-Hang hinunterklettern und den Eimer dann ins Lager hinaufschleppen mußte. Das Lager selbst befand sich auf etwa 1200 Metern Meereshöhe, und dahinter stieg der Weg über 350 Meter steil an.

Unser Tag begann häufig mit einem Abstieg zum Wasser, um uns zu waschen und die Zähne zu putzen, und einem neuerlichen Aufstieg zum Lager. Da wir Tiere verfolgten, die jenseits des Gipfelgrats lebten, mußten wir jeden Morgen den Aufstieg zum Gipfel absolvieren und dann mehrere hundert Meter weiter auf- und absteigen, bevor wir mit unserer Arbeit anfingen. Den Rest des Tages verbrachten mit der Überquerung der steilen Kämme der Gebirgskette, während wir versuchten, Signale aufzufangen. Mit dem Empfänger samt Antenne sowie etwas Proviant im Gepäck wurde dies bald zu einer mühseligen Routine, da wir im Durchschnitt pro Tag etwa 1000 bis 1500 Höhenmeter zurücklegten.

In Sweipini regnet es praktisch jeden Tag, oder es ist neblig. Dadurch bleibt die Vegetation feucht, was im Verein mit der extrem zerklüfteten Topographie dazu führte, daß unsere Funksignale abgelenkt und unterbrochen wurden. Wenn wir versuchten, uns einem Tier zu nähern, um einen besseren Standort zu erreichen, stellten wir fest, daß es gewöhnlich Hals über Kopf hangabwärts geflüchtet war, lange bevor wir es sahen. Diese Schreckhaftigkeit hatte sich zweifellos entwickelt, weil wir es hier mit einem Tierbestand zu tun hatten, der in großem Stil gejagt worden war. Nur die Unruhigsten hatten überlebt, weil diejenigen, die – sei es aus Neugier oder aus Faulheit – blieben, wo sie waren, wenn sie einen Menschen hörten, ihre Tage im Kochtopf beschlossen.

Diese Probleme führten dazu, daß die Tiere, die wir verfolgten, in einem Maße gestört wurden, das untragbar war. Sie schienen an einem Tag bis zu zwei Kilometer zurückzulegen, was für Baumkänguruhs höchst untypisch ist. Wir hatten das Gefühl, daß es einfach unmoralisch sei, die Tiere einer derartigen Belastung auszusetzen. Überdies wurden sämtliche Daten, die wir auf heimischen Gebirgsketten sammelten, unter diesen Umständen bedeutungslos.

Eine Weile versuchten wir diese Probleme mit Hilfe einer Technik zu umgehen, die als Triangulierung bekannt ist. Zwei Empfänger werden in einiger Entfernung voneinander benutzt (oder man nimmt zwei Standorte ein). Dieses System hat den Vorteil, die Position eines Tieres aus einer gewissen Distanz bestimmen zu können, wodurch Störungen minimiert werden. Wir stellten fest, daß diese Methode für die Torricelli Mountains ungeeignet war, weil die schartige Topographie und der feuchte Pflanzenwuchs die Funksignale in einem solchen Ausmaß unterbrachen und abprallen ließen, daß wir selten verläßliche Anzeigen erhielten.

Während der ganzen Zeit, in der wir die drei *Tenkile* per Funk verfolgten, sahen wir nur einmal ein Tier mit Halsband. In der einen Stunde, die ich das Tier beobachtete, saß es, bis auf ein gelegentlich zuckendes Ohr, unbeweglich da.

Zu diesen technischen Problemen kamen die logistischen Schwierigkeiten des Lagerlebens hinzu. Beispielsweise war es unmöglich, irgend etwas zu trocknen. Viare und ich gingen wochenlang naß ins Bett und wachten naß wieder auf.

Nach einem Monat oder etwas später begannen die anstrengende Tätigkeit und die schlechte Ernährung sich auf unser Immunsystem auszuwirken. Mir machte beispielsweise eine Ohrenentzündung zu schaffen, mit der ich nur schwer hören und schlecht schlafen konnte.

Zu allem Übel wurden wir Opfer tropischer Geschwüre und tiefer, unglaublich schmerzhafter Furunkel, die unsere mißliche Lage noch verschlimmerten. Die Furunkel werden durch Bakterien verursacht, die normalerweise in der Nasenhöhle sitzen. Gewöhnlich wird man infiziert, wenn man sich kratzt, nachdem man jemandem die Hand geschüttelt hat, der sich gerade in der Nase gebohrt hat. Ich begann das beim Betreten eines Dorfes erforderliche Ritual des allseitigen Händeschüttelns zu fürchten.

Diese Furunkel tendieren dazu, am Körper aufwärts zu kriechen. Eines bildet sich vielleicht am Knie, und sobald es verheilt ist, taucht ein zweites am Oberschenkel auf. Danach entwickelt sich ein Furunkel in der Leistengegend – und an dieser Stelle können die eigroßen, eitergefüllten Beulen jede Bewegung unmöglich machen und die gräßlichsten Schmerzen verursachen. Wenn sie aufgeplatzt sind, hinterlassen sie ein klaffendes Loch. Es ist ziemlich zermürbend, mit Desinfektionsmittel getränkte Mullbinden meterweise in einem klaffenden Loch im eigenen Körper verschwinden zu sehen.

Immerhin wurde man für all das reichlich entschädigt. Ich erinnere mich, daß ich eines Morgens zum Gipfelgrat emporstieg, als ein leichter Dunst im Kronendach des tieferliegenden Nebelwaldes hing. Die Bäume, deren knorrige Stämme nur bis knapp sieben Meter über den Erdboden reichten, waren mit großen Büscheln Moos überzogen. Eine der höchsten Pflanzen war eine Palme, die nur oben auf den Kammlinien wuchs und deren anmutige, federartige Wedel sich ungehindert von dem dichten, kleinblättrigen Kronendach auffächerten. Um diese Jahreszeit war sie schwer von

Früchten, und die großen Büschel hellroter Beeren hingen in Trauben herab, die im diffusen Licht zu glühen schienen.

Plötzlich bemerkte ich eine Bewegung. Ein großer schwarzer Vogel mit langem Schwanz und Schnabel spurtete um den Stamm einer Palme. Eine Sekunde später hörte ich seinen Ruf – ein lautes *Blak, Blak* –, und er kam erneut in Sicht. Sorgfältig suchte er sich eine der reifen roten Früchte aus und verschluckte sie ganz, nachdem er sie mit seinem langen, gebogenen Schnabel abgebrochen hatte. Dies hier war der (zumindest für mich) beinahe mythische männliche Rote Sichelschnabel *(Epimachus fastuosus)*. Tiefblaue und dunkelrote Strahlen brachen aus seinem schillernden Gefieder hervor, und ich beobachtete ihn lange Minuten, bevor er über das Tal davonflog. In dieser Jahreszeit, wenn die Palmen Früchte trugen, konnte man seinen Ruf oft von nah und fern hören.

Auch Ereignisse näher am Lager brachten Abwechslung in unsere oftmals kläglichen Tage. Hin und wieder landete ein großer, metallisch blauer Schmetterling auf der Suche nach Schweiß zum Trinken auf meiner Haut. Oder meine Socken wurden manchmal, wenn ich sie zum Trocknen auslegte, von Wolken kleinerer, gelber Schmetterlinge umschwärmt, die dort was auch immer suchten. Und im Anschluß an den abendlichen Regenguß tauchten jedesmal Unmengen Frösche auf. Manche waren winzig klein und hatten hellrote oder gelbe Oberschenkel. Sie pflegten nachts auf das Netzgewebe des Zeltes zu klettern und Insekten zu fangen, die vom Licht angezogen wurden, und ich beobachtete von meinem feuchten Schlafsack aus ihre Umrisse, bevor ich einschlummerte.

Als ich einmal nachts in der Nähe der Zelte mit einer Taschenlampe auf die Jagd ging, hörte ich einen lauten Schrei. Als ich den Fuß anhob, fand ich einen aufgeplusterten und sehr wütenden Ball von einem Frosch, den ich unabsichtlich in den Schlamm gestampft hatte. Er war schwarz und überzogen von langen, fingerigen Papillen. Er sah einfach nur aus wie ein schwarzer, stacheliger Golfball. Später fand ich auf haargenau die gleiche Weise noch ein weiteres dieser bizarren Geschöpfe. Sie sind nach wie vor nicht identifiziert.

Eines Abends stieß ich direkt auf dem Gipfel des Mount Somoro noch auf einen anderen seltsamen Frosch. Er schien nur aus Kopf zu bestehen und hatte spindeldürre, gestreifte Beine. Es war eine Spezies des *Lechriodus* oder gestreiften Froschs. Er sah aus, als könnte er eine Kreatur schlucken, die so groß war wie er selbst.

Frösche und Vögel waren nicht unsere einzigen Besucher. Lester Seri (der schon auf früheren Expeditionen mit uns gearbeitet hatte) fand eines Morgens beim Aufwachen einen riesigen schwarzen Wurm in seinem Schlafsack, der aussah wie ein Phallus. Wochenlang erschütterten derbe Witze das Lager. Jemand wagte zu äußern, daß ihn möglicherweise die Suche nach einem Gefährten dorthin gelockt habe! Die Wurmexperten im Australian Museum hingegen waren dankbar für dieses Exemplar, und ich bat für den Fall, daß sich herausstellen sollte, es handle sich um eine unbeschriebene Art, sie nach einem Teil von Lesters Anatomie zu benennen. Ich warte immer noch auf das Ergebnis ihrer Forschungen.

Nachts erhielten wir häufig Besuch von Gemalten und d'Albertis-Ringelschwanzbeutlern *(Pseudochirulus forbesi* und *Pseudochirops albertisii)*. Kaspar meinte, unser Lager liege an einer *rot bilong kapul* (Beutelrattenstraße), die die Tiere auf dem Weg von einem Tal in ein anderes überquerten. Eines Morgens kam ein Streifenbeutelmarder *(Myoictis melas)* ins Lager spaziert, wobei Viare diese Spezies zum ersten Mal zu Gesicht bekam. Über den Rücken dieses rattengroßen Raubbeutlers verlaufen drei schwarze Streifen, aber seine auffälligsten Merkmale sind seine feuerroten Hinterbacken und der ebenso rote Kopf. Er zählt zu den wenigen nachtaktiven Säugetieren Neuguineas.

Und dann war da noch die Aussicht. An einem klaren Morgen konnten wir vom Kamm der Sweipini-Bergkette bis zur Sissano Lagoon an der Nordküste Neuguineas sehen. Dieser Anblick allein war ein ausreichender Anreiz, auf dem Berg zu bleiben, auch wenn die Verfolgung der Baumkänguruhs per Funk nicht so voranging, wie sie sollte. Tatsächlich wurden die Schwierigkeiten beim Ausmachen von Signalen zusammen mit der Schreckhaftigkeit der mit den Halsbändern versehenen Tiere immer unüberwindlicher.

Wie kamen schließlich überein, ein paar Monate Pause einzulegen, um unsere Strategie zu überdenken. Ich kehrte nach Australien zurück und Viare nach Port Moresby. Beide unterhielten wir uns mit erfahrenen Funkverfolgern, die vor ähnlichen Problemen gestanden hatten. Leider erbrachten unsere Beratungen keine neuen, erfolgversprechenden Ideen. Trotzdem beschlossen wir, für einen letzten Versuch in die Berge zurückzukehren. Unsere Hoffnung war, daß die Tiere sich in der Zwischenzeit soweit beruhigt hatten, daß wir die Verfolgung fortsetzen konnten, ohne sie übermäßig zu stören. Sollte auch dieser Versuch scheitern, würden wir das Programm beenden.

Innerhalb weniger Tage nach der Ankunft in unserem alten Lager orteten wir noch einmal die Signale von zweien unserer Tiere. Wir hofften, daß sie ruhig blieben, wenn wir ihnen nicht allzu nahe kamen. So waren wir erfreut, als die Signale weiterhin aus einem einzigen Gebiet kamen, auch als wir vorsichtig immer näher rückten. Als die Signale nach ungefähr einer Woche immer noch von demselben Ort ausgingen, glaubten wir, einen Blick aus der Nähe wagen zu können.

Man stelle sich unsere Bestürzung vor, als Viare an jenem Morgen die Überreste eines unserer Tiere mit dem Funk-Halsband fand. Ein oder zwei Tage später fanden wir die

Knochen eines zweiten. Das letzte Tier schien, nach seiner wechselnden Sendeposition zu urteilen, am Leben zu sein, reagierte auf unsere Anwesenheit jedoch genauso heftig wie zuvor.

Was, so fragten wir uns, konnte unsere kostbaren *Tenkile* getötet haben? Nachdem wir alle Möglichkeiten erwogen hatten, kamen wir zu dem Schluß, daß die beiden toten Tiere wahrscheinlich von Hunden gebissen worden waren, als wir sie eingefangen hatten, um ihnen die Halsbänder anzulegen. Viare hatte keine Bißmale an ihnen gesehen und ihnen bei ihrer Freilassung sogar Antibiotika zur Vorbeugung verabreicht. Trotzdem ist es möglich, daß ihr langes, dichtes Fell einen Biß verbarg und die Antibiotika nicht ausgereicht hatten, die schwere Muskelinfektion abzuwehren, die eine Fleischwunde herbeiführen konnte.

Ich regte mich doppelt über diese Katastrophe auf, weil wir ein paar Monate vor Viares erstem Aufenthalt per Post Maulkörbe nach Wilbeitei geschickt hatten, um die Hunde daran zu gewöhnen, sie bei der Jagd zu tragen. Die Maulkörbe waren niemals angekommen, aber das merkte Viare erst, als er in Lumi eintraf, um mit der Suche nach Tieren zu beginnen. Irgendein korrupter Postangestellter dürfte das Schicksal unseres Naturschutzprogramms, wenn nicht einer ganzen Tierart, besiegelt haben.

Hunde sind unerläßlich, um *Tenkile* aufzuspüren. Über die von ihnen ausgehende Gefahr dachten wir, trotz des Fehlens von Maulkörben, nicht groß nach, weil wir annahmen, *Tenkile* würden in den Baumwipfeln bleiben, wenn sie einen Hund sähen, so wie es andere Baumkänguruhs auch tun. Doch jetzt begannen wir zu argwöhnen, daß die Hunde oft einzelnen Tieren auf dem Erdboden begegneten. Diese konnten dann gebissen werden, bevor sie die Sicherheit der Baumwipfel erreichten. So lernten wir zumindest eines, nämlich daß *Tenkile* in stärkerem Maße Erdbewohner waren als andere Baumkänguruhs.

Ich kann die Verzweiflung, die mich beim Tod seltener Tiere überkommt, kaum hinreichend beschreiben. Es war, als steckte mir der kühle Nieselregen der Heimat *Tenkiles* noch Monate nach meiner Rückkehr nach Australien tief in den Knochen.

Nach Beendigung des *Tenkile*-Projekts arrangierten Gary und ich für Kaspar einen Besuch in Sydney. Ich erholte mich zu der Zeit gerade von einer *Malaria tropica*, so daß ich ihn leider nicht herumführen konnte, so gern ich es auch getan hätte. Wir hatten den Aufenthalt zum Zeichen unserer Dankbarkeit für die enorme Unterstützung, die er uns gewährt hatte, arrangiert. Für einen Mann, den seine Reisen niemals weiter als bis nach Wewak geführt hatten, war es ein außerordentliches Erlebnis, doch vieles von dem, wovon ich geglaubt hatte, daß es ihn in Erstaunen versetzen könnte, nahm er mit großem Gleichmut hin.

Bei seiner Rückkehr wurde Kaspar wie ein Held begrüßt. Der Dorflastwagen wurde, komplett mit einem aufgemalten *Tenkile* und bekränzt mit Buschblättern, zum Flughafen von Lumi entsandt, um ihn abzuholen. Ihn so von seiner Gemeinschaft geehrt zu sehen, war insoweit besonders angenehm, weil er ein Mann von großem traditionellem Wissen ist. Trotz ihrer Klugheit werden solche Leute von anderen Melanesiern, die mehr Kontakt zur Außenwelt haben, manchmal für »Buschkanaken« gehalten.

Doch Kaspars Freude war nur von kurzer Dauer, denn ein paar Wochen nachdem er zurückgekehrt war, starb seine Frau. Für jeden in Wilbeitei war klar, daß hier irgendein neidischer, boshafter Zauberer am Werk gewesen war.

TEIL SECHS

Jenseits von Jayapura

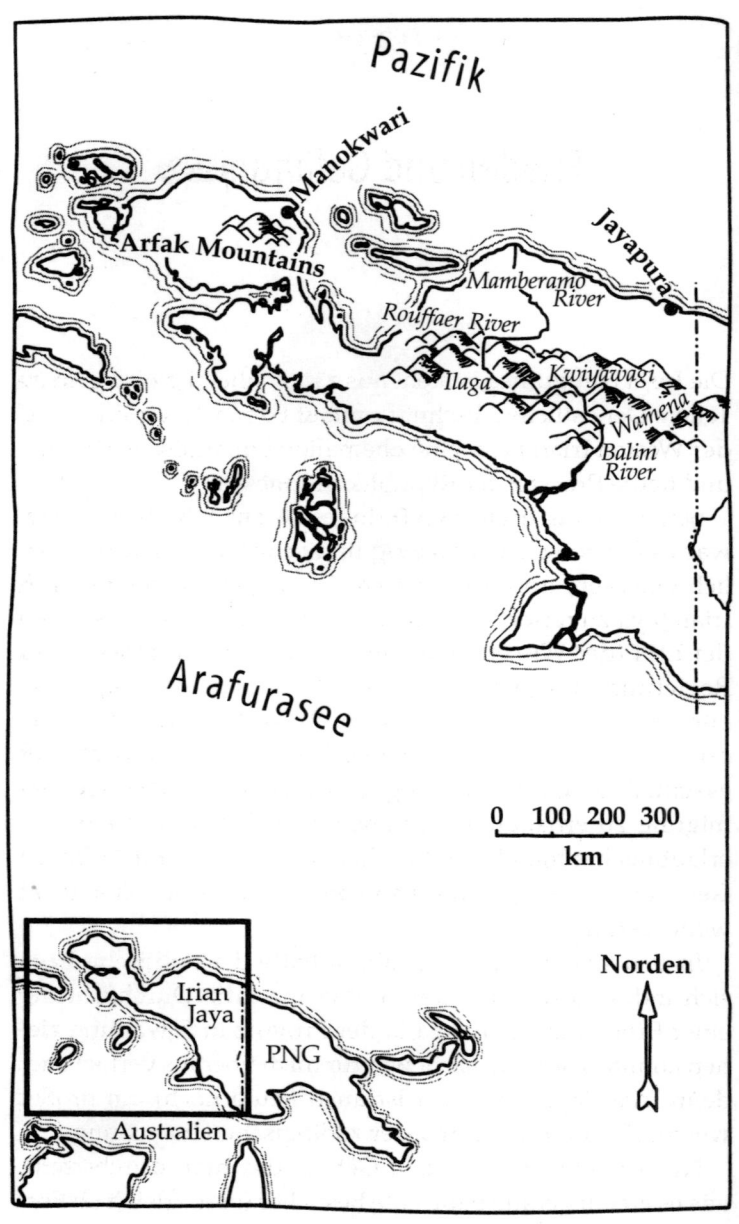

23

Frieden und Gefängnisse

Die Insel Neuguinea besteht aus zwei nahezu gleich großen Teilen. Der östliche Abschnitt umfaßt Papua-Neuguinea und der Westen Irian Jaya, eine ehemalige holländische Kolonie und heute Provinz der Republik Indonesien.

Seit 1969, als Irian Jaya Indonesien angegliedert wurde, war es für Forscher schwierig und zuweilen sogar unmöglich gewesen, dort zu arbeiten. Die ersten Versuche, nach Irian Jaya zu reisen, unternahm ich im Jahr 1984; ich schrieb der LIPI (der Wissenschaftsorganisation der indonesischen Regierung) und bat um die Genehmigung, ein Programm zur Erforschung der Tierwelt durchzuführen. Ich erhielt jedoch nie eine Antwort auf meine Briefe. Heute weiß ich, daß es damals im Grunde unmöglich war, eine derartige Genehmigung zu erhalten. Und ohne eine offizielle Forschungserlaubnis hat man keine Möglichkeit, an die erforderlichen Geldmittel zu kommen – also konnte ich meine Pläne nicht weiterverfolgen.

In den späten achtziger Jahren hatte die politische Lage sich indes so weit entspannt, daß man die Durchführung einer Erhebung der Fauna in der Provinz in Erwägung ziehen konnte. Diese Aussicht war für mich überaus verlockend, denn Irian Jaya war (und ist auch heute noch) ein großer weißer Fleck auf der Karte der zoologischen Forschung.

Noch heute ist Irian kein Gebiet, das man durchstreift, wie es einem gerade paßt. Alle Besucher (ganz gleich ob Forscher, Touristen oder Indonesier aus anderen Provinzen) brauchen für die Einreise ein polizeiliches Reisedokument. Das Dokument (ein *surat jalan*) führt die Orte auf, die von dem Inhaber des Schreibens besucht werden dürfen, und wird in jeder Stadt oder Gemeinschaft, durch die der Betreffende kommt oder die er besucht, geprüft und bestätigt.

Einmal mehr spielte Geoff Hope eine wichtige Rolle in meinem Leben, weil er mir eine weitere Forschungsgelegenheit verschaffte. Er hatte mir die Tür nach Papua-Neuguinea geöffnet – und jetzt, im Jahr 1990, übergab er mir die Schlüssel für Irian Jaya.

Geoff war von der Universität von Cenderawasih nach Irian Jaya eingeladen worden (die Provinz, die knapp über eine Million Einwohner hat, rühmt sich bemerkenswerterweise zweier Unis). Er hatte vor, eine Abteilung zur Untersuchung der Hochgebirgsökologie aufzubauen. Diese Einladung war äußerst nützlich, da sie ihm gestattete, viele Gebiete zu bereisen, die andernfalls für ihn unerreichbar geblieben wären.

Wir beide wußten seit langem von einigen Fossilien, die ein Missionar hoch oben im zentralen Gebirgsmassiv entdeckt hatte. Wie man hörte, waren die Fossilien in einer Höhle gefunden worden, von der das Gerücht ging, sie sei voll mit den Knochen großer ausgestorbener Beuteltiere.

Geoff und seine Lebensgefährtin Bren Wetherstone hatten die Stätte im Jahr 1989 besucht und glaubten, es könnte ein bedeutender Fossilienfundort sein. Um dorthin zu gelangen, hatten sie eine anstrengende Rundreise von mehr als 250 Kilometern zu Fuß durch die zerklüftete Bergwelt Zentral-Irian-Jayas unternommen. Das Wissen aus erster Hand, das sie so über diesen Ort erlangten, lieferte mir die Gelegenheit , sowohl in der LIPI als auch in Irian Jaya Kontakte zu knüpfen, die es mir erlauben sollten, dort Feldforschungen zu betreiben.

Die Untersuchung eines Fossilienfundorts unterscheidet

sich gehörig von der Erforschung wildlebender Tiere. Wildlebende Tiere sind in Indonesien geschützt, und man braucht eine Reihe von Genehmigungen verschiedener Behörden, um sich an die Arbeit machen zu können. Fossilien dagegen fallen nicht unter dieses Gesetz. Also konnte ich ohne weiteres um Geldmittel für die Fossiliensuche in Irian Jaya bitten, ohne mir ein Visum zur Erforschung wildlebender Tiere besorgen zu müssen.

Anfang des Jahres 1990 wurden mir die erforderlichen Mittel bewilligt, um eine Expedition zur Untersuchung der Höhle zu organisieren, und Geoff, Bren und ich bereiteten uns auf den Aufbruch vor. Dies war der Auftakt zum größten Abenteuer meines Lebens. Indonesien war ungeheuer exotisch, und wieder einmal erlebte ich die Erregung und die Frustration, in eine Kultur einzudringen, deren Gebräuche und Sprache mir vollkommen neu waren. Seit meinem ersten Aufenthalt in Papua-Neuguinea war ich von keiner solchen Vorfreude und keinem solchen Drang nach spannenden Abenteuern mehr erfüllt gewesen.

Als ich in die Provinzhauptstadt Jayapura einflog, war ich beeindruckt, wie sehr sie von der Lage her Port Moresby ähnelte. Beide Städte wurden im »Regenschatten« gegründet, wo Grasland vorherrscht. Rings um Jayapura tragen die über ozeanischem Krustengestein liegenden, sehr schlechten Böden mit dazu bei, Wald zu unterdrücken und Grasland zu fördern. Außerdem liegen sowohl Port Moresby als auch Jayapura am Rande schöner natürlicher Häfen und werden im Hintergrund eingerahmt von Bergketten.

Trotz dieser Ähnlichkeiten in der natürlichen Lage fand ich Jayapura unvergleichlich schöner. Wenn man auf dem großen, von Amerikanern erbauten Flugplatz von Sentani landet, hat man den Eindruck, als stiegen die grünen Cyclops

Mountains abrupt aus der Küstenebene auf. Sie erreichen eine Höhe von 2000 Metern, bevor sie ein paar Kilometer weiter im Norden spektakulär ins Meer abstürzen. Zwischen Gebirge und Stadt liegt der Lake Sentani, ein weitverästelter Süßwassersee, der mit seiner Fülle von Buchten, Stränden und Seitenarmen dem Hafen von Sydney ähnelt. Er ist umgeben von einer hügeligen Tiefebene, die um die Tagesmitte unerträglich heiß werden kann. Doch in See- oder Meeresnähe sorgen herrliche abendliche Brisen für Abkühlung.

Eingebettet in die Buchten des Lake Sentani und auf seinen Inseln, liegen unzählige kleine Siedlungen, deren Häuser auf traditionelle Art mit Stroh gedeckt sind. Häufig verschwinden sie fast vollständig hinter Kokospalmen, Hibiskus, Brotfruchtbäumen und allerlei anderen Pflanzen, die jede Hüttenansammlung umgeben. Die steilen, grasbewachsenen Hänge, die zum Wasser führen, sind überall von ordentlichen Gärten unterbrochen. Das Wasser des Sees ist noch relativ sauber (obwohl die Umweltverschmutzung auch hier eine wachsende Bedrohung darstellt) und beherbergt exotische Geschöpfe wie den riesigen Sentani-Süßwasser-Sägefisch (der eine Länge von mehreren Metern erreicht) und den winzigen, schillernden Sentani-Regenbogenfisch, die beide nur in diesem Gewässer vorkommen.

Jayapura liegt in der Nähe der Stelle, wo der See fast bis ans Meer heranreicht. Dort dehnt sich eine Reihe von schönen weißen Sandstränden, Hügeln und Inseln bis in die Ferne. Die Stadt selbst ist leider an einem kleinen Fluß erbaut, der heute furchtbar verdreckt ist und in Anblick und Geruch eher der Kloake von Jakarta ähnelt. Eine baufällige Ansammlung von Pfahlhütten mit Blechdächern drängt sich um dieses »Abflußrohr«, während die Hauptstraßen von moderneren Gebäuden (einschließlich eines großen, komfortablen Hotels) gesäumt sind.

Wir fanden eine einfache, saubere Unterkunft in einem alten holländischen Kolonialhaus in einem Vorort namens

Dok Lima (»Five Dock« auf Englisch), der seinen Namen während der alliierten Besetzung im Jahr 1944 erhalten hatte. Das Haus, von dem man einen Blick auf den blauesten aller Ozeane hatte, lag im Schatten großer Banyanbäume voller Orchideen. Über seine Veranda wehte eine kühle Abendbrise.

Als ich von einem vorüberziehenden Straßenhändler pikant gewürzte, frisch zubereitete Satéspieße kaufte und sie mir schmecken ließ, während ich die Aussicht in mich aufnahm, fühlte ich mich wie im Paradies. Später erfuhr ich, daß man munkelte, der Satéverkäufer stehe im Sold des indonesischen Militärs und werde dafür bezahlt, ein wachsames Auge auf Ausländer zu haben. Ach, wie bittersüß war Irian!

Als ich mich auf dieser ersten Reise an die Erkundung Jayapuras machte, wurde mein Gefühl, in eine Art Nirwana geraten zu sein, nur noch verstärkt. Während der einen Woche, die wir hier verbrachten, herrschte mildes Wetter. Beförderung und Unterkunft waren preisgünstig und sauber, wenn auch einfach, und köstliche asiatische Speisen waren fast überall zu lächerlich niedrigen Preisen erhältlich.

Eines der besten Fischrestaurants, in denen ich je gegessen habe, liegt oberhalb der Bucht direkt im Zentrum der Stadt. Sein aufmerksamer Besitzer, ein Mann aus Flores, besteht darauf, daß seine Gäste sich ihren Fisch frisch aus einem mit Eis gefüllten Karren aussuchen, der am Eingang des Restaurants postiert ist. Forellenbarsch, Riesenzackenbarsch und ein Dutzend Arten strahlend bunter Riffische liegen neben Trevally, Makrele und Flunder. Die Fische, die man sich ausgesucht hat, werden anschließend sofort auf heißer Holzkohle gegrillt und mit einer wohlschmeckenden süßen schwarzen Soße serviert. Mit eiskaltem Bier (das sogar heute noch nach holländischer Tradition gebraut wird) hinuntergespült, ist diese Mahlzeit des besten Restaurants in jeder großen Stadt würdig. Aber keine große Stadt könnte jemals das strahlende Leuchten der Humboldt Bay oder die milden Brisen und unzähligen Sterne eines klaren tropischen Himmels liefern.

Nachdem ich viel Zeit in Port Moresby verbracht hatte, beeindruckte mich in Jayapura die Tatsache am meisten, daß es eine *sichere* Stadt war. Ich sah keine hohen, von Stacheldraht gekrönten Zäune, hinter denen bissige Hunde bellten. Es gab keine bewaffneten Wachtposten vor Geschäften und keine stark befestigten Siedlungen, die eine gleichsam belagerte Elite schützten. Nicht nur einmal spazierten wir morgens um 3 Uhr vollkommen sicher durch die Straßen. Für jeden, der an das Leben in Port Moresby gewöhnt war, bedeutete dies einen unglaublichen Luxus.

Aber schon bei diesem ersten Aufenthalt, als die Sprache noch eine große Barriere war und ich diese neue Welt durch eine rosarote Brille betrachtete, entging mir nicht völlig der Preis, um den diese Sicherheit erkauft war. Auf der Fahrt vom Flughafen in die Stadt sahen wir neben der Straße ein imposantes Gefängnis. Am Ende einer Reihe älterer Grabhügel fielen ein paar frisch ausgehobene Gräber auf. Zweifellos waren sie als Warnung gedacht. Polizei und Militär waren in allen Straßen präsent (obwohl sich Jayapura in dieser Hinsicht nicht sonderlich vom Rest Indonesiens unterscheidet), und an allen großen Ein- und Ausfallstraßen befanden sich bewaffnete Militärposten. Zu Melanesiern, die sich näherten, konnten die arroganten jungen Soldaten, die diese Posten bemannten, ungeheuer grob sein.

Das zweite, was auffiel, war, daß Jayapura nach nur zwanzig Jahren Regierung durch Jakarta zu einer wahrhaft asiatischen Stadt geworden war. So wie das Essen wunderbar indonesisch angehaucht war, so hatten auch die Geschäfte ein unverwechselbar asiatisches Erscheinungsbild. Der *pasar* im Stadtzentrum ist ebenso labyrinthisch und überfüllt wie jeder Basar auf Java, während der Strom außerhalb der Stadt ebenso verschmutzt ist wie Jakartas Ciliwang River.

272

Melanesier verpesten ihre Flüsse nur ungern, und ein so ekelhafter Anblick bietet sich anderswo auf Neuguinea nur selten.

Auf typisch indonesische Art standen an belebten Kreuzungen kompakte Polizisten, aus deren rosigen Gesichtern strenge, starre Augen blickten, während schwarzlackierte Waffen von ihren Hüften abstanden. Auf den Straßen wimmelte es von Straßenverkäufern mit ihren *warungs*, während *becaks* (Rikschas) und Kleinbusse sich an den von Schlaglöchern übersäten Straßenrändern drängten.

Man sah noch immer Melanesier, aber es schien, als bestünde bereits mehr als die Hälfte der Bevölkerung der Stadt aus Zuwanderern aus anderen Teilen Indonesiens. Ich sah nirgends Anzeichen von Feindschaft zwischen den beiden Gruppen. Vielmehr schien es bemerkenswerte Zeichen rassischer Harmonie zu geben, beispielsweise Paare melanesischer und asiatischer Männer, die in freundschaftlicher Unterhaltung gemeinsam die Straße entlanggingen.

Was darüber hinaus an Jayapura auffiel, war die Zahl illegaler Einwanderer aus Papua-Neuguinea, auf die ich dort traf. Anfangs konnte ich nicht verstehen, warum sie ihr eigenes freies Land verlassen hatten, um in einem Staat zu leben, in dem keine Melanesier herrschten und wo ihr Leben möglicherweise in Gefahr war, falls man sie entdeckte.

Nach Irian Jaya hineinzukommen war für sie bestimmt kein Problem. Jayapura liegt nur ein paar Kilometer westlich der Grenze. Die Gelegenheiten für einen Übertritt sind zahlreich, denn die Grenze ist schlecht gekennzeichnet und verläuft größtenteils durch Dschungel. Einmal in der Stadt, verschmelzen die Einwanderer dann leicht mit der Bevölkerung, da viele bereits ein paar Brocken Bahasa Indonesia, die offizielle Sprache Indonesiens, sprechen.

Jeder, der aus Papua-Neuguinea über die Grenze kam, schien erpicht darauf zu sein, Europäer kennenzulernen. Diejenigen, denen ich in Jayapura begegnete, machten sich gewöhnlich in einem Bus oder auf dem Markt geheimnisvoll mit ein paar geflüsterten Pidgin-Worten an mich heran, um zu testen, wie ich darauf wohl reagierte. Die meisten stammten aus den Grenzgebieten, zum Beispiel aus Vanimo oder Yapsai, wo ich viel gearbeitet hatte, und oft hatten wir sogar gemeinsame Bekannte. Nach Jayapura gelockt worden waren sie von billigen Lebensmitteln, Kleidern und anderen Waren, die hier zu einem Bruchteil des Preises zu haben waren, der in Papua-Neuguinea gezahlt werden mußte; zweifellos gab es einen blühenden Schmuggelverkehr über die Grenze.

Einige dieser Leute hielten sich nur zu einem kurzen Besuch in Jayapura auf, andere hingegen waren bereits seit Monaten hier. Alle lebten in großer Furcht, ertappt zu werden, und mehr als einen erwartete im Falle seiner Entdeckung der Tod.

Die wenigen Tage, die wir mit der Erkundung der Umgebung von Jayapura verbrachten, waren voller Aufregung. Einmal mieteten wir uns einen Kleinbus und fuhren zu dem Ort in den Ausläufern der Cyclops Mountains, wo sich das Hauptquartier von General MacArthur befunden hatte. MacArthur, der Oberbefehlshaber der alliierten Streitkräfte im Südwestpazifik, ließ an Ort und Stelle eine Villa bauen und verbrachte während des Zweiten Weltkrieges einige Zeit dort. Obwohl von dem Gebäude heute nichts mehr übrig ist, machte der Besuch einen tiefen Eindruck auf mich, denn der beherrschende Blick von hier oben sagte Wesentliches über diesen außergewöhnlichen Mann aus.

Die Stelle bietet einen überwältigenden Panoramablick über die Sentani-Ebene. Weit dort unten erstreckt sich die Start- und Landebahn. Von hier oben aus betrachtet wird deutlich, daß die einzige Rollbahn, die auf dem modernen Flughafen von Sentani heute noch in Betrieb ist, nur den winzigen Teil eines riesigen, jetzt größtenteils stillgelegten Flugplatzes darstellt, der während des Zweiten Weltkrieges errichtet wurde. Etwa fünf ungeheuer lange Landebahnen scheinen für die Amerikaner angelegt worden zu sein. Die gegenwärtige Rollbahn beansprucht weniger als die halbe Länge einer dieser Pisten.

Während ich dort oben stand, stellte ich mir vor, wie das alles vor fünfzig Jahren ausgesehen haben mußte. Hunderte großer, silberner Bomber, beladen mit Tausenden Tonnen tödlicher Fracht, dürften in Reih und Glied auf dem Rollfeld gestanden haben. Ich stellte mir MacArthur auf seinem Balkon vor, in der einen Hand das Funkgerät, die andere Hand erhoben, bereit, den Befehl zum Start zu geben. Mit einer Geste schickte er die riesigen Bomber auf ihre Mission, Rache an jenen zu üben, die in Corregidor Schande über ihn gebracht hatten.* Als ich mir diese Szene ausmalte, begann ich selbst den Größenwahn, der den General getrieben haben muß, in den Knochen zu spüren.

Auf der Rückfahrt entlang des Sentani-Seeufers kamen wir an einer Anzahl solide gebauter Häuser im Kolonialstil vorbei, die direkt am Wasser lagen. Jedes war umgeben von einem Garten, in dem Croton, Roter Jasminbaum und Hibiskus wuchsen: ein wunderschönes Bordell nach dem anderen, wie man mir sagte. Heute besetzt eine andere Armee die Sentani-Ebene, und offensichtlich sind mehrere dieser Etablissements ausschließlich ihr vorbehalten.

Jahre später sollte ich von einem Krankenpfleger erfahren, daß man die Besatzung eines thailändischen Fischerbootes, das illegal in indonesischen Gewässern erwischt worden war, fast ein Jahr lang in Jayapura festgehalten hatte. In dieser Zeit waren die Besatzungsmitglieder ungehindert durch die Stadt gezogen. Bevor man sie gehen ließ,

---

* Die Bombardierung der Inselfestung Corregidor und die darauffolgende Landung der Japaner führten am 6. Mai 1942 zur Kapitulation der amerikanisch-philippinischen Streitkräfte, der am 9. Juni die Kapitulation der restlichen amerikanisch-philippinischen Truppen auf den übrigen Inseln im Südwestpazifik folgte.

waren alle ärztlich untersucht worden. Zwölf der fünfzehn Seeleute waren HIV-positiv gewesen.

Als wir weiterfuhren, fragte ich mich, wie rasch der Wandel Jayapura erreichen würde. Ich dachte an den großen Sentani-Sägefisch, der durch Umweltverschmutzung und Überfischen bereits gefährdet ist, und an die malerischen, verschlafenen Dörfer Melanesiens, die alles waren, was es hier vor nur einem halben Jahrhundert gegeben hatte.

24

Spuren von Tundra

Nach mehrtägigem Warten wurden wir informiert, daß unsere *surat jalans* fertig seien und wir sie im Polizeihauptquartier in Jayapura abholen könnten. Wir durften in die Berge aufbrechen!

In Wamena würden wir uns noch einen weiteren Reisepaß beschaffen müssen, um zu der winzigen Siedlung Kwiyawagi weiterreisen zu können. Von dort aus war unser Ziel, die Fossilienhöhle, dann nur noch einen halben Tagesmarsch entfernt.

Am Flughafen von Sentani herrscht das reinste Chaos. Es gibt an den Schaltern nur spärliche Hinweise, welche Flüge wohin gehen oder wann sie starten. Auf irgendein geheimes Zeichen hin, das uns offensichtlich entging, stürmten Menschenmassen auf die Schalter zu – jedoch nur, um vom Personal ignoriert zu werden.

Schließlich brachte unsere Körpergröße (und wahrscheinlich auch unsere Hautfarbe und Hilflosigkeit) Rettung in Form eines höflichen Beamten, der uns Tickets und Gepäck abnahm und uns die Bordkarten aushändigte. Unsere *surat jalans* wurden abgestempelt und das Handgepäck kontrolliert, um sicherzustellen, daß wir keinen Alkohol ins Hochland beförderten. Hinter solchen Maßnahmen, die sogar so weit gehen, daß in Jayapura Bierflaschen numeriert werden, steckt die Sorge, daß die Irianesen Alkohol in die Finger bekommen könnten. Aber nur eine Bürokratie, die so kleinkariert war wie die indonesische, konnte versuchen, über das Schicksal einzelner Bierflaschen auf dem laufenden zu bleiben!

Was Lage und Infrastruktur betrifft, so ist Wamena das Gegenstück Irian Jayas zu Mount Hagen. Mit Ausnahme der Minenstadt Tembagapura ist es die einzige nennenswerte Ansiedlung im Hochland von Irian. Um den Kontakt mit der Außenwelt aufrechtzuerhalten, ist der Ort noch immer völlig auf das Flugzeug angewiesen, und diese relative Abgeschiedenheit bedeutet, daß sich Wamena stärker seinen melanesischen Charakter bewahrt hat als Jayapura.

Dies wird sich jedoch bald ändern, denn die indonesische Regierung baut in großer Eile eine Straße von Jayapura nach Wamena. Von Wamena aus wird sie weiter in westlicher Richtung verlaufen und das zentrale Hochland in voller Länge durchqueren, bevor sie in der Stadt Nabire an der Geelvinck Bay endet. Dieser Highway wird der Außenwelt das unmittelbare Zentrum Irians erschließen. Die Herausforderung dieses Bauvorhabens in der riesigen, aus Wald, Schwemmebene und steilen Vorgebirgen bestehenden Weite zwischen Jayapura und Wamena ist gewaltig. Während der Bau der Straße technisch durchführbar sein mag, denkt man an die Kosten, die es erfordern wird, die Straße im tektonisch wenig stabilen Irian Jaya instand zu halten.

Das erste, was ich aus der Luft von Wamena sah, war ein breites, grasiges Tal, übersät mit den traditionellen Weilern der Dani, die von adretten und ausgedehnten Süßkartoffel- und Gemüsegärten umgeben waren. Dann kam die Stadt selbst: ein unordentliches, rostiges Sammelsurium von Gebäuden mit Blechdächern und Straßen, die wie ein Gitternetz angelegt waren. Das silberne Minarett der Moschee verlieh dem Ort selbst von oben ein typisch javanesisches Aussehen.

In den Straßen von Wamena sieht man eine bunte Mischung der Menschheit. Stolze Dani-Männer, die noch an ihrer traditionellen Kleidung – der an der Unterseite an einem Hoden befestigten *koteka* (Peniskalebasse) – festhalten, gehen steifbeinig mit vorgestreckten Bärten und auf dem Rücken gefalteten Händen über die Straße. Scheu wirkende muslimische Frauen, deren Gesicht das einzige sichtbare Stück Haut in einem Meer aus Baumwolle ist, huschen anmutig vorbei, während Militärs in makellosen und engsitzenden Uniformen selbstsicher mitten über die Straße stolzieren.

Gewiß ist es eine sonderbare Laune des Schicksals, die einem überwiegend muslimischen, überwiegend javanesischen Volk zur Herrschaft über ein Land wie Irian Jaya verholfen hat. Man kann sich beim besten Willen keine zwei Kulturen vorstellen, die eine größere Abneigung gegeneinander hegen. Muslime verabscheuen Schweine, während diese für Irianesen aus dem Hochland die am meisten geschätzten Besitztümer darstellen. Javanesen besitzen einen hochentwickelten Sinn für Bescheidenheit. Sie kleiden sich, um ihren Körper so weit wie möglich zu bedecken, und empfinden unverhohlene Sexualität als Beleidigung. Für die meisten Irianesen hingegen ist Beinahe-Nacktheit ein allseits akzeptierter Zustand. Überdies tragen Männer aus den Gebirgskulturen West-Neuguineas ihre Sexualität stolz zur Schau. So ist an der Spitze der langen Peniskalebasse oft noch der aufgerichtete Kamm des Kakadu befestigt – nur für den Fall, daß jemand die aufgerichtete, orangefarbene Kalebasse übersehen sollte.

Die Javanesen fürchten den Wald und fühlen sich am wohlsten in Städten. Sie messen körperlicher Reinlichkeit große Bedeutung bei, verschmutzen jedoch ihr Wasser ganz furchtbar. Irianesen hingegen behandeln den Wald als ihre Heimat. Schmutz auf der Haut ist vielen egal, doch die ökologische Gesundheit ihrer Wälder und Flüsse schützen sie aus Tradition. Der javanesische Respekt vor der Obrigkeit ist in seiner Unterwürfigkeit typisch asiatisch. Irianesen reagieren hingegen extrem überempfindlich auf Versuche, sie zu beherrschen. Kein Dani-Mann würde sich jemals von einem anderen Dani herumkommandieren lassen, so wie es ein *tuan* (Prinz) mit einem javanesischen *petani* (Bauern) macht.

Es überrascht kaum, daß diese Unterschiede zu einer explosiven sozialen Situation geführt haben. Solange diese beiden sehr unterschiedlichen Kulturen einander nicht endlich respektieren und es ihnen nicht gelingt, eine gemeinsame Basis zu finden, kann die Situation nur in einen eskalierenden Konflikt münden. Indonesien wird sich in diesem Fall mit einem langwierigen Bürgerkrieg konfrontiert sehen, gegen den sich Ost-Timor im Vergleich belanglos ausnehmen wird.

Aber die Lage ist nicht gänzlich hoffnungslos. Ich habe ein paar Javanesen getroffen (gewöhnlich die Gebildeteren), die die Dani verstehen und ehrlich mögen und sie keinesfalls ändern möchten. Ebenso bin ich einigen Irianesen begegnet (besonders in den Küstenregionen), die eine gewisse Treue gegenüber Indonesien empfinden. Vielleicht sind diese raren Ausnahmen zarte Anfänge, auf denen man eine Nation aufbauen kann.

Seit vielen Jahren schon versucht das indonesische Militär, die Dani dazu zu bewegen, ihre traditionelle Tracht durch westliche Kleidung zu ersetzen. In den siebziger Jahren nahmen diese »Überredungsversuche« die Form einer offiziellen Politik namens »Operation Koteka« an. Oft wurde brutaler Druck ausgeübt, und viele Dani, die ihn zu spüren bekamen, klagen noch immer über die ihnen widerfahrene schlechte Behandlung. Ich vermute, es ist kein Zufall, daß viele der Dani, die in Wamena, dem Zentrum des javanesischen Einflusses in der Gebirgsregion, leben, sich dem »Hosenzwang« am heftigsten widersetzten. Sie waren es, die in der Vergangenheit am stärksten gelitten haben, und auf typisch melanesische Art verweigerten sie die Unterwerfung am energischsten.

In Wamena ist alles billig. Das Militär fliegt kostenlos Nahrungsmittel in die isolierte Stadt, so daß Reis dort nicht viel mehr kostet als in den Straßen Jakartas. Kleidung ist nach den Maßstäben Papua-Neuguineas lächerlich billig, ebenso wie all die kleinen Luxusartikel des Lebens. Ich nehme an, daß dies eine kleine Entschädigung für die vielfach von Java kommenden Indonesier ist, die zur Arbeit in diesen entlegenen und manchmal feindseligen Außenposten des Reiches geschickt werden. Die Melanesier jedoch, die keine andere Wirtschaft kennen (und deren Bargeldreserven winzig sind), klagen über die Preise und argwöhnen, daß sie von den Ladenbesitzern und der Regierung ausgebeutet werden.

Obwohl die dynamische soziale Mischung in Wamena mich interessierte, war ich bestrebt, die Stadt so schnell wie möglich zu verlassen und einen wahrhaft melanesischen Teil Irian Jayas zu besuchen. So war es eine Erleichterung, als wir nach eintägiger Warterei auf der Polizeistation auf die Reisegenehmigung nach Kwiyawagi endlich das letzte erforderliche Stück Papier mit seinen zahlreichen Stempeln in Händen hielten. In nur ein oder zwei Tagen würde unser Flug (den wir Monate im voraus hatten buchen müssen) gehen.

Den Flug von Wamena nach Kwiyawagi vergißt man nie. Während die Maschine langsam in westlicher Richtung aufsteigt, erheben sich aus den Tälern schroffe Berge, deren obere Hänge von Buchenwald in tiefstem Grün bedeckt sind, während ihre Gipfel als spitze Kalksteinzinnen und -türme über die Vegetation hinausragen. Unten rauscht der Baliem River durch gelbes Grasland, vorbei an Hunderten von Siedlungen und Gärten. Mit seinen runden Häusern und der Kalksteintopographie hat dieser Anblick etwas sehr

»Irianisches«. Ich könnte ihn niemals mit Papua-Neuguinea verwechseln.

Bald flog die Maschine in ein enges Tal, und hier wurde der Fluß zu einem schäumenden Strom. Am oberen Ende des Tals stieg eine Kalksteinwand jäh an. Es überraschte uns, daß der gewaltige Fluß, dessen Lauf wir gefolgt waren, aus einem Spalt am Fuß dieses Felsens entsprang.

Unser Flugzeug mußte kämpfen, um die nötige Höhe zur Überwindung des 3000 Meter hohen Kalksteinkamms zu gewinnen. Es gelang äußerst knapp, und wir flogen im Tiefflug über Baumwipfel und die Spitzen des gezackten, grauen Kalksteinkarsts hinweg, die sich scheinbar nur ein paar Meter unter uns befanden.

Die konischen Kalksteintürme und dunklen Bäume brachen bald an einer weiteren steilen Felswand ab. Dahinter lag ein prächtiges, hügeliges Tal, das sich nach Osten und Westen hin ausdehnte. Es ist ein abgeschiedenes, freundliches und fruchtbares, von Weilern übersätes Land, durch das zwei große Flüsse sich ihren Weg bahnen. Trotz der 3000 Meter Meereshöhe fließen beide Flüsse träge und mäandernd dahin, sind schlammig und ähneln Strömen, wie man sie häufiger auf Meereshöhe sieht als in solchen Höhenlagen.

Es sind die Flüsse East Baliem und West Baliem. Sie vereinigen sich nur ein paar Kilometer vom Fuß des Kliffs entfernt, das wir gerade passiert hatten. Als ich mich umschaute, sah ich eines der größten Naturwunder, die mir auf meinen Reisen bislang begegnet sind – den Baliem-Schlund, ein riesiges Loch in der Erde, das sich am Fuße des Kliffs befindet. In ihm verschwindet die vereinte Flut von East Baliem und West Baliem. Zu sehen, wie eine derart gewaltige Wassermenge buchstäblich vom Erdboden verschluckt wird, als fließe sie in irgendeinen großen Abfluß, ist furchterregend. Das Wasser wirbelt wie rasend umher und schickt große Gischtstrahlen nach oben, während der Fluß mit allem, was er mit sich führt, in eine unterirdische Höhle stürzt. Er tritt auf der anderen Seite des Bergzugs aus, an der großen Quelle, die wir überflogen hatten.

Was den Schlund noch bemerkenswerter macht, sind Spuren davon, daß der Ausguß immer mal wieder verstopft war. Ringsherum finden sich in konzentrischen Kreisen Rippelmarken, die die Uferlinien alter aufgestauter Seen bezeichnen. Ein See entsteht jedesmal, wenn Trümmer – beispielsweise Bäume, Felsbrocken oder Schlamm – den Eingang vorübergehend verstopfen – bis die Barriere durchbrochen wird. In einem der sicherlich großartigsten Schauspiele der Natur leert sich der See anschließend mit Hilfe eines riesengroßen, saugenden Strudels.

Der an den Schlund grenzende Kalkstein-Bergzug schneidet das Tal gänzlich von der Außenwelt ab. Die Senke ist vollständig umschlossen, und zu Fuß erreicht man sie nur, wenn man eine der umliegenden zerklüfteten Bergketten erklimmt. Ich sollte feststellen, daß diese Topographie die Region beinahe wie durch ein Wunder vor der Außenwelt bewahrt hatte. In gewissem Sinne handelt es sich um eine melanesische Schweiz, bevölkert von Patrioten, die genauso grimmig auf ihre Unabhängigkeit und Sicherheit bedacht sind wie jeder Schweizer. Von der Natur ebensogut befestigt wie das Land der Eidgenossen ist dieses Tal ebenfalls.

Ausgezeichnet wird diese von den Kalksteinbergen umschlossene Welt durch ihre Freundlichkeit und Schönheit. Vom Tal aufsteigende Warmluft verhindert die Wolkenbildung, so daß der Himmel über dem Tal oft strahlend blau ist. Die Temperatur ist tagsüber angenehm warm und steigt nicht über 25 Grad Celsius, aber die Nächte sind kühl, und von Mai bis Juli ist Frost nichts Ungewöhnliches.

Durch dieses Tal mäandern der East und der West Baliem in großen, gemächlichen Schleifen. Sie fließen durch eine bäuerliche, dicht mit hohen, palmenartigen Berg-Pandanusbäumen besetzte Landschaft aus Gärten und Grasland. Diese auffälligen Bäume mit ihren Kronen aus leuchtenden, schlaufenartigen Blättern, die bis zu 30 Meter über den Talboden aufragen, stützen sich auf Pfahlwurzeln, die ihnen ein recht bizarres Aussehen verleihen. Die Bäume sind Überreste, die stehenblieben, als der Wald gerodet wurde, und viele sind uralt. Die in fußballgroßen Büscheln wachsenden Nüsse, die sie hervorbringen, sind die bei weitem beliebtesten Früchte, die die Bergbewohner kennen. Geräuchert sind sie Wochen oder Monate haltbar. Wenn die Pandanusjahreszeit kommt, entwickeln die Dani eine zielstrebige Besessenheit, sich mit den öligen Nüssen vollzustopfen. Manche Besucher haben in diesem Zusammenhang schon vom »Pandanuswahnsinn« gesprochen.

Den Hintergrund dieser Kulisse bilden bewaldete Hügel, hinter denen sich im Süden die ehrfurchtgebietende Barriere der Prinz Willem V. Range erhebt. In diesem Abschnitt der Gebirgskette markiert sie den höchsten Punkt, und ihre grau-weiße Kalksteinkrone vermittelt die Illusion von Schnee, obwohl dieser normalerweise fehlt.

Die Cessna stieg allmählich in dieses traumhafte Tal hinab und steuerte eine Landepiste an, die auf einer Erhebung neben dem West Beliem River lag. Zwischen Flugfeld und Fluß bezeichnete eine kleine Ansammlung von Schuppen mit Blechdächern, zwischen denen mit echtem Stroh gedeckte Hütten standen, die Siedlung Kwiyawagi.

Diese Ansiedlung, und eigentlich das ganze Tal, wird von den Lani bewohnt, einer großen Stammesgruppe, die eng mit den Dani aus dem Baliem-Tal verwandt ist. Bei der Landung wurden wir sofort von einem Häuflein jugendlicher Lani umringt, das rasch anschwoll, als wir unsere Fracht ausluden. Fast alle waren traditionell gekleidet und trugen kurze, sehr breite Peniskalebassen und Haarnetze.

Inzwischen faszinierte mich die Formen- und Größenvielfalt der Peniskalebassen auf Neuguinea. Viele ältere Lani-Männer tragen außerordentlich lange Flaschenkürbisse, die in manchen Fällen so extrem ausfallen, daß sie ihren Träger ins Auge zu stechen drohen. Jugendliche andererseits bevorzugen den kurzen, breiten Flaschenkürbis, den ich mittlerweile als das »sportliche Modell« bezeichne.

Für diese Vorlieben gibt es einen praktischen Grund. Der von den jungen Männern getragene Flaschenkürbis dient auch als Beutel. Sie entfernen den kleinen Stöpsel aus Fell oder Stoff an seinem Ende und holen Tabak, Streichhölzer oder anderen kleinen Krimskrams hervor. Dank seiner Breite paßt eine Menge hinein. Und dank seiner Kürze verheddert er sich bei einer Beutelrattenhatz durch den Wald nicht. So ein Unfall konnte übrigens in Anbetracht der Schnur, die den Flaschenkürbis an der Unterseite an einem Hoden befestigt, recht schmerzhaft sein.

Ältere Männer haben natürlich andere Bedürfnisse. Ihre Tage als Jäger sind vorbei, und ihr Geschäft sind Politik und Diplomatie. Hier zeigt der wahrhaft lange Flaschenkürbis, was in ihm steckt. Wenige Angewohnheiten erheischen so viel Aufmerksamkeit, wie sich ein verlängertes Glied aus dem Gesicht zu wedeln, während man zu sprechen anhebt.

Später zeigte ich einigen Männern und Frauen der Lani Fotografien von den Miyanmin mit ihren winzigen, herabhängenden Flaschenkürbissen. Die Frauen bekamen sofort stürmische Lachkrämpfe, die jedesmal aufs neue ausbrachen, sobald meine Fotos ausgeborgt und im Raum herumgereicht wurden. Die Männer machten alles in allem einen etwas verlegenen Eindruck, fielen aber trotzdem häufig in das Gelächter ein.

Zwischen den Jugendlichen in ihren »sportlichen« Flaschenkürbissen, die uns an jenem ersten Tag abholten, stand ein älterer Lani, der mit Shorts und Hemd bekleidet war. Seine europäische Kleidung hob ihn von den anderen ab, und er stellte sich als Manas, der Pfarrer der Gemeinschaft, vor.

Manas führte uns zu einem überraschend westlichen Haus, komplett mit Regenrinnen, Wassertank und Schornstein, das ein paar hundert Meter von der Landepiste ent-

fernt lag. Es verfügte erstaunlicherweise über einen guß-
eisernen Ofen, eine Dusche und sogar eine Toilette mit
Wasserspülung! Dieser unerwartete Komfort war von Pastor Doug Hayward von der Unevangelized Field Mission
(UFM) importiert worden, und er hatte das Haus auch selbst
gebaut.

Die UFM ist eine amerikanische Organisation, die sich
darauf spezialisiert hat, das Wort Gottes, wie es in Nord-
amerika verstanden wird, den wenigen »nichtevangelisier-
ten« Stammesgruppen zu bringen, die es auf diesem Planeten noch gibt. Die Organisation ist ganz offenbar nicht
knapp bei Kasse und glaubt auch nicht, daß ihre Missionare
leiden müßten, wenn sie den Heiden die Frohe Botschaft
bringen. Trotz der luxuriösen Ausstattung war das Haus
nicht Haywards Hauptstützpunkt, sondern wurde nur
gelegentlich bei seinen kurzen Besuchen in der Gegend
benutzt. Hayward hatte Irian Jaya vor einigen Jahren verlassen, und die Gemeinschaft in Kwiyawagi verdiente sich
jetzt ein bißchen Geld, indem sie seine Behausung an Besucher vermietete.

Es war bald klar, daß wir mit unserer Reise von Wamena
nach Kwiyawagi eine Art unsichtbarer Grenze überschrit-
ten hatten. Wamena ist eine indonesische Stadt, komplett
mit Moschee, Armee und Polizei. Kwiyawagi jedoch ist
von seinem Charakter her vollkommen melanesisch. Im
Jahr 1990 gab es praktisch kein Anzeichen einer Kontrolle
oder Beeinflussung durch die Regierung. Im Tal lebten überhaupt keine Menschen von außerhalb, und es existierte
weder ein Regierungskrankenhaus noch ein Polizeiposten
oder gar eine Schule. Für all diese Dienstleistungen sorgten
die Lani selbst. Es war, als sei Kwiyawagi eine kleine, unabhängige Nationengemeinschaft, die irgendwie überlebte,
obwohl sie von einem riesigen, mächtigen und potentiell
feindlichen Staat umgeben war.

Dieser Eindruck verstärkte sich, als wir mehr davon mitbekamen, wie die Bewohner von Kwiyawagi ihr Leben organisierten. Obwohl ihre Bedürfnisse bescheiden waren, mußten sie trotzdem das Bargeld auftreiben, um die wichtigsten Medikamente sowie Materialien für die Schule einkaufen und ein paar Löhne zahlen zu können. Zusätzlich kostete die Gemeinde die Lizenzgebühr für ihr Funkgerät – ein unverzichtbares Ausrüstungsstück – unglaubliche 750 000 Rupien (500 australische Dollar) im Jahr. Wenn diese ungeheure Summe nicht aufgebracht werden konnte, gab es keinen Funkverkehr und also keine Flugzeuglandungen, keine medizinische Notfallversorgung, keinen Export von Erzeugnissen und keine Nachrichten aus der Welt draußen über das Sendenetz der Mission. Das Rundfunk-Sendenetz der Mission wird übrigens von ABRI, den bewaffneten Streitkräften Indonesiens, sorgfältig überwacht, so daß Nachrichten meist zensiert sind.

Die Notwendigkeit, Geld für diese Zwecke zu beschaffen, hat zu Innovationen geführt und unter den Lani von Kwiyawagi ein starkes Zusammengehörigkeitsgefühl erzeugt. Manas schien ein verantwortungsbewußter Mann zu sein, der die Finanzen der Gemeinde kompetent und gerecht handelte. Eine seiner Neuerungen war ein Projekt zum Anbau von Knoblauch, einem leichten, relativ hochpreisigen Produkt, für den Export. Die Gemeinschaft hält es für ökonomisch, ein Flugzeug zu chartern und den Knoblauch nach Jayapura zu fliegen. Dort verkauft ein Dorfbewohner ihn Knolle für Knolle auf der Straße. Dieses Projekt zuzüglich der Miete aus dem Hayward-Haus waren zur Zeit meines Besuchs die Haupteinnahmequellen der Gemeinschaft.

Es stellte sich bald heraus, warum die Lani von Kwiyawagi so eifersüchtig über ihre Unabhängigkeit wachten. Sie erinnerten sich an das letzte Mal, als »Indonesier«, wie sie die Armee bezeichneten, in ihr Land gekommen waren. Das war im Jahr 1978 gewesen, als, wie sie sagten, Truppen einen Einfall bis zu den Quellflüssen des West Baliem River unternommen hätten. Die Lani erzählten mir, daß »Hunderte« von Menschen abgeschlachtet, viele Häuser niedergebrannt und Schweine erschossen worden seien. Die Opfer der anderen Seite hätten sich auf zwei indonesische Soldaten beschränkt, die bei der Durchquerung des Baliem River ertrunken waren. Die jungen Männer von Kwiyawagi versicherten mir, daß die Armee, sollte sie jemals wiederkehren, nicht mehr so leicht davonkäme.

Unser Aufenthalt in dem Missionshaus gehört zu den angenehmsten, die ich jemals in Melanesien hatte. Wir wurden von einem reizenden, schelmischen Mann namens Jot Murip versorgt. Er zündete unser Feuer an und hielt in der Küche einen Anschein von Ordnung aufrecht. Jeden Nachmittag kamen Lani-Frauen in ihren traditionellen Baströcken und boten uns *nokens* (Netztaschen) voll mit europäischen Kartoffeln, Karotten, Kohlköpfen, Bohnen, Knoblauch und Zwiebeln zum Verkauf an. Allmorgendlich kehrten sie mit Körben wieder, die bis zum Rand mit lebenden Yabbys, kleinen australischen Flußkrebsen, gefüllt waren, die gerade aus dem West Baliem River gefischt und einzeln in Gras eingewickelt worden waren. Frische Flußkrebse in Knoblauch mit Kartoffeln und Karotten als Beilage wurden bald zu unserem absoluten Lieblingsessen.

Tagsüber hielten sich nur ein paar vereinzelte Lani im Haus auf, aber Abend für Abend quoll es über vor Besuchern. Manchmal war es so überfüllt, daß wir uns kaum bewegen konnten. Nasen und Augen drängelten sich an allen Fenstern und Türen, während Nachzügler selbst Ritzen in den Wänden als Aussichtspunkte nicht verschmähten.

Unter diesen Umständen stolperte ich oft über Kinder, die unter meinem Stuhl kauerten und Krebsköpfe mampften, oder ich verschüttete Kaffee über einen dunklen Arm, den ich im trüben Licht der Kerosinlampe neben mir nicht bemerkt hatte. Gelegentlich setzte ich mich auch aus Versehen auf jemanden, der meinen Stuhl mit Beschlag belegt hatte. Mein Schlafzimmer indessen war ein sakrosankter Zufluchtsort, weshalb ich, im Gegensatz zu unserem Aufenthalt in Betavip, hier auch nur selten das Gefühl hatte, von dem Menschengewusel zur Verzweiflung getrieben zu werden.

Nachdem wir ein paar Tage damit zugebracht hatten, die Leute kennenzulernen und das Tal zu erkunden, erklärten Geoff, Bren und ich Manas, daß wir gern die Höhle besichtigen würden, in der Pfarrer Hayward die Fossilien gefunden hatte. Manas versprach, ein paar Führer für uns zu organisieren, und wir bereiteten alles vor, um uns am nächsten Morgen auf den Weg zu machen.

Die Höhle, die in der Gegend Kelangurr genannt wird, liegt ungefähr einen halben Tagesmarsch nordwestlich von Kwiyawagi. Der Weg war anfangs gut, wurde aber bald schlechter. Zunächst überquerten wir eine an Stahltrossen hängende stabile Holzbrücke, die den trägen, braunen West Baliem River überspannte. Auf der anderen Seite führte ein angelegter Pfad durch ein Gebiet mit Süßkartoffelgärten.

Die Gärten der Lani sind die größten landwirtschaftlichen Betriebe, die ich jemals in Melanesien gesehen habe. In Kwiyawagi waren ganze Hänge von einem einzigen, riesigen Garten bedeckt. Die mehr oder weniger rechteckige Grundfläche wurde von Zäunen eingefriedet und von seichten Entwässerungsgräben in kleinere Rechtecke unterteilt. Jedes dieser kleineren Stücke war das Eigentum einer Frau. Als wir die Pfade entlangstapften, die diese großen Gärten teilten, wirkten die Frauen in der Ferne wie ameisengroße Gestalten. Alle standen vornübergebeugt mit einem Grabstock in der Hand, während ihnen eine Netztasche von der Stirn baumelte, und waren eifrig mit Jäten, Pflanzen oder Ernten beschäftigt.

Alle paar Kilometer trafen wir auf einen kleinen Lani-Weiler. Die Hütten sind vom runden »Bienenkorb«-Typ, außergewöhnlich solide gebaut und warm. Der Fußboden liegt unter dem Niveau des Erdbodens, und in der Mitte befindet sich eine Feuerstelle. Diesen Raum teilen sich die Frauen, Kinder und Schweine. Eine Plattform im Innern schafft eine höhere Ebene, auf der die Männer schlafen (heute, da die Männerhäuser durch den Einfluß christlicher Missionare aufgegeben wurden).

Wenn wir vorbeiliefen, kamen die Leute heraus, um uns zu begrüßen. Einmal brachte man einen wahren Methusalem, der mit einem schmutzigen Pullover und einer Peniskalebasse bekleidet war, zu uns, mit der Bitte, ihn zu fotografieren. Als ich im Jahr 1994 nach Kwiyawagi zurückkehrte, war der alte Mann gestorben. Ich schenkte die Fotografien seiner Familie, die hocherfreut war, sich fortan durch sie an ihn erinnern zu können.

Obwohl Lani-Hütten von außen einen primitiven Eindruck machen, bestehen sie aus einer Doppelwand gespaltener Pfähle mit einer isolierenden Schicht aus getrocknetem Moos dazwischen. Die Dächer sind dick gedeckt, und da es keinen Schornstein gibt, kann der Rauch nur durch die Ritzen im Stroh abziehen. Wenn ich am frühen Morgen aufwachte, blickte ich oft über ein nebliges Tal und beobachtete die blauen Rauchwolken, die von den Hüttendächern aufstiegen.

Die Bauweise war jedoch nicht hundertprozentig sicher. Der spektakuläre Beweis dafür wurde uns geliefert, als wir auf unserem Marsch durch den letzten Garten kamen und uns einem kleinen Weiler näherten, der sich an einen Hügel schmiegte, auf welchem hier und da noch Waldreste standen. Das Stroh auf einem der Häuser qualmte etwas stärker als gewöhnlich. Binnen Sekunden stiegen Rauchschwaden auf, gefolgt von züngelnden Flammen. Von überall her schienen Leute herbeizustürzen, und bald standen mehrere Männer oben auf der Hütte, packten verzweifelt das lodernde Stroh und warfen es auf die Erde. Minuten später war das Feuer gelöscht. Bis zum Abend wurde zweifellos ein neues Dach gebaut, und die Bewohner hatten es im Innern ihres renovierten Hauses wieder mollig warm.

Nachdem wir die Gärten hinter uns gelassen hatten, führte uns der Weg durch sumpfigen Wald, wo wir uns mehrere Stunden lang durch knietiefen Morast kämpften. Die *Podocarpus*-Bäume (Stein- oder Stielfruchteiben) trugen gerade Früchte, und unter jedem lagen Massen violettschwarzer, pflaumenartiger Früchte. Die Frucht dieses merkwürdigen Nadelholzes besteht aus zwei Teilen. Der Samen ist eiförmig und hat etwa die Größe einer Murmel. Oberhalb davon sitzt eine fleischige Steinfrucht von der Größe und Farbe einer großen Muskatellertraube. Sie wird aus dem stark geschwollenen Stiel der Frucht selbst gebildet. Vögel hatten sich bereits an den Steinfrüchten gütlich getan, die Samen entweder abgetrennt oder sie beschädigt und dabei überall schwach violette Klekser verteilt.

Schließlich kamen wir an eine Lichtung im Wald. Ein morastiger Bach schlängelte sich hindurch, und in der Mitte stand eine Hütte, die als eine Art »Mittelstation« fungierte. Baulich entsprach sie den anderen Hütten der Gegend, außer daß im Innern das »Zwischengeschoß« fehlte. Von hier aus waren es nur noch 20 Minuten zu Fuß bis zu der Höhle.

Der Zugang zur Kelangurr-Höhle ist nicht leicht. Der Eingang in Form eines langen, schmalen Spalts befindet sich in ungefähr sieben Metern Höhe an einer glatten Felswand aus Kalkstein. Zuerst dachte ich, dies würde unseren Versuch, die Höhle zu besichtigen, in letzter Minute vereiteln, aber ein Lani-Jugendlicher fällte einen jungen Baum so, daß er gegen den Fels fiel. Ich kletterte hoch und hatte den Eingang rasch erreicht.

Die Öffnung der Höhle bildet einen kleinen Vorraum, wo wir im Zwielicht Rast machten, bevor wir uns weiterwagten. Die Höhle verengt sich dahinter zu einem gekrümmten Schlitz, breit genug, um vielleicht einen Lani-Jungen hineinzulassen – aber, wie ich fürchtete, viel zu schmal für mich.

Während ich in dem Vorraum saß und überlegte, was ich als nächstes tun sollte, bemerkte ich an den Wänden und auf dem Boden der Höhle verstreut Tausende kleiner Knochen. Sie schienen aus der Kalksteinwand herauszuwittern. Es befanden sich Überreste von Ratten, Nasenbeutlern und einer Zwergenart des Ringelschwanzbeutlers darunter. Viele waren schwarz und stark versteinert, und ohne Zweifel waren sie sehr alt.

Ich dachte darüber nach, wie diese Überreste sich in diesem Teil der Höhle hatten ansammeln und zu Fossilien werden können, als ich in einer Ritze in der Nähe des inneren Eingangs einen viel größeren Knochen liegen sah. Er sah aus wie ein menschliches Schulterblatt, und ich war ganz und gar nicht begeistert, als ich nach ihm griff, weil ich fürchtete, daß die Höhle einst als Bestattungsort benutzt worden war. Abgesehen von meiner persönlichen Abneigung, an solchen Orten zu arbeiten, konnte jede Erforschung einer Höhle, die für solche Zwecke benutzt worden war, zu Mißverständnissen mit der ortsansässigen Bevölkerung führen. Schließlich wäre fast jeder empfindlich, wenn Fremde herumstöberten und Knochen vom Friedhof seiner Ahnen mitnähmen.

Doch als ich den Knochen aufhob, verflogen diese düsteren Gedanken fast augenblicklich. Er war schwer und versteinert und unterschied sich in der Form von einem menschlichen Schulterblatt. Ich sah, daß es sich um eine alte Versteinerung handelte, die unmißverständlich darauf hindeutete, daß der Knochen einst einem Beuteltier gehört hatte. Meine Haut kribbelte vor Erregung.

Ich hielt den Knochen eines lange ausgestorbenen, riesigen Beuteltiers in Händen! Dies war meine Fahrkarte in die Eiszeit Neuguineas.

Meine Begeisterung wurde gedämpft, als ich daran dachte, daß ich den engen Durchlaß überwinden mußte, um in die eigentliche Höhle zu gelangen. Trotzdem nutzte ich die Euphorie des Augenblicks und fing an, mich in den klaustrophobischen Spalt zu zwängen. Der Durchlaß war im Längsschnitt annähernd z-förmig; oben war er am breitesten und verengte sich nach unten hin erschreckend. Ich ging mit dem Kopf voran, und es war mir gerade gelungen, meinen Körper zu der erzwungenen Z-Form zu verrenken, als ich spürte, wie ich den Halt an den Wänden verlor und in den engeren Teil der Öffnung abrutschte. Plötzlich saß ich in der Falle.

Die Schwerkraft hatte mich in der Spalte eingekeilt – und meine fortgesetzten Befreiungsversuche verankerten mich noch fester in ihr. Mein Gesicht befand sich ganz nah an einer kalten, nassen, glitschigen Felswand, und mein Kopf war in einem ungünstigen Winkel verdreht. Unebenheiten an der Felswand schienen nach meinen Knien, Knöcheln und meinem Rücken zu greifen, während mein linker Arm hilflos und frei im untersten Teil der Ritze baumelte, die sich noch dazu erweiterte, um mir jeden Halt zu verweigern.

Ich steckte auf halbem Wege in einer Höhle fest, 3000 Meter über dem Meeresspiegel in den Bergen von Irian Jaya, einen halben Tagesmarsch von der nächsten Flugpiste entfernt. Hilfe würde, wenn sie denn jemals käme, lange auf sich warten lassen. Es gab wenig, was Geoff und Bren in dieser Situation tun könnten.

Ich kämpfte gegen die aufkommende Panik an. Nach ein paar Minuten beschloß ich, ein Experiment zu versuchen. Ich leerte meine Lunge, so gründlich ich konnte, und versuchte, mit Kopf und Schultern meine Stellung haltend, meinen Körper nach oben zu bewegen. Dann füllte ich meine Lunge so stark wie möglich mit Luft, in der Hoffnung, mich in der höheren Position festkeilen zu können. Nach mehreren solcher Versuche war ich ein paar Zentimeter hochgerutscht und hatte meine Knie befreit. Jetzt hatte ich ein wenig Platz, um zu manövrieren, und ich fuhr fort, mich nach oben und vorwärts zu schieben. Bald kam mein Kopf auf der anderen Seite in einem großen Raum heraus.

Erleichtert und verwundert kletterte ich hinein. Der Innenraum der Kelangurr-Höhle ist wunderschön. Stalaktiten hängen von der Decke, während der Boden von Stalagmiten, großen abgebrochenen Stücken von heruntergefallenen Stalaktiten und kleinen Kalksteinrinnsalen bedeckt ist. Wie in einer paläontologischen Sesamhöhle liegen überall zwischen dem glitzernden Kalzium große Knochen herum. Zu meinen Füßen lagen ein Kiefer, dahinter ein Schädel und etwas weiter weg Beinknochen und Rippen.

Erneut in Hochstimmung, wurde mir bewußt, daß wir zufällig auf einen Schatzfund mit vorzeitlichen Überresten gestoßen waren.

Beim weiteren Vordringen in die Höhle stellte ich enttäuscht fest, daß dort weniger Knochen lagen. Die Hauptlagerstätte, so meine Vermutung, mußte außerhalb der heute existierenden Höhle gelegen haben. Ein großer Erdrutsch in prähistorischer Zeit dürfte die Hauptkammer hinweggespült und die Kelangurr-Höhle als bloßes Überbleibsel zurückgelassen haben. Dies würde erklären, warum ihr Eingang sich hoch oben in der Felswand befand und warum die Knochenfunde in der Nähe der Öffnung überwogen. Die heruntergefallenen und zerbrochenen Stalaktiten erzählten indes eine andere Geschichte. Erdbeben hatten die Kammer mindestens dreimal durchgeschüttelt und dabei die Kalziumspitzen zu Boden regnen lassen. Vielleicht war eines dieser Beben stark genug gewesen, um auch die Hauptkammer davonzutragen.

Bei der Untersuchung der Knochen einige Zeit später im Museum sollte ich feststellen, daß die größeren zu zwei Beuteltierarten gehörten. Die Mehrzahl stammte von dem Tier, dessen versteinertes Schulterblatt ich zuerst gefunden hatte. Als entfernter Verwandter von Wombat und Koala war das ausgestorbene Beuteltier etwa so groß wie ein Panda gewesen. Auch mag es ziemliche Ähnlichkeit mit einem Panda gehabt haben, denn es hatte eine kleine, eingedrückte Schnauze, nach vorn weisende Augen und einen sehr kurzen Schwanz, und es bewohnte, ebenso wie Pandas heute, Hochgebirgswälder.

Aus seinen Zähnen ließ sich ersehen, daß das Tier ein Pflanzenfresser gewesen war und einer Gattung und Art angehörte, die der Wissenschaft vollkommen unbekannt waren. Ich hatte es hier in der Tat mit einer außerordentlichen Entdeckung zu tun. Als vielleicht größtes Geschöpf, das jemals durch die Hochgebirgswälder Neuguineas gestreift war, hatten seine Überreste jahrtausendelang bis zu diesem Tag ungestört und unentdeckt in der Höhle gelegen. Mehrere Jahre später hatte ich das Vergnügen, die neue Gattung und Art *Maokopia ronaldi* zu nennen. Der erste Teil des Namens erinnert an seinen Lebensraum, die Maokop Range, wie die Dani die Berge Irians kennen. Der zweite Teil ehrt einen Freund und Mitforscher, Ronald Strahan.

Das zweite große Tier, das seine Überreste in der Höhle ließ, war eine ausgestorbene Wallaby-Art etwa von der Größe eines grauen Känguruhs. Es gehörte ebenfalls zu einer unbeschriebenen Spezies, obwohl seine Gattung, *Protemnodon*, bereits vor mehr als 150 Jahren nach Überresten beschrieben worden war, die man in Australien gefunden hatte. Ich taufte die Spezies *Protemnodon hopei*, nach Geoff Hope, dem ich soviel verdanke. Obwohl ihre Überreste weniger häufig anzutreffen waren als jene von *Maokopia*, reichten sie aus, um zu bestimmen, daß es sich gleichfalls um einen Pflanzenfresser handelte und daß diese Art im Gegensatz zu den lebenden großen australischen Känguruhs nur langsam hüpfen konnte.

Ich war so sehr mit diesen Versteinerungen beschäftigt, daß ich beinahe ein ordentliches Nest aus frisch gezupften Blättern übersehen hätte, die direkt innen im Eingang in den Lehmboden der Höhle gedrückt worden waren. Aus der in dem Nest verbliebenen Wärme schloß ich, daß, was auch immer das Nest benutzte, es gerade erst verlassen hatte. Als ich die Ritzen und Spalten nach Spuren des Bewohners absuchte, entdeckte ich etwas weiter weg auf einem Felsvorsprung einen großen, schwarzen Klecks. Von der Nasenspitze bis zum Schwanzende war das Wesen fast einen Meter lang. Als der Strahl der Taschenlampe darauf fiel, ließ es sich mit einem lauten, hundeartigen Knurren vernehmen, das ringsum von den Wänden der Höhle widerhallte.

Keneta, flüsterte einer unserer Lani-Begleiter mir ins Ohr. Der englische Name des Tieres, das die Lani als *Keneta* kennen, lautet »Black-tailed Giant-rat« (*Uromys anak*, Gebirgs-Mosaikschwanz-Riesenratte). Ich hatte die Spezies zuvor erst einmal gesehen. Am Sol River war eines Tages ein Telefol-Jäger mit straff bandagierter Hand ins Lager gekommen. Er öffnete seine *bilum* und warf wütend eine gewaltige, tote schwarze Ratte auf den Boden. Natürlich mußte ich zuerst seine Wunde behandeln, bevor ich den Fang untersuchen konnte. Als ich den Verband loswickelte, sah ich, daß die inneren Schichten vor Blut trieften. Es strömte aus einer furchtbaren Verletzung am rechten Daumen des Mannes. Der Knochen war mitten durchgebissen und der Nagel von Bißlöchern zertrümmert. Die Bisse waren so schlimm, daß das Ende des Daumens aussah wie Brei, der wackelte, als ich Antiseptikum darauf träufelte.

Quotal, sagte er, als er erklärte, wie er in einer Baumhöhlung nach einer Beutelratte getastet habe. Statt dessen sei er zufällig auf *Quotal* gestoßen, wie die Telefol diese Spezies nennen. Den Biß keines anderen Tieres fürchten sie so sehr. Seine Vorderzähne sind rasiermesserscharf und bis zu zwei Zentimeter lang. Der erschreckende Schaden, den die Bisse bei diesem Jäger angerichtet hatten, war ihm von einer noch nicht ausgewachsenen Ratte zugefügt worden.

Trotz seines furchterregenden Rufs wollte ich jetzt in der Höhle einen näheren Blick auf dieses bemerkenswerte Tier werfen. Ich bat meine Lani-Begleiter, mir zu helfen, indem sie den Fluchtweg versperrten, während ich mich der »Bestie« näherte, um ein paar Fotos zu machen. Doch die Lani-Jugendlichen waren nicht besonders fest in ihrem Entschluß und stoben rasch auseinander, als die Ratte geruhsam auf sie zukam. Sie waren ohnehin nervös, weil sie sich in der Höhle aufhielten, und schienen keine große Lust zu verspüren, mit der Ratte aneinanderzugeraten. Ich verfolgte das Tier, bis ich erkennen konnte, daß es sich um ein ausgewachsenes Männchen handelte. Nachdem ich meine Fotos geschossen hatte, verließ ich die Burschen, deren Entschlossenheit sich gefestigt hatte, und ging los, um die tieferen Winkel der Höhle zu erkunden. Einen Lani-Jugendlichen konnte ich als Silhouette im Licht von Brens Taschenlampe erkennen, wie er einen abgebrochenen Stalaktiten gegen ein dunkles Objekt schwang, dessen Knurren die Stille der Höhle erschütterte. Es sah beinahe aus wie eine Szene aus der Steinzeit.

Die Höhle endete in einer großen Kammer, in der es, obwohl sie eindrucksvoll mit Stalaktiten behängt war, weder Fossilien noch Fauna gab. Bezaubert von ihrer Schönheit, aber enttäuscht von dem Mangel an Befunden, merkte ich, daß es Zeit war, den Durchlaß ein weiteres Mal zu überwinden und zum Lager zurückzukehren. Diesmal lief alles glatter, und bald war ich an der frischen Luft. Ein Sonnenstrahl beleuchtete die Knochen in meiner Hand, die seit fast 40 000 Jahren nichts als Dunkelheit gekannt hatten.

Geoff, Bren und ich verbrachten noch ein paar Tage in der Gegend mit der Untersuchung fossilientragender Lagerstätten, die an den Ufern des West Baliem River zutage traten. Leider führte der Fluß während unseres Aufenthaltes Hochwasser, und die meisten Lagerstätten waren überflutet. Es gelang uns jedoch, größtenteils von den Sandbänken in der Nähe der Brücke, ein paar Knochen zu bergen.

Nur bei einer Gelegenheit stieß ich auf Knochen in situ, in ihrer natürlichen Lage. Ein paar Jugendliche zeigten mir den Platz, an dem sie Knochen gefunden hatten, als der Wasserstand des Flusses niedrig gewesen war. Es war an einer Biegung unterhalb eines Steilufers. Ich watete hinaus in den Fluß, der trübe und eiskalt war und mir bis zu den Oberschenkeln reichte. Ich begann mit den Zehen im Schlamm nach allem zu tasten, was sich wie ein Knochen anfühlte. Wenn ich auf eine Form stieß, die sich interessant anfühlte, versuchte ich jedesmal, sie mit den Händen zu erreichen. Nach ungefähr 15 Minuten, als ich es in dem fast eiskalten Wasser kaum noch aushielt, spürte ich ein langes, dünnes Objekt zwischen den Zehen. Ich griff danach und förderte den Unterschenkelknochen eines ausgestorbenen Wallaby zutage. Er war so fragil, daß er in zwei Hälften zerbrach, als er an die Wasseroberfläche kam. Ein paar Sekunden später ortete ich einen zweiten Knochen, der sich als Oberschenkelknochen desselben Tieres erwies. Die Stelle war in jedem Fall vielversprechend, und ich hatte vor, am nächsten Tag mit Geoff wiederzukommen. Doch der Fluß stieg über Nacht und machte dieses Vorhaben unmöglich.

Die Stellen im Fluß waren interessant, denn ihre Ablagerungen lieferten den Beweis, daß sie sich vor mehr als 40 000 Jahren gebildet hatten, als Gletscher bis nahe an das Tal reichten, das damals wahrscheinlich von periglazialer Tundra bedeckt gewesen war. Interessanterweise waren dieselben beiden Beuteltierarten aus der Höhle (*Maokopia* und *Protemnodon*) auch die einzigen, die wir in den Flußlagerstätten fanden.

Unsere ausgiebigen Fußmärsche im Tal, dessen Sohle auf 2900 Metern Meereshöhe liegt, hatten uns inzwischen auf die dünne Luft im Gebirge vorbereitet. Die Prinz Willem V. Range winkte.

Ziel unserer Bergtour war die Untersuchung eines Felsüberhangs, der als Billingeek bekannt war. Die Bevölkerung Kwiyawagis benutzt Billingeek seit unzähligen Generationen als Jagdunterstand, und wir erhofften uns von unserem Besuch einigen Aufschluß über die Hochgebirgsfauna.

Der Marsch begann spektakulär. Mehrere Stunden lang folgten wir dem *Jalan Raya* (der »großen Straße«, die in Wirklichkeit ein Fußpfad war) westwärts. Bei diesem herrlichen Weg, der Irian Jayas Gebirgsrücken in Ost-West-Richtung überquert, handelt es sich um eine uralte Handelsroute. Teilweise ist er so gut ausgebaut, daß er einer Inkastraße ähnelt und sicherlich von einem kleinen Fahrzeug befahren werden könnte. An anderen Stellen jedoch schrumpft er zu einem schlammigen Pfad, der über Steilhänge abfällt, oder zu einer Reihe schlüpfriger Baumstämme, die durch einen Sumpf führen.

Während wir auf einem guten Wegstück ausschritten, dachte ich über die Rolle nach, die diese Verbindung bis heute im Leben der Bevölkerung von Kwiyawagi spielt. Der *Jalan Raya* ist eine der großen nur zu Fuß gangbaren Handelsrouten der Welt. Kostbarkeiten wie Paradiesvogelfedern wurden auf ihrer Reise an so weit entfernte Orte wie Sri Lanka oder China wahrscheinlich über Jahrtausende hinweg über diese Route befördert.

Kwiyawagi liegt direkt in der Mitte des verlassensten Teils dieser Route – etwa auf halbem Weg zwischen den bedeutenden Bevölkerungszentren Llaga und Wamena. Vielleicht öffneten die Bewohner Kwiyawagis ihre Tore immer schon müden Reisenden und betrieben eine Art mittelalterliches Herbergsgeschäft. Wenn ja, dann war die Vermietung des Hauses von Pfarrer Hayward an Besucher für sie nichts Neues.

Mitten am Vormittag stießen wir auf eine Gruppe von Lani-Reisenden. Es waren zwei Männer und zwei Jugendliche, die mit Salz und Vogelfedern aus Ilaga kamen; sie wollten ihre Ware auf dem Markt von Wamena verkaufen. Sie trugen die traditionelle Kleidung und sahen großartig aus. Ihre Haut glänzte von Schweiß, als sie ihre Last schulterten, während ihre langen Peniskalebassen und der extravagante Kopfschmuck aus Kasuarfedern alles übertrafen, was ich bislang gesehen hatte.

Das Salz, das sie transportierten, war zu rechteckigen Riegeln gepreßt, die einzeln in saubere Pandanusblätter verpackt waren. Die Verpackung an sich war schon ein Kunstwerk. Das Salz hatte man wahrscheinlich aus einem Salzsumpf irgendwo in den Bergen gewonnen. Die größtenteils von Papageien und Paradiesvögeln stammenden Federn waren in Bündel aus getrockneten Blättern eingewickelt und anschließend in Bambusrohren verstaut worden.

Der Gedanke stimmte traurig, daß diese Menschen, sollten die Pläne Indonesiens für ein Straßennetz Wirklichkeit werden, ihren nächsten Ausflug nach Wamena wohl in einem überfüllten Kleinbus unternehmen und schmutzige europäische Altkleider tragen würden.

Wir begegneten diesen Männern dort, wo der *Jalan Raya* durch eine auf Sandboden wachsende Gebirgsheidelandschaft en miniature führt. Kleine Orchideen, Rhododendren, verkümmerte *Podocarpus*-Bäume und Kiefern, wilde Himbeeren und einheimische Blaubeeren wuchsen verstreut überall in der Landschaft, voneinander getrennt durch kahle Stellen aus feinem, weißem Sand. Besonders verbreitet war eine leuchtend orangefarbene und gelbe Orchidee, deren Blüten in Sträußen wuchsen; sie sahen von weitem wie kleine Flammen aus. Die Reisenden hatten sie gepflückt und sie sich büschelweise durch ihre durchbohrten Nasenscheidewände gesteckt oder in ihren Kopfschmuck eingeflochten.

Wir rupften Blaubeeren und Himbeeren ab, die wir im Weitergehen kauten; sie schmeckten köstlich. Dieser Vegetationstyp ist typisch für einen Großteil der höheren Regionen Irian Jayas. Hier indes kam er bereits in niedrigerer Höhe vor und schien von den Feuern, die die Reisenden häufig am Wegesrand entzündeten, erhalten zu werden.

Binnen einer Stunde veränderte die Vegetation sich schlagartig, und wir gelangten in einen hohen, an eine Kathedrale erinnernden Wald aus Südbuchen und Südkiefern. Der *Jalan Raya*, der hier ein erhöhter, breiter Fußweg in gutem Zustand war, verlief schnurgerade zwischen den prächtigen Bäumen hindurch. Es war ein Eindruck von erhabener Schönheit. Seit dem Anblick der Redwood-Bäume Kaliforniens oder der Bergesche Victorias hatte ich keine ähnliche Harmonie zwischen so großartigen Bäumen und einem von Menschenhand angelegten Weg mehr erlebt.

Bei der antarktischen Buche, die den Großteil des Waldes ausmachte, handelte es sich zweifellos um einen reifen Bestand gleichaltriger Bäume. Sie mußten vor Jahrhunderten hier heimisch geworden sein, im Anschluß an irgendeine Katastrophe, vielleicht einen Erdrutsch, der jede frühere Vegetation zerstörte. Jetzt waren es hochgewachsene Riesen von mindestens einem Meter Durchmesser und fünfzig Metern Höhe. Seltsamerweise gab es praktisch kein Unterholz, abgesehen von einem Teppich aus Farnkraut und ein paar Büschen. Auf Wälder dieser Art trifft man in Melanesien selten.

Als wir aus dem Wald herauskamen, wandten wir uns nach Süden und begannen den Anstieg über die Flanken der Prinz Willem V. Range. Der Pfad stieg steil durch ein dichtes Gewirr aus Hochgebirgsmooswald an, bis wir die Bäume etwa gegen Mittag endlich hinter uns ließen und auf eine echte Hochgebirgsheide hinaustraten. Zu meinem Leidwesen begann mein alter Feind, die Höhenkrankheit, sich mit Kopfschmerzen und allgemeiner Schwäche bemerkbar zu machen, so daß ich dankbar war, als ich merkte, daß der

Pfad hier ebener wurde. Nachdem wir noch ein paar Stunden durch eine morastige, aber schöne tundraartige Umgebung gestolpert waren, erreichten wir Billingeek.

Bei dem Felsüberhang handelt es sich um eine lange, unterhöhlte Nische, die am Rand einer kraterähnlichen Mulde liegt. Sie mag irgendwann einmal ein Gletschersee gewesen sein, von dem ein Gletscher seinen Ausgang nahm; aber das Eis war längst geschmolzen und hatte eine Miniaturlandschaft aus kleinen Seen und Erhebungen zurückgelassen.

Das Dach des Unterstands bestand aus einer harten Kalksteinschicht. Sie bildete einen ein oder zwei Meter dicken Vorsprung, auf dessen Oberseite alle möglichen blühenden Pflanzen wucherten, darunter Zwerg-Schirmbäume, Rhododendren und viele andere Arten. Blütenbeladene Zweige hingen über dem Eingang und schützten das Innere zum Teil vor Wind und Regen. Selbst wenn es draußen bitterkalt war, konnte Billingeek mollig warm sein.

Als ich den Boden in einer weiten Nische einebnete, um mein Zelt aufzuschlagen, kamen in der Ablagerung, aus der der Boden der Felsunterschlupfs bestand, eine Schicht Asche und alte Tierknochen zum Vorschein. Behutsam suchte ich mit meinem Schweizer Armeemesser ein paar Stücke Holzkohle zur Radiokarbondatierung heraus und verstaute sie zusammen mit ein paar Knochen, die ich aus Versehen verschoben hatte, in einer Plastiktüte.

Ich stellte fest, daß die Knochen fast ausnahmslos von Langschnabeligen Ameisenigeln, Baumkänguruhs und Filandern stammten. Weil aus diesem Teil Irian Jayas noch niemals lebende Filander oder Baumkänguruhs belegt worden waren, war ich natürlich restlos begeistert und machte mir große Hoffnungen, in diesem entlegenen Gebiet vielleicht noch auf lebende Exemplare zu stoßen.

Billingeek war ein magischer Ort zum Verweilen. Jeden Morgen, nachdem die Jäger mit ihren Hunden weg waren, statteten uns die Vögel einen Besuch ab, um sich an den Blüten und Beeren der Pflanzen gütlich zu tun, die über der Öffnung des Felsunterschlupfs hingen. Wegen der Dunkelheit im Innern konnten sie uns nicht sehen, und ich beobachtete sie stundenlang, wie sie nur wenige Zentimeter entfernt pickten und sich zankten.

Die weitaus häufigsten Besucher waren die Schwarzhauben-Blauvögel *(Paramythia montium)*. Es sind dreiste, ungefähr starengroße Vögel. Sie sind überwiegend blau, besitzen aber eine schwarze Haube, einen gelben Bürzel und eine weiße Färbung am Auge. Fast ebenso häufig waren mehrere Arten von Honigfressern, darunter ein wunderschöner schwärzlicher Vogel mit kurzem weißem Bart: der Neuguinea-Honigfresser *(Melidectes nouhuysi)*. Gestreifte Honigfresser (Spezies *Ptiloprora*) mit hellgrünen Augen waren ebenfalls sehr zahlreich, ebenso ein großer graugrüner Honigfresser mit bläulichen Stellen blanker Haut um die Augen. Dies war der Belford-Honigfresser *(Melidectes belfordi)*. Rotkehlchen, Bachstelzen und eine große Vielfalt anderer Vögel lebten gleichfalls in der Nähe der Höhle und kamen manchmal zu Besuch. Eines Tages hatte ich soviel Glück, den herrlichen Gemalten Bindensittich *(Psittacella picta)* zu sehen, während ich ein anderes Mal in einer *Dacrycarpus*-Kiefer, die nur ein paar hundert Meter von dem höhlenartigen Unterschlupf entfernt wuchs, meinen alten Freund, den Macgregor-Paradiesvogel, erblickte.

Die Tiere, die von den Jägern erbeutet wurden, faszinierten mich, weil sie nichts mit den Knochen zu tun hatten, die ich in den Sedimenten gefunden hatte. Die mit Abstand am häufigsten gefangene Spezies war der Kupferne Streifen-Ringelschwanzbeutler. Diese große und gewöhnlich auf Bäumen beheimatete Beutelratte lebte in der Nähe von Billingeek im Gebirgsgestrüpp, wo sie sich auf dem Erdboden ein Nest baute. Trotz der Tatsache, daß wir etwa ein Dutzend von ihnen fingen, fand sich in dem Aschebett in der Höhle nicht ein einziger Knochen dieser Spezies.

Ein Tag nach dem anderen verging, ohne daß unsere Jäger uns von Anzeichen für Wallabys berichteten. Nach vielen enttäuschenden Diskussionen mit den Lani, mit denen ich mich in meinem mangelhaften Bahasa Indonesia verständigte, erfuhr ich, daß sie auf Wallabys immer nur im Wald in niedrigerer Höhe gestoßen waren. Die einzige Spezies, die sie kannten, schien das winzige Berg-Buschkänguruh *(Dorcopsulus vanheurni)* zu sein.

Die Filander (Gattung *Thylogale),* nach denen ich suchte und die alpines Grasland bewohnen, waren offensichtlich seit langem aus der Gegend verschwunden. Und die Hoffnungen, lebende Filander zu finden, schmolzen endgültig zusammen, als ich viele Monate später von Geoff Nachricht über die aus der Holzkohle der Ablagerung gewonnenen Radiokarbondaten erhielt. Kohle und Knochen waren 3000 Jahre alt.

Was Baumkänguruhs und Ameisenigel betraf, waren die Neuigkeiten beinahe genauso schlecht. Die Jäger sagten, daß seit mehr als einer Generation kein Baumkänguruh mehr in der Nähe von Billingeek gefangen worden sei, während der Fang des letzten Ameisenigels in der Gegend über ein Jahrzehnt zurückliege. Was konnte diese dramatischen Veränderungen in der um Billingeek lebenden Säugetierwelt verursacht haben? Natürlich hatten die größeren, langsameren Arten am meisten gelitten. Die Filander (von denen es zwei Arten gab) waren in prähistorischer Zeit verschwunden, während die Ameisenigel und Baumkänguruhs in dieser Gegend erst in sehr viel jüngerer Zeit ausgestorben waren. Aber wie sollte man die seltsame neueste Zunahme an Ringelschwanzbeutlern erklären?

Als ich die Puzzleteile viele Monate später zusammenfügte, wurde klar, daß die Filander wahrscheinlich vor etwa

2000 Jahren (zu der Zeit, als Hunde eingeführt wurden) aus Irian Jaya verschwunden waren. Die Jagd auf Filander mit Hunden ist eine Methode von schonungsloser Wirksamkeit. Baumkänguruhs und Ameisenigel waren den Filandern beim Aussterben anscheinend viel später nachgefolgt, als die Jagdausflüge nach Billingeek immer stärker zunahmen. Dies war erst während der letzten vierzig Jahre geschehen und vielleicht die Folge von Veränderungen, zu denen es seit dem Kontakt mit den Europäern gekommen war.

Möglicherweise dehnten die Beutelratten ihr Verbreitungsgebiet aus, weil die »leeren Nischen«, die durch das Aussterben anderer Arten entstanden, zunahmen. Diese Belege für das Aussterben in einer Umgebung, die anfangs einen so unberührten Eindruck gemacht hatte, stimmten mich traurig. Zusammen mit dem zu einem sehr viel früheren Zeitpunkt erfolgten Aussterben der Beuteltierriesen *Maokopia* und *Protemnodon* bedeutete es, daß Irians Hochgebirgsregionen beinahe alle ihre großen Säugetiere verloren hatten.

Eines Nachmittags kehrten die Jäger mit einem Leinensack nach Billingeek zurück, den ich ihnen für den Transport lebender Tiere gegeben hatte. Er sah sehr voll aus, und ich war gespannt wie ein Flitzebogen, was sie wohl gefunden hatten. Sie setzten den Sack vor mir ab und warteten natürlich darauf, daß ich einen Blick hineinwarf. Als ich hineinschielte, stellte ich zu meinem Entsetzen fest, daß er voller Knochen war: Hunderter ausgebleichter menschlicher Knochen.

Entgeistert bei dem Gedanken, daß sie einen Ahnenfriedhof geplündert haben könnten, um sich diese großzügige Gabe zu beschaffen, verlieh ich meiner Mißbilligung Ausdruck und erklärte so unmißverständlich ich konnte, daß ich nur an Tier- und keinesfalls an Menschenknochen interessiert sei. Ein Mann sagte, ich solle mir keine Sorgen machen, denn es sei tatsächlich ein Tierknochen in dem Sack. Er leerte den Sack vor mir aus, und eine Kaskade menschlicher Knochen purzelte auf den Boden. Nachdem er eine Weile in dem Haufen herumgefischt hatte, förderte er den einsamen Kieferknochen eines Baumkänguruhs zutage.

So unbedeutend dieser Kieferknochen damals auch zu sein schien, er sollte sich als entscheidend für meine künftigen Forschungen in Irian Jaya erweisen.

In dem Moment jedoch war meine unmittelbare Sorge, daß die menschlichen Überreste wieder zu ihrer ursprünglichen Ruhestätte zurückgebracht wurden. Das erklärte ich den Lani, aber sie schienen überhaupt nicht interessiert zu sein. Sie erzählten mir, daß die Knochen von einer Spalte im Fels ein paar Stunden Fußmarsch entfernt stammten und daß es einfach viel zu mühsam sei, sie wieder zurückzutragen! Ich war mehr als ein wenig bestürzt darüber, daß mein Lager in ein Instant-Beinhaus verwandelt worden war. Trotz meiner Proteste wurden die Knochen ungerührt durch die Gegend getreten, bis sie überall in der Felszuflucht verstreut lagen.

An unserem letzten Morgen in Billingeek beschlossen wir, uns direkt zum Gipfel der Prinz Willem V. Range aufzumachen. Meine Höhenkrankheit war abgeklungen, und obwohl es ein nebliger Vormittag war, freute die Aussicht mich. Wir machten uns auf den Weg über die Hochgebirgstundra, die zunehmend vegetationsloser wurde, je mehr wir uns dem 4000 Meter hohen Gipfel näherten. An einer Stelle überquerten wir ein ausgedehntes Felsband aus Kalkstein, der durch Gletschertätigkeit fast vollständig glattgeschliffen worden war. Felsbrocken hatten, als sie vom Eis mitgeschleift wurden, tiefe Furchen in die ansonsten glatte Oberfläche gegraben. Manche Furchen sahen so frisch aus, als seien sie gestern und nicht schon vor 15 000 Jahren gezogen worden. Tatsächlich lag der Stein, der die Spur gezogen hatte, in manchen Fällen noch am Ende der Furche, genau dort, wo ihn der Gletscher vor 15 000 Jahren zurückgelassen hatte. Während ich auf diesen Beweis für Eis starrte, spürte ich den bitterkalten Wind wie Nadelstiche, und ich konnte mir ohne weiteres vorstellen, daß der Gletscher noch irgendwo in der Nähe lauerte.

An den Talseiten hatten die Gletscher einige bemerkenswerte und wahrhaft gewaltige Felsblöcke zurückgelassen. Einer davon war so groß wie ein Vorstadthaus und thronte bedenklich auf einem Vorsprung hoch über der Talsohle. Wir folgten dem Tal, während es sanft zum Kamm anstieg, bis wir einen weiteren riesigen Brocken von mindestens zehn Metern Durchmesser erblickten, der sich durch den Nebel vor uns abzeichnete. Dahinter war leerer Raum, denn er saß unmittelbar auf dem Gipfel. Endlich hatten wir den höchsten Punkt erreicht.

Wenn man sich an ein paar Büschen festhielt, war es möglich, den großen Findling zu erklettern. Von hier oben bot sich mir ein äußerst spektakulärer Anblick – die Südseite des Bergzugs, die beinahe senkrecht Hunderte von Metern abfiel. Durch die Nebelschwaden konnte ich weit unten die Bäume des Hochgebirgswaldes an den Südhängen der Bergkette ausmachen. Darunter verlief ein steiles Gewirr von Kämmen und Tälern. Jenseits davon war alles von Wolken verhüllt; doch ich wußte, daß nur ein kleines Stück weiter südlich das Tiefland der Stämme der Marind und der Asmat lag. Und dahinter, vier senkrechte Kilometer unter uns, lag das Meer.

Ich zückte meine Kamera, um die Szene auf Zelluloid zu bannen, stellte aber bestürzt fest, daß das einzige, was ich sehen konnte, ein verschwommener Fleck war. Der Autofocus-Mechanismus dieser neuen Hightech-Kamera hatte sich bei einer Scharfeinstellung von etwa einem Meter verklemmt, als ich ihn wenige Augenblicke zuvor benutzt hatte, um ein paar winzige Gebirgsblumen zu fotografieren.

Also saß ich, verzaubert von dem Anblick, einfach da und dachte an die Eiszeit, die in ihrem Gefolge diesen großartigen Felsblock zurückgelassen hatte, und an die phantastische Buschwanderung, die man vor langer Zeit hätte machen können, als der Planet sich in der Umklammerung des Eises befunden hatte. An den Polen wurde damals soviel Wasser gebunden, daß der Meeresspiegel dramatisch sank und den Kontinentalsockel freilegte. Ein Mensch hätte von den Gletschern Tasmaniens bis zu der Stelle, an der ich saß, zu Fuß gehen können. Melanesien, diese gewaltige Landmasse, war damals eine einzige Einheit gewesen, ausschließlich bewohnt von australischen und melanesischen Völkern.

Erst als mein Blick von dieser majestätischen Aussicht nach unten wanderte, fand ich Hinweise darauf, daß ich nicht der erste Mensch war, der meditierend auf diesem Fleck gesessen hatte. Denn auf einer kleinen freien Fläche oben auf dem Findling war ein Feuer entzündet worden. Daneben, auf einer Felsplatte zu meinen Füßen, lagen die fein säuberlich angeordneten Schädel von vier Zwerg-Ringelschwanzbeutlern *(Pseudochirulus mayeri)*. Sie waren sauber abgenagt und nach einer geruhsamen und vielleicht einsamen Mahlzeit nebeneinander abgelegt worden. Ich fragte mich, welche Gedanken diesen Jäger wohl beschäftigt haben mochten, als er sich in der Sonne sein Mahl schmecken ließ. War er vor Tagen, Monaten oder gar Jahren hiergewesen, und hatte er sich, als er die Stelle verließ, geistig ebenso erfrischt gefühlt wie ich?

Als der Morgen unseres Abmarsches aus Billingeek graute, fiel es mir schwer, die herrlichen, bitterkalten Berge zu verlassen. Und als ich den Pfad in Richtung des Tals der Gärten hinunterging, gelobte ich mir wiederzukehren.

25

Arfak, Fak Fak

Vier Jahre vergingen, bevor ich die Maokop Range erneut aufsuchen konnte.

Zwischen 1990 und 1994 nahmen zwei Forschungsprojekte einen Gutteil meiner Zeit in Anspruch. Bei dem ersten handelte es sich um ein Buch über die ökologische Geschichte Australasiens. Das zweite, hinsichtlich Zeit und Ressourcen sehr viel anspruchsvoller, war eine Erhebung über die Säugetiere des Südwestpazifik und der Molukken. Um dieses zweite Vorhaben abschließen zu können, mußte ich mich um die Beschaffung der finanziellen Mittel für ein Forschungsteam kümmern, das jede größere Inselgruppe dieses riesigen Archipels untersuchen würde; und ich selbst mußte mir die Zeit nehmen, die meisten Inselgruppen zu besuchen.

Die wesentlichen Mittel zur Durchführung dieses Vorhabens wurden aus einer Stiftung von Winifred Violet Scott bereitgestellt. Miss Scott hatte ihr Vermögen einer Stiftung vermacht, die die Erforschung gefährdeter Arten unterstützt. Posthum hat sie mehr für gefährdete Arten erreicht als die meisten Forscher zeit ihres Lebens. Mehrere Arten wurden, größtenteils als Ergebnis ihres Letzten Willens, vor dem Aussterben bewahrt.

Zu dem Projekt gehörten fünf Forscher, alle mit beträchtlicher Feldforschungserfahrung in tropischen Regionen. Ich teilte jedem von ihnen einen Abschnitt der Region Südwestpazifik zu. Ich selbst untersuchte Neukaledonien, die nördlichen und zentralen Molukken sowie die Inseln vor der Küste Irian Jayas und Papua-Neuguineas. Außerdem besuchte ich mehrere der übrigen Erhebungsstätten, um eine Vorstellung von der Natur jeder Inselgruppe zu erhalten und die Schwierigkeiten einschätzen zu können, mit denen die anderen Forscher konfrontiert waren.

So kehrte ich vier Jahre lang nicht in die Berge der Maokop Range zurück. Doch als ich dann zurückkehrte, war ich sehr viel besser gerüstet, hatte ich doch bei meiner Arbeit auf den Inseln fließend Bahasa Indonesia gelernt. Im Hochgebirge Irians erwies sich dies als unschätzbarer Pluspunkt.

Einmal jedoch stattete ich dem Festland von Irian Jaya während der Zeit meiner Insel-Erhebung einen Besuch ab. Das war im Jahr 1992, als meine Reise mich durch die Stadt Manokwari auf der Vogelkop- oder Bird's-Head-Halbinsel führte. Ich hatte mit Boeadi, einem älteren indonesischen Forscher vom Bogor Museum, und Alexandra Szalay, einem Mitglied des Forschungsteams, die Inseln der Geelvinck Bay untersucht.

Unser Team war für die Arbeit in Irian Jaya besonders gut geeignet. Boeadi zählt zu den angesehensten und dienstältesten Biologen Indonesiens. Er hat während des größten Teils der Nachkolonialzeit am zoologischen Museum in Bogor gearbeitet und in praktisch jeder Provinz Indonesiens Forschungen durchgeführt. Der indonesischen Militärexpedition, die im Jahr 1963 den Mount Jaya bestieg, diente er als Zoologe, und er wirkte an vielen anderen bedeutenden Projekten mit, die sich mit so unterschiedlichen Tieren wie Sumatranashörnern, Sumatratigern und Fledermäusen befaßten. Er hat Generationen von Forstwirtschafts- und Wildschutzfachleuten ausgebildet, und seine Kontakte innerhalb der indonesischen Bürokratie sind außerordentlich. Tatsächlich machten viele höhere Forstbeamte beinahe einen Diener vor ihm, wenn wir ihre Dienststellen besuchten.

Boeadi ist außerdem ein ausgezeichneter Lagerkoch, der den zähesten Misthaufen-Krächzer im Nu in ein leckeres *ayam goreng* verwandeln kann. Und er ist ein schamloser Händler, der sich nicht scheut, noch die am mittellosesten aussehende Großmutter um ein paar Rupien herunterzuhandeln; bei solchen Transaktionen zieht er selten den kürzeren (eine Ausnahme ist der legendäre, völlig gelähmte Hahn auf Halmahera, der größten Insel der Molukken, dessen Handikap seiner Wachsamkeit irgendwie entging). Im Gegensatz dazu habe ich wahrscheinlich jede wurmstichige Durian-Frucht und jedes faule Ei gekauft, die zwischen Java und Jayapura im Angebot waren. Aus Enttäuschung über mein mangelndes Talent in dieser Hinsicht verbot Boeadi mir am Ende, Märkte und Basare zu besuchen, und hielt sich immer zwischen mir und den Straßenhändlern.

Alexandra ist Anthropologin und verfügt über große Erfahrung in Melanesien. Ihre Einblicke in die hiesige Kultur sind unschätzbar bei der Interpretation der Informationen, die ich über Säugetiere zusammentrage. Sie scheint stets im richtigen Moment die entscheidende Frage zu stellen. Im Gegensatz zu Boeadi und mir hat sie darüber hinaus ein Gedächtnis wie ein Elefant, und wo Boeadi und ich dazu neigen, die gesamte Ausrüstung durcheinanderzubringen, stellt Alex die Ordnung wieder her.

Von unseren schmuddeligen Hotelzimmern in Manokwari aus konnten wir die majestätischen Arfak Mountains sehen, die sich kurz hinter der Stadt erheben. Ein paar Tage würden wir hier irgendwie mit dem Warten auf Flugverbindungen verbringen müssen. Wir beschlossen recht bald, den Bergen einen kurzen Besuch abzustatten.

In den Annalen der Zoologie Neuguineas nehmen die Arfak Mountains einen besonderen Platz ein. Denn dort drang der italienische Forschungsreisende und Zoologe Luigi Maria d'Albertis am 6. September 1872 als erster in das bergige Innere Neuguineas vor und sammelte Proben seiner einzigartigen Gebirgsfauna. In dem glänzenden Bericht über seine Reisen auf Neuguinea schreibt er, daß er sich während der drei Wochen seines Aufenthalts dort von Reis und Paradiesvögeln ernährt habe. Jeder Schuß schien eine neue, der Wissenschaft unbekannte Spezies zur Strecke zu bringen. D'Albertis wanderte von Manokwari zu einem Dorf namens Hatam, und dort stellte er zusätzlich zu seinen Vögeln und Insekten eine bescheidene, aber wichtige Sammlung von Säugetieren zusammen. Fast alle in großer Höhe lebenden Arten waren neu. Unserem Wissen über die Säugetiere der Arfaks ist seit dieser Zeit kaum etwas Neues hinzugefügt worden, und einige der von d'Albertis gesammelten Arten sind seitdem nicht mehr nachgewiesen worden. Eigentlich kann man zu Recht behaupten, daß die Berge, soweit es um Säugetiere geht, fast bis auf den heutigen Tag praktisch ein weißer Fleck auf der Landkarte geblieben sind.

Eine Schwierigkeit für die Arbeit in Irian Jaya besteht in der Unmöglichkeit, genaue Karten zu bekommen. Die indonesische Regierung ist derart sicherheitsversessen, daß sie sich sogar weigert, jene wenigen Karten herauszurücken, die in jüngster Zeit gezeichnet worden sind. Dadurch ist man gezwungen, sich auf veraltete Informationsquellen zu verlassen (die häufig aus der Zeit vor dem japanischen Einmarsch im Jahr 1941 datieren) – was zu einem Fiasko führen kann.

Wir beschlossen, Luigis Beispiel zu folgen und von der Küstenebene aus zu einem günstig gelegenen Dorf in den Bergen zu laufen. Das Dorf, für das ich mich als Arbeitsstützpunkt entschieden hatte, hieß Hing, und meine in den dreißiger Jahren gedruckte holländische Karte zeigte, daß es fast einen Tagesmarsch von der Küste entfernt lag. Es schien vorteilhafter gelegen zu sein als Hatam, und auch vom wissenschaftlichen Standpunkt war es vorzuziehen, eine andere Örtlichkeit auszuprobieren, anstatt in d'Albertis' altes Jagdrevier zurückzukehren.

Ich ließ in Manokwari verlauten, daß ich gern ein paar Jugendliche einstellen würde, damit sie unsere Ausrüstung trügen und uns auf dem Marsch nach Hing als Führer dienten. Nach ein paar Tagen versammelte sich auf meiner Veranda eine ziemlich kunterbunt aussehende Mannschaft, deren Hauptbefähigungsnachweis für den Job darin bestand, daß sie alle behaupteten, in Hing geboren zu sein und das Dorf sowie den Pfad, der dorthin führte, folglich kannten. Unser wichtigster Helfer war ein junger Mann namens Agus, der, wie sich herausstellte, aus Fak Fak kam, einer Stadt an der Südküste Neuguineas. Ich hatte keine Ahnung, wie viele Male ich den Namen seines Geburtsortes auf unserem Marsch vergeblich in den Mund nehmen sollte!*

Da unsere Träger ankündigten, daß wir Hing am Spätnachmittag erreichen würden, brachen wir eines Morgens sehr früh mit ausreichend Verpflegung für lediglich einen Tag auf. Der Weg war nicht steil, stieg aber kontinuierlich an und führte dabei durch den herrlichen Bergwald, der noch einen Teil der unteren Hänge bedeckt.

Mittags machten wir auf einer Lichtung in diesem außerordentlich vielfältigen Wald Rast. Überall um uns herum lagen abgefallene Früchte, wie ich sie noch nie zuvor gesehen hatte. Besonders auffallend waren die blassen, silbrigblauen, eiförmigen Doppelfrüchte eines großen Baumes. Die Samen waren etwa fünf Zentimeter lang, und da einer immer ein wenig größer war als der andere, erinnerten sie nur zu sehr an ein Paar Hoden. Ich war hoch erfreut über diesen Hinweis auf einen ungewöhnlichen Wald voller endemischer Bäume, die Früchte trugen: Endemische Pflanzen (solche, die nur in einer Gegend vorkommen) ernähren

---

* Fak Fak wird ausgesprochen wie das englische *Fuck* (»Scheiße«).

häufig endemische Säugetiere. Die Tatsache, daß sie Früchte trugen, deutete an, daß die Säuger jetzt ihre aktivste Phase haben mußten.

Am Spätnachmittag hatten wir das Tiefland hinter uns gelassen und kamen in einen Araukarienwald – ein Hinweis darauf, daß wir eine Höhe von ungefähr 1000 Metern erreicht hatten, da Araukarien auf Neuguinea in niedrigeren Höhen nicht vorkommen.

Als wir das Dorf am Spätnachmittag noch nicht erreicht hatten, beschloß ich, nach einer günstigen Stelle für ein Lager Ausschau zu halten. Kurz vor Einbruch der Dunkelheit traten wir auf ein kleines Stück offenes Gelände hinaus. Unter uns lag an seiner bogenförmigen Bucht Manokwari, dessen Lichter vor der Glut eines tropischen Sonnenuntergangs funkelten. Später in dieser Nacht tauchte ein zunehmender Mond, der sich hell auf dem Wasser widerspiegelte, die gesamte Szene in ein silbriges Licht.

Unsere Träger hatten weder warme Kleidung noch irgendeinen Schutz gegen die Witterung dabei; doch die Vorstellung, unter solchen Umständen eine Nacht im Wald zu verbringen, schien sie nicht im geringsten zu beunruhigen. Sie errichteten aus dem, was der Busch hergab, rasch eine Hütte und hatten bald ein prasselndes Feuer entzündet. Sie hockten sich zufrieden um die Flammen und futterten das bißchen Verpflegung, das wir mitgenommen hatten. Alex, Boeadi und ich schlugen unsere recht trostlosen Zelte auf, teilten uns den verbliebenen mageren Proviant und fielen in den tiefen Schlaf der Erschöpfung.

Bei Tagesanbruch am nächsten Morgen war das Gras feucht vom Tau, und es bereitete mir einige Probleme, meine steifen Glieder zu recken und mich auf die Suche nach Feuerholz zu machen. Boeadi (der damals sechzig Jahre alt war und eigentlich einen behaglichen Ruhestand hätte genießen sollen, statt durch Neuguinea zu latschen) hatte noch größere Schwierigkeiten, in Schwung zu kommen. Ein dampfender Becher *kopi bubuk* (ein einfacher, aber aromatischer indonesischer Kaffee) hob die Laune aller, und bald hatten wir gepackt und machten uns in der Erwartung auf den Weg, innerhalb der nächsten Stunde Hing zu erreichen.

Meine Sorge verwandelte sich in tiefe Unruhe, als am Nachmittag klar wurde, daß immer noch kein Dorf in der Nähe war. Wir marschierten den ganzen Tag weiter bergan und kamen endlich in einen Wald aus antarktischen Buchen. Charakteristisch für diesen Baum ist, daß er in ungefähr 2000 Metern Höhe wächst. Das wurde für ein Dorf in den Arfaks allmählich zu hoch, und der Wald, den wir jetzt durchquerten, befand sich in jenem unberührten Zustand, wie man ihn nur weit weg von Menschen antrifft. Trotz dieser Anzeichen bestanden unsere Träger weiterhin darauf, daß Hing höchstens noch ein paar Stunden entfernt sei.

Besorgt darüber, wie sehr die Strecke Boeadi mitnahm (der später meinte, diese Expedition hätte ihn beinahe umgebracht), unterbrachen wir unseren Marsch früh an diesem Tag. Die letzten Stunden bei Tageslicht verbrachten wir im Wald mit dem Aufstellen von Rattenfallen und Schleiernetzen, in der Hoffnung, irgend etwas zu fangen, um unsere mittlerweile ausgehungerten Träger und uns selbst zu verköstigen.

Als wir den angrenzenden Wald erkundeten, machte Boeadi eine jener Entdeckungen, die selbst einen so gräßlichen Marsch wie diesen lohnend erscheinen lassen. Während wir Fallen aufstellten, stieß er auf etwas, das er zunächst für eine von Menschenhand errichtete Miniaturhütte hielt. Es war ein kunstvoller Bau, von der Form her etwa wie die Spitze einer Dani-Hütte – aber sein rundes Strohdach reichte bis hinunter zum Erdboden. Er war ungefähr einen Meter hoch, und das Dach aus Zweigen war um einen Mittelpfosten herum erbaut. Es gab einen niedrigen, türähnlichen Eingang und davor einen sorgfältig gepflegten Rasen, auf dem eine Auswahl leuchtend bunter Früchte und Blumen lag. Am bemerkenswertesten jedoch war, daß direkt in der Tür auf einer tadellosen Moosmatte ein Kugelschreiber lag.

Wir erkannten, daß der außergewöhnliche Bau das Werk des Vogelkop-Laubenvogels *(Amblyornis inornatus)* war – des *Burung tahu* oder »wissenden Vogels« der Bergbewohner. Männliche Vögel (von denen es über achtzehn Arten gibt) errichten eine Vielfalt von Konstruktionen, sogenannte Lauben, in denen sie ihre Weibchen umwerben. Der Bau des Vogelkop-Laubenvogels ist der bei weitem komplizierteste, und dieser hier war ein prachtvolles Beispiel. Der Stift – der einzige Gegenstand von Menschenhand – stellte zweifellos den wertvollsten Besitz des Vogels dar. Irgendein anderer Reisender (vielleicht ein Forscher vom World Wide Fund for Nature, der vor einigen Jahren bei der Einrichtung von Schutzgebieten in der Gegend mitgeholfen hatte) mußte ihn verloren haben.

Als ich an diesem Abend in meinem Zelt hockte und über unsere mißliche Lage nachdachte, gab es einen unerklärlichen Lärm. Anfangs schwach und scheinbar weit entfernt, klang er beinahe wie der Lärm, den eine fliegende Untertasse in einem schlechten Science-fiction-Film macht. Erschreckend war, daß dieses seltsame Geräusch immer lauter wurde. Ein heranfliegender Jet der indonesischen Streitkräfte? Bald wurde der Lärm so aufdringlich, daß ich aus dem Zelt stürzte und nach oben in das Kronendach blickte, halb in der Erwartung, eine silberne Scheibe über den Bäumen schweben zu sehen.

Plötzlich ließ das Geräusch nach, dann hörte es ganz auf. Erst jetzt entdeckte ich den Übeltäter: eine große Zikade, die von einem Ast direkt neben meinem Zelt in das Schleiernetz flog. Es war eine »Sechs-Uhr-Zikade«, die so heißt, weil sie ihren bemerkenswerten Schrei jeden Tag nur ein paar Minuten lang ausstößt, und zwar gegen sechs am Morgen und gegen 18 Uhr am Abend. Ich hatte sie früher schon gehört, aber eine Spezies mit einer solchen Klangqualität war mir noch nie zu Ohren gekommen. In den Wäldern hoch oben in den Arfaks konnte man offensichtlich die Uhr nach ihnen stellen.

An diesem Abend legte ich mich, ohne zu essen, aber zufrieden, schlafen. Die Nacht war klar und bitterkalt, und ich fiel erst nach einiger Zeit in einen unruhigen Schlaf.

In den frühen Morgenstunden weckte mich ein leises Summen. Durch den Schleier des Schlafs schien das Geräusch zuerst ein Echo des Sechs-Uhr-Schreis zu sein, aber dann schwoll es an und fügte sich allmählich zu einer Melodie. Unsere Träger sangen – in vierstimmiger Harmonie. Die betörend schöne Melodie ging stundenlang weiter, wobei sie die ganze Nacht an- und abschwoll. Ich muß wieder eingeschlafen sein, denn ich erwachte im Morgengrauen verfroren und hungrig.

Die Träger sagten am Morgen, sie hätten gesungen, um sich warm zu halten und nicht ans Essen denken zu müssen. Obwohl die Melodie gewiß melanesisch gewesen war, hatte man ihr überraschenderweise von Missionaren inspirierte Worte unterlegt. Die Zeilen, die sie immer wieder gesungen hatten, lauteten: *Don't drink spirits, don't smoke cigarettes, and don't trust Chinese* (trinkt keinen Branntwein, raucht keine Zigaretten und traut keinem Chinesen).

Zum Glück hatten die Fallen uns über Nacht die Riesenmenge von etwa zehn Mooswald-Ratten beschert. Ich vermaß und häutete sie und gab sie unseren Trägern, damit sie sie über einem Feuer brieten. Nachdem jeder etwa eine halbe Ratte bekommen hatte, fühlten wir uns ein wenig gestärkt und machten uns wieder auf den Weg – diesmal unter der Versicherung, daß Hing *wirklich* nur ein oder zwei Stunden weit weg sei.

Gegen Mittag erreichten wir den Steineibenwald, der nur auf den höchsten Kuppen der Arfak Mountains wächst – die hier eine Höhe von knapp 3000 Metern erreichen. Wir hielten an und stellten zu unserem Schrecken fest, daß Boeadi nicht mehr bei uns war. Wir eilten den Pfad zurück.

Er hatte eine falsche Abzweigung genommen und war, bis wir ihn fanden, bereits einige Zeit allein durch den Wald geirrt. Er war erschöpft, und es war klar, daß er nicht weitergehen konnte.

Wütend über die unausgesetzten Fehlinformationen, die ich erhielt, hieß ich die Träger sich in dem nebligen, kalten Wald hinsetzen und fragte unsere Führer streng, ob irgend jemand von ihnen jemals in Hing gewesen sei! Schließlich wagte einer zu äußern, daß er den Ort als kleiner Junge gesehen habe – und sich sicher sei, daß er mindestens noch ein oder zwei Tagesmärsche weit entfernt war.

Die anderen machten finstere Gesichter angesichts seines Verrats, obwohl Agus, der Fak-Fak-Mann, aufrichtig erschrocken zu sein schien über die Enthüllung. Ihr Betrug hatte auf der Theorie beruht, daß es besser sei, für einen Fünf-Tage-Marsch nach Nirgendwo bezahlt zu werden, als freimütig einzuräumen, daß sie nichts über Hing wußten, und den Job nicht zu bekommen.

Empört befahl ich den Rückzug. Boeadi war fraglos zu krank, um weiter bei der Expedition zu bleiben, also schlug ich vor, daß er mit einem Teil der Trägerkolonne direkt bergabwärts nach Manokwari zurückkehrte. Alex und ich beschlossen, einen Pfad einzuschlagen, der eine angrenzende Kammlinie hinunterführte; an ihrem Fuß hatte ich verkümmerten Wald gesehen, der einem alten Garten ähnelte. Von dort aus würden wir vielleicht ein Dorf ausfindig machen, wo wir Proviant erhalten und mit unserer Arbeit beginnen könnten.

Die Arfaks zählen zu den am stärksten zerklüfteten Bergketten Neuguineas, so daß wir nicht überrascht waren, festzustellen, daß dieser Alternativpfad über ein nahezu senkrechtes 1500-Meter-Gefälle jäh nach unten stürzte. Das

Kliff bestand aus bröckeligem Sandstein, der wenig festen Halt bot.

Vorsichtig machten wir uns den Hang hinunter auf den Weg, aber nach ein paar Schritten verlor Alex den Halt und begann einen verhängnisvoll aussehenden Sturz hangabwärts. Im letzten Moment bekam sie einen Busch zu fassen, der ihren Fall bremste. Zitternd setzten wir unseren Weg nun noch vorsichtiger fort.

Einen solchen Abhang hinabzusteigen ist sehr viel unangenehmer und schwieriger, als ihn hinaufzukraxeln. Erst schmerzen und zittern einem die Knie, dann werden sie zu Pudding. Man kann sich nirgends hinsetzen und ausruhen, und jeder Schritt ist der Versuch, der tödlichen Anziehung der Schwerkraft zu widerstehen. Trägt man einen Rucksack, so gestaltet sich die ganze Sache noch schwieriger.

Nach vier Stunden mühsamen Abstiegs erreichten wir einen sanfteren Hang und stellten fest, daß wir uns tatsächlich in einem Gebiet aus altem Gartenland befanden. Wir folgten einem Weg durch das Unterholz und stießen bald auf ein offensichtlich verlassenes Dorf. Wir ließen uns am Rand der Siedlung in das weich federnde Gras fallen.

Während ich erschöpft neben einer Hütte lag, kehrten eine Frau und ihre Tochter aus ihrem Garten zurück und betraten, ohne an irgendwelche Besucher zu denken, den Dorfplatz. Doch als sie unserer ansichtig wurden, bekamen sie es mit der Angst zu tun. Nur das rasche Eingreifen unserer Träger hinderte sie daran, sich schreiend in den Wald zu flüchten.

Den rasch zusammenströmenden Dorfbewohnern – bis auf einen ausnahmslos Frauen und Kinder – erklärten wir den Grund unseres unerwarteten Besuchs. Wie es schien, hatten die gesunden und kräftigen Männer sich allesamt zu einem wichtigen Treffen im Tiefland aufgemacht. Der einzige verbliebene männliche Bewohner war ein alter Mann, dessen verkrüppelte Beine unter seinem Körper verschränkt waren und der sich nur auf den Händen laufend fortbewegen konnte. Er stellte sich als Benjamin vor und lud uns ein, in einer leerstehenden Hütte zu schlafen.

Wir beschlossen, ein oder zwei Tage in diesem Dorf (das Je'ute hieß) zu verbringen, um uns von dem Marsch zu erholen. Leider wimmelte die Hütte von Flöhen, und die Nächte, die wir dort zubrachten, waren noch unbequemer und schlafloser als die Nächte im Wald. Wir kochten, aßen, kratzten uns und ruhten uns aus, und dazwischen unterhielt ich mich mit Benjamin über die Säugetiere der Arfaks. Er erklärte, daß er vor seiner Verkrüppelung ein berühmter Jäger gewesen sei, der jedes Tier finden konnte, das in den Bergen lebte. Wir hockten stundenlang zusammen, mein Buch über die Säugetiere von Neuguinea aufgeschlagen vor uns, und diskutierten über die Fotografien. Zeigte ich auf eine Baummaus, so sagte Benjamin mit dem für die Arfak-Sprachen so charakteristischen schönen Singsang *Choy-woibe-a*. Ich versuchte jedesmal, den Namen auszusprechen. War es mir zu seiner Zufriedenheit gelungen, so erzählte er mir alles, was er über das Tier wußte, bevor er zur nächsten Spezies überging. Innerhalb eines Tages besaß ich sowohl eine brauchbare Namensliste von Säugetieren aus Hatam als auch jede Menge Wissen über ihre Naturgeschichte.

Nach ein paar Tagen verließen wir Je'ute und gingen nach Mokwam, einem größeren Dorf. Mokwam verfügt über eine Start- und Landebahn und einen Handelsposten sowie über eine Anzahl Jäger. Jetzt konnten wir uns auf eine Woche äußerst produktiver Arbeit einrichten. Ironischerweise stellte sich heraus, daß Hatam, wo Luigi Maria d'Albertis vor 120 Jahren seine Arbeit erledigt hatte, nur etwa sechs Kilometer entfernt war. Hing dagegen lag nun auf der anderen Seite des Gebirges. Seine Bewohner hätten alles aufgegeben und seien, so glaubten die Leute, etwa zur Zeit des Zweiten Weltkrieges fortgezogen.

In Mokwam wohnten wir beim *kepala desa* (Häuptling) und

bei dessen Familie. Sie waren so liebenswürdig, uns einen Raum in ihrem bescheidenen Haus zu überlassen, in dem wir Zelte aufschlugen, um einen Anschein von Privatsphäre zu schaffen. Leider war das Gebäude durch einen gesunden Bestand an Himalaya-Ratten *(Rattus nitidus)* verseucht, die irgendwie an diesen entlegenen Ort gelangt waren, obwohl er so weit von ihrer ursprünglichen Heimat entfernt war. Die Himalaya-Ratte ist ein widerstandsfähiges, geräuschvolles Tier, das wenig Respekt vor schlafenden Menschen zeigt. Es funktionierte die Bahnen meines Zeltes bald zu einer Skipiste und einem Erholungsort für Nager um.

Während die nichtmenschlichen Bewohner des *kepaladesa*-Hauses uns Unbehagen verursachten, fürchte ich, daß seine menschlichen Bewohner über uns noch bestürzter waren. Nachdem wir die hiesigen Jäger um Musterexemplare gebeten hatten, trafen zum großen Widerwillen der Gattin des *kepala desa* zu jeder Tages- und Nachtzeit sowohl tote als auch lebende Tiere ein. Ebenso wie andere Frauen der Gegend hegte sie eine besondere Abscheu vor jungen Beuteltieren. Zweifellos konnte sie die furchterregende Himalaya-Ratte gleichmütig anstarren, aber sobald man ihr eine junge Beutelratte, frisch aus dem Beutel der Mutter, zeigte, schreckte sie mit einer Hand vor dem Mund zurück, während die andere in die Richtung des winzigen Beutlers stieß. Nachdem ich erst einmal von dieser Phobie wußte, wahrte ich beim Umgang mit diesen Geschöpfen eine gewisse Diskretion, denn ich bin mir sicher, daß wir kurz davor standen, aus dem Haus geworfen zu werden.

Trotz dieser Schwierigkeiten zahlte die Arbeit in den Arfaks sich aus. Wir dokumentierten die Existenz von ungefähr fünf Säugetierarten, die noch niemals in den Bergen beschrieben worden waren, und lösten außerdem ein altes Rätsel. Es betraf den d'Albertis-Ringelschwanzbeutler (der erstmals von Luigi höchstpersönlich im Jahr 1872 in Hatam gefangen worden war). Die Spezies schien in zwei Größen aufzutreten; beide hatten zu Beginn des 20. Jahrhunderts unterschiedliche wissenschaftliche Namen erhalten, nur um in den vierziger Jahren wieder in einen Topf geworfen zu werden. Nachdem wir die stattliche Reihe der von den Jägern als Trophäen zurückbehaltenen Kieferknochen (die wir sammelten) ebenso untersucht hatten wie ein paar vollständige Exemplare, stellten wir fest, daß es tatsächlich zwei Arten gab. Zum Gedenken daran, daß sie von der westlichen Forschung so lange Zeit unbemerkt geblieben war, tauften wir die neue Spezies Einsiedler-Ringelschwanzbeutler (*Pseudochirops coronatus*).

Unter den Arten aus den Arfaks, die noch nicht belegt waren, befanden sich eine Riesenratte, die der De-Vis-Wollratte (*Mallomys aroaensis*) ähnelte, über deren genaue Identität ich mir jedoch noch unsicher bin, und die Westliche Weißohr-Riesenratte (*Hyomys dammermani*) – beide ergaben eine wundervolle Kraftbrühe. Der bemerkenswerte Kleine Streifenbeutler (*Dactylopsila palpator*) war ebenfalls vertreten. Diese schwarzweiße Beutelratte riecht wie ein Stinktier, und der vierte Finger jeder Hand ist zu einer schlanken »Sonde« verlängert, die sie benutzt, um Insektenlarven aus ihren Verstecken zu angeln.

Unser improvisierter Abstecher hatte schließlich doch noch einen Beitrag zur Zoologie der Region geleistet. Als wir uns in Manokwari mit Boeadi trafen (der sich inzwischen erholt hatte), war er ebenfalls hoch erfreut über das Ergebnis.

In der Rückschau sehe ich heute, daß Mokwam eines der Bergdörfer Irian Jayas war, in denen der indonesische Einfluß Fuß gefaßt hatte. Nach 1969 waren die Arfak Mountains der Brennpunkt einer kraftvollen Widerstandsbewegung gewesen; diese war jedoch erstorben, und während meines Aufenthaltes dort hörte ich nichts vom irianesischen Widerstand, der OPM (Operasi Merdeka Papua – Bewegung freies Papua). Anderswo in der Provinz ist die OPM dennoch unvermindert stark (und wächst weiter). Aber in Mokwam erlebte ich kaum Groll gegen Indonesier von außerhalb der Provinz. Alle Bewohner des Dorfes und der umliegenden Bergregionen hatten im Tiefland in der Nähe von Manokwari in einer großen Neuzuwanderer-Siedlung Land erhalten. Dort würden sie Trockenreis pflanzen und ernten und dann in die Berge zurückkehren, wenn sie ihr traditionelles Leben fortsetzen wollten.

TEIL SIEBEN

Die Snow Mountains

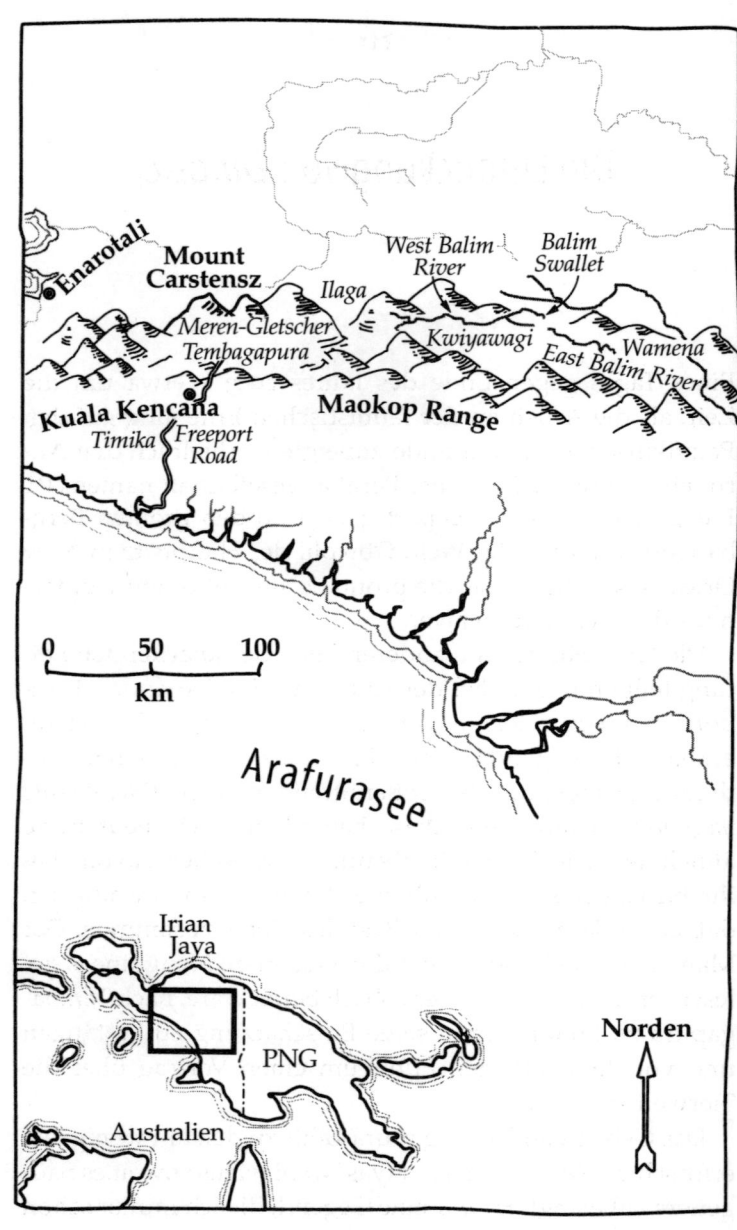

26

Die Entdeckung von *Dingiso*

Eines Tages gegen Ende des Jahres 1993 – etwa um die Zeit, als die Arbeit an der faunistischen Erhebung auf den Pazifikinseln sich dem Ende zuneigte – erhielt ich den Anruf eines Angestellten einer Bergbaugesellschaft namens PT Freeport Indonesia. Freeport gehört zu den größten Bergbaugesellschaften der Welt. Obwohl der Hauptsitz in New Orleans ist, betreibt sie die profitabelste Gold- und Kupfermine der Welt in Irian Jaya.

Die ferne Stimme am anderen Ende der knackenden Leitung teilte mir mit, daß der Anruf aus Tembagapura, Freeports Stadt im Herzen von Irian Jaya, käme. Der Mann erklärte, daß er glaube, eine sehr seltene Beutelrattenart entdeckt zu haben, die als Großer Streifenbeutler (*Dactylopsila megalura*) bekannt sei. Diese bemerkenswerte Beutelratte ähnelt dem Kleinen Streifenbeutler – abgesehen davon, daß ihr buschiger schwarz-silberner Schwanz so gewaltig ist, daß er größer wirkt als der Rest des Tieres zusammen. Der Mann hatte mein Buch über die Säugetiere Neuguineas gelesen; er wollte gern wissen, ob ich bereit wäre, nach Tembagapura zu kommen, um seine Einschätzung zu bestätigen und vor dem örtlichen Publikum einen Vortrag über die Tierwelt zu halten.

Das Gebiet von Tembagapura zählt zu den am wenigsten erforschten Regionen Irian Jayas, wenigstens soweit es Säugetiere anbelangt. Es war eine Gegend, die ich immer schon hatte aufsuchen wollen; aber ich hatte kaum zu hoffen gewagt, daß ich einmal die Gelegenheit dazu hätte, denn Tembagapura ist kein Ort, dem man unaufgefordert einen Besuch abstattet.

Tembagapura liegt nur 120 Kilometer westlich von Kwiyawagi und grenzt an den Mount Carstensz, den allerhöchsten Punkt der Maokop-Kette. Oben auf dem Mount Carstensz liegt ein Gletscher. Dieses Überbleibsel aus der Eiszeit gehört zu einer Handvoll von Äquatorialgletschern auf diesem Planeten, und aufgrund der globalen Erwärmung schrumpft er rapide. Tatsächlich wird er, wenn er im gegenwärtigen Tempo weiter abnimmt, wahrscheinlich dahinscheiden, noch bevor ich es tue.

Ein weiterer Faktor, der meinen Wunsch, Tembagapura zu besuchen, beeinflußte, war der Kieferknochen eines Baumkänguruhs, den ich aus dem Haufen menschlicher Skelettreste in Billingeek herausgefischt hatte. Er war nach wie vor nicht zu identifizieren. Ein Stück Baumkänguruhfell, das ich in Kwiyawagi erstanden hatte und das zu einem Kriegskopfschmuck umgearbeitet worden war, blieb gleichfalls rätselhaft. Es stach unter allen Baumkänguruhfellen, die ich gesehen hatte, durch seine Schwarzfärbung und den weißen Strahl auf der Brust hervor.

Um das alles zu krönen, hatte ich, nachdem ich Kwiyawagi verlassen hatte, Fotografien eines Baumkänguruhs erhalten, die in der Nähe von Tembagapura gemacht worden waren. Sie zeigten ein sehr junges Tier mit einer kräftigen schwarz-weißen Musterung. Scheinbar harrte jetzt noch eine weitere unbeschriebene Baumkänguruh-Spezies in den Bergen Neuguineas ihrer Entdeckung. Dieser Besuch Tembagapuras bot vielleicht die Gelegenheit, weitere Anhaltspunkte dafür zusammenzutragen.

Mitte des Jahres 1994 hatte ich die Unternehmensleitung von Freeport davon überzeugt, daß mein Besuch auch Anlaß für eine faunistische Erhebung sein sollte. Außerdem konnte ich die Genehmigung erwirken, daß Boeadi und Alexandra Szalay mich begleiteten – zusammen hofften wir, unsere Arbeit erfolgreich fortsetzen zu können. Alex und ich flogen nach Cairns, wo wir eine Chartermaschine bestiegen, die direkt nach Timika im südlichen Tiefland von Irian Jaya flog. Bei der Ankunft wurden wir von unseren Freeport-Gastgebern abgeholt und für die zweistündige Fahrt von Timika nach Tembagapura in einen Landcruiser verfrachtet. Boeadi sollte ein paar Tage später zu uns stoßen.

Die Straße, die die Städte Timika und Tembagapura verbindet, ist eines der technischen Wunder der Welt, durchquert sie doch etwa 100 Kilometer des schwierigsten Terrains auf diesem Planeten. Der englische Forschungsreisende A. F. R. Wollaston brauchte im Jahr 1910 achtzehn Monate für den Versuch, sich über diese Route durchzuschlagen. Er campierte nachts bis zum Hals im Wasser und stolperte endlose Wochen durch erbarmungslosen Sumpf und Dschungel. Viele seiner Begleiter starben unterwegs an Beriberi und Malaria oder ertranken. Nach all diesen Strapazen erreichte er eine maximale Meereshöhe von nur 1400 Metern. Heute gelangt ein Reisender auf der Straße in ganzen 30 Minuten zu der Stelle, an der Wollaston gezwungen war umzukehren.

Der Bau dieser fabelhaften Straße dauerte mehrere Jahre, kostete viele Millionen Dollar und eine Reihe von Menschenleben. Die Konstruktion ist äußerst innovativ. Ein Teil des Abschnitts, der die Sümpfe des Tieflandes durchquert, ist auf alten Reifen gebaut, so daß die Trasse gleichsam auf dem riesigen Morast schwimmt. Sie verläuft durch einen außergewöhnlichen, urzeitlich aussehenden Sumpfwald. Vögel, Insekten und Orchideen in gewaltiger Zahl verleihen der Szenerie den Eindruck überbordender Fruchtbarkeit. Leuchtend orangefarbene Pilze verzieren Stümpfe und Pfahlwurzeln, die aus dem Morast herausragen. Fetzen von Moos, die jeden Zweig bedecken, künden von Moder und Verfall.

Nachdem sie diesen erstaunlichen Wald passiert hat, erklimmt die Straße eine Steigung, um ihren Weg sodann auf einer ebenen, bewaldeten Terrasse fortzusetzen, die etwa 600 Meter über dem Meeresspiegel liegt. Für Biologen ist der Ort faszinierend, weil er eine größere Verwandtschaft mit den Gebirgswäldern als mit dem Tiefland aufweist. Einige der Arten, die ich hier sah, hatte ich zum letzten Mal fast fünf Jahre zuvor auf über 3000 Metern Meereshöhe in Kwiyawagi gesehen. Dieser Wald wächst auf unfruchtbarem, schlecht entwässertem Torf; hinzu kommen eine beinahe ununterbrochene Bewölkung und eine äußerst große Niederschlagsmenge – elf Meter pro Jahr.

Jenseits der Terrasse steigen die Berge jäh an, und die Straße windet sich über eine unglaublich steil wirkende, messerscharfe Kammlinie hinauf. Um den Grat oben abzuflachen, wurden Miniaturbulldozer etwa von der Größe von Aufsitz-Rasenmähern benutzt, die schließlich den Einsatz von größerem Gerät ermöglichten. Mehr und mehr von dem Grat wurde abgetragen, bis die obere, ebene Fläche breit genug für eine Straße war. Es ist die steilste Straße, die ich je gesehen habe. Ich hielt an einer Stelle an, um ein Foto zu machen, aber ich mußte feststellen, daß ich das Gleichgewicht nicht halten konnte.

Folgt man der Straße weiter aufwärts, so fällt die Temperatur, und Nebel senkt sich herab. Die Bäume haben kleinere Blätter und sind stärker verkümmert. Die Nashornvögel und Kakadus des Tieflandes bleiben zurück, und man hört neue Geräusche, darunter die mechanisch klingenden Rufe der in den Bergen lebenden Paradiesvögel.

An einer Stelle verschwindet die Straße in einem ungefähr einen Kilometer langen Tunnel, der sich durch die Mitte eines Berges bohrt. Wasser tropft in einem unterirdischen Regen von der Decke. Der Tunnel führt neben dem Abgrund ins Freie, und die Straße verläuft unter hoch aufragenden senkrechten Wänden weiter, bis sie 3000 Meter Meereshöhe erreicht. Hier oben trifft man häufig auf gefrierenden Regen und dichten Nebel. An diesem Punkt einem schweren Minenlaster zu begegnen, der nur ein paar Meter entfernt bedrohlich aus dem fast undurchdringlichen Nebel auftaucht, muß wie eine Szene aus einem Horrorfilm sein.

Anschließend beginnt die Straße in das kleine Bergtal abzufallen, das die Stadt Tembagapura schützend umgibt. Tembagapura wurde in den siebziger Jahren erbaut, um die Belegschaft der PT Freeport Indonesia Mining Company unterzubringen. Mit der Zeit hat die Stadt sich gewaltig ausgedehnt und besitzt heute sogar ihre eigene Schlafstadt, Hidden Valley, die auf der Bergkette über der Stadt liegt. Tembagapura ist schöner als durchschnittliche Minenstädte, was größtenteils ihrer unvergleichlichen Lage, aber auch ihrer Kompaktheit und guten Planung zu verdanken ist.

Nach melanesischen Maßstäben ist das Leben in Tembagapura luxuriös. Bei mehr als 10 000 Einwohnern verfügt die Stadt über die meisten öffentlichen Einrichtungen, die auch den Bewohnern einer kleinen ländlichen Stadt in den USA zur Verfügung stehen. Es gibt eine Bank, einen Supermarkt und Spezialgeschäfte, einen Klub mit Restaurant und Bar und erstklassige Unterkünfte für Arbeiter und Besucher. Es ist eine Umgebung, die sich sehr von dem unterscheidet, was ich sonst bei meiner Arbeit in Irian Jaya kennengelernt habe.

Zu meiner Bestürzung wurde den Amungme, den ursprünglichen Besitzern dieses Landes, zur Zeit meines Besuchs von Sicherheitskräften der Zugang zur Stadt energisch verwehrt. Sogar der Dschungel wurde unter Kontrolle gehalten, denn der Regenwald war an dieser Stelle gerodet worden, und man hatte an seiner Stelle Monterey-Kiefern (*Pinus radiata*) gepflanzt. Die meisten der zweifellos für sehr viel Geld importierten Bäume waren abgestorben, als ich sechs Monate später zurückkehrte.

Meine Schwierigkeiten, mit den Einheimischen Kontakt aufzunehmen, stellten ein großes Handikap dar, denn ich mußte mit ihnen arbeiten, wenn sie auf die Jagd gingen. Dieses Problem wurde jedoch gelöst, als ich John Cutts kennenlernte.

John ist das vielleicht größte Kapital, das Freeport bei dem Versuch, eine solide Beziehung zu den enteigneten Grundbesitzern aufzubauen, vorzuweisen hat. Von Geburt Amerikaner, wurde John im Alter von vier Jahren von einem Missionarsehepaar adoptiert, das unter den Moni im damaligen Niederländisch-Neuguinea tätig war. Aufgezogen von seinen Moni-Nachbarn wie von seinen Pflegeeltern, wurde John schließlich zu einem hervorragenden Kenner der Sprache und Traditionen der Moni. Er ist in vielerlei Hinsicht ebensosehr Moni wie Amerikaner. Die Gebiete der Moni liegen unmittelbar westlich der Mine, und viele Stammesangehörige leben in den Dörfern rings um Tembagapura, so daß diese Verbindung für das Unternehmen von großem Nutzen ist.

John war damals Verbindungsoffizier zur Gemeinschaft in Tembagapura und machte mich mit einigen Eingeborenen bekannt, von denen der wichtigste Vedelis Zonggonau war, ein gebildeter Moni in den Dreißigern.

Ich holte mein Buch über die Säugetiere von Neuguinea heraus und schlug es auf der Seite mit dem Doria-Baumkänguruh auf.

Ndomea, sagte Zonggonau; das war der Moni-Name des Tieres.

Naki, meinten die Jäger der Amungme.

Als nächstes zeigte ich ihnen die Fotografie des schwarzweißen Jungtieres, die man mir geschickt hatte.

Dingiso, sagte Zonggonau.

Nemenaki, riefen die Amungme im Chor.

Nach einigem Hin und Her entwarfen wir einen Plan zur Erkundung des Gebirgswaldes oberhalb der Stadt, um diese Tiere zu suchen.

Wir beschlossen, auf 2500 bis 3000 Metern Höhe in dem

Wald entlang der Straße zu arbeiten. In dieser Höhe wuchs
guter Buchenwald, und er sah so aus, als sei er ein erstklas-
siger Lebensraum für Baumkänguruhs. Wir wählten unseren Lagerplatz auf einem Vorsprung, der mit Heidekraut
bewachsen war; so bekamen wir etwas Sonne ab. Das war
nicht ganz unwichtig, weil die Wälder rings um Tembagapura zu den feuchtesten der Erde zählen – und das Leben
kann unerträglich werden, wenn man keine Möglichkeit
hat, trocken zu werden.

Es war ein herrlicher Platz – unsere Jäger versicherten
uns, daß er in früheren Zeiten von der OPM benutzt worden
war. Er bot einen Blick über das Singa-Tal im Osten und er-
faßte eine gewaltige Fläche urzeitlichen Regenwalds. Die
unterschiedlichen Grünschattierungen in dem Kronendach
unterhalb unseres Standortes deuteten auf eine enorme bo-
tanische Vielfalt hin, während den ganzen Tag eine Vielzahl
von Vogelrufen aus dem Wald ertönte.

Der kleine Flecken Heide, auf dem wir kampierten, war
sehr moosig; aber Orchideen und Rhododendren machten
den Großteil der Bodenvegetation aus. Eine besonders spektakuläre Orchidee hatte weiße Blüten in Hülle und Fülle.
Die abgefallenen Blütenblätter, die verstreut auf dem Boden
lagen, sahen aus wie frisch gefallener Schnee.

Während der ersten paar Tage, die wir in der Heide lagerten, verwirrte uns ein fremder und wunderlicher Schrei, der,
wie ich fand, dem Geräusch ähnelte, das eine leicht be-
schwipste ältliche Tante vielleicht machen würde, wenn sie
bei einem Familienfest von einem Lieblingsonkel in den Po
gekniffen würde. »Ooooh«, war in unregelmäßigen Abstän-
den zu hören. Der rätselhafte Schreier wurde an unserem
ersten sonnigen Tag entlarvt, als Alex einen winzigen rosafarbenen und schwarzen Frosch erspähte, der über das Torf-
moos kroch. Er war nicht größer als der Nagel an meinem
kleinen Finger und – überflüssig zu erwähnen – der Wissenschaft vollkommen unbekannt.

Wir schickten unsere Jäger jeden Tag mit Hunden los, um Baumkänguruhs ausfindig zu machen, und hatten bald unser erstes Exemplar. Ich war enttäuscht, als ich feststellte, daß es nicht das schwarzweiße Tier war, auf das ich hoffte, sondern daß es zu einer Unterart des Doria-Baumkänguruhs gehörte, die ich ursprünglich anhand von im Jahr 1987 in den Star Mountains gesammelten Exemplaren beschrieben hatte. Trotzdem faszinierte mich die Entdeckung, daß diese Spezies so weit westlich ihres bisher bekannten Verbreitungsgebietes lebte. In den folgenden Wochen machten wir mehrere weitere Doria-Baumkänguruhs ausfindig; das schwarzweiße Tier aber blieb weiterhin unsichtbar.

Enttäuscht beschloß ich, es in größerer Höhe noch einmal zu versuchen. Wir folgten zunächst der Straße, die von Tembagapura aus zum Gelände der Mine bergauf führt, und wandten uns anschließend in den Busch, wo wir ein Gebiet mit Steilhängen erreichten, die bis auf 3700 Meter Meereshöhe anstiegen. Dort oben wuchsen in dichten Büscheln zwischen den Felsen struppige Pflanzen. Was die Chancen, in dieser Gegend auf Baumkänguruhs zu treffen, anging, so war ich äußerst skeptisch – gab es doch noch nicht einmal Bäume, die zum Klettern groß genug gewesen wären. Unsere Jäger beharrten jedoch darauf, daß man sie hier finden könne, also fügte ich mich ihrem Vorschlag, an diesem trostlosen Ort unser Lager aufzuschlagen.

Mein schlimmster Argwohn schien sich zu bestätigen, als wir nach drei Tagen Jagd immer noch nicht das geringste Anzeichen von Baumkänguruhs entdeckt hatten.

Dann tauchte eines Morgens ein Hund aus dem Dunst auf und näherte sich unserem Lager. Ihm folgte ein zweiter, dann erschienen zwei Männer und zwei Frauen. Ich stellte mich dem größeren der beiden Männer vor. Er sagte, sein Name sei Yonas Tinal, und er sei ein Lani aus Ilaga. Ihm gehörten die beiden Hunde, und die Frauen seien seine Ehefrauen. Den anderen Mann stellte er als seinen Freund vor.

Er sei in diesen Gebirgswald gekommen, um Baumkänguruhs zu jagen.

Ungeachtet meiner wachsenden Bedenken schien er vom Jagderfolg überzeugt zu sein. Sein Hund namens Dingo sei, wie er mir erzählte, ein Vier-Millionen-Rupien-Jäger: Er sei so gut im Aufspüren von Wild, daß Yonas jeden seiner Eckzähne auf glatte ein Million Rupien (ungefähr 700 australische Dollar) schätzte. Dingos Gefährte, Photocopy, sei ein weniger begabtes Tier und ähnele, wie sein Name andeute, einem Jagdhund mehr vom Aussehen als vom Verhalten her.

Yonas und ich verstanden uns auf Anhieb prächtig. Er ist ein großer, offenherziger und großmütiger Mann mit einem herrlichen Sinn für Humor. Er besitzt die typische breite Nase der Lani, deren Scheidewand kunstvoll durchstochen ist. Er bot mir mehrmals an, auch mir meine Nasenscheidewand zu piercen, und behauptete, die Berge seien ein idealer Ort zum Operieren, weil die kalte Luft das Ganze zu einer relativ schmerzlosen Tortur mache.

Yonas mochte die Australier. Er hatte einmal für einen australischen Ingenieur gearbeitet, der in der Nähe der Mine im Straßenbau beschäftigt war. Die beiden waren dicke Freunde geworden und schrieben sich noch gelegentlich. Seinen berühmten Jagdhund hatte Yonas zu Ehren seines Freundes nach den australischen Wildhunden Dingo genannt.

Yonas erklärte, daß er bis vor kurzem vier Ehefrauen gehabt habe; aber weil eine sich mit den anderen zankte, habe er sie widerstrebend ihren Eltern zurückgegeben. Doch die Polygamie gefiel ihm offensichtlich, denn er hatte vor, seine Familie erneut zu vergrößern. Seine Zuneigung zu der Tochter des Polizisten von Nabire war zu einer Liebesaffäre gediehen, und Yonas sparte jetzt für den Brautpreis.

Unter den traditionelleren jüngeren Neuguineern, die ich kennengelernt habe, stellt Yonas insoweit eine Ausnahme dar, als er offene, körperliche Zuneigung für seine Ehefrauen an den Tag legt. Häufig konnte man ihn zwischen beiden sehen, wie er die Hand der einen hielt und die andere anlächelte. Sie für ihren Teil schienen in seiner Gesellschaft glücklich und zufrieden zu sein.

Nachdem ich Yonas meinen Wunsch nach einem Exemplar des schwarzweißen Baumkänguruhs gestanden hatte, ging er noch weiter den Berg hinauf und versprach, in ein paar Tagen mit einem Tier zurückzukehren.

Ich wäre Yonas nur allzugern zu seinem Lager gefolgt, aber unsere Netze und Fallen waren bereits ausgelegt, und unsere Jäger durchkämmten hier den Busch. Es würde mindestens einen Tag dauern, uns umzuorganisieren, und Yonas konnte nicht warten.

Unsere Jäger fanden nichts, und ich verlor allmählich die Hoffnung.

Aber schließlich und endlich sah ich eines Morgens Dingo aus dem Wald auftauchen. Ein lächelnder Yonas, der zwei Finger hochhielt, folgte ihm. Ich tippte darauf, daß er zwei Baumkänguruhs gefangen hatte.

Doch als der Inhalt der *noken* zum Vorschein kam, wurde ich überrollt von einer Mischung aus Hochstimmung und Verzweiflung. Yonas hatte zwei Baumkänguruhs gefangen – aber er hatte sie auch aufgegessen. Alles, was er mitgebracht hatte, waren Hautfetzen und Knochen!

Trotzdem reichten die Überreste, um zu bestätigen, daß das schwarzweiße Baumkänguruh ein sehr sonderbares und bislang unbekanntes Tier war. Die Felle waren unvollständig und fürchterlich zerrissen, aber aus ihnen ersah ich, daß die neue Spezies ziemlich groß war (später erfuhren wir, daß Weibchen, die kleiner sind als Männchen, neun bis zehn Kilogramm wiegen). Der Rücken war tatsächlich schwarz, der Bauch weiß und der Schwanz schwarz und weiß gemustert mit normalerweise immer weißer Spitze. Das Gesicht erschien sehr ungewöhnlich, da ein Streifen weißen Fells den unteren Teil der Schnauze umgab und mitten auf der Stirn ein weißer Stern saß. Auf den Fotografien des Jungtieres hatte man diese Merkmale nicht erkennen können; auch bei keinem anderen Beuteltier sieht man etwas Vergleichbares.

Die Unverwechselbarkeit dieses seltsamen Geschöpfs sprach auch aus seinen Knochen. Der Schädel wies gewisse Ähnlichkeiten mit dem des Doria-Baumkänguruhs auf, hatte aber eine anmutigere Form und unterschied sich in Details wie Zähnen und Foramina (den Schädelöffnungen). Die Knochen der Gliedmaßen waren ebenfalls ganz anders als bei jedem anderen Baumkänguruh, das ich bislang untersucht hatte. Die Knochen der Hauptgliedmaßen sind bei Baumkänguruhs außergewöhnlich dick und kräftig. Sie müssen es sein, springen viele Arten doch aus dem Kronendach des Regenwaldes bis zu 20 Meter nach unten. Die Knochen der Gliedmaßen bei der neuen Spezies waren hingegen grazil und ähnelten von den Proportionen her den Knochen am Boden lebender Känguruhs. Dieses Tier konnte zweifellos keine so großen Sprünge nach unten machen.

Ich sollte am Ende feststellen, daß es sich bei dieser neuen Spezies insoweit um ein einzigartiges Baumkänguruh handelte, als es einen Großteil seiner Zeit am Erdboden zwischen den verkümmerten Sträuchern und Büschen der Hochgebirgsregion zubrachte.

Unsere größtenteils erfolglosen Jäger hatten sich inzwischen mit ihren Hunden noch einmal in höhere Gefilde aufgemacht, während wir in gemächlicherem Tempo hinter ihnen herzogen, Frösche sammelten, Pflanzen untersuchten und nach Spuren kleinerer Tiere suchten.

Yonas und ich bildeten bei diesem Unternehmen eine Art Team, das sich darauf spezialisierte, unter gefallenen Bäumen nach Fröschen und Wirbellosen zu suchen. Wir einigten uns auf eine gewisse Arbeitsteilung, denn Yonas hatte eine regelrechte Phobie vor allen Amphibien, während mich bei großen, haarigen Spinnen das Entsetzen packt. Wann immer unter einem Baumstamm ein Frosch zum Vorschein kam, war ich es, der ihn sich schnappte, während Yonas keinerlei Bedenken hatte, sich zu bücken und die am gräßlichsten aussehenden Spinnen aufzuheben.

Wie sehr Yonas sich vor Fröschen ekelte, wurde mir jedoch erst bewußt, als wir uns in unserem Quartier in Tembagapura zusammen ein Video ansahen. Ich hatte Yonas und unsere anderen Helfer ein paar Tage zuvor bei der Arbeit gefilmt. Jetzt drängten sie sich um den Fernseher und redeten aufgeregt über sich als Filmstars – und plötzlich war die Nahaufnahme einer Kröte zu sehen. Yonas machte einen senkrechten Satz in die Luft und landete oben auf einer Couch. Von dort aus versuchte er aus dem Fenster zu klettern – und das im dritten Stock! Als er sich wieder beruhigt hatte, erklärte er, daß der Anblick eines so drastisch vergrößerten Froschs schon furchtbar genug sei, aber auch noch sein Quaken *verstärkt* zu hören, sei fast unvorstellbar.

Bedauerlicherweise war es nicht Yonas, der unser lang ersehntes Musterexemplar anbrachte, sondern ein Lani-Jäger namens Obert.

An diesem besonderen Tag kamen Yonas und ich in unserer Arbeitsteilung gerade ganz gut voran, als unsere Jäger aus dem Nebel auftauchten, angeführt von Obert – der triumphierend ein Baumkänguruh auf den Schultern trug. Es sei, sagte er, erst seit kurzem tot.

Als Obert mit dem Tier auf mich zukam, das ihm aufrecht auf den Schultern saß, sah es eher wie ein Bär oder ein Koala denn wie ein Känguruh aus. Es schien ein so bezauberndes, liebenswürdiges Geschöpf zu sein. Als ich später einem lebenden Tier begegnete, sollte ich erfahren, daß es in der Tat ein sanftmütiges Naturell hat. Die Lani erzählten mir oft, daß ihm die Jäger, die ihm begegneten, ein paar ausgesuchte Blätter anböten, so daß es sich ihnen nähere – so könnten sie ihm einfach eine Schlinge über den Kopf ziehen und es fangen.

Jäger, die hoch oben auf der Maokop Range leben, kennen dieses außergewöhnliche Tier sehr gut. Die Moni, die den westlichen Rand der Gebirgskette bewohnen, nennen es *Dingiso*, und auf diesen Namen tauften auch wir es. Wir waren die plumpen Doppelnamen (wie Goodfellow-Baumkänguruh) leid, mit denen andere neuguineische Säugetierarten belegt wurden. Wir wollten einen einheimischen Namen vergeben, vergleichbar mit den aus der Sprache der Aborigines stammenden Bezeichnungen *Koala* oder *Wombat*, die ja auch mit der Zeit für westliche Ohren einen vertrauten Klang angenommen hatten.

Wir gaben dem Geschöpf außerdem den wissenschaftlichen Namen *Dendrolagus mbaiso*. Mbaiso bedeutet in Moni »das verbotene Tier«, und wir zollten mit diesem Namen den traditionellen Naturschutzpraktiken der Moni Tribut, die entscheidend dazu beigetragen haben, daß das Tier bis heute überleben konnte.

Dingiso ist im Moni-Territorium nach wie vor weit verbreitet. Viele Clans verehren das Tier als mythischen Vorfahren und weigern sich, es zu jagen. Wenn sie ihm im Wald begegnen, sagen sie, werfe es die Arme hoch und pfeife, was sie als Hinweis darauf verstünden, daß es die mit den Moni gemeinsame Abstammung kenne. Sogar ihre Hunde, behaupten die Moni, würden die Heiligkeit dieses Geschöpfs anerkennen und, wenn sie eines sähen, auf dem Bauch davonkriechen. Biologen, die ein prosaischerer Verein sind als die Moni, sehen *Dingisos* Verhalten anders und erblicken darin vielmehr eine typische Baumkänguruh-

Drohgebärde. Für das Benehmen der Hunde haben sie jedoch keine Erklärung.

Die westlichen Dani kennen das Geschöpf als *Wanun*. In ihren Gebieten, die östlich der Moni-Territorien liegen, ist es nicht durch alte Traditionen geschützt und folglich äußerst selten. Im Umkreis weniger Tagesmärsche von den meisten Dani-Siedlungen wurde es bereits ausgerottet.

Jetzt verfügte ich über ausreichend Belege, um die Spezies beschreiben zu können. Mit der Entdeckung von *Dingiso* hatte ich das Gefühl, den Höhepunkt meiner Karriere als Biologe erreicht zu haben. Im Laufe der etwa zehn Jahre, in denen ich die Säugetiere Melanesiens bis dahin erforscht hatte, war mir die Entdeckung sechzehn anderer, der Wissenschaft unbekannter Arten und vierzehn neuer Unterarten gelungen. Dazu gehörten Fledermäuse, Beutelratten, Nasenbeutler, Wallabys und Riesenratten ebenso wie drei weitere Baumkänguruharten. Keine war jedoch so ungewöhnlich wie *Dingiso*, und keine hatte eine so interessante Evolutions- und Kulturgeschichte zu erzählen.

Vor meiner Abreise nach Australien hatte ich mehrere Tage im Tiefland in der Gegend um Timika verbracht. Die Unternehmensleitung von PT Freeport Indonesia war so zufrieden mit den Ergebnissen unserer Erhebung, daß sie uns alle im neu eröffneten »Timika Sheraton Hotel« unterbrachte. Mitten im Dschungel von Irian Jaya auf einen solchen Ort zu stoßen, ist schon außergewöhnlich. An Luxus hat die Anlage den letzten Schrei aufzubieten, und man kann von fast jedem Zimmer im Haus mehrere Paradiesvogelarten, die im umliegenden Dschungel leben, hören und (wenn man Glück hat) auch sehen.

Die Baukosten für das Hotel waren offensichtlich enorm. Ich habe Gerüchte gehört, daß 80 Millionen Dollar in die

Errichtung der 74-Zimmer-Anlage geflossen seien. Na ja, man braucht eben ein angemessenes Domizil für Würdenträger und Staatsoberhäupter auf Besuch. Andere Gerüchte deuteten an, daß unter den Hotelgästen einige indonesische Politiker seien, die nach einem verschwiegenen Plätzchen für Schäferstündchen mit ihren Mätressen suchten.

Das Gelände rings um das Hotel ist gepflegt. Wegschneisen wurden durch den Wald geschlagen, und in der nachgewachsenen Vegetation entlang der Pfade kann man unzählige Insekten, Vögel und andere wildlebende Tiere beobachten. Viele Arten leuchtender Schmetterlinge umkreisen Blüten an Kletterpflanzen und Ranken, und Glattechsen mit strahlend blauen Schwänzen räkeln sich auf jedem Baumstamm.

Man muß vom »Sheraton« aus jedoch nicht weit reisen, um in die Realität des modernen Irian Jaya zurückgeworfen zu werden. Das Dorf Kwamki Lama wurde für vertriebene Amungme errichtet, die ursprünglich im Tembagapura-Singa-Gebiet lebten. Die Ansiedlung liegt knapp einen Kilometer vom Hotel entfernt; im Jahr 1995 starben hier fast hundert Amungme an Cholera. Die Amungme sind ein Bergvolk, und es ergeht ihnen im Tiefland in puncto Gesundheit genauso schlecht wie den Europäern.

Die eingeborenen Bewohner der Sümpfe im Tiefland sind die Kamoro. Bevor die Mine kam, führten sie ein halbnomadisches Leben, und einige verharren noch heute in einem bemerkenswert traditionellen Lebensstil. Trotz der gewaltigen Umwälzung ihres Lebens durch die Mine gelingt es ihnen, sich die neue Situation auf mancherlei unerwartete Weise zunutze zu machen.

Eines Tages wurde ich hinausgefahren, um den Abraumdamm zu besichtigen. Es handelt sich um einen staudammartigen Bau, der im Nordosten von Timika errichtet wurde, um den Abraum aus der Mine zurückzuhalten, der in die Quellflüsse des Aikwa River gekippt wird. Dieser Abraum besteht fast ausschließlich aus zertrümmertem Fels, da bei dem mineralischen Gewinnungsverfahren zum Glück keine Chemikalien verwendet werden. Trotzdem ist die Menge des ausgeworfenen Sedimentgesteins unter Umweltaspekten ziemlich besorgniserregend.

Wo das Sedimentgestein zunimmt, dort erstickt es die Wurzeln benachbarter Bäume und läßt weite Strecken Waldes absterben. Die Gegend um den Abraumdamm sieht schlimm aus: Auf seiner Südseite sind Tausende von Hektar Wald tot oder liegen im Sterben. Im Norden liegt ursprünglicher Sumpfwald, der, wie ich feststellte, von einer beträchtlichen Anzahl Kamoro bewohnt wird. Warum waren sie gekommen, um in der Nachbarschaft dieser Verwüstung zu leben?

Die Antwort lieferten einige Frauen, die ins Lager zurückkehrten, als ich ankam. Von ihren Köpfen baumelten Netztaschen voller Süßwassergarnelen. Diese riesigen Schalentiere sind so köstlich wie nahrhaft und normalerweise nicht sehr verbreitet, und ich fragte mich, wie es den Frauen gelungen war, so viele zu sammeln. Die Antwort lag, wie es schien, in dem verwüsteten Wald.

In dem Wasser unter den toten und sterbenden Bäumen wimmelt es vor Garnelen – und zwar, weil das Sedimentgestein, das die Bäume erstickt, einen äußerst fruchtbaren Nährboden für das Wachstum von Algen und Bakterien bildet. Und diese wiederum sind Garnelennahrung par excellence. Mit dem Blätterfall und dem Sonnenlicht, das den Waldboden erreicht, wurde eine unglaublich fruchtbare Umwelt geschaffen, in der die Garnelen und andere aquatische Lebewesen gedeihen. Die Frauen ernten die Garnelen, indem sie die in die Dammauer eingelassenen Stöpsel entfernen und ihre Netze über die Öffnungen spannen. Binnen Minuten füllen sich die Netze.

Die Kamoro sind nicht die einzigen, die von dieser Fülle der Natur angelockt werden. Es gibt fette Krokodile im

Überfluß, und man sieht in großer Zahl Wildschweine und Wald-Wallabys, die von der unter den Bäumen nachwachsenden Vegetation angezogen werden. All diese Tiere bedeuten weitere Nahrung für die Kamoro, die, solange die politischen Verhältnisse stabil blieben, mit dem Verkauf von geräuchertem Fleisch auf dem Markt in Timika einen bescheidenen Gewinn erwirtschaften. Ich habe niemals ein so gepflegtes und so gesundes Tieflandvolk gesehen wie die Kamoro, die an diesem Damm leben.

Nur gut, daß das Abraumgebiet den Kamoro eine alternative Nahrungsquelle liefert, denn ihre traditionelle Nahrungsgrundlage – zu der die Fische und Schlammkrabben gehörten, von denen es in den Flußmündungen einst wimmelte – ist inzwischen bedauerlicherweise arg dezimiert. Der Abraum hat viele erstickt, und die Fischer vom Stamm der Buginese kämpfen um jene, die noch übrig sind. Diese aggressiven Leute haben jüngst die nahezu unberührten Fischgründe von Süd-Irian-Jaya für sich entdeckt. Angesichts des raschen Absatzes in Timika und Tembagapura haben sie die Region regelrecht ausgeplündert. In ein paar Jahren werden die riesigen Queensland-Lungenfische und die im Überfluß vorhandenen Schlammkrabben, die man auf den Märkten noch sieht, der Vergangenheit angehören.

Die durch den Abraum verursachten Waldschäden werden am Ende viele Quadratkilometer in Mitleidenschaft ziehen, so daß sie sogar aus dem Weltraum sichtbar sein werden. Doch in den Tieflandwäldern Süd-Irian-Jayas wird das davon betroffene Gebiet relativ klein sein. Der größere Schaden an den Wäldern tritt zutage, wenn man von Timika abfliegt, denn erst dann kann man die Spuren des Holzeinschlags sehen, die sich in alle Richtungen schlängeln. Als ich den Wald im Jahr 1990 zum ersten Mal überflog, waren keine Spuren von Holzeinschlag sichtbar. Heute scheinen sie die Region wie Geschwüre zu überziehen und reichen beinahe bis zur Etna Bay im Westen.

Der Schaden, den die Holzfällerei dem Wald zufügt, bringt den Eingeborenen keinerlei Vorteil; die Ausdehnung des dezimierten Gebietes ist atemberaubend. Es gibt jedoch keinen Weg, dieses Vorgehen einzuschränken, weil das Militär und andere wohlhabende Javanesen viel zuviel Geld damit verdienen. Es sind die Holzfäller und nicht die Bergleute, die Süd-Irian-Jaya seine wertvollen Wälder kosten werden.

27

Der Höhepunkt

Als wir in den Wäldern um Tembagapura campierten, ergab sich die Gelegenheit, offen mit den Bergbewohnern zu sprechen. In Dörfern und Städten waren die Einheimischen hingegen zurückhaltend und auf der Hut vor Lauschern. Mir wurde bald klar, daß die Bergstämme darüber, wie sie während der vergangenen Jahrzehnte sowohl von der indonesischen Regierung als auch von PT Freeport Indonesia behandelt wurden, zutiefst verbittert sind.

Um ihren Standpunkt zu verstehen, muß man versuchen, die Welt so zu sehen wie sie. Die Angehörigen der verschiedenen Stammesgruppen (zu denen die Ekari, die Moni, die Amungme und die Dani gehören) betrachten sich als freie und unabhängige Menschen, deren Land von Fremden in Besitz genommen wurde. Sie glauben, daß das Land und alles, was darauf ist, ihnen gehöre und niemandem sonst. Es ist ein Land, für das sie und ihre Ahnen gekämpft und das sie jahrtausendelang eifersüchtig gehütet haben. Die meisten halten die Unternehmungen von PT Freeport Indonesia mit ihrer Landenteignung, der Umweltverschmutzung und der Gewinnung von Bodenschätzen für glatten Diebstahl. Viele Angehörige der Bergvölker haben keine Vorstellung davon, daß sie Bürger Indonesiens sind.

Die Minengesellschaften und Regierungsbeamten sehen die Dinge anders: Ihrer Ansicht nach gehört alles »unbewohnte« Land, zumindest offiziell, der Republik Indonesien – obwohl es den Stammesgruppen zurückgegeben werden kann, damit sie darauf leben.

Die Minengesellschaften behaupten, daß sie sich an die Gesetze Indonesiens halten und daß es ohne ihre Anstrengungen keinen Wohlstand gäbe. Sie sind überzeugt davon, daß sie auf eine Weise zur Entwicklung der Provinz beitragen, die den Menschen am Ende zugute kommt, und daß sie darüber hinaus einen wertvollen Beitrag zur Wirtschaft Indonesiens leisten. Die meisten halten die Entwicklung, wie sie sie bringen, sowieso für unausweichlich – vielleicht sei es besser, wenn sie es täten als andere Menschen mit möglicherweise weniger moralischen Skrupeln.

Zur Zeit meines ersten Besuches arbeiteten nur wenige Irianesen in der Mine; von ihnen beschwerten sich mehrere, mit denen ich sprach, über die rauhe Behandlung seitens mancher indonesischer Aufseher. Heute liegen die Dinge etwas anders, und eine wachsende (obschon immer noch kleine) Anzahl Irianesen findet Arbeit bei Freeport oder angeschlossenen Unternehmen.

Es überrascht kaum, daß die Situation zu sozialer Unzufriedenheit führte. Der einzige Weg, wie die indonesische Regierung bislang ihre Autorität in der Region behaupten (und Freeport auf diese Art den Betrieb ermöglichen) konnte, bestand in massiver und wachsender militärischer Präsenz. Das Ergebnis ist eine schwelende soziale Unzufriedenheit, die sich gelegentlich in einem Schmalspurkrieg Bahn bricht.

Obwohl ich viele Geschichten darüber hörte, was Amungme und anderen Stammesgruppen zugestoßen sei, begriff ich ihre Situation und die sich daran entzündende Wut der Bergbewohner erst völlig, als ich selbst in einen Zwischenfall verwickelt wurde.

Die Unternehmensleitung von PT Freeport Indonesia zeigte sich während meines Aufenthaltes mir gegenüber großzügig. Man war mir bei all meinen Reisegesuchen und

Bitten um sonstige Unterstützung behilflich, war offen und ehrlich zu mir, was die Firmenaktivitäten betraf, und ließ mir (in einem ansonsten stark reglementierten Umfeld) freie Hand, meinen Forschungen nachzugehen.

Ich meinerseits versicherte ihnen, daß sie als erste von meinen Ergebnissen erführen, stellte jedoch klar, daß ich nichts weiter versprechen könnte. Ich bin mir sicher, daß sie gern mehr Kontrolle über die Informationen gehabt hätten, die ich sammelte, aber ich konnte nicht einwilligen, über meine Arbeit oder über das, was ich dabei sah, Stillschweigen zu bewahren.

Besonders wichtig war Freeports Unterstützung bei meinem Vorhaben, den Meren-Gletscher zu besteigen, weil die Genehmigungen zum Betreten dieses Gebiets von der indonesischen Regierung streng kontrolliert werden. Tatsächlich bezweifle ich, daß ich die Genehmigung für den Aufstieg ohne die Unterstützung durch die höchsten Unternehmensebenen hätte bekommen können.

Ich hatte vor, unsere Ausrüstung per Hubschrauber in ein Lager im Meren-Tal transportieren zu lassen, vier oder fünf Tage mit der Arbeit in 4300 Metern Höhe zu verbringen (in erster Linie, um Ratten zu studieren) und dann zum Fuß des Gletschers aufzusteigen, um herauszufinden, welche Säugetiere (wenn überhaupt) in dieser feindlichen Umwelt lebten. Den Meren-Gletscher mit eigenen Augen zu sehen war eine lebenslanger Wunschtraum von mir gewesen.

Wir erwachten vor Morgengrauen und schafften in dem fahlen Licht unsere Ausrüstung auf den Hubschrauberlandeplatz. Wir waren der erste Flug auf dem Plan, so daß wir erst nach einer ziemlich ausführlichen Sicherheitseinweisung einluden und abhoben. Es ist schwer zu sagen, was an Hubschrauberflügen in solchen Gegenden so aufregend ist: das hohe Aufheulen des Motors beim Anlassen, der Geruch von Leder und Schweiß in der dünnen, kalten Luft, der Helm mit dem Sprechfunk – dann das unheimliche Gefühl des Abhebens, der kurze Aufstieg und das gleitende Entschweben zu unbekannten Orten.

Der Morgen, an dem wir zum Meren-Tal flogen, war kristallklar. Bevor wir unser Ziel erreichten, mußten wir das Gelände der Mine selbst überfliegen. Es war ein ehrfurchtgebietender Anblick, der schlaglichtartig die Macht der modernen, staatenübergreifenden Ökonomie erhellte, Ressourcen zu gewinnen, wo immer sie auch lagern mögen.

Im Jahr 1936 hatte ein holländischer Geologe einen 300 Meter hohen Berg aus Kupfer entdeckt. Das Problem war, daß er oben auf diesem großen Kalksteinbergzug im entlegensten und unzugänglichsten Winkel der Erde lag. In den siebziger Jahren finanzierte amerikanisches Kapital eine Straße, deren Konstruktion jede Vorstellungskraft sprengt. Wo sogar sie nicht weiterführte, bauten amerikanische Ingenieure eine Luft-Grubenbahn, um das Ende der Straße mit der Mine selbst zu verbinden, die auf fast 4000 Metern Meereshöhe liegt. Mit dieser Bahn zu reisen, in einer eisernen Kabine hoch über einem gewaltigen Abgrund an gut eineinhalb Kilometern Stahltrosse hängend, ist ein unvergeßliches Erlebnis.

Die zum Unterhalt der Mine erforderliche Infrastruktur ist enorm. Eine Stadt von 10 000 oder mehr Einwohnern, eine Fluggesellschaft und eine Schiffahrtslinie – ganz zu schweigen von den ausgedehnten Maschinenhallen, Müllkippen und Abbaugeräten –, all das wird von diesem mächtigen Mechanismus finanziert. Diesen wiederum speist ein Strom von Mineralien im Wert von zehn Millionen Dollar täglich.

Im Jahr 1994 war das jährliche Budget von PT Freeport Indonesia größer als das der meisten Volkswirtschaften der Pazifikinseln. Die damit finanzierten Programme waren fast so umfangreich wie die Programme einer nationalen Regierung. Heute hat die Gesellschaft sich von vielen ihrer peripheren Unternehmen wie Fluglinien, Cateringfirmen und Schiffahrtslinien getrennt, um sich ganz auf den Bergbau zu konzentrieren. Dennoch ist PT Freeport Indonesia immer noch ein gigantischer Apparat.

Als wir die gähnende Grube passierten, dachte ich an eine Geschichte über einen Führer der Amungme, der glaubte, daß im Innern eines Berges unschätzbarer Reichtum eingeschlossen sei. Er könne, behauptete er, durch Verwendung eines magischen Nagetierzahns Zugang zu diesem Reichtum erlangen. Natürlich wurde nichts daraus, aber der Mann hatte recht gehabt. Ungeheurer Reichtum schlummerte in der Tat in den Bergen – den Bergen der Amungme. Es ist lediglich so, daß sie ihn mit ihrer Technologie nicht erschließen konnten, und so wurde er ihnen weggenommen.

In wenigen Augenblicken hatten wir das Minengelände überflogen und erklommen einen steilen, felsigen Hang, der zum Meren-Tal führte. Als wir die Grasbüschel und Rhododendren der unfruchtbaren Landschaft überquerten, fühlte ich mich inmitten der Gebirgsszenerie, die ich kannte und liebte, erneut zu Hause. Und dann, nur ein paar Sekunden später, stand ich auf einer morastigen Bergwiese – der Hubschrauber war bereits wieder weg –, während mir fast eiskaltes Wasser in die Stiefel sickerte und ich einen eisigen Windstoß im Gesicht verspürte. Die Ruhe war himmlisch.

Wir waren neben einem fast leuchtenden grünen See abgesetzt worden, der von glazialem Schmelzwasser gespeist wird. Unterhalb davon lag ein kleinerer, hellblauer See. Die Ökologie und Chemie dieser glazialen Gewässer, die jedem eine besondere Farbe, Undurchsichtigkeit und Leuchtkraft verleihen, sind einzigartig.

Ein paar hundert Meter weiter erstreckte sich ein riesiger Kalksteinüberhang quer durch das Tal. Die über 100 Meter hohe Steilwand stieg in einem Winkel von ungefähr 85 Grad aus der Horizontalen auf. An ihrem Fuß war der Erdboden auf etwa fünf Meter vollkommen trocken und vor Regen geschützt. Dieser gewaltige Überhang, der uns als Lagerplatz dienen sollte, dürfte während der letzten Eiszeit vom Meren-Gletscher geformt worden sein. Unzählige Millionen Tonnen Fels wurden von dem Eis auseinandergerissen und hinweggespült, um Kilometer entfernt abgeladen zu werden. Ich dachte über die Schärfe und Kraft von Eis nach. Es läßt selbst die Macht eines Bergbaukonzerns zwergenhaft erscheinen.

Als wir diesen Lagerplatz erreichten, stellten wir mit Bestürzung fest, daß der Boden mit Fetzen von Alufolie und Essensresten übersät war. Zweifellos hatten hier vor einigen Tagen ein paar sehr unordentliche Leute campiert. Damals nahmen die Freeport-Mitarbeiter, die weit weg von der Kantine arbeiteten, in Folie verpackte Lunchpakete mit, und so war für mich die Schweinerei (fälschlicherweise, wie sich herausstellte) das Ergebnis gedankenloser Umweltverschmutzung durch Beschäftigte der Gesellschaft.

Nachdem wir in dem umliegenden Hochgebirgsgebüsch unsere Fallen und Netze angebracht hatten, schwärmten die Jäger mit ihren Hunden aus. Ich machte mich daran, das Tal zu erkunden und unsere Ausrüstung zu ordnen, und sah die Jäger erst am Abend wieder. Sie kehrten mit der beunruhigenden Nachricht zurück, daß sie ein paar hundert Meter hangabwärts zwei Personen gefunden hätten, die in einem Felsunterschlupf campierten. Sie seien, so wurde ich informiert, sehr krank.

Überrascht und besorgt über diese Neuigkeit, begannen Alex und ich Arzneimittel und etwas zu essen einzupacken. Dann baten wir Vedelis und Yonas, uns zu zeigen, wo die Leute sich befanden. Das Meren-Tal endet an einem felsigen Steilhang, der aus Felsbrocken besteht, welche der Gletscher mit sich führte. Ich vermute, daß der Abhang Teil der Endmoräne des großen Gletschers ist, die sich bildete, als die

Eismassen sich vor etwa 12 000 Jahren bis zu dieser Stelle vorschoben. Unter einigen der hausgroßen Findlinge befinden sich Hohlräume, und zu einem dieser Hohlräume führte uns Vedelis.

Im Dämmerlicht machten wir dort zwei kleine, fast nackte schwarze Gestalten aus, die im Staub lagen. Ihr Feuer war ausgegangen, und sie hatten nichts zu essen, keine Decken oder Extrakleidung dabei. Bei näherem Hinsehen erschrak ich, denn ich erkannte, daß es Kinder waren.

Als ich die Höhle betrat, erhob sich das ältere der beiden Kinder, ein etwa fünfzehnjähriges Mädchen. Aus ihrem verwirrten Gesichtsausdruck und den unzusammenhängenden Wortfetzen ging hervor, daß sie unter Schock stand. Der Junge, sagte sie, sei ihr Bruder, und er sei schwer verletzt. Er hustete, als er sich aufsetzte, dann erzählte er mir mit leiser Stimme, daß sein Name Arianus Murip sei. Er sei ein Lani aus Ilaga und dreizehn Jahre alt. Ich bot den Kindern ein paar Schokoladenkekse an, die sie nahmen, zu meiner großen Überraschung aber nicht aßen. Nachdem ich ein paar oberflächliche Schnitte behandelt und ihnen warme Sachen gegeben hatte, bat ich sie, mir ihre Geschichte zu erzählen.

Sie hatten zu einer Gruppe von etwa neunzig Personen gehört, die nach einem Besuch der Dörfer Waa und Banti in der Nähe von Timbagapura beschlossen, über die Gebirgskette nach Ilaga heimzukehren.

Ich wußte, daß diese Dörfer eine magnetische Anziehungskraft auf Leute von überall aus den Bergen ausübten. Sie kommen, um die Mine und ihre Weißen zu sehen und sich vielleicht ein paar Waren wie Lebensmittel, Kleidung oder Kerosin zu verschaffen, die die Minenarbeiter in den Augen der Irianesen in großen Mengen wegzuwerfen scheinen. Die Dörfer in der Nähe der Mine werden häufig regelrecht überrannt. Für die Amungme-Einwohner ist dies insoweit ein Problem, als sie die Besucher traditionell versorgen und ihnen Obdach gewähren müssen. Wenn die Anzahl der auswärtigen Besucher ein kritisches Maß übersteigt, kommen die Dorfführer zur Freeport und bitten um Hilfe bei der Rückführung der Leute, die auch gehen wollen.

Freeport organisiert dann die Abreise und stellt Busse zur Verfügung, mit denen die Leute von den Dörfern über Tembagapura und das Minengelände (zu dem ihnen der Zutritt normalerweise verboten ist) bis zu einem Fußweg gebracht werden, der am anderen Ende der Mine beginnt. Dieser Weg führt, nachdem er die Berge an ihrem beinahe höchsten Punkt überquert hat, weiter nach Ilaga.

Bei dieser Gelegenheit, erzählten die Kinder, versorge die Gesellschaft jene, die den Fußmarsch unternähmen, mit Lunchpaketen – was die Berge von Alufolie und Essensresten erklärte. Inzwischen ist man übrigens davon abgekommen, die Verpflegung in Alufolie zu verpacken, in erster Linie wegen der Umweltverschmutzung durch die weggeworfenen Verpackungen.

Arianus und seine Schwester hatten mit der Gruppe Schritt gehalten, bis sie zum steilsten Abschnitt des Pfades gekommen waren. Dort hatte Arianus zum ersten Mal Atemschwierigkeiten bekommen. Außerdem litt er unter Frostbeulen am rechten Fuß, was ihn langsamer machte. Seine Schwester blieb bei ihm, auch als sich herausstellte, daß er nicht weitergehen konnte. Dadurch brachte sie ihr eigenes Leben in Gefahr. Auf dem Pfad in der Nähe des Gipfels liegen überall die Knochen von Leuten, die hoch oben auf dem Paß ohne angemessenen Schutz von einem Kälteeinbruch überrascht wurden. Melanesier sind besonders anfällig für Unterkühlung, weil sie bezeichnenderweise über fast gar kein Körperfett und nur über begrenzte Energiereserven verfügen. Die verstreuten Schädel, die langsam von Moos überwuchert werden, müssen das Mädchen an das Schicksal erinnert haben, das sie riskierte, wenn sie bei ihrem Bruder blieb.

Es war klar geworden, daß ihre einzige Überlebenschance

darin bestand, so rasch wie möglich nach Tembagapura zurückzukehren, da eine schutzlos auf dem Berg verbrachte Nacht sie gewiß beide umgebracht hätte. Sie stiegen ins Meren-Tal hinab und wollten gerade den von Findlingen übersäten Hang betreten, der zur Mine führt, als sie Sicherheitsleuten der PR Freeport Indonesia begegneten.

Diese Männer waren am Talausgang postiert worden, um dafür zu sorgen, daß keiner von den Leuten, die in ihre Heimat, nach Ilaga, zurückgeschickt wurden, zur Mine zurückkehrte. Als Arianus ihnen erklärte, daß er sich krank fühle und nicht weitergehen könne, holte einer der Wächter aus und schlug ihm mit der Faust mitten ins Gesicht. Dann traten und schlugen die Wachen ihn gegen Brust und Hinterkopf und ließen ihn im schwindenden Abendlicht zum Sterben im eiskalten Grasland liegen.

Yonas erzählte mir, was mit Leuten geschah, die in den Hochtälern starben. Die wilden Hunde der Berge kämen, um sie zu fressen. Yonas selbst war einmal auf die Überreste einer Gruppe von dreizehn Leuten gestoßen, die gestorben waren, weil sie einem plötzlichen Wetterumschwung schutzlos ausgeliefert gewesen waren. Ihre Leichen hätten in der Nähe unseres jetzigen Lagerplatzes gelegen. Yonas bemerkte, daß einem anscheinend ein langes, haariges Objekt aus dem Bauch hervorstand, das sich grotesk hin und her bewegte. Beim Näherkommen sei ein blutbesudelter wilder Hund tief aus dem Innern der Körperhöhle aufgetaucht, wo er sich an den Eingeweiden gütlich getan hatte, und in den Wald geflohen. Die Opfer waren daraufhin von Freeport geborgen und beerdigt worden.

Arianus' Schwester stand nach dem Angriff unter Schock, aber sie half ihrem Bruder zu dem primitiven Felsunterschlupf, wo sie die Nacht ohne Licht, Nahrung oder Feuer verbrachten. Am folgenden Tag riskierten ein paar Lani-Männer (die von dem Vorfall gehört hatten) den Zorn der Sicherheitsleute, als sie den Kindern etwas Feuerholz brachten und ihnen ein Feuer anzündeten. Damit retten sie ihnen ohne Zweifel das Leben. Das war jetzt ein oder zwei Tage her.

Die Entdeckung der Kinder und die Kenntnis ihrer Geschichte stellten ein Dilemma für mich dar. Es war klar, daß Arianus ärztliche Hilfe brauchte, und zwar je eher, desto besser. Er schien nicht ernsthaft verletzt zu sein, aber ich vermutete, daß er eine Bronchitis hatte, und war mir nicht sicher, wie er sich nach einem weiteren Tag in dem Unterschlupf halten würde.

Ich wußte, daß die Kinder dort mit einem Feuer, das die ganze Nacht brannte, besser dran wären als in unserem eiskalten Lager. Wir schlugen Feuerholz für sie, gaben ihnen ein paar Lebensmittel und versprachen, sie am nächsten Tag nach unten in Sicherheit zu bringen.

Natürlich mußte die Expedition abgebrochen werden. Dennoch hatte ich ein Leben lang darauf gewartet, den Meren-Gletscher zu sehen, und die Chance dazu würde sich mir vielleicht nicht wieder bieten. Ich lag die ganze Nacht wach und fragte mich, was der Morgen bringen würde.

Dämmerung breitete sich im Tal aus und brachte das Eis auf den Teichen in der Nähe unseres Lagers zum Schmelzen. Ich erhob mich zu den Geräuschen, die der völlig verfrorene Boeadi machte; er behauptete, daß die dünne Luft und die eisige Kälte ihn zweifellos ein Jahrzehnt seines Lebens kosten würden – und daß er ein gekochtes Ei zum Frühstück brauche, um seine schwächelnde Gesundheit wiederherzustellen. Yonas verkündete in derselben Lautstärke, seine Zähne hätten in der Nacht so heftig geklappert, daß sie nun alle locker in ihren Höhlen säßen, während seine Harnblase vollkommen eingeklemmt sei.

Ich zog über die noch gefrorene Tundra los, um meine Fallen einzusammeln. In jeder saß eine Ratte. Es waren drei Arten. Eine war mein alter Freund, die Mooswald-Ratte, der ich auf meiner ersten Reise nach Neuguinea begegnet war. Die zweite war mir neu – eine schöne Ratte. Sie war ein wenig größer als die Mooswald-Ratte, ihr Schwanz sowie Vorder- und Hinterpfoten waren fleischfarben; sie besaß ein langes, dichtes, bläulich-braunes Fell und war recht zahm. Es handelte sich um die Gletscher-Ratte *(Stenomys richardsoni)*, die man nur in dieser Gegend findet und mit der umzugehen eine wahre Freude ist. Die dritte Spezies war eine kleine, gedrungene, kurzschwänzige Ratte mit spitzem Gesicht, wie ich sie noch nie gesehen hatte. Angesichts der tausend Dinge, die zu tun, und einiger schwerer Entscheidungen, die zu treffen waren, fehlte mir jedoch die Zeit, sie näher zu untersuchen.

Bei meiner Rückkehr ins Lager schienen durch die Wärme des Morgenlichts bei allen die Lebensgeister ein wenig zurückgekehrt zu sein. Boeadi hatte sein Ei gegessen und befand sich im Einklang mit der Welt, und Yonas' Zähne hatten wider Erwarten ein Süßkartoffelfrühstück überstanden. Ich rief alle zusammen und gab meine Entscheidung bekannt. Boeadi, Alex und alle Jäger bis auf einen würden die Kinder nehmen und sich talabwärts zu dem Sicherheitsposten am oberen Ende der Mine aufmachen. Ich selber würde zusammen mit Yonas versuchen, den Gletscher zu erreichen, und sie an diesem Nachmittag bei dem Posten treffen.

Als ich mich talaufwärts auf den Weg machte, spürte ich eine schreckliche Schuld an mir nagen. Hatte ich die Kinder im Stich gelassen, gerade als sie mich am nötigsten brauchten? Aber als älterer javanesischer Wissenschaftler wäre Boeadi sicherlich in der Lage, gegenüber den Wächtern den Vorgesetzten herauszukehren, falls sie unsere Versuche, den Kindern zu helfen, behindern sollten.

Ich war völlig verwirrt, während ich weiterging und versuchte, die erhabene Schönheit des Ausblicks in mich aufzunehmen. Ringsherum erhoben sich die Snow Mountains, und ihre eisigen Gipfel funkelten im Sonnenlicht. Überall konnte ich Felsen, Moränen und Seen erkennen. Winzige Grasbüschel bohrten sich durch die Felsbrocken, an denen wir vorbeikamen.

Reis, der aus weggeworfenen Folienverpackungen gequollen war, hatte eine Vielzahl von Vögeln an den Rand des Pfades gelockt. Ein paarmal sah ich das fast schon legendäre Neuguinea-Huhn *(Anurophasis monorthonyx)*, einen großen grünen Honigfresser, den ich sonst noch nirgendwo gesehen hatte, sowie eine Reihe anderer Vögel, die ausschließlich in diesen Höhen vorkommen. Bei unserem Aufstieg durch das Tal ließen wir die Vegetation hinter uns und liefen nun über nackten Fels. Inmitten eines Haufens von Felsbrocken in der Nähe eines Gletschersees erblickte ich kurz das Neuguinea-Rotkehlchen *(Petroica archboldi)*. Dieses wunderschöne, rotbrüstige Geschöpf kommt nur in der Gletscherregion von Irian Jaya vor. Es ist der vielleicht seltenste Vogel Melanesiens und einer der seltensten dieses Planeten. Es handelt sich um ein recht träges kleines Geschöpf, aber sein Anblick erfüllte mir einen weiteren, lebenslang gehegten Traum.

Der Pfad verlief nun an einer jungen Gletschermoräne entlang, von der aus wir eine riesige hängende Wand aus Eis sehen konnten, die auf dem Berg zur Linken saß. Die unheimliche, milchige Wasserfarbe der kantigen Eiswand war faszinierend. Ihre Größe und Helligkeit beherrschten die Landschaft. Sie sah irgendwie unwirklich aus, und ich mußte mich daran erinnern, daß wir nur vier Grad vom Äquator entfernt waren. Langsam erklommen wir die steiler werdende Moräne, bis ich Eis unter den Füßen spürte. Ein paar Meter weiter, und wir standen auf einer festen Eisschicht: der am weitesten vorgeschobenen Spitze des Meren-Gletschers.

Ich setzte mich auf einen Felsen. Mein Blick fiel auf eine seltsame Form in einem grünlichen Stück Fels zwischen meinen Füßen. Es war der Überrest einer Art Seeigel, der, wie ich aufgrund meiner geologischen Ausbildung wußte, vor etwa 25 Millionen Jahren auf dem Boden eines relativ seichten tropischen Meeres gelebt hatte. Die Zeit, das Schicksal und die unwiderstehlichen Kräfte der Plattentektonik hatten ihn zur Spitze Neuguineas, fast 5000 Meter über dem Meeresspiegel, emporgehoben. Er war genau an der richtigen Stelle sichtbar, so daß ich während der paar Minuten, die ich hoch oben auf der Welt zubrachte, über seine Reise nachdenken konnte. Wahrscheinlich war er erst vor wenigen Wochen aus dem Gestein herausgebrochen. Noch ein paar Wochen, und Frost, Eis und Wasser würden ihn zerstören.

Yonas unterbrach mit besorgtem Gesichtsausdruck meine Meditationen: *Rumah tuan tanah*, flüsterte er, während er auf die Seite der Eisschicht deutete. »Die Heimat eines Erdgeistes.« Was meinte er?

Ich folgte ihm zum Rand des Eises. Plötzlich änderte sich seine Farbe unter meinen Füßen von Dunkelblau zu einem blasseren Blau. Als ich von dem Gletscher heruntersprang, sah ich, daß wir oben über ein Sims gelaufen waren, unter dem sich eine Eishöhle befand.

Ich hatte etwas Derartiges noch nie zuvor gesehen und war verzaubert von den abgerundeten Linien und dem zarten Blau, Aquamarin und Weiß der von hinten erleuchteten Eisskulptur. Yonas widerstrebte es, die Höhle zu betreten, aber als er mich vorangehen sah, sprang er neben mir hinunter. Wir saßen da in erstarrendem Nachdenken über unsere so unterschiedlichen Welten.

Der Himmel verfinsterte sich. Es wurde höchste Zeit, daß wir uns aufmachten, den Sicherheitsposten zu erreichen. Angesichts eines sich rasch zusammenbrauenden Unwetters machten wir uns schleunigst auf den Weg hangabwärts. Yonas litt aufgrund der Höhe unter starken Kopfschmerzen, ging aber trotzdem weiter.

Der letzte Abschnitt des Marsches führte uns durch einen

gräßlichen, von Menschenhand geschaffenen Sumpf. Direkt oberhalb des Geländes der Mine liegt die früher einmal wunderschöne Carstensz Meadow. Seit den dreißiger Jahren ist diese Wiese immer wieder von einer Reihe von Forschern untersucht worden. Zusammen mit den angrenzenden Gletschern ist die sie der einzige Ort in den Bergen Irian Jayas, dessen ökologischer Wandel über einen so langen Zeitraum hinweg dokumentiert worden ist. Sowohl die Wiese als auch die Gletscher sind dadurch natürlich insoweit von unschätzbarem wissenschaftlichem Wert, als hier langfristige Veränderungen an der Flora und Fauna (beispielsweise solche, die aus der weltweiten Erwärmung resultieren) gemessen werden können.

Das Problem ist nur, daß die Carstensz Meadow nicht mehr existiert. Sie wurde als Müllkippe für den Abraum der Mine verwendet. Nur noch ein paar hundert Meter der Wiese, ganz hinten – unmittelbar an der Wand des Berges –, waren noch zu aufzufüllen. Der Abraum erschwert die Entwässerung, und der winzige Rest des einstmals schönen Kräuterfeldes hat sich in einen Morast verwandelt. Ein Bergbauingenieur versicherte mir, daß die Wiese eines Tages unter einer mehrere hundert Meter dicken Schicht Minenabfall begraben sein werde. Vielleicht wird man dann direkt von dem Abfallhaufen ins Meren-Tal hinuntergehen können. Die Höhle, in der die Kinder litten, wird begraben und vergessen sein.

Man sagte mir, daß die Gesellschaft dadurch, daß sie den Abfall ins Tal kippe (statt ihn an einen weiter entfernten Ort zu transportieren), exakt die Summe spare, die der Betrieb der Mine in fünf Tagen erwirtschafte.

Als Alex, Boeadi, unsere Helfer und die Kinder den Morast erreichten, hatte bereits heftiger Regen eingesetzt. Bevor sie die Ausrüstung hinüberbringen konnten, mußten sie einen Pfad durch den Sumpf finden. Die Träger setzten Arianus, der mittlerweile hustete und vor Kälte zitterte, auf der anderen Seite des Morastes ab. Das einzige, was sie hatten, um ihn vor dem Regen zu schützen, war ein Handtuch, das sie ihm über den Kopf legten.

Als Vedelis und Marsellius (einer unserer Jäger) mit Arianus hoch auf ihren Schultern den Sumpf durchquerten, versanken sie bis zur Brust in dem eiskalten Wasser der überschwemmten Carstensz Meadow. Zwei Minenarbeiter lachten über ihre mißliche Lage. Selbst als die beiden sich dem Haufen aus Minenschutt näherten, auf dem der Sicherheitsposten errichtet war, reichten die Arbeiter ihnen weder eine helfende Hand noch warfen ein paar der herumliegenden Bretter als Steg hinunter.

Der Sicherheitsposten war verlassen. Vedelis hielt einen Bus an, der unterwegs war, um Arbeiter abzuholen, und unsere Gruppe zur Erste-Hilfe-Station von Ertzberg mitnahm. Ein Lani-Führer, der für die Mine arbeitete, holte sie dort ab. Er sprach mit Arianus, wobei er sein Knie hielt, um ihn zu trösten. Arianus, der zwischendurch immer wieder hustete, antwortete ruhig. Dann hängte man ihn an den Tropf. Das Mädchen wurde von dem Lani-Führer weggescheucht, der, bevor er ging, Alex' Hand ergriff und ihr mit ernstem Gesicht für die Rettung der beiden dankte. Das Mädchen nickte Alex zum Abschied zu; dies war das letzte Mal, daß irgend jemand von uns die Kinder sah.

Als Alex und Boeadi zu dem Sicherheitsposten zurückkamen, um dort meine Ankunft zu erwarten, war inzwischen ein Biak-Posten als Besatzung eingezogen. Boeadi belegte das winzige Postenhäuschen, in dem ein Ofen stand, mit Beschlag und fing an, die Ratten zu häuten, die wir zuvor gefangen hatten. Der Posten war gezwungen, sich in den Regen zu stellen. Als Yonas und ich gegen 16 Uhr am Nachmittag eintrafen, hatte Vedelis trotz des Wolkenbruchs ein Feuer im Freien in Gang gebracht. Dann arrangierten wir den Transport zur Luft-Grubenbahn und waren bald zurück in Tembagapura.

Nach der Ankunft dort rief ich gleich im Krankenhaus an, um mich nach Arianus' Befinden zu erkundigen. Ich konnte in Erfahrung bringen, daß er aufgenommen worden war, aber mehr wollte mir die indonesische Krankenschwester, mit der ich sprach, partout nicht verraten, außer daß sein Zustand ernst sei. Dann rief ich den dort beschäftigten amerikanischen Arzt an, um ihn über Arianus' Geschichte aufzuklären und ihn um einen Bericht über die Gesundheit des Jungen zu bitten; aber er antwortete mir in formellem Ton, daß er nicht befugt sei, sich in die »indonesischen Fälle« einzumischen, und mir nicht helfen könne.

Ich rief das Krankenhaus an diesem Abend noch mehrere Male an, erhielt aber stets die gleiche Antwort. Arianus' Arzt, teilte man mir mit, lehne es ab, mit mir zu sprechen.

Gegen Morgen war ich so beunruhigt, daß ich im Krankenhaus anrief, um einen Besuch zu vereinbaren. Die Stimme am anderen Ende der Leitung sagte mir, das sei nicht nötig, denn Arianus sei tot.

Diese Nachricht war niederschmetternd. Arianus war einen Teil der Strecke von der Höhle bis zu dem Sicherheitsposten gelaufen. Er war ein gesunder kleiner Junge gewesen, der noch vor vierundzwanzig Stunden gelächelt und sich mit mir unterhalten hatte. Seine ernsthafteste Verletzung, erfuhr ich, sei eine perforierte Lunge gewesen. Wie hatte er so plötzlich sterben können?

Ich habe Arianus' Verletzungen seitdem bei mehreren Gelegenheiten medizinischen Fachleuten in Australien geschildert. Sie waren der einhelligen Ansicht, daß er kaum gestorben wäre, hätte man ihn in einem australischen Krankenhaus behandelt, und daß sein plötzlicher Tod aufgrund solcher Verletzungen sowie die Tatsache, daß er noch mehrere Tage gelebt habe, nachdem er sie erlitten habe, in der Tat verwirrend seien.

Bekümmert machten Alex und ich uns auf den Weg in das Dorf Banti, wo man Arianus' Schwester versteckte. Die Gemeinschaft schäumte vor Wut. Die Verwandten von Arianus, darunter eine Reihe älterer Männer, hatte versucht, zum Krankenhaus zu gelangen, um seinen Leichnam herauszubekommen. Die Sicherheitskräfte an der Stadtgrenze hatten ihnen jedoch den Zutritt verweigert. Als man sie schließlich hineingelassen hatte, war es draußen vor dem Krankenhaus zu handfesten Auseinandersetzungen gekommen.

Am folgenden Tag, als ich gefaßter war, erzählte ich den ganzen Vorfall einem leitenden Manager in Tembagapura, einem liebenswürdigen und interessierten Amerikaner. Meine Geschichte bereitete ihm Sorge, und er versicherte mir, daß künftig jeder ärztlich untersucht würde, dem man behilflich sei, aus dem Gebiet von Tembagapura wieder nach Hause zurückzukehren.

Ich war empört. Ich wollte, daß jemand die Verantwortung übernahm. Ich wollte eine Gerichtsverhandlung und am Ende Gefängnis für Arianus' Angreifer. Vielleicht wollte ich tief in meinem Innern sogar Blut.

In Wahrheit verhält die Sache sich so, daß die Freeport-Unternehmensleitung in Tembagapura kaum Kontrolle über den Freeport-Sicherheitsdienst hat. Obwohl er von der Gesellschaft bezahlt wird, scheint der Freeport-Sicherheitsdienst seine Anweisungen direkt von ABRI, dem indonesischen Militär, zu erhalten.

An diesem Abend saß ich vor Wut und Enttäuschung kochend in meinem Hotelzimmer in Tembagapura. Scheinbar gab es absolut nichts, was ich tun konnte, um Gerechtigkeit für Arianus zu erwirken. Verzweifelt nach einer Ablenkung suchend, erinnerte ich mich der Ratten, die ich im Meren-Tal gesammelt hatte. Sie lagerten in der Tiefkühltruhe. Ich holte sie heraus und versuchte noch einmal, die kurzschwänzige Spezies mit dem spitzen Gesicht zu identifizieren, die sich nicht hatte klassifizieren lassen. Dann fiel mir etwas ein. Sie konnte durchaus neu für die Wissenschaft sein. Wenn ja, dann sollte sie Arianus-Ratte heißen.

Monate später fand ich heraus, daß die Spezies in Wirklichkeit bereits in den siebziger Jahren von einem belgischen Biologen benannt worden war. *Rattus omlichodes* hatte er sie genannt – die in dichten Nebel gehüllte Ratte. Aufgrund einer veränderten wissenschaftlichen Systematik und eines neuen gewöhnlichen Namens, den ich mir für sie ausdachte, heißt sie jetzt *Stenomys omlichodes* – Arianus-Ratte.

28

Erneuter Besuch in Kwiyawagi

Arianus' Tod brachte mich so sehr aus der Fassung, daß ich Tembagapura gern verließ.

Ich kehrte nach Kwiyawagi zurück, um die Arbeit fortzusetzen, die ich vor vier Jahren begonnen hatte. Wegen der starken anti-indonesischen Ressentiments der Einheimischen hielt ich es für das beste, wenn Boeadi im Tiefland in der Nähe von Timika blieb und dort Fledermäuse und Reptilien sammelte. Alex reiste mit mir, da sie sich Kwiyawagi ansehen wollte, um sich einen Eindruck zu verschaffen, inwieweit der Ort als potentielle Feldforschungsstätte für ihre Doktorarbeit in Anthropologie geeignet wäre.

Es war eine Freude, meine alten Freunde, Pfarrer Manas und Jot Murip, wiederzusehen. Das Vergnügen war ein doppeltes, weil ich inzwischen besser Bahasa Indonesia sprach und mich sehr viel effektiver verständigen konnte als bei meinem ersten Besuch.

Ich hatte vor, in der Gegend so viele Höhlen wie möglich aufzusuchen und eine vollständige Erhebung über die Säugetiere des Tals durchzuführen. Nachdem die Leute einmal verstanden hatten, was ich beabsichtigte, wurde mir von seiten der einheimischen Jäger enorme Hilfe zuteil. Die Leute kamen mit Nasenbeutlern, Beutelratten und anderen Säugetieren an, die sie in ihren Fallen gefangen oder in Baumhöhlungen gefunden hatten, und gestatteten mir, sie zu wiegen, zu vermessen und abzuziehen, bevor sie sie zum

Abendessen zubereiteten. Verschiedene Leute boten an, mich zu Höhlen überall im Tal zu führen, und obwohl keine mit Kelangurr zu vergleichen war, fand ich doch ein paar interessante Exemplare.

Unter den modernen Säugetieren waren die Fledermäuse die faszinierendsten. Eines Tages brachte ein kleiner Junge mir eine winzige braune Fledermaus, die er schlafend in der Höhlung eines Pandanusstammes gefunden hatte. Ich erkannte, daß es sich um eine Zwergfledermaus *(Pipistrellus collinus)* handelte. Ihr eindrucksvoller Penis (er schien halb so lang zu sein wie das ganze Tier) zeigte an, daß ich ein ausgewachsenes Männchen vor mir hatte.

Im Laufe der darauffolgenden Woche brachten kleine Jungen mir fünf weitere Zwergfledermäuse. Alle wurden schlafend in den Höhlungen von Pandanusstämmen vorgefunden, und alle waren männlich. Meine Neugier hinsichtlich des Verbleibs der Weibchen wurde schließlich eines Morgens befriedigt, als ein junger Bursche mit einer Tasche ankam, die vollgestopft mit winzigen Fledermäusen war, die er allesamt schlafend in der Höhlung eines weiteren Pandanusstammes gefunden hatte. Als ich die Tiere untersuchte, stellte ich fest, daß es elf Weibchen waren (die größer sind als die Männchen und orangefarben) und ein einziges Männchen, dessen beeindruckende Hoden darauf hindeuteten, daß es sich in optimaler Fortpflanzungsverfassung befand. Ich hatte also einen geflügelten Sultan mitsamt Harem vor mir.

Über das Geschlechtsleben der meisten Fledermausarten ist kaum etwas bekannt, und Einblicke gewinnen wir lediglich durch Zufallsbegegnungen wie diese hier. Wäre ich ein paar Wochen später in Kwiyawagi eingetroffen, so hätten sich die Harems vermutlich bereits wieder zerstreut; ein paar Wochen früher, und sie wären vielleicht noch gar nicht formiert gewesen. Dies hier war in der Tat eine Zufallsentdeckung.

Die Jungen aus Kwiyawagi, die auf Bäume kletterten, fanden eine zweite Fledermausart, die sie mir brachten. Sie war viel größer als die Zwergfledermaus, und ihr Gesicht erinnerte stark an eine Bulldogge. Es war die Neuguinea-Faltlippenfledermaus *(Tadarida kuboriensis)* – eine Premiere, soweit es Irian Jaya betraf.

Besonders erpicht darauf war ich, an ein Exemplar der Alpinen Wollratte *(Mallomys gunung)* zu kommen, die ich bislang lediglich ausgestopft im Museum gesehen hatte – und ich wollte herausfinden, ob *Dingiso* noch in der Gegend lebte. Also schickte ich eine Gruppe junger Jäger los ins Hochgebirge. Leider waren sie zum Zeitpunkt unserer Abreise noch nicht wieder in die Siedlung zurückgekehrt.

Unser Besuch in Kwiyawagi war in einer Hinsicht zeitlich schlecht gewählt, weil in dem Tal gerade eine Ruhrepidemie wütete. In der ersten Woche unseres Aufenthalts erlagen ihr acht Säuglinge und ältere Kinder. Die Krankheit tötete mit furchtbarer Schnelligkeit. Babys, die an dem einen Tag noch glücklich und gesund ausgesehen hatten, waren ein oder zwei Tage später tot. Was die Behandlung mit Medikamenten betraf, so hatten wir praktisch nichts zu bieten, und wußten mangels einer Diagnose nicht einmal, ob es sich um Amöben- oder Bakterienruhr handelte. Ohne solche Informationen war es aber nahezu unmöglich, zu erraten, welche Medikamente solchen Kleinkindern helfen konnten.

Aber ich sollte auf recht sonderbare Weise erfahren, daß es sich bei dieser Epidemie wohl um Amöbenruhr gehandelt hatte. Als ich an diesem Buch schrieb, bekam ich hohes Fieber und lähmende Magenschmerzen. Ich wurde ins Krankenhaus eingewiesen, und man stellte fest, daß ich einen großen Abszeß an der Leber hatte, voll mit *Entamoeba hystolitica*, dem Verursacher der Amöbenruhr. Anscheinend kann die Krankheit, wenn sie nicht behandelt wird, von der Darmschleimhaut zur Leber wandern. Ich hatte mich wahrscheinlich im Jahr 1994 in Kwiyawagi infiziert.

Das Beste, was wir während der Epidemie tun konnten, war zu versuchen, die Kinder vor dem Austrocknen zu bewahren. Tragischerweise hatten wir nur sehr wenig Zucker, und in der Siedlung war keiner erhältlich. Die einzige der Austrocknung entgegenwirkende Flüssigkeit, die ich besaß, war eine Flasche Gatorade. Wir konnten nicht mehr als ein oder zwei Kinder behandeln, und weil Jot Murip in unserem Haus wohnte, erhielt sein Kind den Löwenanteil. Zum Glück überlebte sein bezauberndes Töchterchen die Epidemie.

Der Tod von Säuglingen, sosehr er die Eltern auch betrübte, war für die Gemeinschaft nicht so traumatisch wie der Tod älterer Kinder. Als im Dorf nur wenige hundert Meter von unserem Haus entfernt ein zwölfjähriger Junge der Krankheit erlag, war die gesamte Gemeinschaft untröstlich. Alte Männer und Frauen saßen tagelang vor dem Haus des Opfers, und die Tränen rannen ihnen über die Wangen. Andere sammelten Holz für einen Scheiterhaufen, und am Nachmittag wurde der Leichnam darauf gelegt und angezündet. Als ich am folgenden Tag an dem Platz vorbeiging, bemerkte ich an der Stelle, wo der Scheiterhaufen entzündet worden war, eine Stelle im Rasen, in die fein säuberlich der Name des kleinen Jungen geschnitten war. Auf meinen täglichen Wanderungen von Dorf zu Dorf sah ich immer wieder den Rauch ähnlicher Scheiterhaufen oder Leute, die sich zur Vorbereitung auf eine Verbrennung versammelten.

Obwohl die Epidemie während unseres Aufenthalts in Kwiyawagi praktisch ungebremst weiterging, gelang es mir vor unserer Abreise doch, eine Lieferung von Arzneimitteln in das Gebiet zu organisieren, die der Krankheit hoffentlich ein Ende bereiten würden. Die Medikamente wurden von Freeport bezahlt. John Cutts sorgte dafür, daß sie mit dem Hubschrauber eintrafen, der uns ausfliegen sollte. Beim Entladen aus dem Hubschrauber ging mir durch den Kopf, daß sie gar zu fortschrittlich aussahen, um in einer so abgelegenen Gegend von Nutzen zu sein. Ich hoffte einfach, daß der *mantri* (eine Art Arzt ohne Ausrüstung) sie wirkungsvoll einsetzen konnte.

Trotz meines offenkundigen Scheiterns beim Eindämmen der Epidemie trugen meine Versuche zur Behandlung der Kinder mir einen recht guten Ruf als praktischer Arzt ein, und die Leute erschienen täglich, um sich behandeln zu lassen. Der traurigste und verblüffendste Fall war ein Mann, der im besten Alter hätte sein sollen. Noch vor zwei Jahren hatte er einen Ruf als bester Jäger im Tal genossen. Besonders bewundert hatte man sein Geschick beim Fangen von Wildschweinen. Doch als ich ihn empfing, war er ein dünner, verbogener alter Knochen. Er hielt den Kopf ständig schief, und Arme und Beine waren schmerzhaft verrenkt. Er konnte sprechen, aber zu viel mehr war er nicht mehr imstande.

Er erklärte, daß er sich eines Tages, als er auf der Jagd gewesen war, vor seinem Feuer niedergehockt habe. Ein Waldgeist habe ihn gepackt und seinen Kopf oben auf seinem Körper immer wieder herumgedreht. Seit damals sei er zu nichts mehr zu gebrauchen und leide unter Anfällen. Jetzt sei er dem Tode nah.

Anfangs rätselte ich, was ihm fehlen mochte. Dann fiel mir der Schweinebandwurm ein. Der Schweinebandwurm suchte Irian Jaya in den sechziger Jahren von West-Indonesien aus heim. Man wurde zum ersten Mal auf ihn aufmerksam, als Ärzte in Außenposten berichteten, daß bei den Bergstämmen häufiger als gewöhnlich Brandwunden aufträten. Die Leute bekamen im Schlaf einen Anfall und rollten ins Feuer.

Übertragen wird der Wurm durch den Verzehr von schlecht zubereitetem Schweinefleisch. Leider wird Schweinefleisch in Melanesien häufig halbroh gegessen, und so breitete die Krankheit sich in Irian Jaya rasch aus. Beim Menschen können die Würmer sich in verschiedenen Körperteilen niederlassen. Der größte Schaden entsteht, wenn sie das Gehirn befallen. Dort bilden sie Zysten, die schließlich für schwere Anfälle und andere Symptome verantwortlich sind. Unser Jäger war wahrscheinlich häufiger an Schweinefleisch gekommen als viele andere im Tal und war deshalb als erster infiziert worden.

Während dieses zweiten Aufenthalts bei den Lani entwickelte ich ein sehr viel herzlicheres Verhältnis zu ihnen. Freunde aus der vier Jahre zurückliegenden Zeit kamen mich jeden Tag besuchen und stellten oft die außergewöhnlichsten Fragen.

Einer unserer häufigsten Besucher war ein alter Mann mit Namen Tegiorak. Vielleicht war er der Patriarch des Tals. Er war vor einigen Jahren zum Christentum übergetreten und machte sich nun ernstlich Sorgen über die Wirkung seiner heidnischen Jugend auf seine Seele. Eines Morgens kam er zu mir und erklärte mir in entwaffnender Schlichtheit, daß er sich bereits halbtot fühle und sich sicher sei, daß das Ende nicht weit sei. Dann fragte er: »Wenn ich sterbe, wache ich dann im Himmel auf?«

Mir gehen jegliche religiösen Überzeugungen ab, und die Frage machte mich ein wenig sprachlos; aber ich fühlte mich verpflichtet zu antworten. Nach einigem Nachdenken erwiderte ich (unter Aufbietung meiner ganzen Überzeugungskraft), ich sei mir sicher, daß er, wenn er auf der anderen Seite erwachte, bereits im Himmel sei. Ein wahrhaft glückseliger Ausdruck der Erleichterung erhellte sein Gesicht.

Nach diesem Erlebnis fühlte ich mich recht unbehaglich. Einfach weil meine Haut weiß war, gingen die Leute davon aus, daß ich auf diesem und so vielen anderen Gebieten Experte sei. Allmählich spürte ich, daß ich, sollte ich längere

Zeit in Kwiyawagi bleiben, die hohen Erwartungen der Leute an mich schwer enttäuschen würde.

Doch nicht alle meine Beziehungen zu den Lani waren so freundlicher Natur. Wie praktisch alle Bergbewohner können auch sie Europäer einfach als unerschöpfliche Quelle von Reichtum betrachten und es versäumen, ihnen die normale Höflichkeit entgegenzubringen, die sie jedem anderen gewähren würden. Manche Leute verlangten lächerliche Preise für Dinge wie Gemüse und wurden dann wütend, wenn ich mich weigerte, ihren Forderungen nachzugeben. Ich bin mir sicher, daß viele dachten, ich handelte aus purem Egoismus, wenn ich mich weigerte, meinen Reichtum zu teilen.

Am Morgen unserer Abreise packten wir früh, und um acht Uhr warteten wir an der Flugpiste auf den Hubschrauber aus Tembagapura, der uns abholen sollte. Doch die Wetterbedingungen waren miserabel – dichter Nebel füllte das Tal, und es wurde bald klar, daß unsere Abreise sich verzögern würde.

Während wir bedrückt an der Piste herumstanden, bildeten die Lani zwei Mannschaften (die Telenggens und die Murips, offensichtlich die wichtigsten Clan-Namen in der Gegend) und fingen an, auf dem Flugfeld mit einem Tennisball (manchmal auch mit zweien) Fußball zu spielen. Sowohl Männer als auch Frauen machten mit, und was die Anzahl der erlaubten Spieler auf jeder Seite betraf, schien es keine Obergrenze zu geben. Die Männer besetzten das Mittelfeld und riefen einander *Telenggen!* oder *Murip!* zu, in der Hoffnung, daß ihnen der Ball zugespielt würde. Da diese Namen auf jeder Seite ertönten (und da jedes Mitglied einer Mannschaft denselben Clan-Namen trug), fragte ich mich, wie jemand überhaupt entscheiden konnte, zu wem er den Ball spielen sollte.

Während die Männer auf diese Art beschäftigt waren, formierten die Frauen sich zu Mannschaften aus Torhüterinnen. Sie standen zu dreien hintereinander in Kauerstellung da, und jede hielt ein Handtuch zwischen ihren ausgestreckten Armen. Scheinbar bestand ihre Rolle darin, den Ball zu fangen, wenn er aufs Tor geschossen wurde.

Hin und wieder konnte ich inmitten dieses Schauspiels einen Schiedsrichter ausmachen. Doch als das Spiel hitziger wurde, schloß er sich häufig einer der Mannschaften an, und die ganze Sache wurde noch chaotischer. Schließlich sauste der Ball unter allgemeinem Gebrüll und Geschrei, das seinen Siedepunkt erreichte, in Richtung Tor. Im letzten Moment schaufelte eine der Torhüterinnen ihn in ihr Handtuch und flitzte quiekend vor Freude vom Feld. Der Rest der Spieler jagte hinterher. Schließlich wurde sie eingefangen und nach mehreren spielerischen Schlägen auf den Kopf veranlaßt, den Ball loszulassen; das Spiel begann von neuem.

Das urkomische Gerangel wurde von dem entfernten Geräusch eines Hubschraubers unterbrochen. Von uns allen unbemerkt, hatte der Nebel sich ein wenig gelichtet. Als der Hubschrauber landete, sagte ich meinen Freunden von den Lani traurig Lebewohl. Binnen weniger Stunden waren wir zurück in Tembagapura.

John Cutts erschien am folgenden Morgen mit erstaunlichen Neuigkeiten. Er hatte über Funk erfahren, daß die Jäger, die ich von Kwiyawagi aus auf die Suche nach Alpinen Wollratten geschickt hatte, nur ein paar Stunden nach unserer Abreise mit zwei Exemplaren – und mit einem *Dingiso* – zurückgekehrt waren. Es schien, als seien die Chancen, diese Exemplare zu bekommen, gleich Null, aber als ich Terry Owen (einem höheren Verwaltungsbeamten in Tembagapura, der sich damals um uns kümmerte) davon erzählte, besorgte er einen Hubschrauber, der mich zurück nach Kwiyawagi bringen sollte.

Diese Exemplare dürften etwa die teuersten sein, die das Australian Museum jemals erhalten hat, kosteten sie doch allein an Hubschrauberzeit mehr als tausend Dollar pro Stück. Ich bezahlte Manas für die Tiere, dann schenkte ich ihm einen 20-Kilo-Sack Reis – mein Beitrag zu den Weihnachtsfeiern in Kwiyawagi. Ich denke, daß dies Manas mehr bedeutete als alles andere.

Endlich war dieser Abstecher nach Irian Jaya zu Ende. Es war eine Expedition mit den höchsten Höhen und tiefsten Tiefen gewesen. Meine zerbrechliche Illusion, daß Irian Jaya irgendwie ein besserer Ort sei als Papua-Neuguinea, weil es weniger unter Gesetzlosigkeit litt und Waren dort billiger waren, war auf traumatische Weise zerstört worden. Ich hatte *Dingiso* entdeckt und einen tropischen Gletscher bestiegen.

Ich hätte begeistert sein sollen, aber ich hörte nicht auf, mir um den hohen Preis dafür Gedanken zu machen. Hätte ich Arianus' Tod verhindern können?

29

Ein lebender *Dingiso*

Als ich Mitte Oktober 1994 in meinem Büro im Australian Museum saß, erhielt ich einen unerwarteten Anruf von Terry Owen, mit dem ich inzwischen eng befreundet war.

»Wie haben eines von deinen Baumkänguruhs«, sagte er. »Ein lebendiges. Am besten, du kommst schnell hierher!«

Knapp eine Woche später saß ich in einem Flugzeug und war wieder unterwegs nach Timika, von wo aus man mich auf dem schnellsten Wege nach Tembagapura brachte. Und dort erblickte ich auf dem eingezäunten Balkon eines Firmenhauses die Nachbildung eines Regenwaldes en miniature.

Als ich die Tür mit dem Fliegengitter öffnete, um hineinzuspähen, hüpfte der halb ausgewachsene *Dingiso*, der mich noch einmal nach Irian zurückgeführt hatte und von dem ich inzwischen wußte, daß er Ding hieß, aus dem Laubwerk und kam auf mich zu. Ding war von der Owen-Familie versorgt worden und befand sich in glänzender Verfassung.

Die Entdeckung dieses Tieres war ein beispielloses Ereignis. Jahrelang hatten die Bewohner Tembagapuras in Unkenntnis dieses wunderbaren Geschöpfs gelebt, obwohl es die Wälder rings um ihre Stadt bewohnt. Jetzt war ein lebendes Exemplar in ihre Mitte gehüpft. Es war in einer nicht mehr benutzten Maschinenhalle auf dem Gelände der Mine gefunden worden. Ein indonesischer Arbeiter hatte das Gebäude betreten, um sich geschützt vor dem Regen zu erleichtern. Sein Strahl versiegte jedoch, als er ein schwarzes

Fellbündel bemerkte, das in der Ecke kauerte. Er rannte los, um seinem amerikanischen Boß zu erzählen, daß sich ein Bär auf dem Gelände befinde.

Obwohl er kein Biologe war, wußte der amerikanische Ingenieur, daß es in Irian Jaya keine Bären gab. Skeptisch gegenüber der Geschichte, bat er den Mann, das Tier aus dem Schuppen zu holen. Ein paar Minuten später kam der Arbeiter mit einem sehr possierlichen, schwarzweißen Tier in den Armen zurück. Die Nachricht von der Entdeckung erreichte zuerst Terry und bald darauf mich.

Nachdem ich schon mit einer Reihe wilder Baumkänguruhs zu tun gehabt hatte, erstaunte es mich zu hören, daß Ding sich bei seiner ersten Begegnung mit einem Menschen hatte fangen lassen. Aber es war eine weitere Bestätigung der Geschichten – soweit man überhaupt noch eine brauchte –, die die Lani-Jäger darüber erzählten, wie zahm *Dingiso* doch sei.

Man kann nur vermuten, was Ding in der Halle zu suchen hatte. Sein Fell war ölverschmiert, was kaum überraschend ist angesichts der Tatsache, daß er ein riesiges Industriegelände überqueren mußte, um zu der ausrangierten Halle zu gelangen. Vielleicht war er dabei gewesen, sich aus dem Revier seiner Mutter zurückzuziehen. Für junge Baumkänguruhs ist dies stets eine schwierige Phase, und ausgewachsene Männchen, deren Reviere er hatte durchqueren müssen, dürften ihm ohne Zweifel das Leben schwergemacht haben. In dem Wald rings um das Gelände der Mine scheinen überdurchschnittlich viele Baumkänguruhs zu leben. Der Grund ist, daß Jägern der Zutritt zu dem Gebiet verboten ist. Ding war wahrscheinlich von einem Revier zum nächsten gejagt worden, bis er schließlich in einer dunklen Ecke der Halle Zuflucht gefunden hatte. Die Hallen mit ihren schweren Maschinen sind wohl die einzigen Orte in der Nachbarschaft der Mine, die nicht zum Revier eines ausgewachsenen *Dingiso*-Männchens zählen.

Ich verbrachte mehrere Tage damit, dieses zahme Tier zu fotografieren und zu beobachten. Ich stellte fest, daß Ding am glücklichsten war, wenn er eine Handvoll junger Farnblätter mampfte. Er war kein besonders pingeliger Esser und pflegte die frischen Blätter einer Vielzahl von Pflanzen anzunehmen. Sein Treiben folgte offensichtlich keinem besonderen Muster, aber er schien jedesmal munter zu werden, wenn irgend jemand mit frischem Futter sein Gehege betrat.

Nach ein paar Tagen hatte ich alles erledigt, was zu tun war, und es wurde Zeit, Ding freizulassen. Terry organisierte einen Hubschrauber, der uns in ein Hochtal etwa drei Kilometer östlich des Minengeländes bringen sollte. Es schien von Minen und Jägern gleich weit entfernt zu sein, und Ding hatte eine gute Überlebenschance, wenn er dort freigelassen würde. Wir trugen ihn in einer Tasche aus Sackleinen, was ihm gefiel, vielleicht weil er sich darin ähnlich fühlte wie im Beutel seiner Mutter. Ich hatte eine Markierung an seinem Ohr befestigt, nur für den Fall, daß er nochmals einem Menschen begegnete.

Als wir ihn im Hochgebirgsgras laufen ließen, hüpfte Ding sehr langsam weg und probierte im Laufen Blätter. Er hatte es nicht eilig, uns zu verlassen, und erst nach ein paar Minuten verschwand er im dichten Gewirr der Büsche.

Obwohl seit meinem letzten Besuch erst sechs Monate vergangen waren, war es in Tembagapura bis Ende 1994 zu beachtlichen Veränderungen gekommen. Zunächst einmal hatte sich die Spannung zwischen den Eingeborenen auf der einen und Freeport und der indonesischen Regierung auf der anderen Seite erheblich verschärft. Zum Glück befand ich mich in der privilegierten Position, beide Seiten der Geschichte zu hören, weil ich inzwischen über ausgezeichnete

Verbindungen sowohl zur Unternehmensleitung von Freeport als auch zu den Führern der Gemeinschaft verfügte.

Sechs Monate zuvor hatten die Eingeborenen nur im Wald offen geredet, weit weg von anderen, die sie hören konnten. Jetzt machten sie aus ihrer Feindschaft nirgendwo mehr einen Hehl. Ein Dorfführer sagte zu mir: »Jeder hier, vom kleinsten Kind bis zum ältesten Mann, weiß, daß Krieg [mit Freeport und der Regierung Indonesiens] unvermeidlich ist.«

Jeder Tag in Tembagapura brachte neue Warnungen und Gerüchte über feindliche Aktionen der OPM. Der Krieg werde in dieser Woche beginnen, sagten meine Freunde von den Dani, Moni und Amungme. Die jüngsten Morde (durch das indonesische Militär) an geachteten Männern in Singa und all die Toten der Vergangenheit, für die noch keine Entschädigung gezahlt worden sei, würden gerächt werden. Achtzig bewaffnete Rebellen der OPM seien in den Hügeln rings um die Stadt versteckt. Die Wasser- oder Stromversorgung würde gekappt oder die Stadt angegriffen werden. Vielleicht würde man auch ein paar Europäer erschießen.

Seltsamerweise schienen weder die Verwaltung von Freeport noch die indonesischen Streitkräfte etwas von den Veränderungen zu bemerken, die in der eingeborenen Gemeinschaft vor sich gingen. Die zuständigen Stellen blieben in der Tat bemerkenswert sorglos, und das Leben in der Minengemeinschaft ging weiter seinen gewohnten Gang. Jedesmal wenn ich die Angelegenheit bei Verantwortlichen zur Sprache brachte, schenkte man mir höflich Gehör, aber mir drängte sich zugleich der Eindruck auf, daß sie dachten, ich schlage blinden Alarm.

Einmal saß ich in der Abenddämmerung in meinem Zimmer in Tembagapura, als ich die durchdringenden Töne einer Trompete und einer kleinen Trommel näher kommen hörte. Eine Militärabteilung marschierte im Stechschritt vorbei, und hinter ihr kreischten heulend Feuerwehrautos und Krankenwagen. Ihnen folgte eine lange Reihe von Polizei- und Rettungswagen. Mir schlug das Herz bis zum Halse. Jeden Moment erwartete ich die Nachricht, daß der Krieg begonnen hatte.

Dann sah ich etwas sehr Sonderbares. Ein Feuerwehrauto fuhr langsam mit heulender Sirene und Blaulicht die Straße hinunter. Etwas stand oben auf dem Wagen – es sah aus wie Batman! Darauf folgte ein noch bizarrerer Anblick, denn dahinter kam eine merkwürdige Versammlung von Teufel, Hexen, Löwen und anderen Geschöpfen anmarschiert.

Plötzlich wurde mir klar: So feierte man in Tembagapura Halloween!

Während ich der Prozession zusah, dachte ich ungläubig an alles, was ich während der letzten paar Tage gehört hatte. Was für eine verwöhnte Welt dieses Tembagapura doch ist! Nebel hängt wie Baumwolle über dem Wald und der Stadt. Die Posten, die jeden Zugang bewachen, sorgen dafür, daß Melanesien und seine Gerüchte von Gewalt außen vor bleiben. Die Stadt ist völlig abgeschnitten vom Rest der Welt.

Tembagapuras Lebensader ist gefährlich dünn. Eine einzige Straße, eine Pipeline und eine Start- und Landebahn. Alle sind verwundbar. Auf dem Flug nach Timika kommt es oft zu heftigen Turbulenzen. Es ist, als führe man mit dem Fahrrad über große, kantige Betonklötze. Eines Tages wird ein Fahrradreifen platzen, und der dampfende Sumpfwald könnte eine Passagiermaschine verschlucken. Ein Erdbeben wird vielleicht die Straße zerstören. Oder ein Kilo Sprengstoff oder ein paar Gewehrkugeln werden den Strom der Lebensader zum Versiegen bringen.

30

Die Dinge spitzen sich zu

Im Januar 1996 kehrte ich abermals nach Tembagapura zurück. Alex war aufgrund ihrer Eindrücke aus dem Jahr 1994 zu der Überzeugung gelangt, daß Kwiyawagi in der Tat der geeignete Ort für ihre Studien sei. Sie hatte vor, ein Jahr dort zu bleiben, und ich beschloß, ihr etwa sechs Wochen lang Gesellschaft zu leisten, um meine eigenen Forschungen fortzusetzen.

Mit viel Mühe und Arbeit (insbesondere seitens meiner Freunde und Kollegen in Indonesien) hatten wir Visa erhalten, die uns gestatteten, zwölf Monate im Land zu bleiben und mehrmals aus- und wieder einzureisen. Dies schien tatsächlich ein Sieg über die indonesische Bürokratie zu sein. Er erwies sich als trügerisch und kurzlebig.

Einen Tag nachdem ich im indonesischen Konsulat in Sydney mein funkelnagelneues Visum abgeholt hatte, erreichte mich eine alarmierende Nachricht: Ein Team junger Biologen, die in Irian Jaya arbeiteten, war von OPM-Rebellen gekidnappt worden. Schlimmer noch, sie waren aus Mapnduma entführt worden, einer Ansiedlung, die nur zwei Tagesmärsche von Kwiyawagi entfernt lag.

Diese Neuigkeit brachte unsere ganzen Pläne durcheinander. Das Militär würde allgegenwärtig und das Reisen äußerst eingeschränkt sein. Trotzdem beschlossen wir, daß wir es zumindest versuchen sollten.

Nachdem wir uns in Jakarta eine Woche lang mit Beamten herumgestritten hatten (was schwierig war, da der Fastenmonat Ramadan war und das öffentliche Leben in Jakarta völlig zum Erliegen kam), gelang es uns, die Genehmigung zur Einreise nach Irian Jaya zu bekommen. Aber sobald wir in Tembagapura waren, stellten wir fest, daß praktisch ganz Irian (abgesehen vom Gelände der Mine) für Besucher von außerhalb zum Sperrgebiet erklärt worden war.

Die Sondervisa, die wir erhalten hatten, sollten uns weiteren Mißliebigkeiten aussetzen. Da es sich um ein ungewöhnliches Dokument handelte, wurde es in jeder Regierungsstelle, die wir aufzusuchen gezwungen waren, genauestens überprüft. Die unerträglichste Inspektion ereignete sich im Einwanderungsamt von Tembagapura. Dort hockte eine Gruppe von Beamten im Kreis um uns herum, allesamt mit bleichen Lippen und schlechtem Atem, weil sie wegen des Ramadan fasteten, und untersuchte unsere merkwürdigen Visa. Einer hatte am kleinen Finger seiner linken Hand einen mindestens sechs Zentimeter langen, klauenartigen Fingernagel. Damit kratzte er unaufhörlich an unseren Pässen herum und benutzte den Nagel zum flüchtigen Durchblättern der Seiten. Über eine Stunde saßen wir da, während er überlegte, was er wohl als nächstes tun könnte. Ich machte mir die ganze Zeit Gedanken darüber, wozu er dieses außerordentliche Anhängsel wohl früher benutzt haben konnte. Das kratzende Geräusch erinnerte mich an Mäuse in einer Küche.

Am Ende forderte er uns auf, weitere Formulare auszufüllen, was dazu führte, daß uns schließlich ein indonesischer Minipaß ausgehändigt wurde. Darin sollte nicht nur jeder Schritt verzeichnet werden, den wir in Indonesien machten, sondern auch jede Menge unwichtiger persönlicher Einzelheiten. Die letzten Rubriken, komplett mit dem Platz für die Stempel, zeigten, daß man der indonesischen Bürokratie niemals wirklich entkommen kann. Die vorletzte lautete *Meningal negri* – »verließ das Land«; die letzte *Meningal dunia* – »verließ die Welt«.

Die Atmosphäre in den Dörfern rings um Tembagapura war inzwischen spannungsgeladen. Meine alten Freunde begrüßten uns freudig, gaben mir jedoch unmißverständlich zu verstehen, daß dies für Ausländer in Irian Jaya keine gute Zeit sei und daß sie nicht einschreiten könnten, sollte uns irgend etwas zustoßen.

Durch zahlreiche Gespräche fügte ich allmählich die Puzzleteile der Ereignisse zusammen, die zu dem Kidnapping geführt hatten. Ich kann nicht behaupten, daß die Geschichte, die ich hier rekonstruiere, die einzig wahre ist, oder gar, daß sie stimmt. Doch die meisten Irianesen, die in der Umgebung Tembagapuras leben, würden sie für wahr halten. Seit Jahrzehnten hatte die Wut in ihren Herzen auf kleiner Flamme gekocht. Sie bildet den Kern des Problems und bedarf einer etwas ausführlicheren Erklärung.

Die Amungme und viele andere Irianesen sind wütend sowohl auf die Regierung als auch auf Freeport. Das indonesische Militär hat zugegeben, bis zu hundert Menschen in der Provinz getötet zu haben. Die wahre Zahl der seit 1969 Ermordeten geht ziemlich sicher in die Tausende. Die Schätzung eines holländischen Demographen geht gar von etwa 100 000 Opfern aus.

Zeitungen berichteten, das indonesische Militär habe Dörfer bombardiert, sei in entlegene Gebiete eingefallen, habe dort willkürlich gemordet und Irian Jaya mehr wie ein besetztes Territorium denn wie eine Provinz Indonesiens behandelt. Darüber hinaus habe die Armee versucht, Kultur und Traditionen der Irianesen zu zerstören.

Außerdem gibt es Berichte über Greueltaten, die von einzelnen verübt wurden. Viele Angehörige des indonesischen Militärs, besonders in den unteren Rängen, sehen in den Irianesen kaum Menschen. Für einen brutalisierten javanesischen oder buganesischen Gefreiten, der an einem Wachtposten Dienst tut, ist der verhutzelte alte schwarze Mann mit seiner Peniskalebasse, der ein Schwein vor sich hertreibt, ein dämonisches und zutiefst verabscheuungswürdiges Wesen. Er ist eine Karikatur der Menschheit, mit der der Soldat jeden Kontakt außer Gewalt vermeidet.

Doch ich kenne diesen alten Mann. Er besitzt einen unerschütterlichen Sinn für Tapferkeit, einen Sinn für Humor und einen tiefen Sinn für Menschlichkeit. Er ist der Führer einer Gemeinschaft, der für seine Weisheit, seine Redekunst und seinen traditionellen Reichtum geachtet wird. Er ist ein bedeutender Mann. Der Soldat ist ihm in jeder Hinsicht untergeordnet. Und dennoch drückt die Regierung dem Niemand eine halbautomatische High-Tech-Waffe in die Hand. Und so steht es ihm nun frei, seinen Mitbürger mit einem Barbarismus und einer Respektlosigkeit zu behandeln, die bei vielen Irianesen einen starken Haß auf diese von ihnen als solche empfundene Besatzungsarmee hervorgerufen haben.

Die indonesische Regierung förderte eine wahre Einwanderungsflut nach Irian Jaya. Diese Menschen ließen sich im allgemeinen im Tiefland nieder, wo Landfragen keine derart leidenschaftlichen Emotionen auslösen wie im Hochland. Bis zum Jahr 1996 jedoch hatte sich – zumindest unter den gebildeteren Irianesen – ein wachsendes Gespür dafür herausgebildet, daß ihre unmittelbare Existenz durch einen ständig anschwellenden Strom von Migranten bedroht wurde.

Die Empfindungen der Irianesen gegenüber Freeport sind etwas anderer Natur, weil die Mine unmittelbare Auswirkungen nur auf das Land der Amungme und der Tiefland-Kamoro hat. Wegen ihres Widerstands gegen die Mine haben die Amungme, die eine kleine Gruppe sind, entsetzlich unter den indonesischen Streitkräften gelitten. Viele der Überlebenden versanken aufgrund der Ereignisse der vergangenen zwanzig Jahre in Resignation. Aber in der neuen Generation lodert eine Wut, die nicht so leicht zu besänftigen sein wird.

Als der Geologe Forbes Wilson in den sechziger Jahren am großen Copper Mountain mit der Erkundung begann, versuchten die Amungme, die Gesellschaft davon abzuhalten, dort aktiv zu werden. Die bei ihnen Tenggogoma genannte Stätte wurde als heilig angesehen und galt als Wohnort sowohl ihrer toten Ahnen als auch des heute gefährdeten Langschnabeligen Ameisenigels – der in der Nahrung der Amungme eine wichtige Rolle spielt. In dem Glauben, daß die Entweihung der Stätte ernste Folgen haben könnte, errichteten die Amungme zur Abschreckung rings herum *saleps*, Zauberstäbe. Sie begriffen die Folgen von Wilsons Arbeit. Er jedoch erzählte den Amungme, »daß die weißen Männer nicht versuchten, sich das Land der Dorfbewohner anzueignen. Sie wollten lediglich das Gestein prüfen. Als Beweis ihrer guten Absicht ... würden die weißen Männer den Dörfern Nahrungsmittel und andere Dinge schenken.«*

In Wirklichkeit wurde Freeport von der Regierung Indonesiens freie Hand gelassen, jeden gewaltsam zu vertreiben, der dem Minenbetrieb im Wege stand, und das Unternehmen war in keiner Weise verpflichtet, die Betreffenden zu entschädigen.

Bald fraß sich ein großes Loch in den Boden von Tenggogoma. Eine Straße und eine Pipeline führten vom Berg bis zum Meer, und auf dem Land der Amungme wurde eine Ausländerstadt gegründet. In den frühen achtziger Jahren schlugen die Amungme zurück und unterbrachen die au-

---

* Forbes Wilson: *The Conquest of Copper Mountain*, New York 1981, S. 169.

ßerordentlich wichtige Pipeline, die Kupferkonzentrat zum Meer beförderte. Es dauerte nicht lange, da fielen Bomben auf ihre Dörfer.

Die Amungme haben nicht vergessen, wie man bei ihnen vorstellig wurde, als die Erschließung der Mine begann. Sie erinnern sich, daß Freeport-Hubschrauber und -Flugzeuge indonesische Soldaten und Ausrüstung zu Angriffen auf sie transportierten. Sie wissen, daß Freeport-Werkstätten Armeefahrzeuge warten, daß diese Fahrzeuge von der Gesellschaft für die Streitkräfte gekauft werden, daß Freeport-Techniker Armeeposten und -unterkünfte bauen und Freeport-Mitarbeiter, zumindest psychologisch, vom Ausschluß der Irianesen aus ihrem Leben profitieren. Außerdem kursieren Gerüchte, daß große Geldsummen vom Unternehmen in die Taschen der Militärs geflossen seien, die in der Region leben.

Infolgedessen ist es kein Wunder, daß es den Irianesen schwerfällt, zwischen den Aktivitäten des Unternehmens und denen der Streitkräfte zu differenzieren. Allerdings vertreten diejenigen, die diesen Unterschied machen, die Ansicht, daß man mit dem Unternehmen durchaus fertigwerden könnte, wenn nur die Streitkräfte abgezogen würden.

Ein weiteres Problem für die Amungme betrifft die Sicherheitskräfte, die von Freeport bezahlt werden. Diese Sicherheitskräfte werden in Wirklichkeit, zumindest teilweise, von den indonesischen Streitkräften kontrolliert. Die im Umfeld der Mine lebende irianische Gemeinschaft beschuldigt die Truppe, in den letzten Jahren dreizehn Morde begangen zu haben.

Die Sicherheitskräfte machen das Ganze nur noch schlimmer, indem sie die Bergbewohner, die versuchen, Tembagapura zu betreten, schlecht behandeln. Man teilte mir mit, daß sie öffentlich gegen Kinder, ältere Männer und Frauen und auch Trauernde, die zum Krankenhaus kamen, um den Leichnam eines Verwandten abzuholen, tätlich wurden.

Die amerikanische Ehefrau eines leitenden Minenmanagers wurde schikaniert und mußte Tembagapura schließlich verlassen: Sie war dazwischengegangen, als sie gesehen hatte, wie ein Sicherheitsposten einen zehnjährigen Amungme-Jungen auf der Straße brutal trat.

Ein letztes und grundsätzlicheres Problem betrifft die Beziehung zwischen den ansässigen Irianesen und den in Tembagapura lebenden Amerikanern. Es existiert eine große kulturelle Kluft zwischen diesen beiden Gruppen. Manche Amerikaner bekunden ihren guten Willen gegenüber den Irianesen, obwohl eine Mehrheit auf sie herabsieht. Der Firmensitz von Freeport liegt in Amerikas tiefem Süden – in New Orleans. Der gewaltige, aus Irian stammende Reichtum hat dazu beigetragen, diese großartige, wenngleich ein wenig heruntergekommene Stadt neu zu beleben.

Auf öffentlichen Versammlungen habe ich mehr als einmal mitbekommen, daß von den Irianesen als »Niggern« gesprochen wurde, und ich vermute, daß der Ausdruck mit all der Geringschätzung, die in ihm mitschwingt, hinter verschlossenen Türen häufiger verwendet wird. Aber ungeachtet dessen, was jeder einzelne darüber denken mag, wird jeder intensivere Kontakt zwischen den beiden Gruppen durch die Anlage der Stadt und die Vorschriften des Unternehmens unterbunden.

Nachdem ich in Ok Tedi gearbeitet hatte, war es verblüffend zu sehen, wie Schwarz und Weiß in Tembagapura voneinander getrennt werden. In Tabubil essen alle Arbeiter von Ok Tedi Mining ungeachtet ihrer Hautfarbe in einem Kasino. Papua-Neuguineer aus dem ganzen Land essen Seite an Seite mit Australiern, Filipinos und auswärtigen Besuchern. Auf jeder Ebene des Unternehmens findet man Papua-Neuguineer, die neben Australiern arbeiten. Sogar ein ehemaliger leitender Direktor von Ok Tedi war Papua-Neuguineer. Gesellschaftliches Leben, Ausbildung und Sport, alles ist vollkommen gemischt. Kurz, es existiert ein

Umfeld, das gegenseitigen Respekt und gegenseitiges Verständnis fördert.

Im Gegensatz dazu leben die Amerikaner in Tembagapura innerhalb ihrer hermetisch abgeriegelten Anlage neben Indonesiern aus anderen Teilen des Archipels. Die Irianesen bleiben als Zuschauer außen vor. Die Situation erinnert mich an den Goldrausch Mitte des 19. Jahrhunderts in Australien, als kleine Gruppen von Aborigines rings um die Außenbezirke wachsender Städte wie Ballarat und Bendigo campierten.

Ein weiteres Element macht in Tembagapura Beziehungen zwischen den Rassen schwierig: Angst. Alle Amerikaner, die überhaupt über ihr Tun nachgedacht haben, empfinden, so vermute ich, ein gewisses Unbehagen angesichts ihrer Situation. Sie wissen, daß die Pipeline täglich Erz im Wert von zehn Millionen Dollar abtransportiert. Ein Teil dieses Reichtums wandert in die USA. Er hätte statt dessen auch in Irian Jaya bleiben können, um beim Aufbau eines blühenden melanesischen Staates zu helfen. Wie wäre den Bergarbeitern zumute, fragte ich mich, wenn der Reichtum Kaliforniens nach Indonesien verschifft würde?

Sie wissen, daß die Amungme einen berechtigten Anspruch auf ihr Land haben. Sie wissen, daß Freeport die Schlüsselstellung innehat, durch die am Ende die Irianesen von Asiaten ersetzt werden. Die Schuld und die Angst (die vielleicht zerstörerischsten und unproduktivsten Gefühle überhaupt), die mit dieser Vorahnung einhergehen, verhindern alles, was es an noch so kleinen Verbindungen zwischen den Gruppen geben mag.

Ein paar im Ausland lebende Australier und eine noch kleinere Anzahl Amerikaner und Javanesen sind dieser psychologischen Zwangsjacke entkommen. Diese Leute sind gewöhnlich Arbeiter an der Peripherie. Sie leben in kleinen Erkundungslagern, wo ihnen nichts anderes übrigbleibt, als die Einheimischen kennenzulernen, oder in städtischen

Sozialsiedlungen außerhalb Tembagapuras, wo sie täglich mit ihnen umgehen müssen. Das sind die Leute, die sich in Irian wohl fühlen. In ihnen liegt vielleicht die einzige Hoffnung auf einen tiefgreifenden Wandel.

Die steigende Unzufriedenheit kulminierte zwischen 1993 und 1996 in einer Serie aufrührerischer Akte, begangen von den Gemeinschaften rings um die Mine. 1994 wurde in dem Dorf Singa eine OPM-Flagge gehißt. Das Militär fiel in das Dorf ein und erschoß sowohl den Dorfpfarrer als auch den *kepala desa*. Diese Todesfälle waren ein schrecklicher Schlag für die winzige Gemeinschaft und werden nicht so schnell vergessen werden.

Weihnachten 1994 wurde die OPM-Flagge im Anschluß an einen Gottesdienst in dem Dorf Banti, nur einen Kilometer von Tembagapura entfernt, erneut gehißt. Das Militär eröffnete das Feuer und tötete meinen Informanten zufolge sieben Menschen, darunter Frauen und Kinder. Man zeigte mir die Stellen, wo sie gefallen waren. Manche befanden sich auf der öffentlichen Straße in Sichtweite von Tembagapura.

Mitte des Jahres 1995 sah es so aus, als würden die Amungme erneut niedergeworfen. Dann geschah etwas Außergewöhnliches. Bischof Munninghof, der römisch-katholische Bischof von Jayapura, veröffentlichte ein Dokument über Behauptungen, die von einer australischen Hilfsorganisation aufgestellt worden waren. Sie warf dem indonesischen Militär grobe Verstöße gegen die Menschenrechte in Irian Jaya vor. Dieser mutige Akt hätte möglicherweise nichts bedeutet – wenn die Angelegenheit nicht von der Indonesian Human Rights Association aufgegriffen worden wäre, die vor kurzem eingerichtet und von Präsident Suharto persönlich gebilligt worden war. Diese Organisation erzwang eine Untersuchung der Anschuldigungen des Bischofs, in deren Zuge mehrere Gefreite und andere untergeordnete Armeeangehörige zu Haftstrafen von bis zu drei Jahren verurteilt wurden.

Diese Ereignisse gaben den Menschen von Irian Jaya ein Gefühl der Hoffnung, das sie noch niemals empfunden hatten – und diese Hoffnung beschleunigte einen gewaltigen Ausbruch aufgestauter Emotionen. Amungme-Krieger fielen in die Tieflandstadt Timika ein, wo sie drei Tage lang in den Straßen tanzten. Die indonesischen Immigranten blieben klugerweise zu Hause. Endlich schien es, als wäre die barbarische Armee unter Kontrolle und als fände die Stimme der Einheimischen Gehör.

In dieser Atmosphäre entführten Kelly Kwalik und Judas Kogoya am 8. Januar 1996 in Mapnduma die dreiundzwanzig Biologen und ihren Hilfstrupp.

Jedesmal wenn ich mich nach ihren Beweggründen oder ihrer Verhandlungsposition erkundigte, erhielt ich von den Irianesen, die sie kannten, dieselbe Antwort. Kwalik, so wurde mir gesagt, sei *kepala batu* – starrköpfig. Was die Freilassung der Geiseln zu anderen als seinen eigenen Bedingungen betreffe, wäre er keinem Argument zugänglich. Und seine Bedingungen hätten immer schon folgendermaßen gelautet: Die Geiseln würden freigelassen, wenn er ein von Präsident Suharto unterzeichnetes Schriftstück erhielt, das seiner Provinz die Unabhängigkeit garantiere. Alle anderslautenden Verhandlungen seien einfach Tricks, um Zeit zu gewinnen.

Im Januar erschien auf der Titelseite von *Gatra*, einem führenden indonesischen Nachrichtenmagazin, ein angebliches Foto von Kwalik (von dem viele meiner Informanten behaupteten, es zeige jemand anderen) – und von diesem Augenblick an war Kwalik für die Irianesen ein Volksheld. Viele sahen in ihm einen Führer von dem Format, wie es ihnen gefehlt hatte.

Diese Ereignisse elektrisierten die irianesische Gemeinschaft. Es gab Gerüchte über alle möglichen Aktionen gegen die Mine. An dem Tag, an dem ich Tembagapura in Richtung Australien verließ, behaupteten die Leute einmal mehr, daß Stammesangehörige dabei seien, sich zu versammeln, um die Strom- oder Wasserversorgung der Stadt zu sabotieren oder die Fabrik zu zerstören.

Zwei Wochen später erschütterten Krawalle die Städte Tembagapura und Timika und verursachten Schäden in Höhe von mehreren Millionen Dollar. Bulldozer wurden in Firmengebäude gefahren und Steine in Firmenfenster geworfen. Die Mine stellte die Produktion für dreieinhalb Tage ein. Es folgten Ausschreitungen in Jayapura und Nabire, und in der Nähe von Timika kam es zu weiteren Entführungen.

Ein paar Tage, bevor ich Irian Jaya im Februar 1996 verließ, bekam ich eine Vorstellung von der Zukunft Irian Jayas, wie sie sich Jim-Bob Moffet (der Generaldirektor von Freeport) und die Regierung Indonesiens vorstellten.

Ich verließ Timika, eine weitläufige und baufällige, typisch indonesische Stadt, über eine neue, unbefestigte Straße und fuhr zu einer großen Lichtung im Dschungel. Dort präsentierte sich eine Kulisse von solch gewaltigen Dimensionen, daß es mir schier die Sprache verschlug – Kuala Kencana, wie die neue Stadt hieß, praktisch fertig, aber bislang unbewohnt.

Für die Anlage von Kuala Kencana war der unberührte Tieflandregenwald von Süd-Irian-Jaya an dieser Stelle gerodet worden. Es ist eine Stadt von riesigen Ausmaßen. Geplant für zunächst 25 000 Einwohner, gab es schon vor ihrer Fertigstellung Hinweise darauf, daß sie durch eine rasche Zuwanderung aus anderen Teilen Indonesiens bald auf eine Viertelmillion Einwohner anwachsen würde; damit nähme die Einwohnerschaft der Provinz um mehr als zehn Prozent zu.

In Anbetracht dieser Expansion war das Land rings um das Gelände natürlich für all jene kommerziell interessant, die schnell das große Geld machen wollten. Nach indonesischem Recht gehört es nämlich nicht den Kamoro, die immer noch, wie seit Jahrtausenden, darauf leben. Statt dessen wurde es von äußerst wohlhabenden Javanesen erworben, deren Bankkonten durch den Verkauf dieser Ländereien noch weiter anschwellen werden.

Was mir an Kuala Kencara am meisten auffiel, war seine Erhabenheit und Stille. Ich stand am Rande des ausgedehnten Hauptplatzes. Die tadellos gemähten Rasenflächen und Wege dehnten sich scheinbar endlos unter der brennenden tropischen Sonne aus. Genau in der Mitte des Platzes erhob sich eine kupferne Skulptur. Ungefähr halb so groß wie ein Pferd, stellte sie angeblich die *Burung Cenderawashi* dar, die Paradiesvögel, von denen die ersten Fremden an die Küste Irian Jayas gelockt worden waren und die als Wappentiere der Provinz gelten. Ich selbst sah in der Skulptur nichts weiter als einen großen grünen Turban – das unverschämte Autoritätssymbol einer Kultur und Religion, die diesem Ort vollkommen fremd waren. In einem Land, in dem heftige Gewitter beinahe an der Tagesordnung sind, hatte niemand daran gedacht, daß es hätte ratsam sein können, Blitzableiter an dieser Ungeheuerlichkeit anzubringen.

Am südlichen Ende der großen Plaza lag eine Moschee – das imposanteste und schönste Gebäude in der ganzen Stadt. Im Norden, fast unsichtbar, stand die christliche Kirche. Im Osten lag das Gebäude, das die Büros von PT Freeport Indonesia beherbergen würde. Seine Architektur hätte New Orleans gut zu Gesicht gestanden. Es hatte sich bereits als zu klein erwiesen, so daß daneben eine identische Glas- und Stahlkonstruktion hochgezogen wurde.

Diese gesamte Kulisse war völlig menschenleer. Es war, als sei die Stadt verlassen worden, statt daß sie darauf wartete, bewohnt zu werden.

Diese surreale Vision war an allen Seiten von einem brandneuen Saum frisch geschlagenen Regenwalds umgeben. Da ich die Biologie dieses Waldes seit mehr als zehn Jahren erforschte, wußte ich, daß es kein freundlicher Waldrand war. Wie eine gespannte Feder wartete der Regenwald darauf, sich das Land, das ihm abgetrotzt worden war, wieder anzueignen. Ich konnte nicht umhin, daran zu denken, daß er eines Tages viele zornige Irianesen verbergen würde, die zu derselben Mission entschlossen waren. Vielleicht würde Kuala Kencana danach noch stärker einer Mayastadt ähneln, als sie es an diesem Tage bereits tat.

Die Vororte von Kuala Kencana waren ähnlich gestaltet wie das Zentrum. Jeder bildete eine Satellitengemeinde von ein paar Dutzend Häusern – alle umgeben von hochgewachsenem Wald –, und jede war durch ein System asphaltierter Straßen mit dem Stadtzentrum verbunden, auf das selbst jede entwickelte Nation stolz gewesen wäre. Bei den Häusern handelte es sich durchweg um von der Außenwelt abgeschnittene Blockhäuser mit kleinen Fenstern, die auf eine Klimaanlage angewiesen waren, damit man überhaupt in ihnen wohnen konnte.

An dem Tag, an dem Präsident Suharto die Stadt offiziell für eröffnet erklärte, patrouillierten 3000 Angehörige der Streitkräfte durch den umliegenden Dschungel. Ansässige Kamoro wurden aus dem Gebiet entfernt. Die Telefonverbindungen wurden eingeschränkt und das Reisen beschränkt. Hunderte weißer Tauben in Körben waren importiert worden, um nach Beendigung der Präsidentenansprache freigelassen zu werden. Doch an dem Tag war es so heiß, daß viele der Vögel erschöpft waren. Sie weigerten sich, zu fliegen. Ängstliche Helfer fingen an, sie hochzuwerfen, und als das nicht funktionierte, befestigten sie ihnen mit Helium gefüllte Ballons an den Beinen. Der Friede, den die Tauben symbolisierten, hatte wahrlich einen wackeligen Start.

Das also war die Schlüsselstellung in Irian, die Freeport und die Regierung Indonesiens gemeinsam gebaut hatten. Bei der raschen »Asiatisierung« dieses Teils von Melanesien würde sie zweifellos sehr effektiv funktionieren. Allerdings gab es ein paar möglicherweise verhängnisvolle Schönheitsfehler. Wie wehrhaft wäre Kuala Kencana, falls der unterschwellige Bürgerkrieg, der seit Jahrzehnten schwelte, noch einmal aufflackerte? Was würde geschehen, sollte die Stromversorgung der Stadt unterbrochen werden? Wie sicher würden sich die bisher in ihrem Hochtal von Melanesien isolierten Bewohner Tembagapuras hier fühlen, ausgesetzt inmitten eines dampfenden Dschungels? Selbst der Kahlschlag des Waldes war keine Lösung, weil dadurch eine drückend schwüle Ebene geschaffen wurde, in der Malaria und andere Krankheiten sich rasch ausbreiten konnten.

Australiern mag diese Geschichte der Eroberung Irians vertraut vorkommen. Bis in die fünfziger Jahre des 19. Jahrhunderts hinein hatte der Kontinent sich langsam entwickelt, und die Europäer dominierten lediglich in jenen Gebieten, in denen eine Landwirtschaft nach europäischem Muster gedieh. So wie die Umweltbedingungen in Teilen Australiens den europäischen Eindringlingen Einhalt geboten, so brachten jene Irians die Ostexpansion der asiatischen Völker zum Stillstand. Dann wurden in beiden Fällen Bodenschätze entdeckt. In Australien fungierte Gold als Schlüssel, mit dessen Hilfe die Europäer sich den Kontinent aneigneten. In Irian Jaya sind es die von Freeport ausgebeuteten reichen Gold- und Kupfervorkommen, die den Dünger liefern werden, damit der asiatische Lebensstil gedeihen kann.

Die Zwangslage, in der sich die Bewohner von Irian Jaya befinden, wurde bereits vor langer Zeit, im Jahr 1957, in knappen Zügen formuliert:

»Personen, die unter dem Verdacht verhaftet werden, ›den Frieden zu stören‹ – dieser Ausdruck wird traditionell ... für den Verdacht der Beteiligung an demokratischen politischen Aktivitäten verwendet –, sollen keinesfalls freundlich behandelt werden. Es gibt Berichte, wonach solche Leute manchmal geschlagen werden, noch bevor irgendeine Untersuchung dessen, was sie getan haben, begonnen hat ...

Es gibt andere Berichte ... über die standrechtliche Erschießung von ›Friedensstörern‹, und es wurde festgestellt ..., daß ganze verdächtige Dörfer vor Morgengrauen zusammengetrieben und mit vorgehaltenem Bayonett zwecks Erpressung von ›Geständnissen‹ abgeführt wurden ...«

Diese ungeheuren Behauptungen stellte vor den Vereinten Nationen der indonesische Abgesandte auf, um Unterstützung für die Abschaffung der holländischen Herrschaft über West-Neuguinea zu erbitten. Die erwähnten Menschenrechtsverletzungen wurden seinerzeit hauptsächlich nur vermutet. Es waren jene, die angeblich für Gerechtigkeit kämpften, als sie diese Worte aussprachen, die schließlich dafür sorgten, daß diese Verstöße Wirklichkeit wurden. Noch hat die indonesische Regierung Zeit, die Katastrophe eines Völkermords zu verhüten.

Schlußwort

Kurz bevor ich Irian Jaya im Februar des Jahres 1996 verließ, besuchte ich ein Sondierungscamp von Freeport in Etna Bay an der Südseite der Vogelkop-Halbinsel. Das Lager ist eines von vielen in der Provinz, die unwahrscheinlich reich an Bodenschätzen ist. Etna Bay ist ein wundervoller Ort, und ich habe niemals ein vergleichbares, von lebenden Organismen erzeugtes Meeresleuchten gesehen. Taucht man des Nachts seine Hand ins Wasser, so ist es, als entzünde man ein riesiges, wirbelndes Universum aus roten und grünen Lebensfunken von manchmal bis zu einem Zentimeter Durchmesser.

An Land lehrte Etna Bay mich eine andere Lektion. In dem Dorf Kiriru sah ich mein erstes melanesisches Dorf ohne Schweine. Statt dessen stand in der Mitte der Ortschaft eine schäbige Moschee. Sie war mit bunten Lichterketten geschmückt, die an ihrer Kuppel hochliefen. In den Straßen hörte ich kaum einheimische Sprachen. Verkehrssprache war Bahasa Indonesia. Kiriru hat seit weit über einem Jahrhundert Kontakt mit dem Rest Indonesiens. Werden die übrigen Dörfer der Insel im 21. Jahrhundert auch so aussehen?

Während ich letzte Hand an dieses Buch legte, erhielt ich Nachricht aus Kwiyawagi. Die Siedlung, die zu erreichen Geoff Hope und Bren Wetherstone 250 Kilometer zu Fuß zurückgelegt hatten, ist jetzt durch eine Straße mit Wamena verbunden. Sofern das indonesische Militär aus seinen Fehlern nichts gelernt hat, wird es dort zweifellos auch einen Militärposten geben.

Danksagung

Als ich vor fast zwanzig Jahren mit meiner Arbeit auf Neuguinea begann, hatte ich keine Ahnung, daß jemand sich für irgend etwas interessieren könnte, das außerhalb meiner wissenschaftlichen Forschungen lag. Da meine Notizen recht dürftig waren und ich, als ich daran ging, dieses Buch zu schreiben, Ereignisse meiner frühen Expeditionen nicht ausschließlich aus dem Gedächtnis rekonstruieren wollte, war ich bestrebt, auf die Feldnotizen meiner Expeditionsteilnehmer (besonders die Aufzeichnungen von Geoff Hope) zurückzugreifen. Außerdem bat ich sie, meine Beschreibungen zu lesen, um sicherzugehen, daß meine Erinnerung an die Geschehnisse im großen und ganzen mit der ihren übereinstimmte. Ken Aplin und Geoff Hope bin ich für ihre Kooperation dankbar.

Schwierigkeiten beim Schreiben bereitete der Abschnitt, der sich mit Arianus Murip befaßt. Manche mögen mir Falschheit vorwerfen oder zumindest Komplizenschaft mit Freeport, weil ich Gelder von der Gesellschaft annahm und gute Beziehungen zu ihr unterhielt, nur um die schrecklichen Ereignisse des Jahres 1994 Jahre später dem kritischen Blick der Öffentlichkeit preiszugeben. Wie immer, wenn ich mit der Gesellschaft zu tun hatte, bin ich auch hier meinem Gewissen gefolgt.

Vor allem habe ich versucht, ein Gefühl dafür zu vermitteln, was es heißt, auf Neuguinea biologische Feldforschung zu betreiben. In einigen Fällen wurden die Ereignisse mehrerer aufeinanderfolgender Expeditionen (besonders jener nach Telefomin und in die Torricelli Mountains) zusammen abgehandelt, ohne zwischen den getrennten Expeditionen eine klare Unterscheidung zu treffen. Diejenigen, die genau wissen wollen, wo ich wann war, verweise ich auf meine Aufzeichnungen, die im Australian Museum aufbewahrt werden.

Auf Neuguinea schulde ich zahlreichen Personen Dank und Anerkennung für ihre Kameradschaft und Hilfe. Sie alle hier aufzuführen, ist keine leichte Aufgabe. Es wird unweigerlich ein paar unbeabsichtigte Auslassungen geben, aber sie sollten nicht als Undankbarkeit mißverstanden werden. Mein tief empfundener Dank gilt allen.

Lester Seri, Boeadi, Alexandra Szalay und Geoff Hope teilten die Widrigkeiten wiederholter Expeditionen in die entlegensten Winkel Neuguineas mit mir. Jedem einzelnen von ihnen verdanke ich zu einem großen Teil, daß unseren Expeditionen Erfolg beschieden war; einem von ihnen verdanke ich mein Leben.

Andere begleiteten mich auf meinen Reisen weniger häufig; zu ihnen gehören Ken Aplin, Robert Attenborough, Hal Cogger, Tish Ennis, Hickson Ferguson, Eric Fruhstorfer, Don Gardner, Pavel German, Michael Holics, Martin Krogh, Roger Martin, Gerry Maynes, Rory McGuinness, Toni O'Neill, Richard Owen, Rebecca Scott, Gary Steer und Steven Van Dyck.

Für ihre Gastfreundschaft im Gelände danke ich Judy Ebsworth, Peter Ebsworth, Maria Friend, Tony Friend, Pater Patrick MacGeaver und Pater Alexandre Michaellod. Ewig zu Dank verpflichtet sein werde ich Schwester Cecilia Prestashewsky von den Franziskanischen Missionsschwestern der Unbefleckten Empfängnis.

Ohne die Unterstützung der Mitarbeiter des Papua New Guinea Department of Environment and Conservation, von

Puslitbang Biologi, Lembaga Ilmu Pengetahuan Indonesia (LIPI) und dem Departement Kehutana Indonesia hätte meine Arbeit weder begonnen noch abgeschlossen werden können. Besonders danken möchte ich Mahomad Amir, Iamo Ila, Karol Kisokau, Gerry Maynes, Sancoyo und Ucok.

Ich danke Murray Eagle, Ross Smith und Ian Wood von der Ok Tedi Mining Limited für ihre unschätzbare praktische Hilfe und ihr Vertrauen zu mir. Mehrere Expeditionen nach Zentral-Irian-Jaya zwischen 1994 und 1996 wurden durch die Unterstützung von PT Freeport Indonesia ermöglicht. Für großzügige Hilfe danke ich John Cutts, Gordon Greaves, Howard Lewis, Bruce Marsh, Jim Miller, Paul Murphy, Terry Owen, David Richards, Charlie White und Wisnu. Ich hoffe, sie sind der Ansicht, daß ich meine Kritik an Freeport auf konstruktive Art und Weise vorgebracht habe.

Meine größte Wertschätzung gilt den vielen Menschen, die ihre Kenntnis der Wälder und der Tierwelt ihrer Heimat mit mir teilten; ich stehe zutiefst in ihrer Schuld. Insbesondere die folgenden Menschen waren meine geduldigen Lehrer und Freunde in Papua-Neuguinea: Kaspar Seiko und die Bewohner von Miwautai in den Torricelli Mountains; Simon aus Fas in den Bewani Mountains; Amunsep, Willok, Tinamnok, Seki und die Bewohner des Telefomin-Gebietes; Anaru und die Bewohner des westlichen Miyanmin-Gebietes; Freddie, Serapnok und Festa aus Bultem in den Star Mountains; Peter Keno aus Kosipe in der Central Province. In Irian Jaya: Benjamin aus Je'ute in den Arfak Mountains, Bogaubau Ba Bolobau aus Pogapa im Westen der Maokop Range; Yonas Tinal aus Ilaga; Tegiorak, Pfarrer Manas und Jot Murip aus Kwiyawagi; Julius Adi, Maria Magiu und Vedelis Zonggonau aus Tembagapura.

Frank Rickwood las einen frühen Entwurf des Manuskripts; seine Kritik und seine Anmerkungen waren von unschätzbarem Wert. Eric Frustorfer, Lucy Hughes Turnbull,

Malcolm Turnbull und Chris Ballard äußersten sich zu entscheidenen Teilen späterer Entwürfe.

Schließlich möchte ich meinem Sohn David und meiner Tochter Emma meinen tiefsten Dank ausdrücken. Ich war viel zu oft weit weg, als ihr aufgewachsen seid, doch ihr habt nicht aufgehört, mich zu lieben.

MALIK

Victoria Bruce
Vulkan des Todes

Die wahre Geschichte der Katastrophen von Galeras und
Nevado del Ruiz. Aus dem Amerikanischen von Renate
Weitbrecht und Helmut Dierlamm. 315 Seiten mit 8 Seiten
Bildteil. Geb.

Am 14. Januar 1993, acht Jahre nach dem verheerenden
Ausbruch des kolumbianischen Vulkans Nevado del Ruiz
im November 1985, dem 23000 Menschen zum Opfer
fielen, führt der renommierte amerikanische Vulkanologe
Stanley Williams eine Expedition in den Krater des Vulkans Galeras, deren Ziel es ist, einer weiteren Katastrophe
vorzubeugen. Stunden später sind 9 Menschen tot; ein
plötzlicher Ausbruch des Vulkans wird ihnen zum Verhängnis. Ausgerechnet der Leiter der Expedition kann sich
retten – und behauptet, das Unglück sei unabwendbar und
nicht vorhersehbar gewesen. Victoria Bruce, Wissen-
schaftsautorin und Journalistin, hält diese Darstellung für
falsch. Minutiös hat sie das Schicksal der Expedition re-
cherchiert, mit Augenzeugen gesprochen und kann so die
ganze Geschichte erzählen: Eine atemberaubende Geschichte von wissenschaftlicher Selbstüberschätzung und
menschlicher Tragik, wie sie seit Krakauers »In eisige
Höhen« nicht mehr geschrieben wurde.

Erik Weihenmayer
Ich fühlte den Himmel

Ohne Augenlicht auf die höchsten Gipfel der Welt. Aus dem
Amerikanischen von Maurus Pacher. 426 Seiten mit 16 Seiten Farbbildteil. Geb.

Erik Weihenmayer wurde mit Retinoschisis geboren, einer
Augenkrankheit, die nach und nach die Netzhaut zerstört.
Die Ärzte waren sich einig: Spätestens bis zu seinem 13.
Geburtstag würde er erblinden. Aber der sportliche, le-
benshungrige Junge gibt sich nicht geschlagen: Mit Humor, Charme und unglaublicher Willensstärke beweist er
seinen Mitmenschen, daß er ein normales Leben weiter-
führen kann. Selbst als Eriks Mutter jung bei einem tragischen Unfall ums Leben kommt, bleibt seine Lust am Leben ungebrochen. Er wird Lehrer, beginnt leidenschaftlich
zu klettern und dann Berge hochzusteigen. Allmählich
werden seine Ziele gewagter: Er bezwingt den höchsten
Berg Nordamerikas, den Mount McKinley, erklimmt die
steile Granitwand von El Capitan und erreicht den Gipfel
des Aconcagua in Argentinien.
Im Mai 2001 steht der 32jährige als erster blinder Mensch
auf dem Gipfel des höchsten Bergs der Welt: dem Mount
Everest.
Sein bewegendes Buch erzählt vom Mut zu großen Träumen, von der Blindheit der Sehenden und vom Erleben der
Natur mit Sinnen, die wir allzuoft vernachlässigen.

PIPER

Rüdiger Nehberg
Yanonámi

Überleben im Urwald. 219 Seiten mit einem farbigen
Bildteil. Serie Piper 2716

Seit Jahrzehnten kennen ihn die Deutschen: den Konditor-
meister Rüdiger Nehberg – doch er ist mehr als ein exoti-
scher Abenteurer. 1982 nahm sein Leben eine entscheidende Wendung. Der Marsch durch den Urwald zu den letzten freien Indianern machte ihn auf die lebensbedrohliche
Situation der Yanonámi-Indianer aufmerksam. Er lebte
mit ihnen und lernte ihre unberührte, steinzeitähnliche
Kultur kennen. Seitdem kämpft er unermüdlich für ihre
Freiheit, die von der Zivilisation in Form von Goldsu-
chern, Politikern und Gaunern täglich bedroht wird. Ein
packender Bericht von den letzten Indianern im südameri-
kanischen Regenwald.